中華博物通考

總主編 張述錚

獸畜卷

本卷主編
張太龍 王元秀

上海交通大學出版社

圖書在版編目（CIP）數據

中華博物通考. 獸畜卷 / 張述錚總主編；張太龍，
王元秀本卷主編.—上海：上海交通大學出版社，2024.1
ISBN 978-7-313-24698-1

Ⅰ.①中… Ⅱ.①張… ②張… ③王… Ⅲ.①百科全
書—中國—現代②畜牧學—中國 Ⅳ.①Z227②S81

中國國家版本館CIP數據核字(2023)第238396號

特約編審：完顏紹元　胡名正
責任編輯：朱　菁
裝幀設計：姜　明

中華博物通考·獸畜卷

總　主　編：張述錚
本卷主編：張太龍　王元秀
出版發行：上海交通大學出版社　　　　地　　址：上海市番禺路951號
郵政編碼：200030　　　　　　　　　　電　　話：021-64071208
印　　製：蘇州市越洋印刷有限公司　　經　　銷：全國新華書店
開　　本：890mm×1240mm　1／16　印　　張：21
字　　數：425千字
版　　次：2024年1月第1版　　　　　　印　　次：2024年1月第1次印刷
書　　號：ISBN 978-7-313-24698-1
定　　價：246.00元

《中華博物通考》編纂委員會

《中華博物通考》學術顧問

《中華博物通考》編輯出版委員會

《中華博物通考·獸畜卷》編纂委員會

主　　編：張太龍　　王元秀

副 主 編：趙炳武　　張法瑞　　孫美菊

撰 稿 人：張太龍　　王元秀　　趙炳武　　張法瑞　　孫美菊　　王偉斌　　尹　剛
　　　　　李新乙　　段　芳　　姜文斌　　徐旺生　　張心穎　　劉　琦　　劉澤琳

導　論

——縱論中華博物學的沉淪與重建

引　言

　　在中國當代，西方博物學影響至巨，自鴉片戰爭以來，屈指已歷百載。何謂"西方博物學"？ "西方博物學"是以研究動植物、礦物等自然物爲主體的學科，但不包含社會領域的社會生活，至 19 世紀後期已完成學術使命，成爲一種保護大自然的公益活動，但國人却一直承襲至今。中華久有自家的博物學，已久被忘却，無人問津，這一狀況實是令人不安。前日偶見《故宮裏的博物學》問世，精裝三册，喜出望外，以爲我中華博物學終得重生，展卷之後始知，該書是依據清乾隆時期皇室的藏書《清宮獸譜》《清宮鳥譜》《清宮海錯圖》（"海錯"多指海中錯雜的魚鱉蝦蟹之類）繪製而成，其中一些并非實有，乃是神話傳説之物。其内容提要稱"是專爲孩子打造的中華文化通識讀本"，而對博物院内琳琅滿目的海量藏品則隻字未提。這就是説，博物院雖有海量藏品，却與故宮裏的博物學毫不相干，或曰并不屬於博物學的研究範圍。此書的編纂者是我國的著名專家，未料我國這些著名專家所認定的博物學仍是西方的博物學。此書得以《故宮裏的博物學》的名義出版，又證我國的出版界對於此一命題的認同，竟然不知我中華久有自家的博物學。此書如若改稱《故宮裏的皇室動物圖譜》，則名正言順，十分精彩，不失爲一部別具情趣的兒童讀物，但原書名却無意間形成一種誤導，孩子們可能會據此認定：唯有鳥獸蟲魚之類才是中華文化中的大學問，故而稱之爲"博物學"，最終會在其幼小心靈裏留下西方博物學的深深印記。

何以出現這般狀況？因爲許多國人對於傳統的中華博物及中華博物學，實在是太過陌生！那麽，何謂"博物"？本文指稱的"博物"，是指隸屬或關涉我中華文化的一切可見或可感知之物體物品。何謂"中華博物學"？"中華博物學"的研究主體是除却自然界諸物之外，更關涉了中國社會的各個方面各個領域，進而關涉了我中華民族的生息繁衍，關涉了作爲文明古國的盛衰起落，足可爲當代或後世提供必要的藉鑒，是我國獨有、無可替代的學術體系。故而重建中華博物學，具有歷史的、現實的多方面實用價值。我中華博物學起源久遠，至遲已有兩千年歷史，祇是初始没有"博物學"之名而已。時至明代，始見"博物之學"一詞。如明楊士奇《東里續集》卷一八評述宋陸佃《埤雅》曰："此書於博物之學蓋有助焉。"此一"博物之學"，可視爲"中華博物學"的最早稱謂。又，《四庫全書總目提要》卷一三六評清陳元龍《格致鏡原》曰："〔此書〕分三十類：曰乾象，曰坤輿，曰身體，曰冠服，曰宮室，曰飲食，曰布帛，曰舟車，曰朝制，曰珍寶，曰文具，曰武備，曰禮器，曰樂器，曰耕織器物，曰日用器物，曰居處器物，曰香奩器物，曰燕賞器物，曰玩戲器物，曰穀，曰蔬，曰木，曰草，曰花，曰果，曰鳥，曰獸，曰水族，曰昆蟲，皆博物之學。"此即古籍述及的"中華博物學"最爲明確、最爲全面的定義。重建的博物學於"身體"之外，另增《函籍》《珍奇》《科技》等，可以更全面地融匯古今。在擴展了傳統博物學天地之外，又致力於探索浩浩博物的淵源、流變，以及同物異名與同名異物的研究，致力於物、名之間的生衍關係的考辨。"博物學"本無須冠以"中華"或"中國"字樣，在當代爲區别於西方的"博物學"，遂定名爲"中華博物學"，或曰"中華古典博物學"。"中華博物學"，國人本當最爲熟悉，事實却是大出所料，近世此學已成了過眼雲烟，少有問津者，西方博物學反而風靡於中國。何以形成如此狀況？何以如此本末倒置？這就不能不從噩夢般的中國近代史談起。

一、喪權辱國尋自保，走投無路求西化

清王朝自鴉片戰争喪權辱國之後，面對列强的進逼，毫無氣節，連連退讓，其後又遭甲午戰争之慘敗，走投無路，於是由所謂"師夷之長技"，轉而向日本求取西化的捷徑，以便苟延殘喘。日本自 19 世紀始，城鄉不斷發生市民、農民暴動，國内一片混亂。1854 年 3 月，又在美國鐵艦火炮脅迫之下，簽訂《神奈川條約》。四年後再度被迫與美國簽訂通商條約。繼此以往，荷、俄、英、法，相繼入侵，條約不斷，同百年前的中國一樣，徹底淪爲半封建半殖民地社會，當權的幕府聲威喪盡。1868 年 1 月，天皇睦仁（即明治天皇）下達《王政復古大號令》，廢除幕府制度，但值得注意的是仍然堅守"大和精神"，并未全部廢除自家原有傳統。同年 10 月，改元明治，此後的一系列變革措施，即稱之爲"明治維新"。維新之後，否定了"近習華夏"，衝决了"東亞文化圈"，上自天皇，下至黎民，勠力同心，在"富國强兵、置産興業"的前提之下，遠法泰西，大力引入嶄新的科學技術，從而迅速崛起，廢除了與列强的一切不平等條約，成爲令人矚目的世界强國之一。可見"明治維新"之前，日本内憂外患的遭遇，與當時的中國非常相似。在此民族存亡的關鍵時刻，中國維新派代表人物不失時機，遠渡東洋，以日本爲鏡鑒，在引進其先進科技的同時，也引進了日本人按照英文 natural history 的語意翻譯成的漢語"博物學"，雖并不準確，但因出於頂禮膜拜，已無暇顧及。況且，自甲午戰争至民國前期，日源語詞已成爲漢語外來語詞庫中的魁首，遠超英法俄諸語，且無任何外來語痕迹，最難識別。如"民主""科學""法律""政府""美感""浪漫""藝術界""思想界""無神論""現代化"等，不勝枚舉。國人曾試圖自創新詞，但敗多勝少，祇能望洋興嘆。究其原因，并非民智的高下，也并非語種的優劣，實則是國力强弱的較量，國强則國威，國威則必擁有强勢文化，而强勢文化勢必涌入弱國，面對强勢文化，弱國豈有話語權？西方的"博物學"進入中國，遒勁而又自然。

那麼，西方博物學源於何時何地？又經歷了怎樣的發展變化？答曰：西方博物學發端於古希臘亞里士多德（公元前 384—前 322）《動物志》之類著述，又經古羅馬老普林尼（公元 23—79）的《自然史》，輾轉傳至歐洲各國。其所謂博物除却動植物外，更有天文、地理、人體諸類。這是西方的文化背景與知識譜系，西人習以爲常，喜聞樂見。在歐洲文藝復興和美洲地理大發現之後，見到別樣的動物、植物以及礦物，博物學得到長足發展。至 19 世紀前半期，博物學形成了動物學、植物學和礦物學三大體系，達於鼎盛。至 19 世紀後期，動物學、植物學獨立出來，成爲生物學，礦物學則擴展爲地質學，博物學已被架空。至 20 世紀，博物學已不再屬於什麼科學研究，而完全變成一種生態與環境探索，以供民衆休閑安居的社會活動。其時，除却發端於亞里士多德的"博物學"之外，也有後起的"文化博物學"（Cultural Museology），這是一門非主流的綜合性學科，旨在研究人類一切文化遺産，試圖展示并解釋歷史的傳承與發展，但在題材視野、表達主旨等方面與中華傳統博物學仍甚有差异。面對此類非主流論説，當年的譯者或視而不見，或有意摒弃，其志在振興我中華。

在尋求救國的路途中，仁人志士們目睹了西方先進文化，身感心受，嚮往久之。"試航東西洋一游，見彼之物質文明，莊嚴燦爛，而回首宗邦，黯然無色，已足明興衰存亡之由，長此以往，何堪設想？"（吳冰心《博物學雜誌》發刊詞，1914 年 1 月，第 1 ~ 4 頁），此時仁人志士們滿腔熱血，一心救國。但如何救國，却茫茫然，如墮五里霧中。這一救國之路從表象上觀察似乎一切皆以日本爲鏡鑒，實則迥别於"明治維新"之路，未能把握"富國强兵、置産興業"之首要方嚮，而當年的執政者却祇顧個人權勢的得失，亦無此遠大志嚮。仁人志士們雖振臂疾呼，含泪吶喊，祇飄摇於上層精英之間，因一度失去民族自信、文化自信，而不知所措，矛頭直指孔子及千載儒學，進而直指傳統文化。五四運動前夜，北京大學著名教授錢玄同即正告國人"欲驅除一般人之幼稚的野蠻的頑固的思想"，就必須要"廢孔學"，必須要"廢漢文"（錢玄同《中國今後的文字問題》，載 1918 年 4 月 15 日《新青年》第 4 卷第 4 號）。翌年，五四運動爆發，仁人志士們高舉"德謨克拉西"（民主）、"賽因斯"（科學）兩面大旗，掀起反帝反封建的狂濤巨瀾，成爲中國近現代史上的偉大里程碑，中國人民自此視野大開。這兩面大旗指明了國家强弱成敗的方嚮。但與此同時，仁人志士們又毫不猶豫，全力以赴，要堅决"打倒孔家店"。於是，孔子及其儒家學説成了國弱民窮的替罪羊！接踵而至的就是對於漢字及其代表的漢文化的徹底否定。偉大革命思想家魯迅也一直抨擊傳統觀念、傳統體制，1936 年 10 月，在他逝世前夕《病中答救亡情報訪員》一文中，竟然斷言："漢字不滅，中國必亡！"而新文化運動的主要人物之一胡適更是語出驚人："我們必須承認我們自己百事不如人，不但物質機械上不如人，不但政治制度不如人，并且道德不如人，知識不如人，文學不如人，音樂不如人，藝術不如人，身體不如人。"中華民族是"又愚又懶的民族"，是"一分像人，九分像鬼的不長進民族"（胡適《介紹我自己的思想》，1930 年 12 月亞東圖書館初版《胡適文選》自序）。這是五四運動前後一代精英們的實見實感，本意在於革故鼎新，但這些通盤否定傳統文化的主張，不啻是在緊要歷史關頭的一次群情失控，是中國文化史中的一次失智！在這樣的歷史背景、這樣的歷史氣勢之下，接受西方"博物學"就成了必然，有誰會顧及古老的傳統博物學？

在引進西方博物學之後，國人紛予效法，試圖建立所謂中華自家的博物學，於是圍繞植物學、動物學兩大方面遍搜古今，窮盡群書，着眼於有關動植物之類典籍的縱橫搜求，但這并非我中華的博物全貌，也并非我中華博物學，況且在中華古典博物學中，也罕見西方礦物學之類著作，可見，試圖以西方的博物學體系，另建中華古典博物學，實在是削足適履、邯鄲學步。自 1902 年始，晚清推行學制改革，先後頒布了"壬寅學制""癸卯學制"。1905 年，根據《奏定學堂章程》，已將西方博物學納入中學的課程設置。其課程分爲植物、動物、礦物、人體生理學四種，分四年講授。1912 年中華民國成立後，江浙等地出現過博物學會和期刊，稍後武昌高等師範學校設立了博物學系，出版過《博物學雜誌》，主要研究動物學、植物學及人體生理學，隨後又將博物學系改稱生物學系，《博物學雜誌》也相應改稱《生物學雜誌》，重走了西方的老路。北京高等師範學校也有類似經歷，甚爲盲目而混亂。至 30 年代，發現西方博物學自 20 世紀始，已轉型爲生態與環境探索，國人因再無興趣，對西方博物學的大規模推廣、學習在中國遂告停止，但因影响至深，其餘風猶存。

二、中華典籍浩如海，博物古學何處覓？

應當指出，中國古代典籍所載之草木、鳥獸、蟲魚之類，亦有別於西方，除却其自身屬性特徵外，又常常被人格化，或表親近，或加贊賞，體現了另一種精神情愫。如動物龜、鶴，寓意長壽（其後，龜又派生了貶義）；豺、狼、烏鴉、猫頭鷹，或表殘忍，或表不祥；其他如十二生肖，亦各有象徵，各有寓意。而那些無血肉、無情感的植物，同樣也被賦予人文色彩。如漢班固《白虎通·崩薨》載："《春秋含文嘉》曰：天子墳高三仞，樹以松；諸侯半之，樹以柏；大夫八尺，樹以欒；士四尺，樹以槐；庶人無墳，樹以楊、柳。"足見在我國古老的典制禮俗中，松、柏、欒、槐、楊、柳，已被賦予了不同的屬性，被分爲五等，楊、柳最爲低賤；就連如何埋葬也分爲五等，嚴於區別，從墳高三仞到無墳，成爲天子到庶人的埋葬標志。實則墳墓分爲等級，早在公元前 3300 年至公元前 2300 年的良渚古城遺址已經發現。這些浩浩博物，廣泛涉及了古老民族和古老國度的典制與禮俗，我國學人也難盡知，西方的博物學又當如何表述？

可見西方博物學絕難取代中華古典博物學，中華古典博物學的研究範圍，遠超西方博物學，或可說中華古典博物學大可包容西方博物學。如今，這一命題漸引起國內一些有識之士、專家學者的關注。那麼，中華古典博物學究竟發端於何時何地？有無相對成型的體系？如何重建？答曰：若就人類辨物創器而言，上古即已有之，環宇盡同。若僅就我中華文獻記載而言，有的學者認爲當發端於《周易》，因爲"易道廣大，無所不包"（《四庫全書總目提要》卷九），或認爲發端於《書·禹貢》，因爲此書廣載九州山河、人民與物產。《周易》《禹貢》當然可以視爲中華博物學的源頭。而作爲中華博物學體系的領銜專著，則普遍認爲始於晋代張華《博物志》。而論者則認爲，中華博物學成爲一門相對獨立的學科體系，當始於秦漢間唐蒙的《博物記》，此書南北朝以來屢見引用，張華《博物志》不過是續作而已。對此，前人久有論述。如《四庫全書總目提要》卷一四二曰："劉昭《續漢志》注《律曆志》引《博物記》一條，《輿服志》引《博物記》一条，《五行志》引《博物記》二條，《郡國志》引《博物記》二十九條……今觀裴松之《三國志》注（《魏志·太祖紀》《文帝紀》《吳志·孫賁傳》等）引《博物志》四條，又於《魏志·凉茂傳》中引《博物記》一條，灼然二書，更無疑義。"再如宋周密《齊東野語·野婆》曰："《後漢·郡國志》引《博物記》曰：'日南出野女，群行不見夫，其狀晶且白，裸袒無衣襦。'得非此乎？《博物記》當是秦漢間古書，張茂先（張華，字茂先）蓋取其名而爲《志》也。"再如明楊慎《丹鉛總錄》卷一一："漢有《博物記》，非張華《博物志》也，周公謹云不知誰著。考《後漢書》注，始知《博物記》爲唐蒙作。"如前所述，此書南北朝典籍中多有引用，如僅在南朝梁劉昭《續漢志》注中，《博物記》之名即先後出現了三十三次之多。據有關古籍記載，其內包括了律曆、五行、郡國、山川、人物、輿服、禮俗等，盡皆實有所指，無一虛幻。故在明代有關前代典籍分類中，已將唐蒙《博物記》與三國魏張揖《古今字詁》、晋呂靜《韻集》、南朝梁阮孝緒《古今文詁》、唐顔元孫《干禄字書》、宋洪适《隸釋》等字書、韵書并列（見明顧起元《說略》卷一五），足見其學術地位之高，而張華《博物志》則未被錄入。

至西晋已還，佛道二教廣泛流傳，神仙方士之說大興，於是張華又衍《博物記》爲《博物志》，其書內容劇增，自卷一至卷六，記載山川地理、歷史人物、草木蟲魚，這些當是紀要考訂之屬，合乎本文指稱的名副其實的博物學系統。此外，又力仿《山海經》的體例，旨在記載异物、妙境、奇人、靈怪，以及殊俗、瑣聞等，諸多素材語式，亦幾與《山海經》盡同，若"羽民國，民有翼，飛不遠……去九嶷四萬三千里"云云，并非"浩博實物"，已近於"志怪"小說。張華自序稱其書旨在"博物之士覽而鑒焉"，張序指稱的"博物之士"，義同前引《左傳》之"博物君子"，其"博物"是指"博通諸種事物"，虛虛實實，紛紛紜紜，無所不包。此類記述，正合世風，因而《博物志》大行其道，《博物記》則漸被冷落，南北朝之後已失傳，其殘章斷簡偶見於他書，可輯佚者甚微。後世輾轉相引，又常與《博物志》混同。《博物志》至宋代亦失傳，今本十卷爲采摭佚文、剟掇他書而成，真僞雜糅，亦非原作。其後又有唐人林登《續博物志》十卷，緊接《博物志》之後，更拓其虛幻内容，以記神異故事爲主，多是叙述性文字，其條目篇幅較長，宋代之後也已亡佚。再後宋人李石又有同名《續博物志》十卷，其自序稱："次第仿華書，一事續一事。"實則并不盡然，華書首設"地理"，李書改增爲"天象"，其他内容，間有與華書重複者，所續多是後世雜籍，宋世逸聞。此書雖有舛亂附會之弊，仍不失爲一部難得的繼補之作。李書之後，又有明人游潛《博物志補》三卷，仍係補張華之《志》，旨趣體例略如李石之《續志》，但頗散漫，時補時闕，猥雜冗濫。李、游一續一補，盡皆因仍張《志》，繼其子遺。以上諸書之所謂"博物"，一脉相承，注重珍稀之物而外，多以臚列奇事異聞爲主旨，同"浩博實物"的考釋頗有差异。游潛稍後，明董斯張之《廣博物志》五十卷問世，始一改舊例，設有二十二類，下列子目一百六十七種，所載博物始於上古，達於隋末，不再因仍張《志》而爲之續補，已是擴而廣之，另闢山林，重在追溯事物起源，其中包括職官、人倫、高逸、方技、典制，等等。其後，清人陳逢衡著有《續博物志疏證》十卷、《續博物志補遺》一卷，對李石《續志》逐條研究探索，并又加入新增條目，成爲最系統、最深入的《續》説。其後，徐壽基又著有《續廣博物志》十六卷，繼董《志》餘緒，於隋代之後，逐一相繼，直至明清，頗似李石之續張華。但《廣志》《續廣志》之類，仍非以專考釋"浩博實物"爲主旨。我國第一部以"博物"命名而研究實物的專著，當爲明末谷應泰之《博物要覽》。該書十六卷，惜所涉亦不過碑版、書畫、銅器、窑器、瑪瑙、珊瑚、珠玉、奇石等玩賞之器物，皆係作者隨所見聞，摭錄成帙；所列未廣，其中碑版書畫，尤爲簡陋，難稱浩博，其影響遠不及前述諸《志》，但所創之寫實體例，則非同尋常。而最具權威者，當是明末黄道周所著《博物典彙》，該書共二十卷，所涉博物，始自遠古，達於當朝，上自天文地理，下至草木蟲魚，盡予囊括，并以其所在時代最新的觀點、視野，對歷代博物著述進行了彙總研究。如卷一關於"天文"之考釋，下設"渾天""七曜"，"七曜"下又設"日""月""五星"，再後又有"經星圖""緯星圖""二十八宿"。又如卷七關於"后妃"，下設"宮闈內外之分""宮闈預政之誡"，緊隨其後的即教育"儲貳"之法，等等，甚爲周嚴。

以上諸書就是以"博物"命名的博物學專著。在晚清之前，代代相繼，發展有序，并時有新的建樹。

與這些博物學專著相并行，相匹配，另有以"事"或"事物"命名，旨在探索事物起源的博物學專著。初始之作爲北魏劉懋《物祖》十五卷，稍後有隋謝昊《物始》十卷，是對《物祖》的一次重大補正。《物始》之後，有唐劉孝孫等《事始》三卷，又有五代馮鑑《續事始》十卷，是對《事始》的全面擴展與開拓。《續事始》之後，另有宋高承《事物紀原》十卷，此書分五十五個類目，上自"天地生植"，中經"樂舞聲歌""輿駕羽衛""冠冕首飾""酒醴飲食"，直至"草木花果""蟲魚禽獸"，較《物祖》《物始》尤爲完備，遂成博物學的百代經典。接踵而來者有明王三聘《古今事物考》八卷，效法《紀原》之體，自古至今，上至天文地理，下至昆蟲草木，中有朝制禮儀、民生器用、宮室舟車，力求完備，較之他書尤得要領，類居目列，條理分明，重在古今考釋，一事一物，莫不求源溯始，考核精審。此書載錄服飾資料尤爲豐富，如卷一有上古禮制之種種服式，非常全面，卷六所載後世之巾冠、衣、佩、帶、襪、履舄、僧衣、頭飾、妝飾、軍服等百餘種，考證多引原書原文，確然有據，甚爲難得。就全書而言，略顯單薄。明徐炬又有《古今事物原始》三十卷，此書仿高承《紀原》之體，又參《事物考》之章法，以考釋制度器物爲主，古今上下，盡考其淵源，更有所得，凡日月星辰、山川草木，亦必確究其淵源流變，但此與天地共生之浩浩博物，四百餘年前的一介書生，豈可臆測而妄斷？爲此而輾轉援引，頗顯紛亂。且鳥獸花草之起首，或加偶語一聯，或加律詩二句，而後逐一闡釋，實乃蛇足。其書雖有此瑕疵，卻不掩大成。與王、徐同代的還有羅頎《物原》二卷（《四庫》本作一卷），羅氏以《紀原》不能黜妄崇真，故更訂爲十八門，列二百九十三條，條條錘實。如，刻漏、雨傘、鋦子（用於連合破裂器物的兩腳釘）、酒、豆腐之類的由來，多有創見。惜違《紀原》明記出典之體，又背《事物考》之道，凡有考釋，則溷集眾說爲一。如，烏孫公主作琵琶，張華作苔紙，皆茫然不知所本。不過章法雖有差失，未臻完美，但其功業甚巨，《物原》成爲一部研究記述我國先民發明創造的專著。時至清代，陳元龍又撰

《格致鏡原》一百卷。何謂"格致鏡原"？意即格物致知，以求其本原。此書的子目多達一千七百餘種，明代以前天地間萬事萬物盡予羅致，一事一物，必究其原委，詳其名號，廣博而精審，終成中華古典博物學的巔峰之作。

以上兩大系列專著，自秦漢以來，連續兩千載，一脉相承，這并非十三經、二十六史之類的敕編敕修，無人號令，無人支持，完全出自一種無形的力量，出自文化大國、中華文脉自惜自愛的傳承精神，從而構成浩大的博物學體系。在我國學術研究史中，在我國圖書編纂史中，乃至於世界文化史中，當屬大纛獨立，舉世無雙！本當如江河之奔，生生不息，終因清廷喪權辱國、全盤西化而戛然中斷。

三、博物古學歷磨難，科技起落何可悲！

回顧我國漫長的文化史可知，中華博物學是在傳統的"重道輕器"等陳腐觀念桎梏下，以强大的民族自覺精神、民族意志爲推動力，砥礪前行，千載相繼，方成獨立體系，因而愈加難得，愈加可貴。

"重道輕器"觀念是如何出現的？何謂"道器"？兩者究竟是何關係？《周易·繫辭上》曰："形而上者謂之道，形而下者謂之器。"何謂"道"？所謂道乃"先天地生"，無形無象、無聲無色、無始無終、無可名狀，爲"萬物之所然也，萬理之所稽也"（見《韓非子·解老》），是指形成宇宙萬物之本原，是形成一切事理的依據與根由。何謂"器"？器即宇宙間實有的萬物，包括一切科技發明，至巨至大，至細至微，充斥天地間，而盡皆不虛，或有實物可見，或有形體可指。器即博物，博物即器。"道器關係"本是一種有形無形、可見與不可見的生衍關係，并無高下之分，但在傳統文化中却另有解釋。如《周禮·考工記序》曰："坐而論道，謂之王公；作而行之，謂之士大夫；審曲面埶，以飭五材，以辨民器，謂之百工。"又曰："智者創物，巧者述之，守之世，謂之百工。百工之事，皆聖人之作也。"此文突顯了"道"對於"器"的指導與規範地位。"坐而論道"，可以無所不論，民生、朝政、國運、天下事，當然亦在所論之中。"道"實則是指整體人世間的一種法則、一種定律，或說是我古老的中華民族所創造的另一種學說。所謂"論道者"，古代通常理解爲"王公"或"聖人"，實則是代指一代哲人。《考工記序》却將論道與製器兩者截然分開，明確地予以區別，貶低萬衆的創造力，旨在維護專制統治，從而確定人們的身份地位。坐而論道者貴爲王公，親身製器者屬末流之百工（"審曲面執，以飭五材、以辨民器"，謂觀察金、木、皮、玉、土之曲直、性狀，據以製造民人所需之器物）。《考工記序》所記雖名爲"考工"，實則是周代禮制、官制之反映，對芸芸衆生而言，這種等級關係之誘惑力超乎尋常，絕難抵禦，先民樂於遵從，樂於接受，故而崇敬王公，崇敬聖人，百代不休。因而在中國古代，科學技術大受其創。

"重道輕器"的陳腐觀念，在中國古代影響廣遠，"器"必須在"道"的限定之下進行，不得隨意製作，不得超常發揮，"道"漸演化爲統治者實施專政的得力手段。"坐而論道"，似乎奧妙無盡。魏晉時期，藉儒入道，張揚"玄之又玄"，乃至於魏晉人不解魏晉文章，本朝人爲本朝人作注，史稱"玄學"。兩宋由論道轉而談理，一代理學宗師應運而生，闡理思辨，超乎想象，就連虛幻縹緲的天宮，亦可談得妙理聯翩，後世道家竟繪出著名的《天宮圖》來。事越千載，五四運動時期，那些新文化運動主將們聯手痛搗"孔家店"，却不攻玄理，"論道""崇道""樂道""惜道"，滾滾而來，遂成千古"道"統，已經背離《易》《老》的本義。出於這樣的觀念，如何會看重"形而下"的博物與博物學？

那麼，古代先民又是如何看待與博物學密切相關的科學技術？《書・泰誓下》載，殷紂王曾作"奇技淫巧，以悦婦人"，爲百代不齒，萬世唾罵。何謂"奇技淫巧"？唐人孔穎達釋之曰："奇技謂奇異技能，淫巧謂過度工巧……技據人身，巧指器物。"所謂"奇技淫巧"，今大底可釋爲超常的創造發明，或可直釋爲科學技術。論者認爲，"百代不齒，萬世唾罵"者并不在於"奇技淫巧"這一超常的創造發明，而在於紂王奢靡無度，用以取悦婦人的種種罪孽。至於紂王是否奢靡無度，"以悦婦人"，今學界另有考證。紂王當時之所以能稱雄天下，正是由於其科技的先進，軍事的強大，其失敗在於大拓疆土，窮兵黷武，導致內外哀怨，決戰之際又遭際叛亂。所謂"以悦婦人"之妲己，祇是戰敗國的一種"貢品"而已，對於年過半百的老人并無多大"媚力"。關於殷商及妲己的史料，最早見於戰國時期成書的《國語・晋語一》，前後僅有二十七字，并無"酒池肉林""炮烙之刑"之類記載，後世史書所謂紂王對妲己的種種寵愛，實是一種演繹，意在宣揚"紅顏禍水"之説（此説最早亦源於前書。"紅顏禍水"，實當稱之爲"紅顏薄命"）。在中國古代推崇"紅顏禍水"論，進而排斥"奇技淫巧"，從而否定了科技的力量，否定了科技強弱與國家強弱的關係。時至周代，對於這種"奇技淫巧"，已有明確的法律限定："作淫聲、異服、奇技、奇器以疑衆，殺！"（見《禮記・王制》）這也就是說，要杜絕一切新奇的創造發明，連同歌聲、服飾也不得超乎常規，否則即犯殺罪！此文自漢代始，多有注疏，今擇其一二，以見其要。"淫聲"者，如春秋戰國時鄭、衞常有男女私會，謳歌相引，被斥爲淫靡之聲；"奇技"者，如年輕的公輸班曾"請以機窆"，即以起重機落葬棺木，因違反當時人力牽挽的埋葬禮節，被視爲不恭。一言以蔽之，凡有違禮制的新奇科技、新奇藝術，皆被視爲疑惑民眾，必判以重罪。這就是所謂"維護禮制"，其要害就是維護統治者的統治地位，故而衣食住行所需器物的質材及數量，無不在尊卑貴賤的等級制約之中。如規定平民不得衣錦綉，不得鼎食，商人、藝人不得乘車馬，就連權貴們娛樂時選定舞蹈的行列亦不可違制，違制即意味着不軌，意味着僭越。杜絕"奇技淫巧"，始自商周，直至明清而未衰。我國著名的四大發明，千載流傳，未料却如同國寶大熊猫一樣，竟由後世西方科學家代爲發現，實在可悲！四大發明、大熊猫之類，或因史籍隱冷，疏於查閱，或因地處山野，難以發現，姑可不論，但其他很多非常具體的發明創造，雖有群書連續記載，也常被無視，或竟予扼殺。如漢代即有超常的"女布"，因出自未嫁少女之手而得名（見《後漢書·王符傳》），南北朝時已久負盛名，稱"女子布"（見南朝宋盛弘之《荆州記》）。宋代又稱"女兒布"，被贊爲"布帛之品……其尤細者也"（見宋羅濬《寶慶四明志·郡志四》）。其後歷代製作，不斷創新，及至明清終於出現空前的妙品"女兒葛"。"女兒葛"爲細葛布的一種，其物纖細如蟬翼紗，又如傳說中的"蛟女絹"，僅重三四兩，捲其一端，整匹女兒葛便可出入筆管之中，精美絕倫，明代弘治之後曾發現於四川鄰水縣，但却被斷然禁止。明皇甫録《下陴記談》卷上："女兒葛，出鄰水縣，極纖細，必五越月而後成，不減所謂蟬紗、魚子纐之類，蓋十縑之力也。予以爲淫巧，下令禁止，無敢作者。"對此美妙的"女兒葛"，時任順慶府知府的皇甫録，并没給予必要的支持、鼓勵，反而謹遵古訓，以杜絕"奇技淫巧"爲己任，堅決下達禁令，并引以爲榮。皇甫録乃弘治九年（1496）進士，爲官清正，面對"奇技淫巧"也如此"果斷"！此後清代康熙年間，"女兒葛"再現於廣東增城縣一帶，其具體情狀，清屈大均《廣東新語·貨語·葛布》中有翔實描述，但其遭遇同樣可悲，今"女兒葛"終於銷聲匿迹。在中國古代，類似的遭遇，又何止"女兒葛"？杜絕"奇技淫巧"之風，一脉相承，何可悲也。

　　但縱觀我華夏全部歷史可知，一些所謂的"奇技淫巧"之類，雖屢遭統治者的禁弃，實則是禁而難止，況統治者自身對禁令也時或難以遵從，歷代帝王皇室之衣食住行，幾乎無一不恣意追求舒適美好，爲了貪圖享樂，就不得不重視科技，就不得不啓用科技。如

“被中香爐”（爐内置有炭火、香料，可隨意旋轉以取暖，香氣縷縷不絶。發明於漢代）、“長信宫燈”（燈内裝有虹管，可防空氣污染。亦發明於漢代）的誕生，即明證。歷代王朝所禁絶的多是認定可能危及社稷之類的“奇技淫巧”，并未禁止那些有利於民生的重大發明，也没有壓抑摧殘黎民百姓的靈智（歷史中偶有以愚民爲國策者，祇是偶或所見的特例而已）。帝王們爲維護其統治地位，以求長治久安，在“重道輕器”的同時，也極重天文、曆算、農桑、醫藥等領域的研究，凡善於治國的當權者，爲謀求其國勢得以强盛，則必定大力倡導科技，《後漢書·和熹鄧皇后紀》所載即爲顯例。和熹皇后鄧綏（公元 81—121），深諳治國之道，兼通天文、算數。永元十四年（102），漢和帝死後，東漢面臨種種滅頂之災，鄧綏先後擁立漢殤帝和漢安帝，以“女君”之名親政長達十六年，克服了有史以來最嚴重的十年天灾，剿滅海盜，平定西羌，收服嶺南三十六個民族，將九真郡外的蠻夷夜郎等納入版圖，恢復東漢對西域的羈縻，征服南匈奴、鮮卑、烏桓等，平息了内憂外患，使危機四伏的東漢王朝轉危爲安。正是在這期間，鄧綏大力發展科技，勉勵蔡倫改進造紙術，任用張衡研製渾天儀、地動儀等儀器，并製造了中尚方弩機，這一可以連續發射的弩機，其射程與命中率令時人驚嘆，成爲當時世界上最具殺傷力的先進武器（此外，鄧綏又破除男女授受不親的陳腐觀念，創辦了史上最早的男女同校學堂，并通過支持文字校正與字詞研究，推動了世界第一部字典《説文解字》問世）。這就爲傳統的博物研究提供了巨大的空間，因而先後出現了今人所謂的“四大發明”之類。實際上何止是“四大發明”？天文、曆算等領域的發明創造，可略而不論。鄧綏之前，魯班曾“請以機窆”的起重機，出現於春秋時期，早於西方七百餘年。徐州東洞山西漢墓出土的青銅透光鏡，歐洲和日本人稱其爲“魔鏡”，當一束光綫照射鏡面而投影在墻壁上時，墙上的光亮圈内就出現了銅鏡背面的美麗圖案和吉祥銘文。這一“透光鏡”比日本“魔鏡”早出現一千六百餘年，而歐洲的學者直到 19 世紀纔開始發現，大爲驚奇，經全力研究，得出自由曲面光學效應理論，將其廣泛運用於宇宙探索中。今日，國人已能够恢復這一失傳兩千餘載的原始工藝，千古瑰寶終得重放异彩！鄧綏之後，又創造了“噴水魚洗”，亦甚奇妙，令人大開眼界。東漢已有“雙魚洗”之名（見明梅鼎祚《東漢文紀》卷三二引《雙魚洗銘》），未知當時是否可以噴水。“噴水魚洗”形似現今的臉盆。盆内多刻雙魚或四魚，盆的上沿兩側有一對提耳，提耳的設置，不祇是爲了便於提動，同時又具有另外一個功用，即當手掌撫摩時，盆内還能噴射出兩尺高的水柱，水面形成一片浪花，同時會發出樂曲般的聲響，十分神奇。今可確知，"噴水魚洗"興起於唐宋之間（見宋王明清《揮塵前録》卷三、宋何薳《春渚紀聞》卷九），當是皇家或貴族所用盥洗用具。魚洗能够噴水，其道理何在？美國、日本的物理學家曾用各種現代科學儀器反復檢測查看，試圖找出其導熱、傳感及噴射發音的構造原理，雖經全力研究，但仍難得以完整的解釋，也難以再現其效果。面對中國古代科技創造的這一奇迹，現代科學遭遇了空前挑戰，衹能"望盆興嘆"。

中華民族，中華博物學，就是在這樣複雜多變的背景之下跌宕起伏，生存發展，在晚清之前，兩千餘年來，從未停止前進的步伐，這又成爲中華民族的民族性與中華博物學的一大特點。

四、西化流弊何時休，誰解古老博物學？

自晚清以還，中華博物學沉淪百年之久，本當早已復蘇，時至今日，幸逢盛世，正益修典，又何以總是步履維艱？豈料經由西學東漸之後，在我國國内一些學人認定科學決定一切，無與倫比，日積月纍，漸漸形成了一種偏激觀念——"唯科學主義"，即以所謂是否合於科學，來判定萬事萬物的是非曲直，科學擁有了絕對的話語權。"唯科學主義"通常表現爲三種態度：一、否認物質之外的非物質。凡難以認知的物質，則稱之爲"暗物質"。這一"暗"字用得非常巧妙，"暗"，難見也！於是"暗物質"取代了"非物質"；二、否認科學之外的其他發現。凡是遇到無從解釋的難題，面對別家探索的結論，一律斥爲"僞科學"。三、否認科學範圍以外的其他一切生產力，唯有科學可以帶動社會發展，萬事萬物必須以科學爲推手。

何謂"科學"？中國古代本有一種認識論的命題，稱之爲"格致"，意謂"格物致知"，指深究事物原理以求得知識，從而認識各種客觀現象，掌握其變化規律。這種哲學我國先秦諸子久已有之，雖已歷千載百代，但却未得應有的重視，終被西方科學所取代。自 16 世紀始，歐洲由於文藝復興，挣脱了天主教會的長期禁錮，轉向於對大自然的實用性的探索，其代表作即哥白尼的"日心説"與伽利略天文望遠鏡的發明，同時出現牛頓的力學，這是西方的第一次科技革命。這一時期已有"科學"其實，尚無後世"科學"之名，起始定名爲英語 science 一詞，源於拉丁文，本意謂人世間的各種學問，隸屬於古希臘的哲學思想，是一種對於宇宙間萬事萬物的生衍關係的一種想象、一種臆解，原本無甚稀奇，此時已反響於歐洲，得以廣泛流傳。至 18 世紀，新興的資産階級取得政權，爲推行資本主義，又大力發展科學，西方科學已處於世界領先地位。時至 19 世紀 60 年代後期及 20 世紀初，歐洲發生了以電力、化學及鋼鐵爲新興産業的第二次科技革命，英語 science 一詞迅速擴展於北美和亞洲。日本明治維新時期，赴歐留學的日本學者將 science 譯成"科學"，學界認爲是藉用了中國科舉制度中"分科之學"的"科學"一詞，如同將英文 natural history 的語意翻譯成漢語"博物學"一樣，也并不準確，中國的變法派訪日時，對之頂禮膜拜，欣然接受，自家固有的"格致"一詞，如同國學中的其他語詞一樣被弃而不用，"科學"一詞因得以廣泛流傳。"科學"當如何定義？今日之"科學"包括了自然科學、社會科學、思維科學以及交叉科學。除却嚴謹的形式邏輯系統之外，本是一種具體的以實踐爲手段的實證之學。實踐與實證的結果，日積月纍，就形成了人類關於自然、社會和思維的認知體系，成爲人類評斷事物是非真僞的依據。但科學不可能將浩渺無盡的宇宙及宇宙間的萬事萬物盡皆予以實踐、實證，能够實踐、實證者甚微，因而科學總是在不斷地探索，不斷地補正，不斷地自我完善之中，其所能研究的領域與功能實在有限。當代科學可以在指甲似的晶片上，一次性地裝載五百億電晶體，可以將重達六噸以上的太空船射向太空，并按照既定指令進行各種探索，但却不能造出一粒原始的細胞來，因爲這原始細胞結構的複雜神秘，所藴含的奇妙智慧，人類雖竭盡全力，却至今無法破解。細胞來自何處？是如何形成的？科學完全失去了話語權！造不出一粒原始的細胞，造一片樹葉尤無可能，造一棵大樹更是幻想，遑論萬千物種，足證"科學"并非萬能的唯一學問。況且，"暗物質"之外，至少在中國哲學體系中尚有"非物質"。何謂"非物質"？"非物質"是與"物質"相對而言，區別於"暗物質"的另一種存在，正如前文所述，它"無形無象、無聲無色、無始無終、無可名狀"，在中國古代稱之爲"道"。"道"可以不遵循因果關係，可以無中生有，爲"萬物之所然也，萬理之所稽也"，可以解釋萬物的由來，可以解釋宇宙的形成。今以天體學的的視野略加分析，亦可見"唯科學主義"的是非。人類賴以生存的地球，其直徑約爲 12 742 公里，是太陽系中的第三顆小行星。太陽系的直徑約爲 2 光年，太陽是銀河系中數千億恒星之一，銀河系的直徑約爲 10 萬光年，包括 1 千億至 4 千億顆恒星，而宇宙中有一千至兩千億銀河系，宇宙有 930 億光年。一光年約等於 9.46 萬億公里。地球在宇宙中衹是一粒微塵，如此渺小的地球人能創造出破解一切的偉大科學，那是癡人説夢！中華先賢面對諸多奧妙，面對諸多不可思議的現象，提出這一"無可名狀"之"道"，當然并非憑空想象，自有其觀測與推理的依據，這顯然不同於源自西方的科學，或曰是西方科學所包容不了的。先賢提出的"無可名狀"的"道"，已超越物質的範圍，或曰"道"絕非"暗物質"所能替代的。這一"無可名狀"的"道"，在當今的別樣的時空維度中已得到初步驗證（在這非物質的維度中滿富玄機）。論者提出這一古老學說，旨在證明"唯科學主義"排斥其他一切學說，過分張揚，不足稱道，絕無否定或輕忽科學之意。百年前西學東漸，尤其是西方科學的傳入，乃是我中華民族思維與實踐領域的空前創獲，是實踐與思維領域的一座嶄新的燈塔，如今已是家喻戶曉，人人稱贊，任誰也不會否認科學的偉大，但却不能與偏激的"唯科學主義"混同。後世"科學"一詞，又常常與"技術"連稱爲"科學技術"，簡稱"科技"。何謂"技術"？"技術"一詞來源於希臘文"techs"，通常指個人的技能或技藝，是人類利用現有實物形成新事物，或改變原有事物屬性、功能的方法，或可簡言之曰發明創造。科學技術不同於科學，也不同於技術，也不是科學與技術的簡單相加。科學技術是科學與技術的有機結合體系，既是人類認識世界和改造世界的成果或產物，又是人類認識世界和改造世界最有力的工具或手段，兩者實難分割。某些技術本身可能祇是一種技法，而高深技術的背後則必定是科學。

　　出於上述"唯科學主義"偏激觀念，重建中華博物學就遭致了質疑或否定，如有學者認爲，中國古代祇有技術而沒有科學，哪有什麼中華博物學？中華博物學被看作"前科學時代的粗糙的知識和技能的雜燴"，是一種"非科學性思考"，沒有什麼科學價值，當然也就沒有重建的必要，因爲西方博物學久已存在，無可替代。中國古代當真"祇有技術而沒有科學"麼？前文已論及"科學"與"技術"很難分割，在中國古代不祇有"技術"，同樣也有"科學"。回眸世界之歷史長河，僅就中西方的興替發展脉絡略作比較，就可以看到以下史實：當我中華處於夏禹已劃定九州、建有天下之際，西方社會多處於尚未開化的蠻荒歲月；當我中華已處於春秋戰國鋼鐵文化興起之際，整個西方尚處於引進古羅馬文明的青銅器時代；當我宋代以百萬册的印數印刷書籍之際，中世紀的西方仍然憑藉修士們成年纍月在羊皮卷上抄寫複製；著名的火藥、指南針等其他重大發明姑且不論，單就中國歷朝歷代任何一件發明創造而言，之於西方社會也毫不遜色，直至清代中葉，中國的科技一直處於世界領先地位。英國科學家李約瑟主編的七卷巨著《中國科學技術史》，即認爲西方古代科學技術85%以上皆源於中國。這是西方人自發的沒有任何背景、沒有任何色彩的論斷，甚爲客觀，迄今未見异議。此外又有學者指出，中華傳統博物學不祇擁有科技，又超越了科技的範疇，它是"關於物象（外部事物）以及人與物的關係的整體認知、研究範式與心智體驗的集合"，"這種傳統根本無法用科學去理解和統攝"，中華古典博物學"給我們提供的'非科學性思考'，恰恰是它的價值所在"（余欣《中國博物學傳統的重建》，載《中國圖書評論》，2013 年第 10 期，第 45 ~ 53 頁）。這無疑是對"唯科學主義"最有力的批駁！是的，本書極重"科技"研究，又不拘泥於"科技"，同樣重視"非科學性思考"。

中華古典博物學的研究主體是"博物"，是"博物史"，通過對"博物""博物史"的探索，而展現的是人，是人的生存、生活的具體狀況，是人的直觀發展史。中華傳統博物學構成了物我同類、天人合一的博大的獨立知識體系，是理解和詮釋世界的另一視野，這種視野中的諸多"非科學性思考"的博物，科學無法全面解讀，但却是真真切切的客觀存在。所謂傳統博物學是"前科學時代的粗糙的知識和技能的雜燴"，是"非科學性思考"的評價，甚是武斷，祇不過是一種不自覺的"唯科學主義"觀念而已。另將"科學"與"技術"分割開來，強調什麽"科學"與否，這一提法本身就不太"科學"。對此，本書前文已論及，無須複述。我國作爲一個古老國度，在其漫長的生衍過程中，理所當然地包容了"粗糙的知識和技能"。這一狀況世界所有古國盡有經歷，并非中國獨有。"粗糙的知識"的表述似乎也并不恰當，"知識"可有高下深淺之分，未聞有粗糙細緻之別。這所謂"粗糙"，大約是指"成熟"與否，實際上中華傳統博物學所涉之"知識和技能"，并非那麽"粗糙"，常常是合於"科學"的，有些則是非常的"科學"。英國科學家李約瑟等認定古代中國涌現了諸多"黑科技"。何謂"黑科技"？這是當前國際間盛行的術語，即意想不到的超越科技之科技，可見學界也是將"科學"與"技術"連體而稱，而并非稱"黑科學"。認定中國古代"祇有技術而沒有科學"，傳統博物學是"前科學時代的粗糙的知識和技能的雜燴"之說，頗有些"粗糙"，準確地説頗有些膚淺！這位學者將傳統博物學統稱爲"前科學時代"的產物，亦是一種妄斷，也頗有些隨心所欲！何謂"前科學時代"？"前科學時代"是指形成科學之前人們僅憑五官而形成的一種感知，這種感知在原始社會時有所見，但也并非全部如此，如鑽木取火、天氣預測、曆法的訂立、灸砭的運用等，皆超越了一般的感知，已經形成了各自相對獨立的科學。看來這位學者并不怎麼瞭解中國古代科技史，并不太瞭解自家的傳統文化，實屬自誤而誤人。

中華博物學的形成及發展歷程，與西方顯然不同。西方博物學萌生於上古哲人的學説，其後則以自然科學爲研究主體，遍及整個歐洲，全面進入國民的生活領域。在這樣的文化背景之下，西方日益强大，直接影響和推動了社會的發展，因而步入世界前列。我中華悠悠數千載，所涉博物，形形色色，浩浩蕩蕩，逐漸形成了中華獨有的博物學體系，但面臨的背景却非常複雜，與西方比較是另一番天地，那就是貫穿數千載的"重道輕器"觀念與排斥"奇技淫巧"之國風，這一觀念、這一國風，其表現形式就是重文輕理，且愈演愈烈。如中國久遠的科舉制度，應試士子們本可"上談禮樂祖姬孔，下議制度輕儺玄"（見明高啓《送貢士會試京師》詩），縱論古今國事，是非得失，而朝廷則可藉此擇取英才，因而國家得以强盛。時至明代後期，舉國推行的科舉制度竟然定型爲千篇一律的八股文，泯滅了朝廷取才之道，一代宗師顧炎武稱八股之禍勝似"焚書坑儒"（見《日知錄·擬題》）。清代後期爲維護其獨裁統治，手段尤爲專橫强硬，又向以"天朝"自居，哪裏會重視什麼西方的"科學技術"？"科學技術"的落伍最終導致文明古國一敗塗地，這也就是"李約瑟難題"的答案！"科學"之所以成爲"科學"，是因爲其出自實踐、實證，實踐、實證是科學的生命。實踐、實證又必須以物質爲基礎，這正與我中華博物學以浩浩博物爲研究主體相合！但中華博物學，或曰博物研究，始終被置於正統的國學之外，這一觀念與國風，極大地制約了中華博物學的發展。制約的結果如何？可以毫不誇張地説，直接阻礙了中國古代社會的歷史進程。

五、中華博物知多少，皓首難解千古謎

中華博物如繁星麗天，難以勝計，其中有諸多別樣博物，可稱之爲"黑科技"者，令人百思不得其解。如八十餘年前四川廣漢西北發現的三星堆古蜀文化遺址，距今約四千八百年至三千年左右，所在範圍非常遼闊，遠超典籍記載的成都平原一帶，此後不斷探索，不斷有新的發現，成爲 20 世紀人類最偉大的考古發現之一。該遺址內三種不同面貌而又連續發展的三期考古學文化，以規模壯闊的商代古城和高度發達的青銅文明爲代表的二期文化最具特點。二期文化中青銅器具占據主導地位，極爲神奇。衆多的青銅人頭象、青銅面具，千姿百態。還有舉世罕見的青銅神樹，該樹有八棵，最高者近 4 米，共分三層，樹枝上栖息有九隻神鳥，應是我國古籍所載"九日居下枝"的體現；斷裂的頂部，當有"一日居上枝"的另一神鳥，寓意九隻之外，另一隻正在高空當班。青銅樹三層

九鳥，與《山海經·海外東經》中所載"扶桑""若木""九日居下枝，一日居上枝"正同。上古時代，先民認爲天上的太陽是由飛鳥所背負，可知九隻神鳥即代表了九個太陽。其《南經》又曰："有木，其狀如牛，引之有皮，若纓、黃蛇。其葉如羅，其實如欒，其木若蘆，其名曰建木。"何謂"建木"？先民認爲"建木"具有通天本能，傳說中伏羲、黃帝等盡皆憑藉"建木"來往神界與人間。由《山海經》的記載可知，這神奇物又來源於傳統文化，大量青銅文化明顯地受到夏商文明、長江中游文明及陝南文明的影響。那些金器、玉器等禮器更鮮明地展現出華夏中土固有的民族色彩。如此浩大盛壯，如此神奇，這一古蜀國究竟是怎樣形成的？又是怎樣突然消失的？詩人李白在《蜀道難》中曾有絕代一問："蠶叢及魚鳧，開國何茫然？"意謂蠶叢與魚鳧兩位先帝，是在什麼時代開創了古蜀國？何以如此茫茫然令人難解？今論者續其問曰："開國何茫然，失國又何年？開失兩難知，千古一謎團。"三星堆的發掘并非全貌，僅占遺址總面積的千分之一左右，只是古蜀文化的小小一角而已，更有浩瀚的未知數，國人面臨的將是另一個陌生的驚人世界。中華民族襟懷如海，廣納百川，中外文化相容并包，故而博大精深。這些百思不得其解的神奇之物，向無答案，確屬於所謂"非科學性思考"，當代專家學者亦爲之拍案。"唯科學主義"面臨這些"黑科技"的挑戰，當然也絕難詮釋。以下再就已見出土，或久已傳世之實物爲例。上世紀 80 年代，臨潼始皇陵西側出土了兩乘銅車馬，其物距今已有兩千二百餘年，造型之豪華精美，被譽爲世界"青銅之冠"，姑且不論。兩輛車的車傘，厚度僅0.1～0.4 厘米，一號車古稱"立車"或"戎車"，傘面爲 1.12 平方米，二號車傘面爲 2.23平方米，而且皆用渾鑄法一次性鑄出，整體呈穹隆形，均勻而輕薄，這一鑄法迄今亦是絕技，無法超越。而更絕的是一號立車的大傘，看似遮風擋雨所用，實則充滿玄機，此傘的傘座和手柄皆爲自鎖式封閉結構，既可以鎖死，又可以打開，同時可以靈活旋轉 180 度，隨太陽的方位變化而變化，亦可取下插入野外，遮烈日，擋風雨，賞心隨意。令人尤爲稱奇的是，打開傘柄處的雙環插銷，傘柄與傘蓋可各獨立，傘柄就成了一把尖銳的矛，傘蓋就成了盾，可攻可守。這一 0.1～0.4 厘米厚的盾，其抗擊力又遠勝今人的製造技術，令今人望塵莫及，故國際友人贊之爲罕見的"黑科技"。此外分存於西安與鎮江東西兩方的北宋石刻《禹迹圖》，尤爲奇異。此圖參閱了唐賈耽《海內華夷圖》，并非單純地反映宋代行政區劃及華夷之間的關係，而是上溯至《禹貢》中的山川、河流、州郡分布，下至北宋當世，已將經典與現實融爲一體。此圖長方約 1 平方米，宋朝行政區劃即達三百八十個之多，五個大湖，七十座山峰，更有蜿蜒數千里的長江、黃河等江川八十餘條；不衹是中原的地域，尚有與之接壤的大理、吐蕃、西夏、遼等區域，這些區域的山野江河亦有精準的繪製。作爲北宋時代的製圖人，即使能够遍踏域內、域外，也絶難僅憑一己的目力俯瞰全景。此圖由五千一百一十個小方格組成，每一小方格皆爲一百平方公里，所有城市、山野江河的大小距離，盡包容在這些格子裏，全部可以明確無誤地測算出來，其比例尺與今世幾無差異。如此細密精準，必須具有衛星定位之類的高科技纔能繪製出來，九百年前的宋人是憑藉什麼儀器完成的？此一《禹迹圖》較之秦陵銅車馬，更超乎想象，詭异神奇，故而英國學者李約瑟評之爲“世界上最神秘、最杰出的地圖”，美國國家圖書館將一幅19世紀據西安圖打製的拓本作爲館藏珍品。中國古代“黑科技”，又何止臨潼銅車馬與《禹迹圖》？

除却上述文獻記載與出土及傳世之物外，另一些則是實見於中華大地的奇特自然景觀，這些百思不得其解的神奇之物，散處天南海北，自古迄今，向無答案，亦屬於所謂“非科學性思考”，當代專家學者亦爲之拍案。“唯科學主義”面臨這些“黑科技”的挑戰，當然也絶難詮釋。我中華大地這些神奇之物，在當世尤應引起重視，國人必須迎接“超科技時代”的到來。如“應潮井”，地處南京市東紫金山南麓定林寺前。此井雖遠在深山之間，却與五公里外的長江江潮相應，江水漲則井水升，江水退則井水降，同處其他諸井皆無此現象。唐宋以來，已有典籍記載，如《江南通志·輿地志·江寧府》引唐段成式《酉陽雜俎》：“蔣山有應潮井，在半山之間，俗傳云與江潮相應，嘗有破船朽板自井中出。”《景定建康志·山川志三·井泉》：“應潮井在蔣山頭陁寺山頂第一峰佛殿後。《蔣山塔記》云：‘梁大同元年，後閣舍人石興造山峰佛殿，殿後有一井，其泉與江潮盈縮增減相應。’”何以如此，自發現以來，已歷千載，迄今無解。以上的奇特之物，多有記載，名揚天下，而另一些奇物，却久遭冷落，默默無聞。如“靈通石”，亦稱“神石”“報警石”，俗稱“猪叫石”。該石位於太行大峽谷林縣境內高家臺輝伏巖村。石體方正，紫紅色，裸露於地面約4立方米，高寬各3米，厚2米，象是一頭體積龐大的臥猪，且能發聲如猪叫。傳聞每逢大事（包括自然災害、重大變革等）來臨之前，常常“鳴叫”不止，大事大叫數十天，小事則小叫數日，聲音忽高忽低，一次可叫百餘聲，百米之內清晰可聞。但其叫聲衹能現場聆聽，不可錄音。何以如此怪异？同樣不得而知！中華博物浩浩洋洋，漫漫無涯，可謂無奇不有，作爲博物之學，亦必全力探究，這也正是中華博物學承担的使命。

六、中華博物學的研究範圍與狀況，新建學科的指嚮與體式如何？

中國當代尚未建立博物學會，也没有相應的報刊，人們熟知的則是博物院館，而博物院館的職責在於收藏、研究并展出傳世的博物，面對日月星辰、萬物繁衍以及先民生息起居等數千年的古籍記載（包括失傳之物），豈能勝任？中華博物全方位研究的歷史使命祇能由新興的博物學承擔。古老中華，悠悠五千載，博物浩茫，疑難連篇，實難解讀，而新興的博物學却不容迴避，必須做出回答。

本書指稱的博物，包括那些自然物，但并不限於對其形體、屬性的研究，體現了博物古學固有的格致觀念，且常常懷有濃厚的人文情結，可謂奥妙無窮，這又迴别於西方博物學。

如“天宇”，當做何解釋？在中國傳統文化中是與“宇宙”并存的稱謂，重在强調可見的天體和所有星際空間。前已述及，天體直徑可達930億光年以上，實際上可能遠超想象。這就出現了絶世難題：究竟何謂天體？天體何來？戰國詩人屈原在其《天問》篇中，曾連連問天：“上下未形，何由考之？”“馮翼惟象，何以識之？”“明明闇闇，惟時何爲？”千古之問，何人何時可以作答？天宇研究在古代即甚冷僻，被稱爲“絶學”。中國是天宇觀測探索最爲細密的文明古國之一，天象觀測歷史也最爲悠遠，殷墟甲骨、《書》《易》諸經，盡有記載，而歷代正史又設有天文、曆律之類專志，皇家設有司天監之類專職機構，憑此“觀天象、測天意”，以決國策。於是，天文之學遂成諸學之首。天宇研究的主體是天空中的各種現象，這些現象又以各種星體的位置、明暗、形狀等的變化爲主，稱之爲星象。星象極其繁複，難以辨識。於是，在天空位置相對穩定的恒星就成爲必要的定位標志。在人們目力所及的範圍内，恒星數以千計，簡單命名仍不便查找和定位，我華夏先民又將天空劃分爲若干層級的區域，將漫天看似雜亂無章的恒星位置相近者予以組合并命名，這些組合的星群稱之爲星宿。古人視天上諸星如人間職官，有大小、尊卑之分，故又稱星官，因而就有了三垣二十八宿，成爲古天宇學最重要理論依據，這一理論西方天文學絶難取代。

再如古代類書中指稱的“蟲豸”，當代辭書亦少有確解。何謂“蟲豸”？舉凡當今動物學中的昆蟲綱、蛛形綱、多足綱，以及爬行動物中的綫形動物、扁形動物、環節動物、軟體動物中形體微小者，皆爲蟲豸之屬。蟲豸形雖微小，然其生存之久、種類之繁、分布之廣、形態之多、數量之巨，從生物、生態、應用、文化等角度，其意義和價值都大異於其他各類動物，或說是其他各類動物所不能比擬的。蟲豸之屬，既能飛於空，亦能游於水，既能潛於土，亦能藏於山，形態萬千，且各具靈性，情趣互異，故古代典籍遍見記叙，不僅常載於詩文，且多見筆記、小説中。先民又常憑藉其築穴或搬遷之類活動，以預測氣象變化或靈异别端，同樣展現了一幅具體生動的蟲文化畫卷，既有學術價值，又充滿趣味性。自《詩》始，就出現了咏蟲詩，其後歷代從蝶舞蟬鳴、蟻行蛇爬中得到靈感者代不乏人，或以蟲言志，或以蟲抒懷，或以蟲爲比，或以蟲爲興，甚至直以蟲名入於詞牌、曲牌，如僅蝴蝶就有"蝴蝶兒""玉蝴蝶""粉蝶兒""蝶戀花""撲蝴蝶""撲粉蝶"等名類。唐歐陽詢《藝文類聚》收集有關蟬、蠅、蚊、蝶、螢、叩頭蟲、蛾、蜂、螇蟀、尺蠖、螳、蝗等蟲類的詩、賦、贊等數量浩繁，後世仿其體例者甚多，如《事物紀原》《五雜俎》《淵鑑類函》《古今圖書集成·禽蟲典》等，洋洋大觀。不僅詩詞歌賦，在戒語、俗語中，言及蟲豸者，亦不可勝數，如莊周夢蝶、蠑首蛾眉、金蟬脱殼、螳螂捕蟬、螳臂當車、蚍蜉撼樹、作繭自縛、飛蛾撲火（詞牌名爲"撲燈蛾"）等；不僅見諸歷代詩文，今世辭章以蟲爲喻者，仍沿襲不衰，如以蝸喻居、以蝶喻舞、以蟬翼喻輕薄、以蛇蠍喻狠毒等，比比皆是，不勝枚舉。

本博物學所指稱博物又包括了人類社會生活的各方面、領域，自史前達於清末民初，有的則可直達近現代，至巨至微，錯綜複雜。而對於某一具體實物，必須從其初始形態、初始用途的探討入手，而後追逐其發展演變過程，這樣纔能有縱橫全面的認定，從而作出相應的結論，這正是新興博物學的使命之一。今僅就我中華民族時有關涉者予以考釋。今日，國人對於古代社會生活實在太過陌生，現當代權威工具書所收録的諸多重要的常見詞目，常常不知其由來，遭致誤導。如"祭壇"一詞，《漢語大詞典·示部》釋文曰：

祭壇：供祭禮或宗教祈禱用的臺。劉大傑《中國文學發展史》第一章三："無論藝術哲學都得屈服於宗教意識之下，在祭壇下面得着其發展生命了。"艾青《吹號者》詩："今日的原野呵，已用展向無限去的暗綠的苗草，給我們布置成莊嚴的祭壇了。"亦指上壇祭祀。侯寶林《改行》："趕上皇上齋戒忌辰，或是皇上出來祭壇，你都得歇工（下略）。"

以上引用的三個書證全部是現代漢語，檢索此條的讀者可能會認定"祭壇"乃無淵源的新興詞，與古漢語無關。豈不知《晋書·禮志下》《舊唐書·禮儀志三》《明史·崔亮傳》

諸書皆有"祭壇"一詞，又皆爲正史，并不冷僻。《漢語大詞典》爲證實"祭壇"一詞的存在，廣予網羅，頗費思索，連同侯寶林的相聲也用作重要書證。侯氏雖被贊爲現代語言大師，但此處的"祭壇"，并非"供祭禮或宗教祈禱用的臺"，"祭"與"壇"爲動賓語結構，并非名詞，不足爲據。還應指出，"祭壇"作爲人們祭祀或祈禱所用實體的臺，早在史前即已出現，初始之時不過是壘土爲臺罷了。

此外，直接關涉華夏文化傳播形式的諸多博物更是大异於西方。如"文具"初稱"書具"，其稱漢代大儒鄭玄在《禮記·曲禮上》注中已見行用。千載之後，宋人陶穀《清異録·文用》中始用"文具"一詞。文具泛指用於書寫繪畫的案頭用具及與之相應的輔助用具。國人憑藉這些文具，創造了最具特色的筆墨文化、筆墨藝術，憑藉這些文具得以描述華夏五千載的燦爛歷史。中華傳統文具究有多少？國人最爲熟悉的莫過於"文房四寶"，實際又何止"文房四寶"？另有十八種文房用具，定名爲"十八學士"，宋代林洪曾仿唐韓愈《毛穎傳》作《文房職方圖贊》（簡稱《文房圖贊》，即逐一作圖爲之贊）。實際上遠超十八種，如筆筒、筆插、筆搌、筆洗、墨水匣、墨床、水注、水承、水牌、硯滴、硯屏、印盒、帖架、鎮紙、裁刀、鉛槧、算袋、照袋、書床、筆擱、高閣，等等，已達三十種之多。

"文房四寶""十八學士"之類中華獨具的傳統文化，今國人熟知者已不甚多，西方博物又何從涉及？何可包容？

七、新興博物學的表述特點，其古今考辨的啓迪價值

當代新興博物學所展現的是中華博物本身的生衍變化以及其同物异名、同名异物等，其主旨之一在於探尋我古老的中華民族的真實歷史面貌，溫故知新，從而更加熱爱我們偉大的中華文明。

偉大的中華民族，在歷史上產生過許多杰出的思想觀念，比如，我中華民族風行百代的正統觀念是"君爲輕，民爲本，社稷次之"（見《孟子·盡心下》），這就是强調人民高於君王，高於社稷（猶"國家"），人民高於一切！古老的中華正統對人民如此愛護，如此尊崇，在當今世界也堪稱難得。縱觀朝代更迭的全部歷史可知，每朝每代總有其興起及消亡的過程，有盛必有衰。在這部《通考》中，常有實例可證，如有關商代都城"商邑"的

記載，就頗具代表性。試看，《詩·商頌·殷武》："商邑翼翼，四方之極。"鄭玄箋："極，中也。商邑之禮俗翼翼然……乃四方之中正也。"孔穎達疏："言商王之都邑翼翼然，皆能禮讓恭敬，誠可法則，乃爲四方之中正也。"《詩》文謂商都富饒繁華，禮俗興盛，足可爲全國各地的學習楷模。"禮俗"在上古的地位如何？《周禮·天官·大宰》曰："以八則治都鄙：一曰祭祀，以馭其神……六曰禮俗，以馭其民。"這是説周代統治者以禮俗馭其民，如同以祭祀馭鬼神一樣，未敢輕忽怠慢，禮俗之地位絶不可等閑視之。古訓曰："倉廩實而知禮節，衣食足而知榮辱。"（見《史記·管晏列傳》）此處的"禮節"是禮俗的核心内容，可見禮俗源於"倉廩實"。"倉廩實"展現的是國富民强，而國富民强，必重禮俗，禮俗展現了國家的面貌。早在三千年前的商代，已如此重視禮俗。"商邑翼翼"所反映的是上古時期商都全盛時期的繁華昌明，其後歷代亦多有可以稱道的興盛時期，如"漢武盛世""文景盛世"、唐"貞觀盛世""開元盛世"、宋"嘉祐盛世"、明"永宣盛世"、清"康乾盛世"等，其中更有"夜不閉户，路不拾遺"的佳話。盛世總是多於亂世，或曰温飽時代總是多於飢寒歲月。唐代興盛時期，君臣上下已萌生了甚爲隨和的禮儀狀態，不喜三拜九叩之制，宋元還出現了"衣食父母"之類敬詞（見宋祝穆《古今事物類聚别集》卷二〇、元關漢卿《竇娥冤》第二折），這正體現了"王者以民爲天，民以食爲天"（見《漢書·酈食其傳》）的傳統觀念。中國歷史上的黎民百姓并非一直生活在水深火熱之中，在漫長的歲月中也常有温飽寧静的生活，因而涌現了諸多忠心報國的詩詞。如"但使龍城飛將在，不教胡馬度陰山"（唐王昌齡《出塞二首》之一）；"忘身辭鳳闕，報國取龍庭"（王維《送趙都督赴代州得青字》）；"僵卧孤村不自哀，尚思爲國戍輪臺"（宋陸游《十一月四日風雨大作》）；"奇謀報國，可憐無用，塵昏白羽"（宋朱敦儒《水龍吟·放船千里凌波去》）。

久已沉淪的傳統博物學今得重建，可藉以知曉我中華兒女擁有的是何樣偉大而可愛的祖國！偉大而可愛的祖國，江山壯麗，蘭心大智，光前裕後，莘莘學子尤當珍惜，尤當自豪！回眸古典博物學的沉淪又可確知，鴉片戰爭給中華民族帶來的是空前的傷害，不衹是漢唐氣度蕩然無存，國勢極度衰微，最爲可怕的是傷害了民族自信，爲害甚烈。傷害了民族自信，則必會輕視或否定傳統文化，百代信守的忠義觀念、仁義之道，必消失殆盡，代之而來的則是少廉寡恥，爾虞我詐，以崇洋媚外爲榮，這一狀況久有持續，對青少年的影響尤甚，怎不令人痛心！時至當代，正全力弘揚中華優秀傳統文化，全力推行科技創新，踔厲奮發，重振國風，這又怎不令人慶幸！

　　新興博物學在展現中華博物本身的生衍變化進而展現古代真切的社會生活之外，又展現了一種獨具中華風采的文化體系。如常見語詞"揚州瘦馬"，其來歷如何？祇因元馬致遠《天凈沙·秋思》中有"西風古道瘦馬"之句。自2008年山西呂梁市興縣康寧鎮紅峪村發現元代壁畫墓以來，其中的一首《西江月》小令："瘦藤高樹昏鴉，小橋流水人家，古道西風瘦馬，夕陽西下，已獨不在天涯。"在學界引發了關於《天凈沙·秋思》的爭論熱議。由《西江月》小令聯想元代的另一版本："瘦藤老樹昏鴉，遠山流水人家，古道西風瘦馬，夕陽西下，斷腸人去天涯。"於是有學人又認爲此一"瘦馬"當指"揚州藝妓"，意謂形單影隻的青樓女子思念遠赴天涯的情郎——"斷腸人"，但這小令中的"瘦馬"之前，何以要冠以"古道西風"四字？則不得而知。通行本狀寫天涯游子的冷落凄凉情景，堪稱千古絕唱，無可置疑。那麼何以稱藝妓爲"瘦馬"？"瘦馬"一詞，初見於唐白居易《有感》詩三首之二："莫養瘦馬駒，莫教小妓女。後事在目前，不信君看取。馬肥快行走，妓長能歌舞。三年五年間，已聞換一主。"金董解元《西廂記諸宮調》中的《仙呂·賞花時》又載："落日平林噪晚鴉，風袖翩翩吹瘦馬。"此處的"瘦馬"無疑確指藝妓。稱妓女爲人人可騎的馬，後世又稱之爲"馬子"，是一種侮辱性的比擬。何以稱"瘦"？在中國古代常以"瘦"爲美，"瘦"本指腰肢纖細，故漢民歌曰："楚王好細腰，宮中多餓死。""細腰"強調的是苗條美麗。"好細腰"之舉，在南方尤甚，揚州的西湖所以稱之爲"瘦西湖"，不祇是因其狹長緊連京杭大運河，實則是因湖邊楊柳依依，芳草萋萋，又有荷花池、釣魚臺、五亭、二十四橋，美不勝收，較之杭州西湖有一種別樣的美麗。國人何以推崇揚州？《禹貢》劃定九州之中就有揚州，今之揚州已有兩千五百餘年的歷史。其主城區位於長江下游北岸，可追溯至公元前486年。春秋時期，吳王夫差在此開鑿了世界最早的運河——邗溝，建立邗城，孕育了唯一與邗溝同齡的運河城；因水網密布，氣候溫潤，公元前319年，楚懷王熊槐在此建立廣陵城（今揚州仍沿稱"廣陵"），遂成爲中華歷史名城之一。此後歷經魏晋等朝代多次重修，至隋文帝開皇九年（589），廣陵改稱揚州。揚州除却政治地位顯赫之外，又是美女輩出之地，歷史上曾有漢趙飛燕、唐上官婉兒及南唐風流帝王李煜先後兩任皇后周薔、周薇，號稱"四大美女"。隋煬帝楊廣又在此開鑿大運河，貫通至京都洛陽旁連涿郡，藉此運河三下揚州，尋歡作樂。時至唐代，揚州更是江河交匯，四海通達，成爲全國性的交通要衝，故有"故人西辭黃鶴樓，煙花三月下揚州。孤帆遠影碧空盡，唯見長江天際流"的著名詩篇（唐李白《黃鶴樓送孟浩然之廣陵》，今之揚州已遠離長江）。揚州在唐代是除却長安之外的最爲繁華的大都會，商旅雲聚，青樓大興，成爲文壇才士、豪門公子醉生夢死之地。唐王建《夜看揚州市》詩贊曰："夜市千燈照碧雲，高樓紅袖客紛紛。"詩人杜牧《遣懷》更有名作："落魄江湖載酒行，楚腰纖細掌中輕。十年一覺揚州夢，贏得青樓薄幸名。"此"楚腰纖細掌中輕"之用典，即直涉楚靈王好細腰與趙飛燕的所謂"掌中舞"兩事。杜牧憑藉豪放而婉約的詩作，贏得百世贊頌，此詩實是一種自嘲、以書懷才不遇之作，却曾遭致史家"放浪薄情"的詬病。大唐之揚州，確是令人嚮往，令人心醉，故而詩人張祐有"人生只合揚州死"（見其所作《縱游淮南》）之感嘆。元代再度大修的京杭大運河弃洛陽直達北京，揚州之地位愈加顯赫。總之，世界這一最古最長的大運河歷代修建，始終離不開揚州。時至明清，揚州經濟依然十分繁盛，仍是達官貴人喜於擇居之地，兩淮鹽商亦集聚於此，富甲一方，由此振興了園林業、餐飲業，娛樂中的色情業也應運而生，養"瘦馬"就是其中的一種，一些投機者低價買進窮苦人家的美麗苗條幼女，令其學習言行禮儀、歌舞繪畫及其他媚人技能技巧，而後以高價賣至青樓或權貴豪門，大發其財。除却"揚州瘦馬"之外，又催生了著名的"揚州八怪"，文化藝術色彩愈加分明。

"揚州瘦馬"本是一種當被摒弃的陋習，不足爲訓，但這一陋習所反映出的却是關聯揚州的一種別樣的文化，反映了揚州古今社會的經濟發展與變化，這當然也是西方博物學替代不了的。

結　語

綜上所述可知，中華博物學是學術研究中的另一方天地，無可替代，必須重建，且勢在必行。如何重建？如何展現我中華博物獨有的神貌？答曰：中華博物絶非僅指博物館的收藏物，必須是全方位的，無論是宮廷裏，無論是山野間，無論是人工物，無論是天然品，無論是社會中，無論是自然界裏，皆應廣予收録考釋。考釋的主旨，乃探索我中華浩浩博物的淵源、流變。此一博物學甚重"物"的形體、屬性及其淵源流變，同時又關注其得名由來，重視兩者間的生衍關係。通常而言（非通常情况當作別論），在人類社會中有其物必當有其名，有其名亦必有其物。此外，更有同物异名，或同名异物之別。探究"物"本體的淵源流變并釐清名物關係，這就是中國古典博物學的使命，這也正是最爲嚴密的格物致知，也正是最爲嚴肅的科學體系。但中國古典博物學，又必須體現《博物記》以還的國學傳統，必須體現博大的天人視野及民胞物與情懷，有助於我中華的再度振起，乃至於世界的安寧和諧。而那些神怪虛無之物，則不得納入新的博物學中，祇能作爲附錄以備考。如何具體裁定，如何通盤布局，并非易事，遠超想象。因我中華民族是喜愛并嚮往神話的古老民族，又常常憑藉豐富的想象對某種博物作出判斷與解讀，判斷與解讀的結果，除卻導致無稽的荒誕之外，又時或引發別樣的思考，常出乎人們的所料，具有別樣的價值。如水族中的"比目魚"，亦稱"王餘魚""兩鮤""拖沙魚""鞋底魚""板魚""箬葉"，俗稱"偏口魚"，爲鰈形目魚類之古稱。成魚身體扁平而闊，兩眼移於頭的另一端，習慣於側臥，朝上的一面有顏色鮮明的眼睛，朝下一面似無眼睛，先民誤以爲祇有一眼，必須相互比并而行。此一判斷與解讀，始自漢代《爾雅・釋地》："東方有比目魚焉，不比不行。"郭璞注："狀似牛脾……一眼，兩片相合乃得行。今水中所在有之，江東又稱爲王餘魚。"事過千載，直至明代李時珍《本草綱目》問世，盡皆認定比目魚僅有一隻眼，出行必須各藉他魚另一眼（見《本草綱目・鱗四・比目魚》）。傳統詩文中用比目魚以比喻形影不離的情侶或好友，先民爭相傳頌，百代不休，直至1917年徐珂的《清稗類鈔》問世，始知比目魚兩眼皆可用，不必兩兩并游（《清稗類鈔・動物篇》）。古人憑藉想象，又認爲尚有與比目魚相對應的"比翼鳥"，見於《爾雅・釋地》："南方有比翼鳥焉，不比不飛。"這一"比翼鳥"，僅一目一翼，須雌雄并翼飛行，如同比目魚一樣，亦用以比喻形影不離的情侶或好友。"比目魚""比翼鳥"之類虛幻者外，後世又派生了所謂"連理枝"，著名詩作有唐白居易《長恨歌》曰："在天願爲比翼鳥，在地願爲連理枝。"何謂"連理枝"？"連理枝"是指自然界中罕見的偶然形成的枝和幹連爲一體的樹木。"連理枝"之外，又出現了"并蒂蓮"之類。"并蒂蓮"亦稱"并頭蓮""合歡蓮"等，是指一莖生兩花，花各有蒂，蒂在花莖上連在一起的蓮花。這種"連理枝""并蒂蓮"，難以納入下述的世界通行的階元系統，也難依照林奈創立的雙名命名法命名，但卻又是一種不可忽視的實物，是大自然所形成的另一種奇妙的實物。此一"并蒂蓮"如同"比目魚""連理枝"一樣，亦用以喻情侶或好友，同樣廣見於傳統詩文。歲月悠悠，始於遠古，達於近世，先民對於我中華博物的無限想象以及與之并行的細密觀察探索，令人嘆爲觀止，凡天地生靈、袞袞萬物，無所不及，超乎想象，從而構成了一幅文明古國的壯闊燦爛畫卷。

這當是歷經百年沉淪、今得復蘇的我國傳統的博物學，這當是重建的嶄新的全方位的中華博物學。

中華博物學除卻遵循發揚傳統的名物學、訓詁學、考據學及近世的考古學之外，也廣泛汲取了當代天文、地理、生物、礦物、農學、醫學、藥學諸學的既有成就，其中動植物的本名依照世界通行的階元系統，分爲界、門、綱、目、科、屬、種七類。又依照瑞典卡爾·馮·林奈（瑞文Carl von Linné）創立的雙名命名法命名。"連理枝""并蒂蓮""比目魚""比翼鳥"之屬旁及龍、鳳、麒麟、貔貅等傳說之物，則作爲附錄，劃歸相應的動物或植物卷中。這樣的研究章法，這樣的分類與標注，避免了傳統分類及形狀描述的訛誤或不確定性，即可與國際接軌。綜合古今中外，論者認爲《中華博物通考》的研究主體，可劃歸三十六大類，依次排列如下：

《天宇》《氣象》《地輿》《木果》《穀蔬》《花卉》《獸畜》《禽鳥》《水族》《蟲豸》《國法》《朝制》《武備》《教育》《禮俗》《宗教》《農耕》《漁獵》《紡織》《醫藥》《科技》《冠服》《香奩》《飲食》《居處》《城關》《交通》《日用》《資産》《珍奇》《貨幣》《巧藝》《雕繪》《樂舞》《文具》《函籍》。

存史啓智，以文育人，乃我中華千載國風。新時代習近平總書記甚重民族自信、文化自信，極力倡導"舊邦新命"，明確指出要"盛世修文"，怎不令人振奮，令人鼓舞！今日，我輩老少三代前後聯手、辛苦三十餘載、三千餘萬言的皇皇巨著——《中華博物通考》欣幸面世，并得到國家出版基金資助。這就昭示了沉淪百載的中華傳統博物學終得復蘇，這就是重建的全新中華博物學。"舊邦新命""盛世修文"，重建博物學，旨在賡續中華文脉，發揚優秀傳統文化，汲取生生不息的精神力量，再現偉大民族的深邃智慧，展我生平志，圓我強國夢！

張述錚

乙丑夾仲首書於山東師範大學映月亭
甲辰南吕增補於歷下龍泉山莊東籬齋

總　説

——漫議重建中華博物學的歷史意義與現實價值

緣　起

　　《中華博物通考》（下稱《通考》）是一部通代史論性的華夏物態文化專著，係"九五""十五""十四五"國家重點出版物專項規劃項目，并得到 2020 年度國家出版基金資助。全書共三十六卷，另有附錄一卷，其中有許多卷又分上下或上中下，計有五十餘册，逾三千萬字。《通考》的編纂，擬稿於 1990 年夏，展開於 1992 年春，迄今已歷三十餘載，初始定名爲《中華博物源流大典》，原分三十二門類（即三十二卷）。此後，歷經斟酌修補，終成今日規模。三十餘載矣，清苦繁難，步履維艱，而大江南北，海峽兩岸，衆多學人，三代相繼，千里聯手，任勞任怨，無一退縮，何也？因本書關涉了古老國度學術發展的重大命題，足可爲當今社會所藉鑒，作者們深知自家承擔的是何樣的重任，未敢輕忽，未敢怠慢。

　　何謂中華物態文化？中華物態文化的研究主體就是中華浩博實物。其歷史若何？就文字記載而言，中華物態文化史應上溯於傳説中的三皇五帝時期，隸屬於原始社會。"三皇五帝"究竟爲何人，我國史家多有不同見解，大抵有三説：一曰"人間君主説"，"三皇"分別指天皇、地皇、人皇，"五帝"分別指炎帝烈山氏、黄帝有熊氏、顓頊高陽氏、帝堯陶唐氏和帝舜有虞氏；二曰“開創天下説”，三皇分別指有巢氏、燧人氏、伏羲氏，“五帝”分別指炎帝烈山氏、黄帝有熊氏、顓頊高陽氏、帝堯陶唐氏和帝舜有虞氏；三曰“道治德化説”，認爲“三皇以道治，五帝以德治”，“三皇”是遠古三位有道的君主，分別指太昊伏羲氏、炎帝神農氏及黄帝軒轅氏，五帝則是少昊金天氏、顓頊高陽氏、帝嚳高辛氏、帝堯陶唐氏和帝舜有虞氏。有關三皇五帝的組合方式，典籍記載亦不盡相同，大抵有四種，在此不予臚列。“三皇五帝”所處時間如何劃定，學界通常認爲有巢、燧人、伏羲屬於舊石器時代，有巢、燧人爲早期，伏羲爲晚期，其餘皆屬新石器時代，炎帝、黄帝、少昊、顓頊等大致同時，屬仰韶文化後期和龍山文化早期。“三皇五帝”後期，已萌生并逐步邁進文明史時代。

　　中華文明史，國際上通常認定爲三千七百年（主要以文字的誕生與城邑的出現等爲標志），國人則認定爲逾五千年，今又有九千年乃至萬年之説。後者可以上溯至新石器時代，如隸屬裴李崗文化的河南省舞陽縣賈湖村出土了上千粒碳化稻米，約有九千年歷史，是世界最早的栽培粳稻種子。經鑒定其中百分之八十以上不同於野生稻，近似現代栽培稻種，可證其時已孕育了農耕文化。其中發現的含有稻米、山楂、葡萄、蜂蜜的古啤酒也有九千年以上的歷史，可證其時已掌握了釀造術。賈湖又先後出土了幾十支骨笛，也有七千八百年至九千年的歷史，其中保存最爲完整者，可奏出六聲音階的樂曲，反映了九千年前，中華民族已具有相當高度的生産力與創造力、具有相當高度的文化藝術水準與審美情趣。有美酒品嘗，有音樂欣賞，彼時已知今人所稱道的“享受生活”，當非原始人所能爲。賈湖遺址的發現并非偶然，近來上山文化晚期浙江義烏橋頭遺址，除却出土了古啤酒之外，又發現諸多彩陶，彩陶上還繪有伏羲氏族所創立的八卦圖紋飾，故而國人認爲這一時期中華文明已開始形成，至少連續了九千載。中華文明的久遠，當爲世界四大文明古國之首，徹底否定了中華文明西來之説。九千載之説雖非定論，却已引起舉世關注。此外，江西省上饒市萬年縣大源鄉仙人洞遺址發現的古陶器則産生於一萬九千至兩萬年前，又遠超前述的出土物的製作時間。雖有部分學界人士認爲仙人洞遺址隸屬於舊石器遺址，并未進入文明時代，但其也足可證中華博物史的久遠。

一、何謂 "博物" 與《中華博物通考》？《通考》的要義與章法何在？

何謂 "博物"？ "博物" 一詞，首見於《左傳·昭公元年》："晋侯聞子産之言，曰：'博物君子也。'" 其他典籍也時有記載，如《漢書·楚元王傳贊》："自孔子後，綴文之士衆也，唯孟軻、孫況、董仲舒、司馬遷、劉向、揚雄此數公者，皆博物洽聞，通達古今。"《周書·蘇綽傳》："太祖與公卿往昆明池觀魚，行至城西漢故倉地，顧問左右莫有知者。或曰：'蘇綽博物多通，請問之。'" 以上 "博物" 指博通諸種事物，一般釋爲 "知識淵博"。此外，《三國志·魏書·國淵傳》："《二京賦》博物之書也，世人忽略，少有其師可求。" 唐釋玄奘《大唐西域記·摩臘婆國》："昔此邑中有婆邏門，生知博物，學冠時彦，内外典籍，究極幽微，曆數玄文，若視諸掌。" 明王禕《司馬相如解客難》："借曰多識博物，賦頌所託，勸百而風一。" 這些典籍所載之 "博物"，即可釋爲今義之 "浩博實物"。這一浩博實物，任一博物館盡皆無法全部收藏。本《通考》指稱的 "博物" 既可以是天然的，也可以是人工的；既可以是静態的，也可以是動態的；既可以是斷代的，也可以是歷時的，是古今并存，巨細俱備，時空縱橫，浩浩蕩蕩，但必須是我中華獨有，或是中土化的。研究這浩蕩博物的淵源流變以及同物異名或同名异物之著述即《博物通考》，而爲與西方博物學相區别，故稱之爲《中華博物通考》。

在中國古代久有《皇覽》《北堂書鈔》等類書、《儒學警語》《四庫全書》等叢書以及《爾雅》《説文》等辭書，所涉甚廣，却皆非傳統博物典籍。本書草創之際，唯有《中國學術百科全書》《中華百科全書》《中國大百科全書》之類風行於世，這類百科全書亦皆非博物學專著。專題博物學著作甚爲罕見，僅有今人印嘉祥《物源百科辭書》，俞松年、毛大倫《生活名物史話》，抒鳴、鋭鏵《世界萬物之由來》等幾種，多者收詞約三千條，少者僅一百八十餘款，或洋洋灑灑，或鳳毛麟角，各有千秋，難能可貴。《物源百科辭書》譽稱 "我國第一部物源工具書"（見該書序），此書中外兼蓄，虚實并存，堪稱廣博，惜略顯雜蕪。本《通考》則另闢蹊徑，别有建樹，可稱之爲當代第一部 "中華古典博物學"。

《通考》甚重對先賢靈智的追踪與考釋。中華民族是滿富慧心的偉大民族，極善觀察探索，即使一些不足挂齒的微末之物也未忽視，且載於典籍，十分翔實生動。如對常見的鳥類飛行方式即有以下描述：鳥學飛曰翎，頻頻試飛曰習，振翅高飛曰翥，向上直飛曰翀，張翼扶摇上飛曰翆，鳥舒緩而飛、不高不疾曰翖、曰翂，快速飛行曰翪，水上飛行曰猓，高飛曰翰，輕飛曰翲，振羽飛行曰翻，等等，不一而足。如此細密的觀察探隱，堪稱世界之最，令人嘆服！而關於禽鳥分類學，在中國古代也有獨到見解。明代李時珍所著《本草綱目》已建立了階梯生態分類系統，將禽鳥劃分爲水禽、原禽、林禽、山禽等生態類別，具有劃時代意義。這一生態分類法較瑞典生物學家林奈的《自然系統》（第十版）中的分類要早一百六十餘年，充分展示了我國古代鳥類分類學的輝煌成就，駁正了中國傳統生物學一貫陳腐落後的舊有觀念。此外，那些目力難及、浩瀚的天體，也盡在先民的觀察探索之中，如關於南天極附近的星象，遠在漢代即有記載。漢武帝元鼎六年（公元前 111），滅南越國，置日南九郡事，《漢書》及顏注、酈道元《水經注》有關“日南”的定名中皆有詳述，而西方於 15 世紀始有發現，晚中國一千四百餘年。再如，關於太陽黑子，在我國漢代亦有記載，《漢書·五行志》載：“日黑居仄，大如彈丸。”其後《晉書·天文志中》亦載：“日中有黑子、黑氣、黑雲。”而西方於 17 世紀始有發現，晚於中國一千六百餘年。惜自清朝入關之後，對於中原民族，對於漢民族長期排斥壓抑，致使靈智難展，尤其是中後期以來的專制國策，遭致國弱民窮，導致久有的科技一蹶不振，於是在列強的視野下，中華民族變成了一個愚昧的“劣等”民族。受此影響，一些居留國外或留學國外的學人，亦曾自卑自弃，本書《導論》曾引胡適的評語：中華民族是“又愚又懶的民族”，是“一分像人，九分像鬼的不長進民族”（見胡適《介紹我自己的思想》，1930年 12 月亞東圖書館初版《胡適文選》自序）。本《通考》有關民族靈智的追踪考索，巨細無遺，成爲另一大特點。

　　《通考》遵從以下學術體系：宗法樸學，不尚空論，既重典籍記載，亦重實物（包括傳世與出土文物）考察，除却既有博物類專著自身外，今將博物研究所涉文獻歸納爲十大系統：一曰史志系統，即史書中與紀傳體并列，所設相對獨立的諸志。如《禮樂志》《刑法志》《藝文志》《輿服志》等，頗便檢用。二曰政書類書系統。重在掌握典制的沿革，廣求佚書异文。三曰考證系統。如《古今注》《中華古今注》《敬齋古今黈》等，其書數量無多，見重實物，頗重考辨。四曰博古系統。如《刀劍録》《過眼雲煙録》《水雲録》《墨林快事》等，這些可視爲博物研究散在的子書，各有側重，雖常具玩賞性，却足資藉鑒。五曰本草系統。其書草木蟲魚、水土金石，羅致廣博，雖爲藥用，已似百科全書。六曰注疏系統。爲古代典籍的詮釋與發揮。如《易》王弼注、《詩》毛亨傳、《史記》裴駰集解、《老子》魏源本義、《楚辭》王夫之通釋、《三國志》裴松之注、《水經》酈道元注、《世說新語》

劉孝標注等。七曰雅學系統、許學系統，或直稱之爲訓詁系統，其主體就是名物研究，後世稱爲“名物學”。八曰异名辨析系統。已成爲名物學的獨立體系。如《事物异名》《事物异名録》等，旨在同物异名辨析。九曰説部系統。包括了古代筆記、小説、話本、雜劇之類被正統學者輕視的讀物，這是正統文化之外，隱逸文化、民間文化的淵藪，一些世俗的衣、食、住、行之類日常器物，多藉此得見生動描述。十曰文物考古系統，這是博物研究中至爲重要的最具震撼力的另一方天地，因爲這是以歷代實物遺存爲依據的，足可印證文獻的真僞、糾正其失誤，多有創獲。

二、《通考》内容究如何，今世當作何解讀？

《通考》内容極爲豐富，所涉範圍極廣，古今上下，時空縱横，實難詳盡論説，今略予概括，主要可分兩大方面，一爲自然諸物，二爲社科諸物，兹逐一分述如下：

（一）自然諸物：包括了天地生殖及人力之外的一切實體、實物，浩博無涯，可謂應有盡有。

如“太陽”“月亮”，在我中華凡是太空中的發光體（包括反射光體）皆被稱爲“星”，因此漢語在吸納現代天文學時，承襲了這一習慣，將“太陽”這類自身發光的等離子物體命名爲恒星。《天宇卷》研究的主體就是天空中的各種星象。星象就是指各種星體的位置、明暗、形狀等的變化。星象極其繁複，難以辨識。於是，在天空中位置相對穩定的恒星就成爲必要的定位標志。在人們目力所及的範圍内，恒星數以千計，先民將漫天看似雜亂無章的恒星位置相近者予以組合并命名，這些組合的星群稱之爲星宿，因而就有了三垣二十八宿之説。在远古難以對宇宙進行深入探索的時代，先民未能建立起完整的天體概念，也不知彼此的運動關係，僅憑藉直感認知，將所見的最强發光體——“太陽”本能地給予更多的關注，作出不同於西方的别樣解釋。視太陽爲天神，太陽的出没也被演繹成天神駕車巡游，而夸父追日、后羿射日等典故，則承載了諸多遠古信息。先民依據太陽的陰陽屬性、形體形象、光熱情况、時序變化、神話傳説及俗稱俗語等特點，賦予了諸多別名和异稱，其數量達一百九十餘種，如“陽精”“丙火”“赤輪”“扶桑”“東君”“摩泥珠”等，可見先民對太陽是何等的尊崇。對人們習見的“月亮”，《天宇卷》同樣考釋了其异名別稱及其得名由來。今知月亮异名別稱竟達二百二十餘種，較之“太陽”所收尤爲宏富。如

"太陰""玉鏡""嬋娟""姮娥""顧兔""桂影""玉蟾蜍""清凉宫"，等等。而關於"月亮"的所見所想，所涉傳聞佳話，連綿不絶，超乎所料。掩卷沉思，無盡感慨！中華民族是一個明潔温婉、追求自由、嚮往和平、極具夢想的偉大民族。愛月、咏月、賞月、拜月，深情綿綿，與月亮别有一番不解之緣！饒有趣味者，爲東君太陽神驅使六龍馭車的羲和，如同爲太陰元君駕車的望舒一樣，竟也是一位女子，可見先民對於女性的信賴與尊崇。何以如此？是母系社會的遺風流韵麽？不得而知！足證《通考》探討"博物"的意義并不衹在"博物"自身，而是關乎"博物"所承載的傳統文化。

再如古代出現的"雪""雹"之類，國人多認定與今世無多大差異，實則不然。《氣象卷》收有"天山雪""陰山雪""燕山雪""嵩山雪""塞北雪""南秦雪""秦淮雪""廬山雪""嶺南雪""犬吠雪"（偏遠的南方之雪。因犬見而驚吠，故稱），等等，這些雪域不衹在長城内外，又達於大江南北，可謂遍及全國各地，令人眼界大開。這些雪域的出現，又并非遠古間事，所見文字記載盡在南北朝之後，而"嶺南雪"竟見於明清時期，致使今人難以置信。若就人們對雪的愛惡而言，有"瑞雪""喜雪""灾雪""惡雪"；若就雪的屬性而言，有"乾雪""濕雪""霧雪""雷雪"；若就降雪時間長短而言，有"連旬雪""連二旬雪""連三旬雪""連四旬雪"；若就雪的危害而言，有"致人凍死雪""致人相食雪"等，不一而足。此外，雪另有色彩之别，本卷收有"紅雪""緑雪""褐雪""黑雪"諸文，何以出現紅、緑、褐、黑等顔色？這是由於大地上各類各色耐寒的藻類植物被捲入高空，與雪片相遇，從而形成不同色彩。對此，先民已有細微觀察，生動描述，但未究其成因。1892 年冬，意大利曾有漫天黑雪飄落，經國際氣象學家研究測定，此一現象乃是高空中億萬針尖樣小蟲，在飛翔時與雪片粘連所致。這與藻類植物被捲入高空，導致顔色的變幻同理。或問，今世何以不見彩色之雪？因往昔大地之藻類及針尖樣小蟲，由於生態環境的破壞而消失殆盡。就氣象學而言，古代出現彩雪，是正常中的不正常，現代衹有白雪，則是不正常中的正常。本卷中有關雹的考釋，同樣頗具情趣，十分精彩。依雹的顔色有"白色雹""赤色雹""黑色雹""赤黑色雹"，依形狀有"杵狀雹""馬頭狀雹""車輪狀雹""有柄多角雹"，依長度有"長徑尺雹""長尺八雹"，依重量有"重四五斤雹""重十餘斤雹"，依危害則有"傷禾折木雹""擊殺鳥雀雹""擊殺獐鹿雹""擊死牛馬雹""壞屋殺人雹"等，這些記載并非出自戲曲小説，而是全部源於史書或方志，時間地點十分明確，毋庸置疑。古今氣象何以如此不同？何以如此反常？衹嘆中國古代的科研體系多注重對現象的觀察，而不求其成因，祇是將以上現象置於史志之中，予以記載而已。本《通考》對中華“博物”的考辨，不祇是展現了大自然的原貌、大自然的古今變幻，而且也提供了社會的更迭興替和民生的禍福起落等諸多耐人尋味的思考。

另如，《水族卷》中收有棘皮動物“海參”，其物在當代國人心目中，是難得的美味佳餚和滋補珍品。《水族卷》還原其本真面貌，明確指出海參爲海洋動物中的棘皮動物門，海參綱之統稱，而後依據古代典籍，考證其物及得名由來：三國吳沈瑩《臨海水土異物志》：“土肉，正黑，如小兒臂大，中有腹，無口目……炙食。”其時貶稱“土肉”，祇是“炙食”而已。既貶稱爲“土”，又止用於燒烤而食，此即其初始的“身份”“地位”，實是無足稱道。直至明代謝肇淛《五雜俎·物部一》中，始見較高評價，并稱其爲“海參”：“海參，遼東海濱有之，一名海男子。其狀如男子勢然，淡菜之對也。其性温補，足敵人參，故名海參。”“男子勢”，舊注曰“男根”，因海參形如男性生殖器，俗名“海男子”，正與形如女性生殖器的淡菜（又稱“海牝”“東海夫人”，即厚殼貽貝）相對應。此一形似“男根”之物，何以又被重視起來？國人對食療養生素有“以形補形”的觀念，如“芹菜象筋骼，吃了骨頭硬；核桃象大腦，吃了思維靈”之類，而因海參似男根，故認定其有補腎壯陽的功能，這就是“足敵人參”的主要根據之一。謝氏在贊其“足敵人參”的同時，又特別標示了其不雅的綽號“海男子”，則又從另一側面反映了明代對於海參仍非那麼珍視，故而在其當代權威的醫典《本草綱目》中未予記載。“海參”在清朝的國宴“滿漢全席”中始露頭角，漸得青睞。本卷作者在還其本真面貌的過程中，又十分自然地釐清了海參自三國之後的異名別稱。如，“土肉”“海男子”之後，又有“䖤”“沙噀”“戚車”“龜魚”“刺參”“光參”“海鼠”“海瓜”“海瓜皮”“白參”“牛腎”“水參”“春皮”“伏皮”諸稱，“䖤”字之外，其他十三個異名別稱，古今辭書無一收録，唯一收録的“䖤”字，又含混不清。而“海參”喻稱“海瓜”，則爲英文 sea cucumber 的中文義譯，較中文之喻稱“海男子”似有异曲同工之妙，又可證西人對海參也并不那麼重視。

全書三十六卷，卷卷不同。本書設有《珍奇卷》，別具研究價值。如“孕子石”，發現於江蘇省溧陽市蘇溧地區。此石呈灰黃色，質地堅硬，其外表平凡無奇，但當人們把石頭敲開時，裏面會滾出許多圓形石彈子，直徑 21 厘米左右，和母石相較，顏色稍淺，但成分一致。因石中另包小石，好似母石生下的子石，故稱“孕子石”。這種“石頭孕子”史志無載，首次發現，地質學家們同樣百思而不得其解，祇能“望石興嘆”。再如“預報天旱井", 位於廣西全州縣內, 每年大旱來臨前二十天, 水井會流出渾水, 長達兩天之久, 附近村民見狀, 便知大旱將臨, 便提前做好抗旱準備。此外, 該井每二十四小時漲潮六次, 每次約漲五十分鐘, 水量約增加兩倍。此井如同"孕子石"一樣, 史志無載, 首次發現, 對此井的奇特現象有關專家同樣百思不得其解, 也祇能"望井興嘆"。

（二）社科諸物: 自然物外, 中華博物中的社科諸物漫布於社會生活之中, 其形成發展、古今變化, 尤爲多彩, 展現了一種別樣的國情特徵和民族靈智。

如《國法卷》, 何謂"國法"? 國法係指國家之法紀、法規。國法其詞作爲漢語語詞起源甚爲久遠, 先秦典籍《周禮·秋官·朝士》中即已出現, "國法"之"法"字作"灋", 其文曰: "凡民同貨財者, 令以國灋行之, 犯令者刑罰之。"同書《地官·泉府》中又有另詞"國服", 其文曰: "凡民之貸者, 與其有司辨而授之, 以國服爲之息。"此"國服"言民間貿易必須服從國法, 故稱"國服"。作爲語詞, "國法""國服"互爲匹配。國法爲人而設, 國服隨法而施, 有其法必有其服, 有法無服, 則法罔立, 有服無法, 舉世罔聞。今"國法"一詞存而未改, "國服"則罕見使用。就世界範圍而言, 中國的國法自成體系, 具有國體特色與民族精神, 故西方學者稱之爲"中華法系"或"東方法系"。本《國法卷》即以"中華法系"爲中心論題, 全面考釋, 以現其固有特色與精神。中華法系如同世界諸文明古國法系一樣, 源於宗教, 興於禮俗, 而最終成爲法律, 遂具有指令性、强制性。中華法系一經形成, 即迥異於西方, 因其從不以"永恒不變的人人平等的行爲準則"自詡, 也没有立法依據的總體理論闡釋, 而是明確標示法律應維護帝王及權貴的利益。在中國古代, 從没出現過如古希臘或古羅馬的所謂絕對公正的"自然法", 毋須在"自然法"指導下制定"實在法"。中國古代的全部法律皆爲正在施行的"實在法", 但却有不可撼動的權威理論——"君權天授"説支撑。"天", 在先民心目中是無可比擬的最神秘、最巨大的力量。"天", 莊重而仁慈, 嚴厲而公正, 無所不察, 無所不能。上自聖賢哲人, 下至黎民百姓, 少有不"敬天意"、不"畏天命"者, 帝王既稱"天子", 且設有皇皇國法, 條文森然, 何人敢於反叛? 天下黔首, 非處垂死之地, 絕不揭竿而起, 妄與"天"鬥! 故而在中國古代, 帝王擁有最高立法權與司法權, 享有無盡的威嚴與尊貴。今知西周時又强化了宗族關係, 即血緣關係。血緣關係又分爲近親、遠親、异姓之親等。血緣關係成爲一切社會關係的核心, 由血緣關係擴而廣之, 又有師生、朋友及當體恤的其他人等關係。由血緣關係又進而强化了尊卑關係, 即君臣關係、臣民關係, 這些關係較之血緣關係更爲細密, 爲此而設有"八辟"之法，規定帝王之親朋、故舊、近臣等八種人，可以享有減免刑罰之特權。漢代改稱"八議"，三國魏正式載入法典。其後，歷代常有沿襲。這一血緣關係在我國可謂根深蒂固，直至今世而未衰。爲維護這尊卑關係，西周之法典又設有《九刑》，以"不忠"爲首罪。另有《八刑》以"不孝"爲首罪。"忠"，指忠君，"孝"指孝敬父母，兩者難以分割。《九刑》《八刑》雖爲時過境遷之古法，但其倡導的"忠孝"，已成爲中華民族的一種處世觀念，一種道德規範。作爲個人若輕忽"忠孝"，則必極端自私，害及民衆；作爲執政者若輕忽"忠孝"，則必妄行無忌，危及國家。今世早已摒弃愚忠愚孝之舉，但仍然繼承并發揚了"忠孝"的傳統。"忠"不再是"忠君"，而是忠於祖國，忠於人民，或是忠於信守的理想；"孝"謂善事父母，直承百代，迄今不衰。"忠孝"是人們發自心底的感恩之情，唯知感恩，始有報恩，人間纔有真情往還，纔有心靈交融。佛家箴言警語曰"上報四重恩，下濟三途苦"（見《大乘本生心地觀經》），"四重恩"指父母恩、師長恩、國土恩、衆生恩（衆生包括動植物等一切生靈）。我國傳統忠孝文化中又融入了佛家的這一經典旨意，可謂相得益彰。"忠孝"乃我文明古國屹立不敗的根基，絕不可視之爲"封建觀念"。縱觀我中華信史可知，舉凡國家昌盛時代，必是忠孝振興歲月，古今如一，堪稱鐵律。國家可敬又可愛，所激起的正是人們的家國情懷！"忠孝"這一處世觀念，這一道德規範，直涉人際關係，直涉國家命運，成爲我中華獨有、舉世無雙的文化傳統。

中國之國法，并非僅靠威懾之力，更有"禮治"之宣導，而關乎禮治的宣導今人常常忽略。前已述及中華法系如同世界諸文明古國法系一樣，源於宗教，興於禮俗，由禮俗演進爲禮治，禮治早於刑法之前已經萌生。自商周始，《湯刑》《吕刑》（按，《湯刑》《吕刑》之"刑"當釋爲"法"）相繼問世，尤重"禮治"，何謂"禮治"？"禮治"指遵守禮儀道德與社會規範，破除"禮不下庶人"的舊制，將仁義禮智信作爲基本的行爲規範，《孟子·公孫丑上》曰："辭讓之心，禮之端也。""辭讓"指謙和之道，尊重他人，由"禮讓"而漸發展爲"禮制"。至西周時，"禮治"已成定制。這一立法思想備受推崇。夏商以來，三千餘載，王朝更替，如同百戲，雖脚色各异，却多高揚禮制之大旗，以期社會和諧，民生安樂。不瞭解中國之禮治，也就難以瞭解中華法制史，就難以瞭解中國文化史。此後"禮治"配以"刑治"，相輔相成，久行不衰。"禮刑相輔"何以行使？答曰：升平之世，統治者無不强調禮制之作用，藉此以示仁政；若逢亂世，則用重典，施酷刑（下將述及），軟硬兩手交替使用。這就組成了一張巨大的不可錯亂、不可逾越的法律之網，這就是中華民族百代信守的國家法制的核心，這就是中華民族有史以來建國治國之道。這一"禮刑相輔"的治國之道，迥别與西方，爲我中華所獨有，在漫長而多樣的世界法制史中居於前沿地位。

在我古老國度中，國家既已形成，於是又具有了不同尋常的歷史意義與價值觀。自先秦以來，"國家"一詞意味着莊嚴與信賴。在國人心目中，"國"與"家"難以分割，直與身家性命連爲一體，故"報效國家"爲中華民族的最高志節，而"國破家亡"則爲全民族的最大不幸。三十年前本人曾是《漢語大詞典》主要執筆者之一，撰寫"國家"條文時，已注意了先民曾把皇帝直稱爲"國家"。如《東觀漢紀‧祭遵傳》："國家知將軍不易，亦不遺力。"《晋書‧陶侃傳》："國家年小，不出胸懷。"稱皇帝爲"國家"，以皇帝爲國家的代表或國家的象徵，較之稱皇帝爲天子，更具親切感，更具號召力。中國歷史上的一些明君仁主也多以維護國家法制爲最高宗旨，秦皇、漢武皆曾憑藉堅定地立法與執法而國勢强盛，得以稱雄天下，這對始於西周的"八辟"之法，無疑是一大突破。本書《國法卷》第一章概論論及隋唐五代立法思想時，有以下論述：據《隋書‧王誼傳》及文帝相關諸子傳載，文帝楊堅少時同王誼爲摯友，長而將第五女嫁王誼之子，相處極歡，後王誼被控"大逆不道，罪當死"，文帝遂下詔"禁暴除惡"，"賜死於家"。《隋書‧文四子傳》又載，文帝三子秦王楊俊，少而英武，曾總管四十四州軍事，頗有令名，文帝甚爲愛惜，獎勵有加。後楊俊漸奢侈，違制度，出錢求息，窮治宮室，文帝免其官。左武衛將軍劉升、重臣楊素，先後力諫曰："秦王非有他過，但費官物、營廨舍而已。"文帝答曰："法不可違！"劉、楊又先後諫曰："秦王之過，不應至此，願陛下詳之。"文帝答曰："我是五兒之父，若如公意，何不別制天子兒律？"文帝四子、五子皆因違法，被廢爲庶民，文帝處置毫不猶豫，毫不留情。隋文帝身爲人君，以萬乘之尊，率先力行，實踐了"王子犯法，與民同罪"的古訓。在位期間，創建"開皇之治"，人丁大增，百業昌盛，國人視文帝爲真龍天子，少數民族則尊稱其爲聖人可汗。《國法卷》主編對歷史上身爲人君的這種舉措，有"忍割親朋私情，立法爲公"的簡要評論。這一評論對於中國這種以宗族故交爲關係網的大國而論，正是切中要害。此後，唐太宗李世民、玄宗李隆基、憲宗李純等君王皆有類似之舉，終成輝煌盛世。時至明代，面對一片混亂腐敗的吏治，明太祖朱元璋更設有"炮烙""剥皮"之類酷刑嚴法，懲治的貪官污吏達十五萬之衆，即便自家的親朋故舊，也毫不留情。如進士出身的駙馬，朱元璋的愛婿歐陽倫只因販茶違法，就直接判以死刑，儘管安慶公主及儲君朱允炆苦苦哀求，也絕不饒恕。據《明史・循吏傳序》載："〔官吏〕一時受令畏法，潔己愛民，以當上指……民人安樂、吏治澄清者百餘年。"其時，士子們甘願謀求他職，而不敢輕率爲官，而諸多官員却學會了種田或捕魚，呈現了古今難得一見的別樣的政治生態。明太祖的這類嚴酷法令雖是過當，却勝於放縱，故而明朝一度成爲世界經濟大國、經濟强國。中國歷史上的諸多建國之名君仁主，執法雖未若隋文帝之果決，未若明太祖之嚴酷，但無一不重視國家安危。這些建國名君仁主"上以社稷爲重，下以蒼生在念"（見《舊唐書・桓彦範傳》），故而赢得臣民的擁戴。今之世人多以爲帝王之所以成爲帝王，盡皆爲皇室一己之私利，祇貪圖自家的享榮華富貴而已，實則并非盡皆如此。歷代君王既已建國，亦必全力保國，并垂範後世，以求長治久安。品讀本書《國法卷》，可藉以瞭解我國固有的國情狀况，瞭解我國歷史中的明君仁主如何治理國家，其方策何在，今世仍有藉鑒價值。縱觀我國漫長的歷史進程，有的連續數代，稱爲盛世；有的衰而復起，稱爲中興；有的則二世而亡，如曇花一現。一切取決於先主與後主是否一脉相繼，一切取決於執法是否穩定。要而言之：嚴守國法，則國家興盛，嚴守國法，則社會祥和，此乃舉世不二之又一鐵律。

　　《國法卷》雖以國法爲研究主體，却力求超越法律研究自身，力求探索法律背後的正反驅動力量，其旨義更加廣遠。因而本卷又區別於常見的法律專著。

　　另如《巧藝卷》，在《通考》全書中未占多大分量，但在日常社會生活中却有無可替代的獨特地位，藉此大可飽覽先民的生活境遇和精神世界。何謂"巧藝"？古代文獻中無此定義。所謂"巧藝"，專指巧智與技藝性的娱樂及各種健身活動，同時展現了與之相應的家國關係。中華民族的"巧藝"別具特色，所涉内容十分廣泛，除却一般游戲活動外，又包涵了棋類、牌類、養生、武術、四季休閑、宴飲娱樂、動物馴化等等。細閱本卷所載，常爲古人之智巧所折服。如西漢東方朔"射覆"之奇妙，今已成千古佳話。據《漢書・東方朔傳》載，漢武帝嘗覆守宫（即壁虎）於杯盂之下，令衆方士百般揣度，各顯其能，并無一言中的者，而東方朔却可輕易解密，有如神算，令滿座驚呼。何謂"射覆"？"射覆"爲古代猜測覆物的游戲。射，揣度；覆，覆蓋。"射覆"之戲，至明清始衰，其間頗多高手。這些高手似乎出於特異功能，是古人勝於今人麼？當作何解釋？學界認爲這些高手多善《易》學，故而超乎常人，但今世精於《易》學者并非罕見，却未見有如東方朔者，何也？難以作答，且可不論，但古代對動物的馴化，又何以特別精彩，令今人嘆服？

著名的唐代象舞、馬舞，久負盛名，這些大動物似通人性，故可不論，而那些似乎笨拙的小動物，如"烏龜疊塔""蛤蟆説法"之類的馴養，也常常勝過今人，足可展現先民的巧智，"'疊塔''説法'，固教習之功，但其質性蠢蠢，非他禽鳥可比，誠難矣哉！"（見明陶宗儀《輟耕録·禽戲》）古人終將蠢蠢之蟲馴化得如此聰明可愛，藉此可見古人之扎實沉着，心智之專一，少有後世浮躁之風。目前，國人甚喜馴養，寵物遍地，却未見馴出如同上述的"疊塔"之烏龜與"説法"之蛤蟆，今之馬戲或雜技團體，爲現代專業機構，也未見絶技面世。

《巧藝卷》的條目詮釋，大有建樹，絶不因襲他人成説，明確關聯了具體事物形成的歷史淵源與社會背景。如"踏青"，《漢語大詞典》引用了唐代的書證，并稱其爲"清明節前後，郊野游覽的習俗"。本卷則明確指出，"踏青"是由遠古的"春戲"演變而來。西周時曾爲禮制。漢代已有"人日郊外踏青"之俗，同時指出"踏青"還有"游春"的別稱。《漢語大詞典》與本卷的釋文内容差異如此之大，實出常人之所料。何謂"春戲"？所有辭書皆未收録。本卷有翔實考證，兹録如下：

春戲：古代民間春季娱樂活動。以繁衍後代和期盼農作物豐收爲目的的男女歡會活動。始於原始社會末期，西周時仍很流行。《周禮·地官·司徒》："中春之月，令會男女。於是時也，奔者不禁。若無故而不用令者，罰之。司男女之無夫家者而會之。"《墨子·明鬼篇》："燕之有祖，當齊之社稷。宋之有桑林，楚之雲夢也，此男女之所屬而觀也。"《詩·鄭風·溱洧》："溱與洧，瀏其清矣。士與女，殷其盈矣。女曰：'觀乎？'士曰：'既且。''且往觀乎！洧之外，洵訏且樂。'維士與女，伊其將謔，贈之以芍藥。"《楚辭·九歌·少司命》："秋蘭兮麋蕪，羅生兮堂下。緑葉兮素枝，芳菲菲兮襲予。夫人兮自有美子，蓀何以兮愁苦？"戰國以後逐漸演變爲單純的春游活動"踏青"。

《巧藝卷》精心地援引了以上經典，可證在中國上古時期男女歡會非常自然，而且是具有相當規模的群體性活動。此舉在中國遠古時代已有所見，青海大通縣上孫家寨出土的舞蹈紋彩陶盆，已展現了男女携手共舞的親密生動場景，那是馬家窑文化的代表，距今已有五千年歷史，但必須明確，這并非蒙昧時期的亂性之舉。這是一種男女交往的公開宣示。前述《周禮·地官·司徒》曰："中春之月，令會男女……司男女無夫之家者而會之。"其要點是"男女無夫之家者"。這是明確的法律規定，故而作者的篇首語曰："以繁衍後代和期盼農作物豐收爲目的。"這就撥正了後世對於中國古代奴隸社會或封建社會有關男女關係的一些偏頗見解，可證本卷之"巧藝"非同一般的娛樂，所展現的是中華先民多方位的生活狀態。

三、博物研究遭質疑，古老科技又誰知？

《通考》所涉博物盡有所據，無一虛指，如繁星麗天，構成了浩大的博物學體系，千載一脈，本當生生不息，如瀑布之直下，但却似大河之九曲，時有峽谷，時有險灘，終因清廷喪權辱國、全盤西化而戛然中斷，故而迥異於西方。由於西方科技的巨大影響，致使一些學人缺少文化自信，多認爲中國古老的博物學，無甚價值。豈知我中華民族從不乏才俊、精英，從不乏偉大的發明，很多祇是不知其名而已。如《淮南子·泰族訓》："欲知遠近而不能，教之以金目則快射。"漢代高誘注曰："金目，深目。所以望遠近射準也。"何謂"金目"？據高注可知，就是深目。"深目"之"深"，謂深遠也（又說稱"金目"爲黃金之目，用以喻其貴重，恐非是）。"金目"當是現代望遠鏡或眼鏡之類的始祖。"金目"其物，在古代萬千典籍中僅見於《淮南子》一書，別無他載。因屬古代統治者杜絕的"奇技淫巧"，又甚難製作，故此物宮廷不傳，民間絕踪，遂成奇品。上世紀80年代，揚州邗江縣東漢廣陵王劉荊墓中出土一枚凸透鏡，此鏡之鏡片直徑1.3厘米，鑲嵌在用黃金精製而成的小圓環內，視物可放大四五倍，此鏡至遲亦有兩千餘年的歷史。廣陵墓之外，安徽亳州曹操宗族墓等處，亦有出土。是否就是"金目"已難考證。作爲眼鏡其物，發展到宋代，始有明確的文字記載，其時稱之爲"靉靆"（見明方以智《通雅·器用·雜用諸器》引宋趙希鵠《洞天清錄》）。今日學者皆將眼鏡視爲西方舶來品，一說來自阿拉伯，又說來自英國，如猜謎語，不一而足；西方的眼鏡實則是由中國傳入的，如若說是西方自家發明，也晚於中國千年之久。

"金目"其物的出現絕非偶然，《墨子》中的《經下》《經說下》已有關於光的直綫傳播、反射、折射、小孔成象、凹凸透鏡成象等連續的科學論述，這一原理的提出，必當有各式透體器物，如鏡片之類爲實驗依據，這類器物的名稱曰何今已不得而知，但製造出金目一類望遠物，是情理之中的必然結果。據上述《經下》《經說下》記載可知，早在戰國時期，先賢已有光學研究的成就，與後世西方光學原理盡同。在中國漫長的古代日常生活中，隨時可見新奇的創造發明，這類創造發明所展現的正是中國獨有的科學。《導論》中所述"被中香爐""長信宮燈"之外，更有"博山爐"（一種形似傳說中神山"博山"的香爐，當香料在爐內點燃時，烟霧通過鏤空的山體宛然飄出，形成群山蒙蒙、衆獸浮動的奇妙景象，約發明於漢代）、"走馬燈"（一種竹木扎成的傳統佳節所用風車狀燈具，外貼人馬等圖案，藉燈內點燃蠟燭的熱力引發空氣對流，輪軸上的人馬圖案隨之旋轉，投身於燈屏上，形成人馬不斷追逐、物換景移的壯觀情景，約發明於隋唐時期）之類。古老中華何止是"四大發明"？此外，約七千年前，在天災人禍、形勢多變的時代背景之下，先民爲預測未來，指導行爲方嚮，始創有易學，形成於商周之際，今列爲十三經之首，稱爲《周易》，這是今世的科學不能完全解釋的另一門"科學"，其功用不斷地爲當世諸多領域所驗證，在我華夏、乃至歐美，研究者甚衆，本《通考》對此雖有涉及，而未立專論。

那麼，在近現代，國人又是如何對待古代的"奇技奇器"的呢？著名的古代"四大發明"，今已家喻户曉，婦幼皆知，但却如同可愛的國寶大熊猫一樣，乃是西方學者代爲發現。我仁人志士，爲喚醒"東方睡獅"，藉此"四大發明"，竭力張揚，以振奮民族精神。這"四大發明"影響非凡，但在中國傳統文化中亦無重要地位，其中"火藥"見載於唐孫思邈《丹經》，"指南針""印刷術"同見載於宋沈括《夢溪筆談》，皆非要籍鴻篇，唯造紙術見於正史，全文亦僅七十一字，緊要文字祇有可憐的四十三字（見《後漢書·宦者傳·蔡倫》）。而這"四大發明"中有兩大發明，不知爲何人所爲。

在古老中國的歷史長河中，更有另一種科學技術，當今學界稱之爲"黑科技"（意謂超越當今之科技，出於人類的想象之外。按，稱之爲"超科技"，似更易理解，更準確），那就是現代科學技術望塵莫及、無法破解的那些千古之謎。如徐州市龜山西漢楚襄王墓北壁的西邊墙上，非常清晰地顯示一真人大小的影子，酷似一位老者，身着漢服，峨冠博帶，面東而立，作揖手迎客之狀。人們稱其爲"楚王迎賓圖"。最初考古人員發掘清理棺室時，并無壁影。自從設立了旅游區正式開放後，壁影纔逐漸地顯現出來，仿佛是楚王的魂魄顯靈，親自出來歡迎來此參觀的游人一樣。楚襄王名劉注，是西漢第六代楚王，死後葬於此。劉注墓還有五謎，今擇其三：一、工程精度之謎。龜山漢墓南甬道長 55.665 米，北甬道長爲 55.784 米，沿中綫開鑿，最大偏差僅爲 5 毫米，精度達 1/10000；兩甬道相距 19 米，夾角 20 秒，誤差爲 1/16000，其平行度誤差之小，大約需要從徐州一直延伸到西安纔能使兩甬道相交。按當時的技術水準，這樣的墓道是何人如何修建的？二、崖洞墓開鑿之謎。龜山漢墓爲典型的崖洞墓，其墓室和墓道總面積達到 700 多平方米，容積達 2600 多立方米，幾乎掏空了整個山體。勘察發現，劉注墓原棺室的室頂正對着龜山的最高處，劉注府庫中的擎天石柱也正位於南北甬道的中軸綫上。龜山漢墓的工程人員是利用什麼樣的勘探技術掌握龜山的山體石質和結構？三、防盜塞石之謎。南甬道由 26 塊塞石堵塞，分上下兩層，每塊重達六至七噸，兩層塞石接縫非常嚴密，一枚硬幣也難以塞入。漢墓的甬道處於龜山的半山腰，當時生産力低下，人們是用什麼方法把這些龐大的塞石運來并嵌進甬道的？今皆不得而知。

斷言"中國古代祇有技術而没有科學"者，對中國歷史的瞭解實在是太過膚淺，并不瞭解在中國古代不祇有科技，而且竟然有超越科學技術的"黑科技"。

四、當世灾難甚可懼，人間正道何處覓？

在《通考》的編纂過程中，常遇到的重要命題，那就是以上論及的"科技"。今之"科技"，在中國上古曾被混稱爲"奇技奇器"，直至清廷覆亡，迄未得到應有的重視，導致國勢衰微，外寇侵略，民不聊生。這正是西方視之爲愚昧落後，敢於長驅直入，爲所欲爲的原因。因而一個國家、一個民族，要立於不敗之地，必須擁有自家的科技！世人當如何評定"科技"？如何面對"科技"？本書《導論》已有"道器論"，今《總説》以此"道器論"爲據，就現代人類面臨的種種危機，論釋如下：

何謂"道器"？所謂"道"是指形成宇宙萬物之原本，是形成一切事理的依據與根由。何謂"器"？"器"即宇宙間實有的萬物，包括一切科技，一切發明，至巨至大，至細至微，充斥天地間，而盡皆不虛。科技衍生於器，驗證於器，多以器爲載體，是推進或毁壞人類社會的一種無窮力量，故而又必須在人間正道的制約之下。此即本書道器并重之緣由，或可視爲天下之通理也。英國自 18 世紀第一次工業革命以來，其科學技術得以高速而全方位地發展，引起西方乃至全世界的密切關注與重視，影響廣遠。這一時期，英帝國統治者睥睨全球，居高臨下，自我膨脹，發表了"生存競爭，勝者執政"等一系列宏論；托馬斯·馬爾薩斯的《人口論》亦應時而起，其核心理論是："貧富强弱，難以避免。承認現實，存在即合理。"甚而提出"必須控制人口的大量增長，而戰爭、饑荒、瘟疫是最後抑制人口增長的必要手段"（這一理論在以儒學爲主體的傳統文化中被視爲離經叛道，滅絕人性，而在清廷走投無路全面西化之後，國人亦有崇信者，直至 20 年代初猶見其餘緒）。在這樣的時代背景下，查爾斯·達爾文所著《物種起源》得以衝破基督教的束縛，順利出版，暢行無阻。該書除却大量引用我國典籍《齊民要術》《天工開物》與《本草綱目》之外，還鄭重表明受到馬爾薩斯《人口論》的啟示和影響。《物種起源》的問世，形成了著名的進化理論："物競天擇、優勝劣汰，弱肉强食，適者生存。"（近世對其學説已有諸多評論，此略）進化學説在人們的社會生活中留下了深刻的印迹，在世界範圍內引起巨大反響，當時英國及其他列强利用了自然界"生存法則"的進化理論，將其推行於對外擴張的殖民戰爭中，打破了世界原有生態格局，在巨大的聲威之下，暢行無阻，遍及天下。縱觀人類的發展史，尤其是近世以來的發展史可知，科技的高下決定了國家的强弱，以强凌弱，已成定勢，在高科技强國的聲威之下，無盡的搜羅，無盡的采伐，無盡的探測實驗（包括核試驗），自然資源和自然環境漸遭破壞，各種弊端漸次顯露。時至 20 世紀中後期，以原子能、電子電腦、信息技術、空間技術等發明和應用爲標志、第三次科技革命的到來，學界稱之爲"科技革命的紅燈時刻"，其勢如風馳電掣，所向披靡，人類社會發生了翻天覆地的變化，時至 21 世紀，又凸顯了另一灾難，即瘟疫肆虐，病毒猖獗，危及整個人類。這一系列禍患緣何而生？天灾之外，罪魁爲人。何也？世間萬種生靈，習性歸一，盡皆順從於大自然，但求自身生息而已，別無他求，而作爲"萬物之靈"的人類，在茹毛飲血，跨越耕獵時代之後，却欲壑難填，毫無節制！爲追求享樂、滿足一己之貪婪，塗炭萬種生靈，任你山中野外，任你江面海底，任你晝藏夜出，任你天飛地走，皆得作我盤中佳餚。閑暇之日，又喜魚竿獵槍，目睹异類掙扎慘死，以爲暢快，以爲樂趣，若爲一己之喜慶，更可"磨刀霍霍向猪羊"，視之爲正常！"萬物之靈"的人類，永無休止，地表搜刮之外，還有地下的搜索挖掘，如世界著名的南非姆波尼格金礦，雖其開采僅起始於百年前，憑藉當代最先進的科技，挖掘深度已超 4000 米（我國的招遠金礦，北宋真宗年間已進行開采，至今深度不過 2000 米左右），現有 370 千米軌道，用以運送巨大的設備與成噸重的礦石，而每次開采都必須用兩千多公斤的炸藥爆破，可謂地動山摇！金礦之外，又有銀礦、鐵礦、銅礦、煤礦、水晶礦（如墨西哥的奈咯水晶洞，俗稱"神仙水晶礦"，其中一根重達 50 噸，挖出者一夜暴富），種種礦藏數以萬計。此外尚有對石油、純净水，乃至無形的天然氣等的無盡索取，山林破壞，大地沙化，水污染、大氣污染、核污染，地球已是百孔千瘡，而挖掘索取，仍未甘休，愈演愈烈，故今之地球信息科學已經發現地球性能的變异以及由此帶來可怕的全球性灾難。今日世界，各國執政者憑仗高科技，多是從一國、一族或一己之私利出發，或結邦，或聯盟，争强鬥勝，互不相顧，國際關係日趨惡化，人類時刻面臨可怕的威脅，面臨毁滅性的核戰争。凡此種種，怎不令人憂慮，令人悲痛？故而有學者宣稱：“科技確實偉大，也確實可怕。一旦失控，後患無窮。”又稱：“人類擁有了科技，必警惕成爲科技的奴隸。”此語并非危言聳聽，應是當世的警鐘，因爲人類面對强大的科技，常常難以自控，這是科技發展必然的結果。而作爲“萬物之靈”的人類，具有高智慧，能够擁有高科技，確乎超越了萬物，居於萬物主宰的地位，而執政者一旦擁有失控的權力，肆意孤行，其最終結局必將是自戕自毁，必將與萬物同歸於盡。一言以蔽之，毁滅世界的罪魁禍首是人類自己，而并非他類。

面對這多變的現實與可怕的未來，面對這全球性的灾難，中外科學家作了不懈努力，而收效甚微。1988 年 1 月，七十五位諾貝爾獲獎者及世界著名學者齊聚巴黎，探討了21 世紀科學的發展與人類面臨的種種難題，提出了應對方略。在隆重的新聞發布會上，瑞典物理學家漢内斯·阿爾文發表了鄭重的演説：“如果人類要在 21 世紀生存下去，必須回頭到兩千五百年前去汲取孔子的智慧。”（見 1988 年 1 月 24 日澳大利亞《堪培拉時報》原文——《諾貝爾獎獲得者説要汲取孔子的智慧》）這是何等驚人的預見，又是何等嚴正的警示！這七十五位諾貝爾獲獎者没有一位是我華夏同胞，他們對孔子的認知與崇敬，非常客觀，非常深刻，超乎我們的想象。這種高屋建瓴式的睿智呼籲，振聾發聵，可惜并没有警醒世人，也没有引起足够多的各國領導人的重視。

人類爲了自救，不能不從人類自身發展史中尋求答案。在人類發展史中，不乏偉大的聖人，孔子是少有的没有被神化、起於底層的聖人（今有稱其爲“草根聖人”者），他生於春秋末期，幼年失父，家境貧寒，又正值天下分裂，戰亂不斷，在這樣的不幸世道裏，孔子及其弟子大力宣導“克己復禮”，這是人類歷史上最切實際的空前壯舉。何謂“禮”？《説文·示部》曰：“禮，履也。所以事神致福也。”禮本來是上古祭祀鬼神和先祖的儀式。史稱文、武、成王、周公據禮“以設制度”，此即“周禮”。“周禮”的内容極爲廣泛，舉凡國家的政治、經濟、軍事、行政、法律、宗教、教育、倫理、習俗、行爲規範，以及吉、凶、軍、賓、嘉五類禮儀制度，均被納入禮的範疇。周禮在當時社會中的地位與指導作用，《禮記·曲禮》中有明確記載：“分争辯訟，非禮不决；君臣上下、父子兄弟，非禮不定；宦學事師，非禮不親；班朝治軍、涖官行法，非禮威嚴不行。”當然也維護了“君臣朝廷尊卑貴賤之序，下及黎庶車輿衣服宮室飲食嫁娶喪祭之分”（見《史記・禮書》），這符合於那個時代的階級統治背景。孔子提出“克己復禮”，期望世人克服一己之私欲，以應有的禮儀禮節規範自己的言行，建立一個理想的中庸和諧社會，這已跨越了歷史局限。孔子的核心思想是“敬天愛人”，何謂“敬天”？孔子強調“巍巍乎唯天爲大”（見《論語・泰伯》），又曰：“天何言哉？四時行焉，百物生焉，天何言哉！”（見《論語・陽貨》）孔子所言之“天”，并非指主宰人類命運的上蒼或上帝，并非是孔子的迷信，因“子不語怪力亂神”（見《論語・述而》）。孔子認爲四季變化、百物生長，皆有自己的運行規律，人類應謹慎遵從，應當敬畏，不得違背。孔子指稱的“天”，實則指他所認知的宇宙。此即孔子的天人觀、宇宙觀。“巍巍乎唯天爲大”，在此昊天之下，人是何樣的微弱，面臨小小的細菌、病毒，即可淒淒然成片倒下。何謂“愛人”？孔子推行“仁義之道”，何謂“仁”？子曰：“仁者，愛人！”（《論語・顏淵》）即人人相親、相愛。又曰：“己所不欲，勿施於人。”意即重正義，絕不損人利己。何謂“義”？“義”指公正的道理、正直的行爲。子曰：“不義而富且貴，於我如浮雲。”（見《論語・述而》）這就是孔子的道德觀與道德規範，當作爲今世處理人與自然、人與社會的規範與行動指南。其弟子又提出“親親而仁民，仁民而愛物”（見《孟子・盡心上》），漢代大儒又有“天人之際，合而爲一”的主張（董仲舒在《春秋繁露・深察名號》中，爲維護皇權的需要而建立了皇權天授的觀念），這種主張已遠遠超越了維護皇權的需要，成爲了一種可貴的哲理。時至宋代，大儒張載再度發揚孟子“親親而仁民，仁民而愛物”的襟怀，又有“民吾同胞，物吾與也”（見其所著《西銘》）之名言箴語，即將天下所有的人皆當作同胞，世間萬物盡視爲同類，最終形成了著名的另一宏大的儒學系統，其主旨則是“天人合一”論。何謂“天人合一”？“天人合一”有兩層意義：一曰天人一致，天是一大宇宙，人則如同一小宇宙，也就是說人類同天體各有獨立而相似之處；二是天人相應，這是說人與天體在本質上是相通的，是相互相連的。因此，一切人事應順乎自然規律，從而達到人與自然的和諧。達到人與自然的和諧統一，當作爲今世處理人與自然、人與社會的明確規範與行動指南。這是真正的“人間正道”，唯有遵循這一“人間正道”，人際關係纔能融洽，社會纔能和諧，天下纔能太平。

　　古老中國在形成“孔子智慧”之前，早已重視人與自然的關係。約在七千年前，我中華先祖已能夠通過對於蟲鳥之類的物候觀察，熟練地確定天氣、季節的變幻，相當完美地適應了生產、生活、繁衍發展的需求，這一遠古的測算應變之舉，處於世界領先地位。約四千年前，夏禹之時，已建有令今人嚮往的廣袤的綠野濕地。如《書·禹貢》即記載了"雷夏""大野""彭蠡""震澤""菏澤""孟豬""豬野""雲夢"諸澤的形成及其利用情況，如其中指出："淮海惟揚州，彭蠡既豬（瀦），陽鳥攸居；三江既入，震澤厎定。篠簜既敷，厥草惟夭，厥木惟喬……厥貢惟金三品，瑶琨篠簜，齒革羽毛，惟木。"這是説揚州有彭蠡、震澤兩方綠野濕地，適合於鴻雁類禽鳥居住，適合於篠竹（箭竹）、簜竹（大竹）生長，青草繁茂，樹木高大，向君主進貢物品有金銀銅等三品，又有瑶琨美玉、箭竹、大竹以及象齒皮革與孔雀、翡翠等禽鳥羽毛。所謂"大禹治水"，并非衹是被動的抗灾自救，實則是大治山川，廣理田野，調整人與大自然的關係，使之相得益彰。《逸周書·大聚解》又載，夏禹之時"且以并農力，執成男女之功，夫然則有生不失其宜，萬物不失其性，人不失其事，天不失其時……放此爲人，此謂正德"，此即所謂夏禹"劃定九州"之功業所在。其中"放此爲人，此謂正德"的論定，已蘊含了後世儒家初始的"天人合一"的觀念。西周初期，已設定掌管國土資源的官職"虞衡"，掌山澤者謂"虞"，掌川林者稱"衡"（見《周禮·天官·太宰》及賈疏）。後世民衆，繼往開來，對於保護生態環境，保護大自然，采取了各種措施，又設有專司觀察氣象、觀察環境的機構，并有方士之類的"巫祝史與望氣者"，多管道、多方位進行探測研究，從而防患於未然。《墨子·號令篇》（一説此篇非墨子所作，乃是研究墨學者取以益其書）曰："巫祝史與望氣者，必以善言告民，以請（讀爲'情'）上報守（一説即太守），上守獨知其請（情）。無［巫］與望氣，妄爲不善言，驚恐民，斷弗赦。"這裏明確地指出，由"巫祝史與望氣者"負責預告各種灾情，但不得驚恐民衆，否則即處以重刑，絶不饒恕。愛惜生態，保護自然，這是何樣的遠見卓識，這又是何樣的撫民情懷！

是的，自夏禹以來，先民對於大自然、對於與蒼生，有一種別樣的愛惜、保護之舉措，防範措施非常細密，非常全面而嚴厲。《逸周書·大聚解》有以下記載：夏禹時期設定禁令，大力保護山林、川澤，春季不准帶斧頭上山砍伐初生的林木；夏季不准用漁網撈取幼小的魚鱉，此即世界最早的環境保護法。《韓非子·内儲説上》又載：殷商時期，在街道上揚弃垃圾，必斬斷其手。西周時又有更爲具體規定：如，何時可以狩獵，何時禁止狩獵，何樣的動物可以獵殺，何樣的動物禁止獵殺；何時可以捕魚，何時禁止捕魚，何樣的魚可以捕取，何樣的魚禁止捕取，皆有明文規定，甚而連網眼的大小也依季節不同而嚴予區別。并特别强調：不准搗毁鳥巢，不准殺死剛學飛的幼鳥和剛出生的幼獸。春耕季節不准大興土木。《禮記·月令》又載："毋變天之道，毋絶地之理，毋亂人之紀。"這一"毋變""毋絶""毋亂"之結語，更是展現了後世儒家宣導并嚮往的"天人合一"説。至春秋戰國之際，法律法規的範圍更加全面，特别嚴厲。這一時期已經注意到有關礦山的開發利用，若發現了藏有金銀銅鐵的礦山，立即封禁，"有動封山者，罪死而不赦。有犯令者，左足入，左足斷，右足入，右足斷"（見《管子·地數》）。古人認爲輕罪重罰，最易執行，也最見成效，勝過重罪重罰。這些古老的嚴厲法令，雖是殘酷，實際却是一聲斷喝，讓人止步於犯罪之前，因而犯罪者甚微。這就最大限度地保護了大自然，同時也最大限度地保護了人類自己。而早在西周建立前夕，又曾頒布了令人欽敬的《伐崇令》："文王欲伐崇，先宣言曰……令毋殺人，毋壞室，毋填井，毋伐樹木，毋動六畜，有不如令者，死無赦！崇人聞之，因請降。"（見漢劉向《説苑·指武》）這是指在殘酷的血火較量中，對於敵方人民、財産及生靈的愛惜與保護。我中華上古時期這一《伐崇令》，是世界戰争史中的奇迹，是人類應永恒遵守的法則！當今世界日趨文明，闊步前進，而戰争却日趨野蠻，屠殺對方不擇手段，實是可怖可悲！我華夏先祖所展現的這些大智慧、大慈悲，爲後世留下了賴以繁衍生息的楚山漢水，留下了令人神往的華夏聖地，我國遂成爲幸存至今、世界唯一的文明古國。

五、筆墨革命難預料？卅載成書又何易？

《通考》選題因國内罕見，無所藉鑒，期望成爲經典性的學術專著，難度之大，出乎想象，初創伊始，即邀前輩學者南京大學老校長匡亞明先生主其事。這期間微信尚未興起，寧濟千里，諸多不便，盛岱仁、康戰燕伉儷滿腔熱情，聯絡於匡老與筆者之間，得到先生的熱情鼓勵與全力支持，每逢疑難，必親予答復，但表示難做具體工作，在經濟方面也難以爲力。因爲先生於擔任國家古籍整理領導小組組長之外，又全面主持南京大學中國思想家研究中心的工作，正在編纂《中國思想家評傳》，百卷書稿須親自逐一審定，難堪重任。筆者初赴南大之日，老人家親自接待，就餐時當場現金付款，没有讓服務員公款記賬，筆者深受感動，終生難以忘懷。此後在匡老激勵之下，筆者全力以赴，進而邀得數百作者并肩携手，全面合作，并納入國家"九五"重點出版規劃中。1996 年 12 月，匡老驟然病逝，筆者悲痛不已，孤身隻影，砥礪前行，本書再度確定爲國家"十五"重點出版規劃項目，并將初名更爲今名。那時，作者們盡皆恪守傳統著述方式，憑藏書以考釋，藉筆墨以達志。盛暑寒冬，孜孜矻矻，無敢逸豫。爲尋一詞，急切切，一目十行，翻盡千頁而難得；爲求善本，又常千里奔波，因限定手抄，不得複印，纍日難歸！諸君任勞任怨，潛心典籍，閲書，運筆，晝夜伏案，恂恂然若千年古儒。至上世紀末，一些年輕作者已擁有個人電腦，各種信息，數以億計，中文要籍，一覽無餘，天下藏書，“千頃齋”“萬卷樓”之屬，皆可盡納其中，無須跋涉遠求。搜集檢索，衹需“指點”，瞬息可得；形成文章，亦衹需“指點”，頃刻可就。在這世紀之交，面臨書寫載體的轉换，老一輩學人步入了一個陌生的电脑世界，遭遇了空前的挑戰。當代作家余秋雨在其名篇《筆墨祭》中有如下陳述：“五四新文化運動就遇到過一場載體的轉换，即以白話文代替文言文；這場轉换還有一種更本源性的物質基礎，即以‘鋼筆文化’代替‘毛筆文化’。”由“毛筆文化”向“鋼筆文化”的轉换，經歷了漫長的數千載，而今日再由“鋼筆文化”向“電腦文化”轉换，却僅僅是二十年左右，其所彰顯的是科學技術的力量、“奇技奇器”的力量。作家所謂的“筆墨”，係指毛筆與烟膠之墨，《筆墨祭》衹在祭五四運動之前的“毛筆文化”。今日當將毛筆文化與鋼筆文化并祭，乃最徹底的“筆墨祭”。面對這世紀性的“筆耕文化”向“電腦文化”的轉换，面對這徹底的“筆墨祭”，老一輩學人没有觀望，没有退縮，同青年作者一道，毅然決然，全力以赴，終於跟上了時代的步伐！筆者爲我老一輩學人驕傲！回眸曩日，步履維艱，隨同筆墨轉型，書稿也隨之經歷了大修改、大增補，其繁雜艱辛，實難言喻。天地逆旅，百代過客，如夢如幻，三十餘年來，那些老一輩學人全部白了頭，却無暇“含飴弄孫”，又在指導後代參與其事。那些“知天命”之年的碩博生導師們皆已年過花甲，却偏喜“舞文弄墨”，又在尋覓指導下一代弟子同步前進。如此前啓後追，無怨無悔，這是何樣的襟懷？憶昔乾嘉學派，人才輩出，時有“高郵王父子，棲霞郝夫婦”投入之佳話，今《通考》團隊，於父子合作、夫婦合作之外，更有舉家投入者，四方學人，全力以赴。但蒼天無情，繼匡老之後，另有幾位同仁亦撒手人寰。上海那位《天宇卷》主編年富力強，却在貧病交加、孩子的驚呼聲中，英年早逝。筆者的另一位老友爲追求舊稿的完美，於深夜手握鼠標闃然永訣，此前他的夫人曾勸其好好休息，答説“我没有那麽多時間”！可謂鞠躬盡瘁，死而後已，這又是何樣的壯志，思之怎能不令人心酸！這就是我的同仁，令我驕傲的同仁！

自 2012 年之後，因面臨多種意外的形勢變化，筆者連同本書回歸原所在單位山東師範大學，于是增加了第一位副總主編——文學院副院長、古籍整理研究所所長韓品玉，解決了編務與財力方面的諸多困難，改變了多年來的孤苦狀況。時至 2017 年春，爲盡快出版、選定新的出版社，又增加了天津人民出版社總編輯、南開大學客座教授陳益民，中國職工教育研究院常務副院長、全國職工教育首席專家俞陽，臺北大學人文學院東西哲學與詮釋學研究中心主任賴賢宗教授三位爲副總主編，於是形成了現今的編纂委員會。

在全書編纂過程中，編纂委員會和學術顧問，以及分卷正副主編、主要作者所在單位計有：中國國家博物館、中國國家圖書館、中央文史研究館、中國佛教圖書文物館、全國總工會、中聯口述歷史研究中心、河北省文物與古建築保護研究院、河北省文物考古研究院、河北閱讀傳媒有限責任公司、北京大學、浙江大學、南京大學、南京師範大學、東北師範大學、鄭州大學、河北大學、河北師範大學、河北醫科大學、廈門大學、佛山大學、山東大學、中國海洋大學、山東師範大學、曲阜師範大學、山東中醫藥大學、濟南大學、山東財經大學、山東體育學院、山東藝術學院、山東工藝美術學院、山東省社會科學院、山東博物館、山東省圖書館、山東省自然資源廳、山東省林業保護和發展服務中心、濟南市園林和林業綠化局、濟南市神通寺、聊城市護國隆興寺、臺北大學、臺灣成功大學、臺灣大同大學、臺北中國文化大學、臺灣中華倫理教育學會，以及澳大利亞國立伊迪斯科文大學等，在此表示由衷的謝忱！

本書出版方——上海交通大學領導以及上海交通大學出版社領導，高瞻遠矚，認定《通考》的編纂出版，不衹是可推動古籍整理、考古研究的成果轉化，在傳承歷史智慧，弘揚中華文明，增強民族凝聚力和認同感，彰顯民族文化自信等各個方面具有重要意義。出版方在組織京滬兩地專家學者審校文字的同時，又付出時間精力，投入了相當的資金，增補了不少插圖，這些插圖多來自古籍，如《考工記解》《考工記圖解》《考工記圖説》《考古圖》《續考古圖》《西清古鑑》《西清續鑑》《毛詩名物圖説》《河工器具圖説》等等，藉此亦可見出版方打造《通考》這一精品工程的決心。而山東師範大學各級領導同樣十分重視，社科處高景海處長一再告知筆者："需要辦什麼事情，儘管吩咐。"諸多問題常迎刃而解，可謂足智善斷。筆者所屬文學院孫書文院長更親行親爲，給予了全面支持，多方關懷，令筆者備感親切，深受鼓舞，壯心未老，必酬千里之志。此前，著名出版家和龔先生早已對本書作出權威鑒定，并建議由三十二卷改爲三十六卷。本書在學術界漂游了三十餘載終得面世，并引起學界的關注。今有國人贊之曰：《通考》是中華優秀傳統文化創造性轉化、創新性發展的優异成果，是一部具有極高人文價值的通代史論性的華夏物態文化專著，凝聚了中華民族的深層記憶，積澱了民族精神和傳統文化的精髓。又有國際友人贊之曰：《通考》如同古老中國一樣，是世界唯一一部記述連續數千載生機盎然的人類生活史。國内外的評論祇是就本書的總體面貌而言，但細予探究，缺憾甚爲明顯，因本書起步於三十餘年前，三十餘年以來，學術界有諸多新的研究成果未得汲取，田野考古又多有新的發現，國内外的各類典藏空前豐富，且檢索方式空前便捷，而本書作者年齡與身體狀況又各自不同，多已是古稀之年，或已作古，或已難執筆，交稿又有先後之别，故而三十六卷未能統一步伐與時俱進，所涉名物，其語源、釋文難能確切，一些舊有地名或相關數據，亦未及修改，而有些同物異名又未及增補。這就不能不有所抱憾，實難稱完美！以上，就是本書編纂團隊的基本面貌，也是本書學術成就的得失狀況。

　　筆者無盡感慨，卅載一瞬渾似夢，襟懷未展，鬢髮盡斑，萬端心緒何曾了？長卷浩浩，古奥繁難，有幾多知音翻閲？何處求慰藉？人道是紅袖祇揾英雄泪！歲月無情，韶光易逝，幾位分卷主編未見班師，已倏而永别，何人知曉老夫悲苦心情？今藉本書的面世，聊以告慰匡老前輩暨謝世的同仁在天之靈！

張述錚

丙子中吕初稿於山東師範大學映月亭
甲辰南吕增補於歷下龍泉山莊東籬齋

凡　例

　　一、本書係通代史性的中華物態文化學術專著，旨在對構成中華博物的名物進行考釋。全書三十六卷，另有附録一卷。各卷之基本體例：第一章爲概論，其後據内容設章，章下分節，爲研究考釋文字，其下分列考釋詞目。

　　二、本書所涉博物，分兩種類型：一曰“同物異名”，二曰“同名異物”。前者如“女墻”，隨從而來者有“女垣”“女堞”“女陴”“城堞”“城雉”“陴堞”等，盡皆爲“女墻”的同物異名；後者如“衽”，其右上分別角標有阿拉伯數字，分別作“衽[1]”（指衣襟）、“衽[2]”（指衣服胸前交領部分）、“衽[3]”（指衣服兩旁掩裳際處）、“衽[4]”（指衣袖）、“衽[5]”（指下裳）等，皆爲“衽”的同名異物。

　　三、各卷詞目分主條、次條、附條三種。次條、附條的詞頭字型較主條小，并用【　】括起。主條對其得名由來、產生年代、形制體貌、歷史演進做全面考釋，然後列舉古代文獻或實物爲證，并對疑難加以考辨，或列舉諸家之説；次條往往僅用作簡要交代，補主條不足，申説相佐；附條一般祇用作説明，格式如即“××”、同“××”、通“××”、“××”之單稱、“××”之省稱，等等。

　　四、各卷名物，或見諸文獻記載，或見諸傳世實物，循名責實，依物稽名，於其本稱、別稱、單稱、省稱，務求詳備，代稱、雅稱、謔稱、俗稱、譯稱，旁搜博采。因中華博物的形成、演化有自身規律，實難做人爲的斷代分割。如“朝制”之類名物，隨同帝王的興起而興起，隨同帝王的消亡而消亡，因而其下限達於辛亥革命；"禮俗"之類名物起源於上古，其流緒直達今世；而"冠服"之類名物，有的則起源甚晚，如"中山裝"之類。故各卷收詞時限一般上起史前，下迄清末民初，有的則可達現當代。

五、各卷考釋條目中的文獻書證一般以時代先後爲序；關乎名物之最早的書證，或揭示其淵源成因之書證，尤爲本書所重，必多方鈎索羅致；二十五史除却《史記》《漢書》外，其他諸史皆非同朝人編纂，其書證行用時間則以書名所標時代爲準；引書以古籍爲主，探其語源，逐其流變，間或有近現代書證爲後起之語源者，亦予扼要采用。所引典籍文獻名按學術界的傳統標法。如《詩》不作《詩經》，《書》不作《尚書》，《説文》不作《説文解字》等；若作者自家行文爲了强調或區別於他書，亦可稱《詩經》《尚書》《説文解字》等。文獻卷次用中文小寫數字：不用"千""百""十"，如卷三三一，不作卷三百三十一；"十"作〇，如卷四〇，不作卷四十。

六、本書使用繁體字。根據1992年7月7日新聞出版署、國家語言文字工作委員會發布的《出版物漢字使用規定》第七條第三款、2001年1月1日施行的《中華人民共和國通用語言文字法》第二章第十七條第五款之規定，本書作爲大量引徵古籍文獻的考釋性學術專著，既重視博物的源流演變，又重視對同物異名、同名異物的考辨，故所有考釋條目之詞頭及文獻引文，保留典籍原有用字，包括异體字，除明顯錯別字（必要時括注正字訂誤）之外，一仍其舊。其中作者自家釋文，則用正體，不用异體，但關涉次條、附條等异體字詞頭等，仍予保留。繁體字、异體字的確定，以《規範字與繁體字、异體字對照表》（國發〔2013〕23號附件一）及《通用規範漢字字典》爲依據。

七、行文叙述中的數字一律采用漢字小寫，但標示公元紀年及現代度量衡單位時，用阿拉伯數字。如"三十六計"，不作"36計"；"36米"，不作"三十六米"。

八、各卷對所收考釋詞條設音序索引，附於卷末，以便檢索。

目　録

序　言

　　《中華博物通考》(下稱《通考》) 是一部通代史論性的華夏物態文化專著，係 "十四五" 國家重點出版物出版專項規劃項目，并得到 2020 年度國家出版基金資助。全書共三十六長卷，另有附錄一卷，達三千萬字，《獸畜卷》即其中的一卷。

　　何謂 "獸畜"？獸畜爲獸與畜之連稱。獸，指野生動物，今稱野獸；畜，則指已經人類馴養者，今稱家畜，皆屬哺乳綱，是脊索動物門中發展最高級的一綱。據生態特徵，野獸可分爲三類，即陸獸、飛獸、水獸。在我國這三類野獸有五百餘種，古籍所謂虎豹熊羆、豺狐獾鼠，種類尤爲紛繁，僅就上述確知者而論，已占全球總數的十分之一。依中國文化的傳統分類法，全書另設有《水族卷》，該卷已收錄 "水生哺乳動物"，本卷之水獸已包括其中。爲確保兩卷完整的獨立體系，又避免不必要的重複，凡《水族卷》已收列者，本卷只作扼要説明，其文有不足者，則另予考釋。本卷之家畜，則最爲簡明，在我國主要指牛、猪、羊、馬、驢、駱駝、狗、兔等十餘種而已。

　　獸畜不僅與人類之衣食住行密切相關，而且與人們的精神活動休戚與共。先秦時人們不但識別獸類，同時亦有了馴養獸類、保護生物資源的意識。居十三經第三位的《詩》，爲我國最早的詩歌總集，其中記載獸類達四十餘種，而且每一種皆可確認確指。如《詩・小雅・何草不黃》："匪兕匪虎，率彼曠野。" 毛傳："兕、虎，野獸也。" 對於人們不熟悉之 "兕"，唐人孔穎達以《説文》爲證，疏曰："兕，野牛。其皮堅厚，可以爲鎧。" 十三經中的《爾雅》，已明確地列有"釋獸""釋畜"之專類，其名稱已近百種，對其形態、特性均有精到的闡述。

在馴養獸類的同時，而且有狩獵之舉。狩獵在我國已有近二百萬年的悠久歷史。初始的狩獵，只爲求得温飽而已。早在舊石器時代，先祖已用獵獸之肉充飢、毛皮禦寒。獵獸在種類上以食肉目、兔形目、齧齒目爲主，其次爲有蹄類及海獸中的鰭脚目和鯨目。考古發現，距今一萬八千年前，山頂洞人遺址中出土有穿孔的獸牙一百二十顆、獸骨若干，其中有的是人的食餘物，有的則是屬於與人同居的野獸，可知其時已能馴養野獸。三千餘年前的殷商甲骨文中已有許多獸畜名稱，如牛、羊、豕、兕、象，等等。當人類已進入農耕時代，解決了飢寒之苦以後，狩獵活動并未停止，其目的不外以下四類：一曰獵奇物，爲生財之道；二曰貪野味；三曰健身習武，練弓箭槍法；四曰欣賞取樂。

以上就是人類與獸畜之間的關係，這并非專指中華民族而言，由於地域、國體的差異，中國作爲農耕大國，更重視的是畜牧。

新石器時代已開始的畜牧業，至夏商周三代，已有可觀的規模。《周易》居於十三經之首，係我國最早的經典文化的源頭，其離卦中即有"亨，畜牝牛吉"之語。何謂"畜牝牛吉"？唐人孔穎達釋曰："畜養牝牛乃得其吉。"將"畜養牝牛"作爲指導人們生活的卦象，可知先民對於畜牧業的重視。西周時即已注意有意識地保護生物資源，如設有"山虞""川衡"等職官。前者"掌山林之政令"，規定林木生長期，不得違時采伐；後者"掌巡川澤之禁令"，規定不得違時亂取魚蛤。此外，幼獸幼魚任何時間皆不得捕捉。（見《周禮·地官》諸篇）西周時之中國，生態、人文并行不悖，萬物藏蕤，一派生機。獸畜各有其習性特點，或健壯，或靈巧，或聰慧，或狡黠，或笨懶，或温順，或强悍，人們常盡其所能，以爲己用。如牛耕、犬守、駝運、猴戲、象舞之類。最爲著名者莫過於"火牛陣"了，史載戰國時齊與燕戰，燕軍至，齊將田單"乃收城中，得千餘牛……束兵刃於其角，而灌脂束葦於尾，燒其端；鑿城數十穴，夜縱牛，壯士五千人隨其後。牛尾熱，怒而奔燕軍，燕軍夜大驚"，齊軍大獲全勝，其後連連收復七十餘城（事見《史記·田單列傳》）。"火牛陣"之真僞，姑可不論，而兩千多年前的這一巧妙構思，足證古人已懂得并十分重視獸畜的利用。

秦漢時期，關於獸畜的認知與研究更加深入，體現於古籍中最爲明顯。原作者在自家的著述中常常提到某獸某畜，當時并不以爲奇，而注疏者卻對獸畜的形態特徵、生活習性、覓食規律、繁育行爲、生理生態等生物學特性均有所訓釋。有關獸畜的同物异名之類的考辨已甚明確，而有關畜類的飼養水準亦有所提高，不同品種的家畜有不同用途，其主要成就也體現在秦漢時期的多種著作中。如《方言》第八：“蝙蝠，自關而西秦隴之間，謂之蝙蝠，北燕謂之蟙䘃。”如稱祭祀所用肥壯之牛爲“一元大武”，稱日行千里之良馬爲“千里馬”。兩漢之時，人們已能熟練地以獸畜爲戲，或令其單獨表演，或與人相伴玩耍。如，漢桓寬《鹽鐵論·散不足》：“玩好玄黃雜青，五青繡衣。戲弄蒲人雜婦，百獸馬戲鬥虎。”這種獸畜類表演，即後世之“馬戲”。隋唐至明清時期，涌現了唐封演《封氏聞見錄》、段成式《酉陽雜俎》，宋陶穀《清異錄》、高承《事物紀原》之類著名筆記，所載獸畜具體而生動。段著中的《廣動植》篇中，首次出現動物、植物的命題。此時集前人成就的類書，如唐人編纂的《北堂書鈔》《藝文類聚》，宋人編纂的《太平御覽》《太平廣記》等，對獸畜的名稱、形態、習性、藥性、功用等詳加研究，徵引群書，或述觀察，或糾舊説，或提新論，所言每能得其要旨，即使以當今動物學視點衡量，其科學價值亦達到了相當高的水準。明代關於獸畜研究的主要成果，除却楊慎著《丹鉛總錄》之外，集中反映在李時珍所著《本草綱目》中。李時珍不僅是明代偉大的醫藥學家，亦是空前的博物學家，該書先後編纂了二十七年，可稱精湛浩博。該書共計五十二卷，分爲水、火、土、金、石、器、草、穀、菜、果、木、蟲、介、禽、獸、人十六部六十類，載藥物一千八百九十二種，可視爲中國最早的具有科學價值的百科全書；其中卷五十、五十一爲“獸部”，共收載獸類五十七種，另外在“禽部”收載飛獸三種，每一種都有釋名、集解、主治、附方等。該書博而不繁，詳而有要。本《通考》全書頗多涉獵，本卷同《木果》《花卉》《穀蔬》《禽鳥》《水族》《蟲豸》乃至《醫藥》諸卷一樣，時有采擷，各有創獲。

兩漢及盛唐在動物保護上各有收穫，時至宋代，對動物的保護措施更加鮮明有力，如廣布粉壁詔書，里巷宣講，禁絕違時、非法捕獵等。太平興國三年（978）四月三日，太宗詔曰：“方春陽和之時，鳥獸孳育，民或捕取以食，甚傷生理，而逆時令。自今宜以禁民二月至九月，無得捕獵，及持竿挾彈，探巢摘卵。州縣長吏，嚴飭里胥，伺察擒捕，重置其罪。仍令州縣于要害處粉壁，揭詔書示之。”宋代皇帝并多次詔令，禁止向朝廷上貢馴象及其他珍貴動物。大中祥符五年（1012），真宗特地詔令“罷獻珍禽异獸”，并强調“仍令諸州依前詔，勿以珍禽异獸爲獻”。

歷代文人墨客以獸畜寄情、以獸畜喻事，留下了不少傳世佳作，充分體現了中華民族的博愛與浪漫。《詩》中常以狼、鼠等獸類喻君王之暴虐或官吏之貪婪。如《詩·豳風·狼跋》:"狼跋其胡,載疐其尾。"又如《魏風·碩鼠》:"碩鼠碩鼠,無食我黍。三歲貫女,莫我肯顧。"《孟子·離婁上》:"嫂溺不援,是豺狼也。"以"禽獸"喻不知廉恥、行爲卑劣之人,如《孟子·滕文公下》:"無父無君,是禽獸也。"虎、獅、豹、熊、羆等猛獸,由於它們性凶猛,力巨大,體强壯,在諸多典籍中亦有所喻。如《後漢書·班超傳》:"不入虎穴,不得虎子。"唐杜甫《石龕》詩:"熊羆咆我東,虎豹號我西。"唐柳泌《玉清行》詩:"獅麟威赫赫,鸞鳳影翩翩。"宋蘇軾《湖陰曲》:"老虎穴中臥,獵夫不敢窺。"梁啓超《少年中國説》:"老年人如瘠牛,少年人如乳虎。"由於鹿繁殖衆多,喜好成群出没,我國先民常用它比喻繁盛興旺,又喜以鹿皮"納聘"。我國仰韶文化時期有四大圖騰形象,其中之一就有鹿。《詩·小雅·鹿鳴》:"呦呦鹿鳴,食野之蘋。我有嘉賓,鼓瑟吹笙。"毛傳:"興也。蘋,莽也。鹿得蘋呦呦然鳴而相呼,懇誠發乎中,以興嘉樂,賓客當有懇誠相招呼,以成禮也。"按,以鹿爲比興,因鹿爲吉祥物也。以鹿相贈,又和婚愛有關。《儀禮·士昏禮》:"納徵:玄纁、束帛、儷皮。"鄭玄注:"皮,鹿皮。"《説文·鹿部》:"麗,从鹿丽聲。禮,麗皮納聘,蓋鹿皮也。"

明代末期以還,封建制度的弊端日漸暴露。對内加强中央專權,實施廠衛暴政,橫行無忌,對外鄙視"高鼻貓眼"(《明史·食貨志五》)之番人,財貨外流。清雍正始,更行閉關自守,愈加阻礙了人民智慧的發揮與交流,而西方學者在工業革命的推動下,發明并應用顯微鏡奠定了細胞學説,建立了七種分類階元系統及雙名法。而此時古老的中國,仍固守舊制,視西方先進學説與新的發明爲异端邪説、洪水猛獸,極力排斥。在生物學方面,仍喜按生物的生態環境或應用歸類,故難揭示生物的自然類群及其親緣關係。如此分類,也給本書生物學科的編排帶來諸多弊端。若不依古法,萬千古籍,面目全非,難現本義;若依古法,則科屬不清,相互混淆。如前述之哺乳動物,本卷與《水族卷》各有收録;兩栖動物,《蟲豸卷》與《水族卷》亦有重複;而《花卉卷》與《木果卷》尤難區别。本《通考》必須在每一具體動物或植物的考釋中,以今世分類學嚴加區别,從而來體現現當代研究成果。如是,方符合了全書的編纂宗旨,如是,方得與先進的世界生物學同步。

中華民族在長期實踐中育化了諸多在國内外享有盛譽的動物和家畜品種。如灘羊、湖羊、蒙古馬、伊犁馬,等等。中國又是養豬最早的國家之一,著名的品種如四川的榮昌豬、浙江的金華豬等,均具有耐粗飼、早熟、易肥育、適應性强、繁殖力高、豬鬃質量好的特點；世界上有名的猪品種大多有中國猪的血統。近現代以來，國人勵志於富民強國，馴養業獲得很大發展。例如，對麝鼠、海狸鼠的馴化已獲得顯著成績，家兔與猪的飼養已大規模地普及，與此同時，也加強了自然環境及對一些瀕危珍稀野生動物的保護，對瀕危動物和珍稀動物實行禁獵和劃定禁獵區，公布了重點保護野生動物名錄。規定大熊猫、金絲猴、虎、白鱀豚、鱷蜥、朱鸚、褐馬鷄、中華鱘、揚子鱷等一百餘種動物爲國家一級保護動物，小熊猫、穿山甲、大鯢、文昌魚等四百餘種動物爲國家二級保護動物。在加強保護的同時，又在積極合理、科學地馴化野生獸類，未來必定會培育出大量優良品種，造福於人類。對此，本卷主編十分重視，除却在編纂中予以強調外，又附有《“三有”獸類考》，以備查閱。

本卷尚設有《器件配飾説》一章。何謂“器件”？器件指構成獸畜肌體的具體部分。如頭、角、牙、骨、皮、毛、鬃、尾、內臟、遺物等，這些頗便於瞭解和掌握有關獸畜的內涵和功用。何謂“配飾”？配者，謂之搭配；飾者，謂之修飾。主要是就家畜而言，有着突出的意義。器件的內容繁雜而無序，有的內容又係多獸、多畜所通用，而并非一獸一畜所專指；而配飾乃畜的“身外之物”，因此，很難歸入各個獸畜。主編感到“集中”優於“分散”，故據本卷特點，決定將其獨立成章。中華民族自洪荒歲月始，就有了獸畜器件與配飾的應用。如舊石器時代的山頂洞人已能打造細鋭的骨針，針眼細微，僅容絲髮。又如象牙，古人單稱爲“齒”，宋代南方人則稱之爲“白暗”，可製成多種精美的藝術品。配飾得當、得法，則有“錦上添花”、“畫龍點睛”之功效，再如騎乘之岸鞍、鐙等，諺語云“人憑衣裳馬憑鞍”，頗説明了配飾的重要性。

中國之獸畜，歷代古籍多有記載，形形色色，數量繁多，但有時實難確指，其中一些傳説的或明顯虛構的仙獸怪畜，依本書編纂宗旨及體例，概不考釋。應當指出的是，古籍失載之獸畜已不得而知，今所見者祇是與國人生活、生產密切相關的極少部分。關於獸畜之學名，因文獻中難見定名人，本卷之學名只能據實收錄。爲使《獸畜卷》成爲此領域內有所建樹之作，本卷作者在注重田野考古的同時，查閱了大量圖書文獻資料，進行了嚴格細緻地分析、比較、考辨，將同物異名者統歸於主條之下，列爲附條或次條，讀者只需在相應類目中檢索，即可獲得其形態特徵，得知其淵源與流變。而且，本書在編纂過程中，從內容範圍、條目編排、引書格式、釋義舉證等諸方面，嚴格遵循《中華博物通考》之統一編纂宗旨，力求做到文筆簡練、用詞準確、語言流暢。對所引用的每一書證及資料，力求準確、科學、權威，使本卷成爲一部兼備名實辨析、物源探索、流變考證、通達古今的中華獸畜考證之專著。

　　本卷主編皆曾執教於高校。第一主編博學多才，執筆於知天命之年，今已越古稀，退休後熱衷於獻血、助殘、禁毒、防癌等慈善事業與公益活動，頗獲好評；第二主編乃數職兼於一身之中年才俊，政務業務同時并舉，作爲女性又有家務之勞，而在本卷編纂的後期，獨當全局，尤多辛苦；所率年輕作者，亦無怨無悔，今已經歷了整整三十載。三十載矣！流年似水，浮生如雲，諸君何求？唯願本卷的完璧爾！

　　撫今追昔，難以盡言。華髮一序，感慨萬端。

張述錚

　　太歲玄黓辰執徐太簇上浣於山東師範大學映月亭初稿
　　太歲重光赤奮若夾鐘下浣於歷下龍泉山莊東籬齋定稿

第一章 概　論

第一節　獸畜名實概述

　　獸畜爲獸與畜之連稱。獸，指野生動物，今稱野獸，畜，則指已經人類馴養者，今稱家畜，皆屬哺乳綱（Mammalia），是脊索動物門中發展最高級的一綱。

　　野獸起源於古代爬行類動物，在長期進化過程中，逐漸發展演化出一系列全新的特徵，成爲具有高度適應能力的、被毛的、哺乳的、胎生（除單孔類外）的脊椎動物。作爲哺乳動物的獸畜種類繁多，形態各异，可分別適應海洋、湖泊、江河、地下、地面、樹上、空中等各種環境條件。因而，獸畜無論在生態類型上，還是在地理分布上，都比其他動物種類多樣而廣泛。

　　地球從遠古至今，分爲無生代、始生代、原生代、古生代、中生代、新生代六個時代。在中生代三叠紀的末期，從獸型爬行動物中分化出最早的哺乳動物，其起源時間比鳥類還要早。早期哺乳動物個體都很小，數量亦甚少，同當時在地球上占統治地位的恐龍類相比是微不足道的；但是，這些原始的哺乳動物在生態、結構上具備比爬行動物更高級的特點。1997 年秋，季强等人在遼寧北票四合屯地區發現了一塊完整的保存有毛髮和軟體印痕的對齒獸類哺乳動物化石。身體保存有毛髮和軟體印痕的中生代哺乳動物化石在世界上也是少見的。這對於研究對齒獸形態結構、生活習性、系統關係等方面均具有重要意義。當進入新生代的時候，大多數爬行動物滅絕了，而這些具有新形態的哺乳動物得到空前的發展。因而，在生物史上，新生代又被稱爲哺乳動物時代。我國雲南祿豐地區晚三叠紀地層中發現的聞名世界的卞氏獸（*Bienotherium*），可以説是最接近於哺乳類的爬行動物。從爬行動物進化到哺乳動物，是通過逐漸産生新技能、新形體的漫長過程完成的，因而，原始哺乳類化石與爬行類化石之間的明確分界不易確定。（季强：《白堊紀末期的遼西首次發現保存毛髮和軟體的中生代哺乳動物化石》，《地質通報》2002 年第 1 期）造山運動使地球向着多樣性的方嚮逐漸變化，從而影響了氣候、植物的變化，氣候、植物的變化，又影響了各種動物的變化，這種動物的變化決定了爬行動物的衰落和恐龍的逐漸滅絕，更能適應環境變化的哺乳類開始迅速發展。中生代白堊紀時，有袋類曾得到發展；以後，有袋類大多在同真獸類的競爭中被滅絕了；其後，祇有少數在真獸類沒有進入的地區存活下來。真獸類在新生代獲得空前發展，演化出許多分支，其中食蟲類爲最早，它的後裔因進入不同的生活環境，而發展成現代所見形類習性千差萬别的真獸類。

今時的一切家畜，皆係野獸馴化而來，如我國黄牛的祖先是野牛，水牛的祖先是野生水牛，兩者約馴化於公元前四千年前後。牦（犛）牛是我國西藏地區的特産動物，至今它的祖先——野生牦牛仍栖息於西藏北部及西藏和印度之間的高地。同樣，畜類的駱駝是從野生駱駝馴化而成的。我國的馬屬蒙古系的馬，曾在雲南及甘肅發現洪積期古代馬的化石。中國驢的祖先是産生於中亞細亞的野驢。雄驢與雌馬交配，形成的雜種爲騾，騾體質强壯，可供役用；雄馬與雌驢交配，所生的雜種爲駃騠，形較騾小，體力亦差，不適於實用。此二雜種，均不育。綿羊、山羊是人類最早馴化的家畜之一，遠在八九千年前，人類已經飼養綿羊，其祖先是摩弗侖羊（*Ovis musimon*）、阿爾加爾羊（*Ovis arcal*）、阿爾加里羊（*Ovis argali*），而中國山羊的祖先是西藏的螺旋角羊或捻角羊。猪的野生祖先是歐洲野猪（*Sus scrofa ferus*）、印度野猪（*Sus cristatus*）、地中海野猪（*Sus mediterraneus*）、南亞野猪（*Sus irttatus*）。家兔是由野兔馴化而來的。此外，還有猫、犬等，亦均由野生型馴化而來。現存的哺乳動物，全球計四千兩百多種。分爲三個亞綱，一是原獸亞綱（Prototheria），這是一群原始的哺乳類，分布在澳大利亞及其附近的島嶼上；二是後獸亞綱（Metatheria），是較高等的哺乳類，種類較多，主要分布在澳大利亞及其附近島嶼上，少數種類產於南美及中美；三是真獸亞綱（Eutheria），爲哺乳類中最高等的一群，種類最多，遍布全球，本卷所考之獸畜，即屬於本亞綱。

本卷據生態特徵，將野獸分爲三類，即陸獸、飛獸、水獸。在我國這三類野獸有五百餘種，典籍所謂虎豹熊羆、豺狐獾鼠，種類尤爲紛繁，僅就上述已確知者而論，已占全球總數的十分之一。下文將有詳盡闡釋，本節不予列舉。在這裏尚須説明，本卷僅是《中華博物通考》三十六卷中的一卷，依中國文化的傳統分類法，全書另設有《水族卷》，該卷已收録水生哺乳動物，本卷分類之水獸已包括其中。爲確保兩卷的完整獨立體系，又避免不必要的重複，凡《水族卷》已收列的水生哺乳動物，本卷衹作扼要説明，其文有不足者，本卷則另予考釋。本卷之家畜，最爲簡明，在我國主要指牛、猪、羊、馬、驢、駱駝、狗、兔等十餘種而已。

中國之獸畜，歷代典籍時有記載，形形色色，數量繁多，其中一些傳説的或明顯虛構的仙獸怪畜，依本書編纂宗旨及體例，本卷概不考釋。應當指出的是，典籍失載之獸畜已不得而知，今所見者衹是與國人生活、生産密切相關的極少一部分。

關於獸畜之學名，文獻中多不見定名人，因此本卷學名中據實收録。

第二節　獸畜在中國的研究概况

早在原始社會，中國先祖的聚居地就有獸畜類的遺迹。考古發現，距今一萬八千年前的山頂洞人遺址中出土有穿孔的獸牙一百二十顆、獸骨若干，其中有的是人的食餘物，有的則是屬於與人同居的動物，可知其時已能馴養野獸。三千餘年前的殷商甲骨文中已有許多獸畜名稱，如牛、羊、豕、兕、象，等等。《周禮·考工記》中，已將動物分爲大獸與小蟲兩大類，相當於現在的脊椎動物和無脊椎動物。大獸又分爲脂、膏、臝、羽、鱗五類。戰國末年的《吕氏春秋·十二紀》中記載，大獸即羽、毛、鱗、介、臝，其中羽指鳥類，鱗指魚和爬行類，介即龜鱉類，毛即獸類，臝爲無毛之屬，包括了人類。又如《周禮·地官·大司徒》載："大司徒之職，掌建邦之土地之圖，與其人民之數……辨五地之物生。一曰山林，其動物宜毛物，其植物宜早物，其民毛而方；二曰川澤，其動物宜鱗物，其植物宜膏物，其民黑而津；三曰丘陵，其動物宜羽物，其植物宜覈物，其民專而長；四曰墳衍，其動物宜介物，其植物宜莢物，其民晳而瘠；五曰原隰，其動物宜臝物，其植物宜叢物，其民豐肉而庳。"這裏已充分説明了生物與環境的關係。《周易》爲十三經之首，其離卦中即有"亨，畜牝牛吉"之語。何爲"畜牝牛吉"？唐人孔穎達釋曰："畜養牝牛，乃得其吉。"足證畜類與人類的休戚關係，早已出現於周人的文字記載中。《詩》爲我國最早的詩歌總集，其中記載獸類四十餘種。如《詩·小雅·何草不黄》："匪兕匪虎，率彼曠野。"毛傳："兕、虎，野獸也。"按：此處已明確指稱兕虎爲野獸。可見先秦時人們不但識別獸類，而且有意識地進行狩獵，同時亦有馴養獸類的意識。如前所述，人類所馴養的獸類即畜。畜既可食、可役，亦可供作祭物。祭祀時的牛、羊、豕稱爲"三牲"。如《禮記·祭統》："三牲之俎，八簋之實，美物備矣。"三牲俱用，稱"太牢"；用羊、豕二牲，稱"少牢"；衹用一牲，稱"特"。如《莊子·至樂》："具太牢以爲膳。"成玄英疏："太牢，牛、羊、豕也。"少牢，《左傳·襄公二十二年》："祭以特羊，殷以少牢。"杜預注："四時祀以一羊，三年盛祭以羊、豕。殷，盛也。"另外尚有"五牲"之名，即三牲之外，又加犬、雞。如《左傳·昭公十一年》："五牲不相爲用。"杜預注："五牲：牛、羊、豕、犬、雞。"

秦漢時期，關於獸類的認知與研究更加深入，其主要成就也體現在秦漢時期的多種著作中。如《山海經》，這是一部囊括古代歷史、物産、地理及神話等廣泛内容的典籍。其中對獸類的描述内容非常豐富，有狐、豹、麋、天狗、飛鼠等。儘管此書帶有濃厚的傳説意象，時見荒誕怪異，但千載之古籍，千載之先民，憑藉想象，補其所未見，而追求新奇，似不可過責，故有學者認爲《山海經》是中國最古老的、最有權威的、明確記載山川地理、自然資源、民族活動和分布等的科學巨著。而在辨生物之異同、揭生物之指歸的典籍中，應首推《爾雅》和《説文》。《爾雅》成書於公元前 5 世紀至公元 2 世紀，將生物分爲草、木、蟲、魚、鳥、獸、畜七大類。對生物的形態特徵、生活習性、生理生態等生物學特性均有所訓釋，堪稱我國最古老的一部百科全書。其《釋獸》記載獸類有五十餘種，不過飛獸却歸入《釋鳥》中。《釋畜》記載家畜約十三種。西漢揚雄所撰《方言》，是我國第一部比較方言辭彙的著作，其中的第八卷多處記載飛獸，如："蝙蝠，自關而西秦隴之間，謂之蝙蝠，北燕謂之蟙䘃。"東漢許慎所撰《説文》，是我國文字學中最早的一部巨著，其中有《豕部》《豸部》《馬部》《牛部》《羊部》《鹿部》《犬部》《虎部》《兔部》《鼠部》等，裏面所收的每一字代表一獸或一畜名稱。《説文》對先秦至漢，有關動植物的歸類有着繼往開來的規範作用。此時對畜的飼養水準亦有所提高，不同品種的家畜有不同用途，如稱祭祀所用肥壯之牛爲"一元大武"，稱日行千里之良馬爲"千里馬"。

　　三國時期魏張揖仿《爾雅》體例作《廣雅》，爲繼《爾雅》和《説文》後的又一巨著，其中《釋獸》計八十二條，詮釋文字更加詳備。晋代郭璞對《爾雅》《方言》《山海經》等進行了廣泛注釋，其中涉及獸類尤多，其説多有可取之處，時至今日，其書仍有重要的學術價值。南朝梁顧野王所撰《玉篇》，是我國古代繼《説文》之後又一部重要字書，其中有《馬部》《牛部》《羊部》《犬部》《豕部》《鹿部》《兔部》《虎部》《豸部》《鼠部》等，同樣一字即一詞，一詞即代表一獸或一畜。

　　唐宋至明清時期，集前人成就的類書大量出現。唐歐陽詢《藝文類聚》，計有鳥獸、鱗介、蟲豸等，所記更加詳備。唐段成式《酉陽雜俎》中之"廣動植"，含羽篇、毛篇、鱗介篇、蟲篇四類動物。該書包羅萬象，毛篇即指獸畜類，詮釋形象生動，但如同羽篇、鱗介篇一樣，多以稀見或傳聞爲主。宋羅願的《爾雅翼》是一部繼補《爾雅》之不備、專釋動植物名稱的博物通考，共三十二卷，其中《釋獸》六卷，共釋獸名八十五類，而飛獸中的蝙蝠亦歸於《釋鳥》。此書或因字説義，或由音求名，且根據物性以探名之由來，實爲名物學研究之精品。明代關於獸畜研究的主要成果，集中體現在李時珍的《本草綱目》中。李時珍不僅是明代偉大的醫藥學家，亦是博物學家，該書先後編撰三十餘年，可稱精湛浩博。該書共計五十二卷，分爲水、火、土、金、石、器、草、穀、菜、果、木、蟲、介、禽、獸、人十六部六十類，載藥物一千八百九十二種，可視爲中國最早的具有科學價值的百科全書；其中卷五十、五十一爲"獸部"，共收載獸類五十七種，另外在"禽部"收載飛獸三種，每一種都有釋名、集解、主治、附方等，對獸畜的名稱、形態、習性、藥性、功用等詳加介紹，或徵引群書，或述觀察，或糾舊説，或提新論，所言每能得其要旨，即使以當今動物學視角衡量，其科學價值亦達到了相當高的水準。該書博而不繁，詳而有要。至清代康熙年間，歷時五載編定了《康熙字典》。該書分爲二百一十四個部首，收列單字四萬七千餘，其量空前。獸畜之類，散見於牛部、羊部、馬部、鹿部、虎部、鼠部、蟲部（如蝟、蛙之類）、豸部（如猫、狸之類）等部首下。收列繁富，釋文詳盡，堪稱集大成之作。同一時期又有李元所著《蠕範》一書，共八卷，分爲物理、物區、物生、物化等十六部。所謂"物"，即指蠕，蠕即動物之類。以十六部包羅一切鳥獸蟲魚的生活狀態，列舉類似事物爲綱，注釋各種事物爲目，可視爲中國古代第一部動物學專著。可惜并未跳出傳統文人博物學的窠臼，全書以造化奇談爲旨趣，多是變幻不經的傳説與故事，雖娓娓動聽，却無甚科學價值。乾嘉之後，樸學大興，對經典的注釋之風日盛。郝懿行《爾雅義疏》、段玉裁《説文解字注》、王念孫《廣雅疏證》等，其中與獸畜有關者俯拾皆是，亦爲研究獸畜的重要參考資料。

自明代始，封建專制統治愈益黑暗。對内實施廠衛暴政，横行無忌，對外則以大國自居，鄙視"高鼻貓眼"（《明史·食貨志五》）的外國人，財貨外流。清雍正始，更行閉關自守，益加阻礙了各國間的各種交流，而西方學者在工業革命的推動下，發明并應用顯微鏡，奠定了細胞學説，建立了現代分類學雙名法，確立了進化論等。而古老的中國雖有過往昔的輝煌，但仍堅持古制，視西方先進學説與新的發明爲异端邪説、洪水猛獸，極力排斥。在生物學方面，仍喜按生物的生態環境或應用歸類，故難揭示生物的自然類群及其親緣關係。

近代獸類學，我國雖然在20世紀20年代至30年代起步，但力量甚弱。經過抗日戰争，這一脆弱的基礎又被破壞殆盡。50年代以後，我國的獸類學始得重建，50年代至70年代的一些專業性動物普查研究和許多科學綜合考察，對我國獸類學的發展起了巨大作用。我國最早的獸類學科學專著，當首推《東北獸類調查報告》（中國科學院動物研究所獸類研究組著，科學出版社1958年版）和《中國經濟動物志（獸類）》（壽振黄等著，科學出版社1962年版）。在理論結合生産實踐方面，代表性的成果是《紅松直播防鼠害之研究工作报告》（壽振黄等著，科學出版社1958年版），其後有《青海甘肅獸類調查報告》（中國科學院青海甘肅綜合考察隊著，科學出版社1964年版）和《新疆南部的鳥獸》（錢燕文等著，科學出版社1965年版）以及《江蘇省哺乳動物調查報告》（黄文幾等著，科學出版社1965年版）。改革開放以來，除《中國動物志·獸綱·第八卷·食肉目》（高耀亭等著，科學出版社1987年版）問世外，不少地方性獸類專著亦先後出版，如《四川資源動物志——獸類》（《四川資源動物志》編輯委員會編著，1984年版）、《海南島的鳥獸》（廣東省昆蟲研究所動物室、中山大學生物系著，科學出版社1983年版）、《西藏哺乳類》（中國科學院青藏高原綜合科學考察隊著，科學出版社1986年版）、《中國鹿類動物》（盛和林等著，華東師範大學出版社1992年版）、《陝西齧齒動物志》（王廷正等著，陝西師範大學出版社1993年版）等。更有《中國哺乳動物分布》（張榮祖等著，中國林業出版社1997年版），此書完整地闡釋我國獸類的分布。《中國動物地理》（張榮祖著，中國林業出版社1999年版）又系統地闡釋我國陸栖脊椎動物的分布。還有《中國動物志·獸綱·第六卷·嚙齒目（下册）》（羅澤珣等著，科學出版社 2000 年版）。至此，國人對獸類的研究已上升到更高水準。進入 21 世紀後，中國學界相關的研究成果更加豐碩。外國學者有關中國獸類的專著，影響較大的是《古北區和印度哺乳類名錄 1758 年至 1946 年》（英文版，Ellerman and Morrison-Scott，1950 年）。隨着分子生物學的興起，獸畜的分類不僅以形態結構爲依據，而且在基因的水準上研究分類，有利於加强生物多樣性保護。

第三節　獸畜同國計民生的關係

　　獸畜具有重大經濟價值，與人類關係極爲密切。其肉、乳、皮毛及役用已融入人類生活的各個領域。若離開獸畜，人類的衣食住行將黯然失色，而野生獸類給人類提供的肉、毛皮、藥材和工業原料，亦彌足珍貴。如熊油、熊膽、麝香、鹿茸、羚羊角、犀角、虎骨、牛黃、鯪鯉（穿山甲）甲片等均可入藥，家畜馬牛的血液可製血清和疫苗，猪鬃、腸衣、象牙、角、蹄、内臟等亦可作爲工業原料。諸多獸類已成爲人類的親密朋友。不過，另一些獸類（特別是嚙齒類）危害農、林、牧業十分嚴重，尤爲可怕的是傳播疾病。如鼠疫疫源是嚙齒類，特別是在鼠類群居的地區，這些鼠類及其身上的蚤類共同保存着鼠疫杆菌。野生或家居鼠類是我國沿海地區恙蟲病的感染來源，而人類壁虱腦炎是通過壁虱從野生嚙齒類、食肉類和有蹄類等感染而來的。

　　如前所述，獸畜類是一項重要資源。此類資源的充分利用包括兩個方面，一方面充分發掘利用野生的獸類，另一方面變野生爲馴養，并保證已馴養的家畜不斷提高産量和質量。在保護、利用和繁殖有益種類的同時，也要控制那些對人有害的種類。爲了有效地解決這些問題，必須瞭解這些動物的生活規律。動物資源的經濟利用必須與相應的生態學研究密切結合起來。馴養和保護是最大限度地長期合理利用動物資源的重要目標和有效手段。爲獲取野生動物，則必須狩獵。狩獵在我國已有近兩百萬年的悠久歷史，遠在舊石器時代，我們的祖先已用獵得毛皮來禦寒。至新石器時代，先民已學會經營畜牧業和農業，這已經是七八千年前的往事。獵取物在種類上以食肉目、兔形目、嚙齒目爲主，其次爲有蹄類，海獸中的鰭脚目和鯨目。狩獵亦須在對野生動物資源合理保護的原則下進行。下文將論及，此不贅述。對於經濟價值高的珍貴動物以及有飼養前途的種類，采用人工方法加以馴化、飼養，是提高毛皮、肉類、藥材等產量和品質的重要途徑。新石器時代已開始的畜牧業，至夏商周三代，已有可觀的規模。中國勞動人民在實踐中育化了很多在國內外享有盛譽的品種，如灘羊、湖羊、蒙古馬、伊犁馬等。中國是養豬最早的國家之一，著名的品種如四川的榮昌豬、浙江的金華豬等，均具有耐粗飼、早熟、易肥育、適應性强、繁殖力强、豬鬃質量好等特點；世界上有名的豬品種大多有中國豬的血統。中華人民共和國成立以來，馴養業獲得很大發展。例如，對麝鼠、海狸鼠的馴化已獲得一定成績。家兔與豬的飼養已大規模地普及。值得注意的是，由於人類的活動，在世界範圍內，動物資源已遭受破壞。一些珍稀野生動物已瀕臨絕種，其直接因素是過度獵取，間接因素則是對動物所棲居的自然環境造成的破壞，這不僅導致動植物的毁滅，而且危及人類的生活。目前，保護自然環境、保護物種、防止污染、維護生態平衡已成爲世界性的、刻不容緩的課題。1600 年到 1900 年的三百年間，已有七十五種鳥獸從地球上消失。世界上最大的鳥——恐鳥，在 17 世紀中葉以前，還生活在新西蘭島上，後終因人類的過度獵殺而永遠消失了。19 世紀 70 年代末，北美大陸上還有幾十億隻旅鴿，可是由於棲息地的不斷破壞及人類無限制地狩獵，祇有少數活到 20 世紀，最後一隻旅鴿亦在 1914 年病死於動物園中。據統計，中國自 20 世紀以來，僅大型鳥獸就有十多種已經絕迹，如野馬、高鼻羚羊、白臂葉猴、黃腹角雉等。現代科學告訴人們，保護生物資源，是人類及其子孫後代能夠維持良好的生活狀態的基本條件。在中國歷史上，早在西周時期即已注意有意識地保護生物資源，如設有"山虞""川衡"等職官。前者"掌山林之政令"，規定林木生長期，不得違時采伐；後者"掌巡川澤之禁令"，規定不得違時亂取魚蛤。此外，幼獸、幼魚任何時間皆不得捕捉。（見《周禮·地官》諸篇）西周時之中國，生態、人文并行不悖，萬物葳蕤，一派生機。至春秋戰國之後，生產力、經濟生活有所發展，但人與自然環境漸至失調，西漢及盛唐雖有補救之舉，但伐取生物資源之大勢終難遏止。至宋代，又見轉機，其時采取一系列措施，表現出鮮明的時代特色。如廣布粉壁詔書，進行輿論宣傳，禁止違時、非法捕獵，不准向朝廷上貢珍禽奇獸等。太宗太平興國三年（978）四月二日，詔曰："方春陽和之時，鳥獸孳育，民或捕取以食，甚傷生理而逆時令。自宜禁民二月至九月，無得捕獵，及持竿挾彈，探巢摘卵。州縣吏嚴飭里胥，伺察擒捕，重寘其罪。仍令州縣于要害處粉壁，揭詔書示之。"（《宋大詔令集·政事·二月至九月禁捕獵詔》）宋代皇帝多次詔令，禁止向朝廷上貢馴象及其他珍貴動物。大中祥符五年（1012），真宗特地詔令"罷獻珍禽異獸"，并強調"仍令諸州依前詔，勿以珍禽異獸爲獻"。近代也有"方夏長養、鳥獸孳育之時，不得縱火於郊"的規定。目前，人們已認識到自然保護的迫切性和重要性，對瀕危動物和珍稀動物實行禁獵和劃定禁獵區，是保護動物資源的一項重要措施。禁獵區是在一定範圍内禁止狩獵并保護動物，以便使數量鋭减或接近滅絶的動物得以恢復。我國公布了重點保護的野生動物名録。規定大熊猫、金絲猴、虎、白鱀豚、朱鹮、褐馬鷄、揚子鰐等一百餘種動物爲國家一級保護動物，小熊猫、穿山甲、大鯢、文昌魚等四百餘種動物爲國家二級保護動物，并采取相應的保護措施。建立自然保護區，是國家保護自然環境的重要措施。在自然保護區内，被保護對象不僅有動物，也包含植物。我國的植被類型及植物群落極爲多樣，在中國可以看到植被的一切過渡情况：從熱帶雨林到針葉、闊葉混交林，到原始針葉林；從新疆的沙漠過渡到興安嶺的沼澤和苔原。顯然，在極爲豐富的植被類型的各區内藴藏着極爲複雜的動物區系，它們構成生物群落的多樣性。保護一些典型地區的原始面貌而不加以任何人爲的破壞，有助於揭示自然界中生物群落的形成以及演替的規律。認識這些規律，可以啓迪國人更科學地與大自然和諧相處。

第四節　獸畜與中國傳統文化的關係

作爲哺乳動物的獸畜，由於高度的適應能力而廣泛活躍於大自然中，且在大自然中扮演着重要角色。獸畜不僅與人類之衣食住行密切相關，而且與人們的精神活動休戚與共。不管是文字還是語言，不管是民俗還是物候，不管是農業還是醫藥，不管是戰争還是和平，不管是戀愛還是婚姻，不管是飲食還是裝飾，都處處與獸畜相關聯。歷代文人墨客以獸畜寄情、以獸畜喻事，留下不少傳世佳作，充分體現了中華民族的浪漫與博愛。獸畜以其各自習性特點，或健壯，或靈巧，或聰慧，或狡黠，人們常盡其所能，以爲己用。戰國時齊與燕戰，燕軍至，齊將田單"乃收城中，得千餘牛……束兵刃於其角，而灌脂束葦於尾，燒其端；鑿城數十穴，夜縱牛，壯士五千人隨其後。牛尾熱，怒而奔燕軍，燕軍夜大驚"(《史記·田單列傳》)，齊軍大獲全勝，其後接連收復七十餘城。後世稱此爲"火牛陣"。宋人曾公亮奉敕編《武經總要》，將此戰法收録其中，所用"火牛"，除角上縛以利刃外，牛身上以縛有長尖之矛，并繪有彩圖。至秦漢時，人們已能熟練地以獸畜爲戲，或令其單獨表演，或與人相伴玩耍。如漢桓寬《鹽鐵論·散不足》："玩好玄黃，雜青五色，繡衣戲弄，蒲人雜婦，百獸馬戲鬥虎。"後世時見獸畜類表演，統稱之"馬戲"。馬性情溫順而敏捷，聽覺、嗅覺靈敏，可供人們挽、乘、馱之用。《周易·屯卦》："六二，屯如邅如，乘馬班如。"《詩·鄭風·叔于田》："叔適野，巷無服馬。"鄭玄箋："適，之也；郊外曰野；服馬，猶乘馬。"《周禮·夏官·庾人》："馬八尺以上爲龍，七尺以上爲騋，六尺以上爲馬。"唐杜甫《前出塞九首》之六："射人先射馬，擒賊先擒王。"對於良馬，人們尤其青睞，時見記載，除稱"八尺龍"之外，又有"駿馬""千里馬""千里駒""千里足"等稱謂。《戰國策·燕策一》："臣聞古之君人，有以千金求千里馬者，三年不能得。"《楚辭·卜居》："寧昂昂若千里之駒乎，將氾氾若水中之鳧乎。"《韓詩外傳》卷七："使驥不得伯樂，安得千里之足？"《韓非子·十過》："垂棘之璧，吾先君之寶也；屈產之乘，寡人之駿馬也。"亦有稱"果下馬"之矮馬，騎乘時可穿行於果樹之下，供宮女、后妃乘騎。《太平御覽》卷八九七引晉張華《博物志》："穢貊國南與辰韓，北與句麗、沃沮接，東窮大海。海中出斑魚皮，陸出文豹。又出果下馬，高三尺，漢時獻之，駕輦車。"馴犬，又爲古今盛事。如《晉書·陸機傳》載："〔陸〕機有駿犬，名曰黃耳，甚愛之。既而羈寓京師，久無家問，笑語犬曰：'我家絕無書信，汝能齎書取消息不？'犬搖尾作聲。機乃爲書以竹筒盛之而繫其頸，犬尋路南走，遂至其家，得報還洛。"後世馴犬者已屢見不鮮。而家犬、獵犬、軍犬、警犬之馴，歷代相繼，忠犬救主之佳話，史不乏書。唐鄭處誨《明皇雜錄》卷下："唐玄宗在東洛，大酺於五鳳樓下，……又列大象、犀牛入場，或拜舞，動中音律。"唐劉恂《嶺表録異》卷上："蠻王宴漢使於百花樓前，設舞象。曲樂動，倡優引入一象，以金羈絡首，錦襜垂身，隨膝騰踏，動頭搖尾，皆合節奏。"《舊唐書·德宗紀上》載文單國獻舞象三十二頭，令放於荊山之陽，以備召用。其他尚有虎戲、犬戲、猴戲、鼠戲等，不一而足，從而形成了我國獨特的"獸畜文化"。

前已述及，《詩》是我國最早的詩歌總集。詩中常以狼、鼠等獸類喻君王之暴虐或官吏之貪婪。如《詩·豳風·狼跋》："狼跋其胡，載疐其尾。"又如《魏風·碩鼠》："碩鼠碩鼠，無食我黍。三歲貫女，莫我肯顧。"以"豺狼"比喻凶殘之人。如《孟子·離婁上》："嫂溺不援，是豺狼也。"以"禽獸"喻不知廉恥、行爲卑劣之人，如《孟子·滕文公下》："無父無君，是禽獸也。"對於虎、獅、豹、熊、羆等猛獸，由於它們性凶猛，力巨大，體强壯，在諸多典籍中亦有所喻。如《後漢書·班超傳》："不入虎穴，不得虎子。"唐柳泌

《玉清行》詩：“獅麟威赫赫，鸞鳳影翩翩。”唐杜甫《石龕》詩：“熊羆咆我東，虎豹號我西。”宋蘇轍《湖陰曲》：“老虎穴中臥，獵夫不敢窺。”梁啓超《少年中國説》：“老年人如瘠牛，少年人如乳虎。”

由於鹿繁殖衆多，喜好成群出没，因此，我國先民常用它比喻繁盛興旺，以鹿皮“納聘”。我國仰韶文化時期有四大圖騰形象，其中之一就有鹿。《詩·小雅·鹿鳴》：“呦呦鹿鳴，食野之苹。我有嘉賓，鼓瑟吹笙。”毛傳：“興也。苹，萍也。鹿得萍呦呦然鳴而相呼，懇誠發乎中。以興嘉樂賓客當有懇誠相招呼，以成禮也。”按：以鹿爲比興，因鹿爲吉祥物也。以鹿相贈，又和婚愛有關。《儀禮·士昏禮》：“納徵：玄纁、束帛、儷皮。”鄭玄注：“皮，鹿皮。”《説文·鹿部》：“麗，从鹿丽聲。禮，麗皮納聘，蓋鹿皮也。”

關於狗的比喻亦甚多，“走狗”可作謙稱，亦可喻供人役使、死心塌地爲人效忠者；“瘋狗”則可喻橫行霸道、蠻不講理之人；“喪家狗”則可喻窮困失意、無處可歸之人；“哈巴狗”又喻巴結之人。如《史記·孔子世家》：“孔子適鄭，與弟子相失，孔子獨立郭東門。鄭人或謂子貢曰：‘東門有人，其顙似堯，其項類皋陶，其肩類子産，然自要（腰）以下，不及禹三寸，累累若喪家之狗。’”元關漢卿《桃花女》一折：“你把這陰陽收拾起來罷，你這陰陽，是哈巴狗兒咬虼蚤，也有咬着時，也有咬不着時。”清黄宗羲《明夷待訪録·兵制》：“國家當承平之時，武人至大帥者，干謁文臣，即其品級懸絶，亦必戎服，左握刀，右屬弓矢，帕首袴鞾，趨入庭拜，其門狀自稱走狗，退而與其僕隸齒。”

在成語和俗語中，言及獸畜類者更是多不勝數。如虎頭虎腦、賊眉鼠眼、一丘之貉、九牛一毛、亡羊補牢、鷄犬不寧、老馬識途、走馬觀花、喪家之犬、指鹿爲馬、狐假虎威、狼狽爲奸，等等，不僅見於歷代文章，而且至今仍在大量使用。我國以獸畜名作姓氏的亦很多，常見的爲馬、牛、羊、鹿、熊等。亦有以獸畜名爲人名、地名者，或取其威猛，或取其吉祥，或取其形似，或暗寓希冀。如人名之飛虎、夢熊，地名之臥牛山、白鹿原等。

另外，我國在喜慶、喪葬和節日中，有用家獸祭祀的風俗，或祈求來年豐收，或祈求人口旺盛，雖然民族不同、地區不同，家畜種類、數量有别，祭祀方式各異，但均反映了我國傳統文化的某些特色。以家畜祭祀之禮，在本書《禮俗卷·祭祀説》之“犧牲”“供食”兩考中有詳明闡釋，可資檢閲。

第五節 結 語

隨着科學的發展，獸畜研究的深入，獸畜在人類生活中所起的作用，越來越難以替代，因而也越來越引起人們的關注。1981 年，我國加入《瀕危野生動植物種國際貿易公約》。1992 年，我國政府參加了在巴西里約熱内盧召開的聯合國環境與發展大會，并在《聯合國氣候變化框架公約》和《生物多樣性公約》等一系列重要文件上簽字。1994 年我國頒布《中國 21 世紀議程》。這些標志着中國政府對獸畜類資源的合理開發利用及獸類學的發展非常重視，采取了一係列的積極措施。前已述及，規定國家保護動物種類，劃定自然保護區等，以保護稀有物種延續，從而維護中國物種的多樣性，使野生動物的可持續發展得到保證。同時，積極合理、科學地馴化野生獸類，從而培育出大量優良品種，造福人類。

隨着科學的發展，特別是分子生物學的興起，人們在實驗室裏可以在基因水準及細胞水準上進行改良而獲得新品種，如 1996 年，英國愛丁堡盧斯林研究所楊·維勒穆教授領導的實驗室，采用體細胞核移植技術，從二百四十七個重組胚胎中獲得一隻克隆綿羊，取名"多莉"（Dolly），又如克隆牛、克隆猴，以及我國進行的克隆大熊猫等實驗，都使動物科學有了飛速發展。但是，總體來看，人們較注重現代科學的發展，而多將畜牧史、農業史、科技史、古動物學等學科列爲選修課甚至停開，以致許多學生對此瞭解甚少，這一狀況怎不令人擔憂？況且，我國古動物學有較好的基礎，隨着科學的相互交流，發展古動物學會進一步加强現代動物學的發展，使其更好地服務人類。

第二章　獸　說

第一節　陸獸考

　　陸獸指適應陸地生活的一切哺乳類動物，包括適於平原、森林、山地生活的陸栖動物（其代表是蹄類、食肉目動物），適於洞中生活的掘土穴栖動物（其代表是囓齒目、食蟲目動物），以及適於樹上生活的樹栖動物（其代表是靈長目動物）。因其生活於不同環境，故形體有不同的適應特徵。陸栖動物通常四肢細長，適於奔馳；掘土穴栖動物，通常四肢短而伸向側方，爪大，適於挖土和爬行，其眼與耳殼多退化，身體呈長條狀，尾短或缺；而樹栖動物通常前肢宜抓握，故有發達的爪，且往往有善纏繞枝條之尾。

　　本節所考動物主要爲食蟲目（Insectivora）、靈長目（Primates）、食肉目（Carnivora）、奇蹄目（Perissodactyla）、偶蹄目（Artiodactyla）、囓齒目（Rodentia）、鱗甲目（Pholidota）、樹鼩目（Scandentia）、長鼻目（Proboscidea）、兔形目（Lagomorpha）等動物。

　　關於獸類的記載，上可以追溯到西周之前，殷商甲骨文中已有獸類名，如𤝗（犬）、𤝟（狼）、𤢖（兕）、𤜶（兔）等。三千多年前中華先祖就曾把動物分爲蟲、魚、鳥、獸四大類。成書於春秋時代的《詩》爲我國古代第一部詩歌總集，其中提及了大量的陸獸，如虎、狼、鹿、鼠、羊、牛、麋，等等，很多名稱沿用至今。如《小雅・何草不黃》："匪兕匪虎，率彼曠野。"又《召南・羔羊》："羔羊之皮，素絲五紽。退食自公，委蛇委蛇。"又《召南・行露》："誰謂鼠無牙，何以穿我墉？誰謂女無家，何以速我訟？"另外，《周易》《尚書》《禮記》等典籍均有陸獸之記載。

秦漢時期對陸獸的記載有了更大的發展。《山海經》是一部囊括了古代歷史、物産、地理及神話等豐富内容的著作，也記載了大量陸獸。如其《海内經》云："幽都之山，黑水出焉。其上有玄鳥、玄蛇、玄豹、玄虎、玄狐蓬尾。"當然由於該書的特點以傳聞爲主，因此所記動物難免有詭譎荒誕或臆測之弊。《説文》是我國最早的一部字書，其中的《虎部》《犬部》《馬部》《牛部》《羊部》《鹿部》等部均記載了大量陸獸。如《鹿部》："麀，牝鹿也。"又《虎部》："虎，山獸之君。从虍，虎足象人足。"《爾雅》亦將動物分爲蟲、魚、鳥、獸、畜，其中的《釋獸》主要記載的是陸獸，有五十餘種，對其形態特徵、生活習性、行爲、生理、生態等生物學特性均有所描述。

三國至南北朝時期，隨着經濟和科技的發展，一大批新的著作問世，使諸多方面包括草、木、蟲、魚、禽、獸的研究皆取得了重大進展。三國魏張揖所撰《廣雅》也將動物分爲蟲、魚、鳥、獸四類。南朝梁顧野王所撰《玉篇》是我國古代繼《説文》之後又一部重要字書，所收集的陸獸尤爲精細。

宋代羅願的《爾雅翼》爲《爾雅》的專題補充，是一部專釋動植物名稱的博物書。其中《釋獸》分六大類，共釋獸八十五種，而多爲陸獸。該書或因字説義，或由音求名，且據物性物理，以探名之由來，并多有創見。但由於食蟲目鼴科之鼴鼠、嚙齒目鼠科之鼢鼠和田鼠皆穴洞掘土生活，外體相似，故古籍中常混爲一類。而該書在《釋獸》中闡釋："鼢⋯⋯今鼢鼠不敢見日月光，則似不能害稼。謂之田鼠，未知其審。"又："鼴鼠有二，物異名同。"基本説明了三者不是一種動物。

明李時珍《本草綱目》記載動物四百四十四種，分爲蟲、鱗、介、禽、獸、人六部。其中記載陸獸五十六種，對每種陸獸之名稱、形態、習性、藥性、功用、附方等詳加介紹和闡述，其科學價值達到了相當高的水準。如其《獸一・黃羊》："〔釋名〕羊腹帶黃，故名。"又"〔集解〕狀與羊同，但低小細肋⋯⋯角似殺羊，喜卧沙地。生沙漠，能走善卧。"但此書卻將行洞中據土生活的食蟲目鼴科之鼴鼠、嚙齒目鼠科之田鼠、鼢鼠混爲一種。如

《獸三·鼴鼠》："〔釋名〕田鼠、鼢鼠、隱鼠。"

隨着科技的高速發展，現代獸類學家依據化石資料，參照古籍記載，采用先進的方法和儀器，不但研究陸獸之形態特徵、生活習性、經濟價值，而且進一步研究其生態分布、物種延續及物種保護等問題，已取得相當的成果。

中國陸獸現代發現有十目、三十科、三百六十餘種。食蟲目包括猬科（Erinaceidae）、鼩鼱科（Soricidae）及鼴科（Talpidae）三科。刺猬科有七種，即小毛猬（*Hylomys suillus*）、海南新毛猬（*Neohylomys hainanensis*）、中國鼩猬（*Neotetracus sinensis*）、普通刺猬（*Erinaceus europaeus*）、達烏爾猬（*Hemiechinus dauuricus*）、侯氏猬（*H.hughi*）、大耳猬（*H.auritus*）；鼩鼱科有三十二種，即小鼩鼱（*Sorex minutus*）、中鼩鼱（*S.caecutiens*）、普通鼩鼱（*S.araneus*）、長爪鼩鼱（*S.unguiculatus*）、大鼩鼱（*S.mirabilis*）、紋背鼩鼱（*S.cylindricauda*）、川鼩（*Blarinella quadraticauda*）、錫金長尾鼩（*Soriculus nigrescens*）、長尾鼩（*S.caudatus*）、小長尾鼩（*S.parva*）、大長尾鼩（*S.salenskii*）、水鼩鼱（*Neomys fodiens*）、臭鼩（*Suncus murinus*）、小臭鼩（*S.etruscus*）、中臭鼩（*S.stoliczkanus*）、南小麝鼩（*Crocidura horsfieldi*）、中麝鼩（*C.russula*）等；鼴科有十一種，即鼩鼴（*Uropsilus soricipes*）、多齒鼩鼴（*Nasillus gracilis*）、長尾鼩鼴（*Scaptonyx fusicaudus*）、甘肅鼴（*Scapanulus oweni*）、長吻鼴（*Talpa longirostris*）、寬齒鼴（*T.grandis*）、白尾鼴（*Parascaptor leucurus*）、麝鼴（鼴鼠）（*Scaptochirus moschata*）、缺齒鼴（*Mogera robusta*）、日本缺齒鼴（*M.wogura*）、小缺齒鼴（*M.insularis*）。其中刺猬、普通鼩鼱、鼴鼠古籍中多有記載。樹鼩目衹一科即樹鼩科（Tupaiidae），衹一種即樹鼩（*Tupaia belangeri*），我國古籍對此尚無記載。

靈長目有三科，即懶猴科（Lorisidae）、猴科（Cercopithecidae）、長臂猿科（Hylobatidae）。懶猴科有二種，即懶猴（*Nycticebus coucang*）、倭蜂猴（*N.pygmaeus*）；猴科有十三種，即獼猴（*Macaca mulatta*）、熊猴（*M.assamensis*）、臺灣猴（*M.cyclopis*）、豚尾猴（*M.nemestrina*）、短尾猴（*M.arctoides*）、藏酋猴（*M.thibetana*）、川金絲猴（*Rhinopithecus roxellana*）、滇金絲猴（*R.bieti*）、白臀葉猴（*Pygathrix nemaeus*）、長尾葉猴（*Presbytis entellus*）、戴帽烏葉猴（*Trachypithecus pileatus*）、菲氏烏葉猴（*T.phayrei*）、黑葉猴（*T.francoisi*）；長臂猿科有四種，即白掌長臂猿（*Hylobates lar*）、西部白眉長臂猿（*Hoolock hoolock*）、黑冠長臂猿（*Nomascus concolor*）、白頰長臂猿（*N.leucogenys*）。古籍中衹記載了懶猴、狒狒、山魈、金絲猴、猩猩、黑冠長臂猿等。

　　食肉目有六科，即犬科（Canidae）、熊科（Ursidae）、熊貓科（Ailuropodidae）、鼬科（Mustelidae）、靈貓科（Viverridae）、貓科（Felidae）。犬科有六種，即狼（*Canis lupus*）、赤狐（*Vulpes vulpes*）、沙狐（*V.corsac*）、藏狐（*V.ferrilata*）、貉（*Nyctereutes procyonoides*）、豺（*Cuon alpinus*）。熊科有四種，即黑熊（*Selenarctos thibetanus*）、棕熊（*Ursus arctos*）、馬熊（*Ursusarctos pruinosus*）、馬來熊（*Helarctos malayanus*）。熊貓科有二種，即小熊貓（*Ailurus fulgens*）、大熊貓（*Ailuropoda melanoleuca*）。鼬科我國有二十種，而其中十七種是陸獸，即石貂（*Martes foina*）、紫貂（*M.zibellina*）、青鼬（*M.flavigula*）、狼獾（*Gulo gulo*）、香鼬（*Mustela altaica*）、白鼬（*M.erminea*）、伶鼬（*M.nivalis*）、黃腹鼬（*M.kathiah*）、小艾鼬（*M.amurensis*）、黃鼬（即黃鼠狼）（*M.sibirica*）、紋鼬（*M.strigidorsa*）、艾鼬（*M.erersmanni*）、虎鼬（*Vormela peregusna*）、鼬獾（*Melogale moschata*）、緬甸鼬獾（*M.personata*）、狗獾（*Meles meles*）、豬獾（*Arctonyx collaris*）。靈貓科有十一種，即大靈貓（*Viverra zibetha*）、大斑靈貓（*V.megaspila*）、小靈貓（*Viverricula indica*）、斑林狸（*Prionodon pardicolor*）、椰子貓（*Paradoxurus hermaphroditus*）、果子狸（*Paguma larvata*）、熊狸（*Arctictis binturong*）、小齒椰子貓（*Arctogalidia trivirgata*）、縞靈貓（*Chrotogale owstoni*）、紅頰獴（*Herpestes javanicus*）、食蟹獴（*H.urva*）。貓科有十三種，即草原斑貓（*Felis libyca*）、漠貓（*F.bieti*）、叢林貓（*F.chaus*）、兔猻（*F.manul*）、雲貓（*F.marmorata*）、猞猁（*F.lynx*）、金貓（*F.temmincki*）、豹貓（*F.bengalensis*）、漁貓（*F.viverrina*）、雲豹（*Neofelis nebulosa*）、豹（*Panthera pardus*）、虎（*P.tigris*）、雪豹（*P.uncia*）。古籍中多記載犬、狼、赤狐、沙狐、貉、豺、狟、黑熊、棕熊、馬熊、大熊貓、香鼬、黃鼬、狗獾、豬獾、大靈貓、果子狸、猞猁、貓、獅、虎、豹等。本目動物多爲猛獸。

　　長鼻目祇一科，即象科（Elephantidae），祇一種，即亞洲象（*Elephas maximus*）。

　　奇蹄目現存祇一科，即馬科（Equidae），有二種，即普氏野馬（*Equus przewalskii*）、亞洲野驢（*E.hemionus*）。而貘科（Tapiridae）的巨貘（Mega *Tapirus*）、犀科（Rhinocerotidae）的犀牛（*Dicerorhinus*）在古籍中亦有記載。偶蹄目有五科，即豬科（Suidae）、駱駝科（Camelidae）、鼷鹿科（Tragulidae）、鹿科（Cervidae）、牛科（Bovidae）。豬科祇一種，即野豬（*Sus scrofa*）。駱駝科祇一種，即雙峰駝（家駱駝）（*Camelus bactrianus*）；鼷鹿科祇一種，即爪哇鼷鹿（*Tragulus javanicus*）。鹿科有二十一種，即原麝（*Moschus moschiferus*）、林麝（*M.berezovskii*）、馬麝（*M.sifanicus*）、獐（*Hydropotes inermis*）、赤麂（*Muntiacus muntjak*）、

白唇鹿（*Cervus albirostris*）、馬鹿（*C.elaphus*）、麋鹿（*Elaphurus davidianus*）、麅（*Capreolus capreolus*）、駝鹿（*Alces alces*）、馴鹿（*Rangifer tarandus*）等。牛科有十九種，即野牛（*Bos gaurus*）、犛牛（*B.grunniens*）、黃羊（*Procapra gutturosa*）、藏羚（*Pantholops hodgsoni*）、羚牛（*Budorcas taxicolor*）、紅斑羚（*Naemorhedus cranbrooki*）、斑羚（*N.goral*）、北山羊（*Capra ibex*）、岩羊（*Pseudois nayaur*）、矮岩羊（*P.schaeferi*）、盤羊（*Ovis ammon*）等。古籍中對以上諸類的記載較多，如野猪、駱駝、獐、麋鹿、駝鹿、野牛、黃羊等；而且大多數畜類是由這些野生獸類馴化而成的。

鱗甲目衹一科，即穿山甲科（Manidae），有二種，即中華穿山甲（*Manis pentadactyla*）、印度穿山甲（*M.crassicaudata*）。

齧齒目有七科，即松鼠科（Sciuridae）、河狸科（Castoridae）、林跳鼠科（Zapodidae）、跳鼠科（Dipodidae）、豪猪科（Hystricidae）、睡鼠科（Muscardinidae）、鼠科（Muridae）。其中河狸科動物爲水栖，屬水獸，本節不予考釋，本節衹考釋其餘六科動物。松鼠科又分二亞科，即鼯鼠亞科（Petauristinae）和松鼠亞科（Sciurinae）。鼯鼠亞科獸類林間滑翔生活，屬飛獸，本節亦不予考釋，詳情請參見本章《飛獸考》。本節衹考釋松鼠亞科獸類，有二十八種，即松鼠（*Sciurus vulgaris*）、赤腹松鼠（*Callosciurus erythraeus*）、白背松鼠（*C.finlaysoni*）、巨松鼠（*Ratufa bicolor*）、條紋松鼠（*Menetes berdmorei*）、花鼠（*Eutamias sibiricus*）、大黃鼠（*Citellus major*）、長尾黃鼠（*C.undulatus*）、灰旱獺（*Marmota baibacina*）、草原旱獺（*M.bobak*）、喜馬拉雅旱獺（*M.himalayana*）、長尾旱獺（*M.caudata*）等。林跳鼠科有三種，即蹶鼠（*Sicista concolor*）、草原蹶鼠（*S.subtilis*）、林跳鼠（*Eozapus setchuanus*）。跳鼠科有十種，即五趾心顱跳鼠（*Cardiocranius paradoxus*）、三趾心顱跳鼠（*Salpingotus kozlovi*）、肥尾心顱跳鼠（*S.crassicauda*）、長耳跳鼠（*Euchoreutes naso*）、五趾跳鼠（*Allactaga sibirica*）、小五趾跳鼠（*A.elater*）、巨泡五趾跳鼠（*A.bullata*）、小地兔（*Alactagulus pumilio*）、三趾跳鼠（*Dipus sagitta*）、羽尾跳鼠（*Stylodipus telum*）。豪猪科有三種，即帚尾豪猪（*Atherurus macrourus*）、中國豪猪（*Hystrix hodgsoni*）、雲南豪猪（*H.yunnanensis*）。睡鼠科有二種，即林睡鼠（*Dryomys nitedula*）、四川毛尾睡鼠（*Chaetocauda sichuanensis*）。鼠科有一百零八種，而其中水田鼠（*Arvicola terrestris*）、麝鼠（*Ondatra zibethica*）爲水栖，屬水獸，本節衹考證其他一百零六種，即灰倉鼠（*Cricetulus migratorius*）、黑綫倉鼠（*C.barabensis*）、

原倉鼠（*Cricetus cricetus*）、中華鼢鼠（*Myospalax fontanieri*）、罗氏鼢鼠（*M.rothschildi*）、草原鼢鼠（*M.aspalax*）、豬尾鼠（*Typhlomys cinereus*）、花白竹鼠（*Rhizomys pruinosus*）、大竹鼠（*R.sumatrensis*）、中華竹鼠（*R.sinensis*）、小竹鼠（*Cannomys badius*）、鼴形田鼠（*Ellobius talpinus*）、社田鼠（*Microtus socialis*）、普通田鼠（*M.arvalis*）、大沙鼠（*Rhombomys opimus*）、褐家鼠（*Rattus norvegicus*）、社鼠（*R.niviventer*）、小家鼠（即䶄鼠）（*Mus musculus*）等。本目動物大多數會對農、林、牧、衛生等方面帶來危害，爲害獸。古籍中有記載的是穿山甲、松鼠、大黃鼠、旱獺、豪豬、中華鼢鼠、中華竹鼠、小家鼠、普通田鼠等。今統稱鼠科動物爲鼠，亦稱老鼠或耗子。

兔形目有二科，即兔科（Leporidae）、鼠兔科（Ochotonidae）。兔科有九種，即草兔（*Lepus capensis*）、海南兔（*L.hainanus*）、雪兔（*L.timidus*）、灰尾兔（*L.oiostolus*）、華南兔（*L.sinensis*）、東北兔（*L.mandschuricus*）、塔里木兔（*L.yarkandensis*）、西南兔（*L.comus*）、東北黑兔（*L.melainus*）。鼠兔科有二十三種，即藏鼠兔（*Ochotona thibetana*）、灰鼠兔（*O.roylei*）、大耳鼠兔（*O.macrotis*）、紅鼠兔（*O.rutila*）、灰頸鼠兔（*O.forresti*）、黑唇鼠兔（*O.curzoniae*）、高山鼠兔（*O.alpina*）、褐斑鼠兔（*O.pallasi*）、紅耳鼠兔（*O.erythrotis*）、木裏鼠兔（*O.muliensis*）等。古籍中主要記載的兔，國人早已將其馴化爲家畜。

陸獸既會造福人類，又可能危害人類。有益方面，可提供毛皮、肉食、藥材，如旱獺、黃鼬、香鼬、猞猁、野兔、狐、貂等均爲毛皮獸；麂、馬鹿、黃羊、野猪等皮可製革；陸獸的肉、脂肪、乳大多可食用；鹿茸、麝香、穿山甲、熊膽、虎骨均爲名貴藥材，而且馬、牛的血可製血清、疫苗；其油脂可製肥皂、化妝品等；大白鼠、小白鼠、猫、狗、猴可供科學實驗，等等。有害方面，主要是大多數嚙齒類，常在農田栖居生息，或因挖洞而破壞作物根系（甚而危及堤壩），或因竊食和在洞穴貯存穀物，致使農作物受損，有些獸類易傳播疾病，因此應預防和控制。

對於經濟獸類資源，應合理利用并給予科學管理。我國已對許多珍稀獸類劃定自然保護區，并將瀕危珍稀動物作爲國家重點保護動物，而且嚴禁濫捕亂獵，已取得很大成效，從而保證了我國的物種多樣性處於世界領先地位。

猬

亦作"蝟"。今稱刺猬。陸獸名。食蟲目，猬科，普通刺猬（ *Erinaceus europaeus* Linnaeus）。形略似鼠而大，長約 25 厘米，頭小吻尖，四肢短，體肥壯，爪鋭利。體表密生針狀硬棘毛，遇敵時棘刺聳起，捲成棘狀，以保護自身。栖息於丘陵、原野，或房舍附近，多晝伏夜出，以昆蟲、蝸牛等爲主食，亦食瓜果。冬則潛伏地穴而眠。其肉可食，皮和刺可入藥。分布於我國北方和長江流域。此稱漢代已行用。《字彙·犬部》："猬，同蝟。"《淮南子·説山訓》："膏之殺鼈，鵲矢中蝟。"漢劉向《説苑·辨物》："師曠曰：'鵲食猬，猬食駿蟻。'"明李時珍《本草綱目·獸三·猬》："猬之頭嘴似鼠，刺毛似豪豬，蹜縮則形如芡房及栗房，攢毛外刺，尿之即開。"

【蝟】

同"猬"。此稱漢代已行用。見該文。

蝟
（清余省、張爲邦等《獸譜》）

【狖】[1]

指刺猬。此稱南北朝時期已行用。《玉篇·犬部》："狖，猬也。"見"猬"文。

【彙】

亦稱"猬""蝟""毛刺""猬鼠""刺鷄""虎

彙
（明王圻等《三才圖會》）

王"。即猬。《爾雅·釋獸》："彙，毛刺。"郭璞注："今猬，狀如鼠。"邢昺疏："彙即猬也，其毛如針。"《廣雅·釋蟲》："虎王，猬也。"《集韻·未》"彙，或作蝟、猬、猬。"明張岱《夜航船·走獸》："猬，形若彪。……一名'蝟'。秦繆公時，陳倉人掘地得之。"清李元《蠕範·物名》："猬，彙也，猬鼠也，毛刺也，刺鷄也。"

【毛刺】

即彙。此稱秦漢時期已行用。見該文。

【虎王】

即彙。此稱三國時期已行用。見該文。

【猬】

即彙。此稱宋代已行用。見該文。

【蝟】

即彙。此稱明代已行用。見該文。

【猬鼠】

即彙。此稱清代已行用。見該文。

【刺鷄】

即彙。此稱清代已行用。見該文。

鼩鼱

亦作"精鼩"。省稱"鼩"。亦稱"地鼠"。今俗稱"鼩鼱"。陸獸名。食蟲目，鼩鼱科，普通鼩鼱（ *Sorex araneus* Linnaeus）。狀似小鼠，體長 4~8 厘米。吻部尖細，牙齒鋭利。穴居田野、山地、沼澤和建築物中。主食昆蟲類、蚯蚓、蝸牛等小動物，有時亦食穀物和植物種子。分布於歐洲、亞洲，在我國則分布於東北、西北、內蒙古和西南地區。此稱漢代已行用。《説文·鼠部》："駒，精駒鼠也。从鼠，句聲。"《正字通·鼠部》："駒，即今地鼠。"《漢書·東方朔傳》："譬猶鼱駒之襲狗，孤豚之咋虎，至則靡耳，何功之有？"

【精駒】

　　同"鼱駒"。此體漢代已行用。見該文。

【駒】

　　"鼱駒"之省稱。此稱漢代已行用。見該文。

【地鼠】

　　即鼱駒。此稱明代已行用。見該文。

【駒鼱】

　　即鼱駒。此稱近現代已行用。見該文。

鼴鼠

　　亦作"偃鼠"。省稱"鼴"。亦稱"隱鼠""犁鼠"，俗稱"地爬子"。陸獸名。食蟲目，鼴科，鼴鼠（*Scaptochirus moschatus* Milne-Edwards）。形似鼠，體長 10 厘米餘。四肢粗短，前肢掌心外翻。頭尖，體肥，眼小而視力差，吻長，耳無殼。具五爪，掘土甚力。穴居，以昆蟲、蚯蚓等動物爲主食，爲農業害獸。廣泛分布於亞洲、歐洲及北美溫帶地區，在我國則生活於長江以北。此稱先秦時期已行用。《正字通·鼠部》："鼴，一名鼢。"又："偃似鼠而小……以其陰穿地中而行名隱鼠，以其起地若耕名犁鼠。鼴則通稱也。"《莊子·逍遥游》："鷦鷯巢於深林，不過一枝。偃鼠飲河，不過滿腹。"郭慶藩集釋："偃，或作鼴。俗作鼹。"唐張祜《少年樂》："帶盤紅鼴鼠，袍砑紫犀牛。"

明李時珍《本草綱目·獸三·鼴鼠》："〔集解〕鼴鼠在土中行……弘景曰，此即鼢鼠也。一名隱鼠，形如鼠而大，無尾，黑色，尖鼻甚强，常穿地中行，討掘即得。"按：據近代生物學，鼴鼠屬鼴鼠科，鼢鼠屬倉鼠科，兩者易混而實不同。《正字通》與陶弘景稱"鼴鼠"爲"鼢鼠"，乃誤。

【偃鼠】

　　同"鼴鼠"。此體先秦時期已行用。見該文。

【隱鼠】

　　即鼴鼠。此稱明代已行用。見該文。

【犁鼠】

　　即鼴鼠。此稱明代已行用。見該文。

【鼴】

　　"鼴鼠"之省稱。此稱明代已行用。見該文。

【地爬子】

　　即鼴鼠。此稱近現代已行用。見該文。

猴

　　亦稱"王孫""沐猴""木猴""獼猴"。陸獸名。靈長目，猴科獸類之統稱。頰下有囊，臀部有疣，尾短。清朱駿聲《説文通訓定聲》卷八："猴……一名爲牝猴，一名母猴，聲轉曰

猴

（清余省、張爲邦等《獸譜》）

沐猴，曰獼猴。其大者曰玃，其愚者曰禺，其静者曰蝯。"《史記·項羽本紀》："人言楚人沐猴而冠耳，果然。"裴駰集解引張晏曰："沐猴，獼猴也。"漢王延壽《王孫賦》："有王孫之狡獸，形陋觀而醜儀。顏狀類乎老公，軀體似乎小兒。"三國吳陸璣《毛詩草木鳥獸蟲魚疏》卷下："猱，獼猴也。楚人謂之沐猴。"《山堂肆考》卷二一九："吕氏曰：'狗似玃，玃似母猴，母猴似人。'《白虎通》曰：'猴，侯也，楚人謂之木猴。'《廣雅》：'猴，一名狙，一名胡孫，一名王孫，一名獼猴。'"明楊慎《野於》："肇慶有騰犴嶺，山産騰犴，狀類木猴。"明王圻等《三才圖會·鳥獸·猴》："猴一物而五名，猴玃玃爲禺，又有沐猴、母猴之稱。母非牝也，沐音之轉耳。性躁動，好殘毁物器，好象人所爲，生子輒效人浴山澗中。"

【王孫】

"猴"之別稱。此稱漢代已行用。見該文。

【沐猴】[1]

即猴。此稱漢代已行用。見該文。

【木猴】

即猴。此稱漢代已行用。見該文。

【獼猴】[1]

即猴。此稱三國時期已行用。見該文。

【狙】

即猴。《莊子·齊物論》："狙公賦茅，曰：'朝三而莫四'，衆狙皆怒。曰：'然則朝四而莫三'，衆狙皆悦。"按：莫，暮之古字。《説文·犬部》："狙，玃屬。"《廣雅·釋獸》："狙，獼猴也。"宋王安石《秃山》詩："衆狙各豐肥，山乃盡侵牟。"清章炳麟《菌説》："〔蜃蛤水母〕復自魚以至鳥獸而爲猿、狙、猩、狒，

以至爲人。"

猴王

亦稱"獼猴王"。群猴之首領。一般爲體大壯健之雄猴。唐釋道世《法苑珠林·入道》篇："時仙人山中有獼猴王，聰明博達，多有所知。"《宋史·闍婆國傳》："本國山多猴，不畏人，呼以宵宵之聲即出，或投以果實，則其大猴二先至，土人謂之猴王、猴夫人。食畢，群猴食其餘。"

【獼猴王】

即猴王。此稱唐代已行用。見該文。

山魈[1]

亦稱"七姑子"。陸獸名。靈長目，猴科。山魈（*Papio sphinx* Linnaeus）。頭大，尾短，四肢粗壯，面部眉骨高突，兩眼深陷，鼻部深紅，吻部密被白或橙須。毛色多黑，性凶猛。雜食。喜群聚山上。極其珍貴，可供觀賞。唐戴孚《廣異記·斑子》："山魈者，嶺南所在有之，獨足反踵，手足三歧……於大樹空中作窠。"唐白居易《霓裳羽衣舞歌》："溢城但聽山魈語，巴峽唯聞杜鵑哭。"宋陸游《得所親廣州書》詩："人稀野店山魈語，路僻蠻村荔子繁。"宋洪邁《夷堅志·汀州山魈》："汀州多山魈，其居郡治者爲七姑子。"明李孝謙《題柴昆陵越山春曉圖》詩："獨脚山魈作鬼精，偷向靈巖拾奇草。"

【七姑子】

"山魈"之別稱。此稱宋代已行用。見該文。

狒狒

亦作"費費""羄羄""嗣嗣"。亦稱"山都""梟羊""嗥陽""狟狟""山狟""土螻""人熊""山大人""野人""山魈""蠻"。陸獸

名。靈長目，猴科，狒狒（*Papio Leucophaeus F.Cuvier*）雄性體長近一米，尾細。雌性體小，吻大。四肢粗壯，等長，反踵，各趾皆有銳爪，能抓物。被髮，毛色灰褐。栖於荒漠石山，喜群居。雜食野果、昆蟲及爬蟲等。分布於我國華南、西南一帶。《爾雅・釋獸》："狒狒，如人被髮，迅走，食人。"郭璞注："梟羊也。"《爾雅翼・釋蟲》："狒狒……一名嗜嗜，亦作嶲，一名獋獋，一名梟羊、嗥陽，一名山獋，俗謂之山都，北方謂之土螻。周成王時州靡國嘗獻之。"《山海經》曰："其狀如人，面長唇黑，身有毛，反踵，見人則笑，交廣及南康郡山中亦有此物。大者長丈許，俗呼之曰山都。"《逸周書・王會》作"費費"。唐段成式《酉陽雜俎・毛篇》："狒狒，飲其血可以見鬼，力負千觔，笑輒上吻掩額，狀如獼猴，作人言如鳥聲，能知生死，血可染緋，髮可爲髮。"《尚書大傳》卷五："髴髴，周成王時州靡國獻之。"《淵鑑類函・獸部》引作"髴髴"。

【費費】

同"狒狒"。此體先秦時期已行用。見該文。

【嗜嗜】

同"狒狒"。此體先秦時期已行用。見該文。

狒　狒
（清余省、張爲邦等《獸譜》）

【髴髴】

同"狒狒"。此體先秦時期已行用。見該文。

【山都】

即狒狒。此稱先秦時期已行用。見該文。

【梟羊】[1]

即狒狒。此稱晋代已行用。見該文。

【嗥羊】

即狒狒。此稱宋代已行用。見該文。

【獋獋】

即狒狒。此稱宋代已行用。見該文。

【山獋】[1]

即狒狒。此稱宋代已行用。見該文。

【土螻】[1]

即狒狒。此稱宋代已行用。見該文。

猴猻

省稱"猻"。獼猴之一種。亦泛指猴。《玉篇・犬部》："猻，猴猻也。"金董解元《西廂記諸宮調》卷七："鶻鴒乾澹，向日頭獦兒般眼，喫蟲子猴猻兒般臉。"《敦煌曲校錄・南歌子》："羅帶同心自縮，被猻兒踏破裙。"

【猻】

"猴猻"之省稱。此稱南北朝時期已行用。見該文。

蜼

亦稱"倒鼻鼇"。俗稱"金絲猴""仰鼻猴"。陸獸名。靈長目，猴科，川金絲猴（*Rhinopithecus roxellance*）。爲我國特産珍奇獸類，屬國家一類保護動物。疣鼻科。體約75厘米，尾長等身。無頰囊，朝天鼻。色黃、黑、灰，然背長毛，且鮮亮，陽光下金光閃爍，故稱金絲猴。毛柔軟，極佳。喜群居。以果、芽等爲食。我國主要有三種：川金絲猴、黔金絲猴、滇金絲猴。今各種存量不過幾百隻。因其珍貴，素有國寶之稱。因其體態俊美，被譽爲"金髮獅鼻美人""美猴王"。《周禮·春官·司尊彝》："裸用虎彝、蜼彝。"鄭玄注："蜼，禺屬，卬鼻而尾長。"按：卬通仰。《山海經·中山經》："崙山……其獸多犀、象、熊羆，多猨、蜼。"汪紱注："蜼，猨屬，仰鼻歧尾，天雨則自懸樹，而以尾塞鼻。"《爾雅·釋獸》："蜼，卬鼻而長尾。"晋郭璞注："蜼，似獼猴而大，黄黑色，尾長數尺，似獺，尾末有岐，鼻露向上，雨即自懸於樹，以尾塞鼻，或以兩指。江東人亦取養之，爲物捷健。"漢司馬相如《子虚賦》："蜼玃飛鼺。"郭璞注引張揖曰："蜼，似母猴，卬鼻而尾長。"宋周去非《嶺外代答》卷九："深廣山中，有獸似豹，常仰視，天雨則以尾窒鼻，南人呼爲倒鼻鼯，捕得則寢處其皮。士夫珍之以藉胡牀。今冕服所畫蜼是也。"按：各辭書皆言狖爲金絲猴，實誤。經考證，蜼纔是金絲猴。因兩者生態特徵相同，仰鼻，即朝天鼻，皆長尾，産地亦相同，崙山在今四川，正是川金絲猴産地。

【武蜼】

即蜼。因其健捷剛猛，故名。《舊唐書·文

蜼
（清余省、張爲邦等《獸譜》）

苑傳上》："宗彝者，武蜼也。以剛猛制物，象聖王神武定亂也。"又："武蜼者，山林所生，明其象也，制絺冕以祭社稷也。"

【狖】[1]

即蜼。長尾猿之一種。《廣雅·釋獸》："狖，蜼也。"《楚辭·九歌·山鬼》："雷填填兮雨冥冥，猿啾啾兮又夜鳴。"王逸注："又，一作狖。"《淮南子·覽冥訓》："猨狖顛蹷而失木枝。"高誘注："狖，猿屬，長尾而卬鼻。"唐李白《擬恨賦》："聽江風之嫋嫋，聞嶺狖之啾啾。"明徐禎卿《送范静之遷威州》詩："萬里巴江水，相思猿狖鳴。"

【倒鼻鼯】

即蜼。此稱宋代已行用。見該文。

【金絲猴】

"蜼"之俗稱。此稱近現代已行用。見該文。

【仰鼻猴】

"蜼"之俗稱。此稱近現代已行用。見該文。

獼猴[2]

亦稱"爲猴""胡孫""馬留"。陸獸名。靈長目，猴科，獼猴（*Macaca mulatta Zimmermann*）。顏面與耳裸出，肉色至紅色。臀部有紅疣。體毛色灰褐。主食野果、野菜，以頰囊貯藏食物。喜群居山林中。冬季常結群盜食莊稼。在我國分布於雲、貴、川、青、陝、冀、粤、桂和臺灣等廣大地區。《楚辭·招隱士》："獼猴兮熊羆，慕類兮以悲。"《漢書·西域

獼　猴
（明文俶《金石昆虫草木狀》）

傳上・罽賓國》：“出封牛、水牛、象、大狗、沐猴、孔爵。”《玉篇・犬部》：“獮，獮猴。”宋陶穀《清異録・獸名》：“郭休隱居太山，畜一猢猻，謹恪不逾規矩，呼曰尾君子。”明李時珍《本草綱目・獸四・獮猴》：“〔釋名〕沐猴、爲猴、胡孫、王孫、馬留、狙。”

【沐猴】[2]

即獮猴[2]。此稱漢代已行用。見該文。

【胡孫】

即獮猴[2]。此稱明代已行用。見該文。

【爲猴】

即獮猴[2]。此稱明代已行用。見該文。

【馬留】

即獮猴[2]。此稱明代已行用。見該文。

【尾君子】

即獮猴[2]。此稱清代已行用。特指宋代郭休所飼養之猢猻。見該文。

【猱】

亦作“猱”。即獮猴[2]。此稱先秦時已行用。體似猴而大，毛紫黑，善攀樹，可畜養。《爾雅・釋獸》：“猱蝯善援。”敦璞注：“便攀援。”《詩・小雅・角弓》：“毋教猱升木。”毛傳：“猱，猨屬。”孔穎達疏：“猱則猨之輩屬，非猨也。陸璣云：猱，獮猴也。楚人謂之沐猴，老者爲

猱
（〔日〕冈元鳳《毛詩品物圖考》）

玃，長臂者爲蝯，蝯之白腰者爲獑胡，獑胡蝯駿捷於獮猴，然則猱蝯其類大同。”《禮記・樂記》：“玃雜子女。”鄭玄注：“玃，獮猴也，言舞者如獮猴戲也。”見“獮猴”文。

【玃】

同“玃”。此稱先秦時期已行用。見該文。

巴兒

指黄猿。體大，毛鮮亮，毛色黄中帶紅，産於嶺南。唐段公路《北户録・緋猿》：“程次青山鎮，其山多猿，有黄緋者，絶大，毛彩殷鮮……愚因召獵者捕而養之，目爲巴兒。”唐元稹《通州丁溪館夜別李景信》：“山深虎横館無門，夜集巴兒扣空木。”

白猿[1]

亦作“白蝯”。謂白毛之猿。《山海經・南山經》：“堂庭之山，多棪木，多白猿。”《淮南子・説山訓》：“楚王有白蝯，王自射之，則搏矢而熙；使養由基射之，始調弓矯矢，未發而蝯擁柱號矣。”《文選・左思〈吳都賦〉》：“其上則蝯父哀吟，獋子長嘯。”李善注：“《吳越春秋》曰：‘袁公操本以刺處女，女應節入，三入，因舉枝擊之，袁公即飛上樹，變爲白猿，遂引去。’”《晋書・張載傳》：“白猿玄豹，藏於櫺檻，何以知其接垂條於千仞也？”《三才圖會・鳥獸》：“堂庭之山多白猿，狀如獮猴而差大，臂脚長捷，善攀援樹木，其聲哀。”

白猿
（馬駘《馬駘畫寶》）

【白猨】

同 "白猿[1]"。此體漢代已行用。見該文。

黑猿

亦作 "玄猨"。即黑猿。哺乳綱，靈長目，長臂猿科，黑冠長臂猿（*Hylolbates concolor*）。漢司馬相如《長門賦》："孔雀集而相存兮，玄猿嘯而長吟。"漢劉向《九嘆·怨思》："玄猨失於潛林兮，獨偏棄而遠放。"晉陸機《苦寒行》："猛虎憑林嘯，玄猿臨岸嘆。"南朝梁劉峻《東陽金華山栖志》："玄猿薄霧清囀，飛狊乘烟永吟。"

黑 猿
（馬駘《馬駘畫寶》）

【玄猿】

即黑猿。此稱漢代已行用。見該文。

【玄猨】

同 "玄猿"。此稱漢代已行用。見該文。

【黑長臂猿】

即黑猿。今之通稱，見該文。

禺

獸名。屬赤目長猿猴類。分布於我國江南一帶。此稱先秦時期已行用。《山海經·南山經》："招搖之山……有獸焉，其狀如禺，而白耳；伏行人走，其名曰狌狌。食之善走。"郭璞注："禺似獼猴而大，赤目長尾，今江南山中多有。"《說文·由部》："禺，母猴屬，頭似鬼。"

禺
（馬駘《馬駘畫寶》）

宗彝

獸名。猿之一種。狀如獼猴，營巢於樹。明許浩《復齋日記》："貴州思南有山曰甑峰，居大山中……有獸曰宗彝，類獼猴，巢於樹，老者直居上……上者食，然後傳遞至下，下者始食。上者未食，下者不敢食也。"

狊

亦作 "猆"。獸名。猿類。《廣韻·平模》："狊，猿屬。"《集韻·平模》："狊，獸名。如猿，善啼。或從吳。"又《去莫》："狊，猿。類犬而有髯，色黃。"南朝梁劉峻《東陽金華山栖志》："玄猿薄霧清囀，飛狊乘烟永吟。"清顧祖禹《讀史方輿紀要·湖廣·辰州府》："如蠟爾、雷公等山，接連湖、貴、四川，周回千數百里，猩狊所居，人迹罕至。"

【猆】

同 "狊"。此體宋代已行用。見該文。

狿

亦作 "㹭"。獸名。猿猴類。《文選·張衡〈南都賦〉》："虎豹黃熊遊其下，鷇玃猱狿戲其頭。"李善注："張載《吳都賦》注：'狿，猿屬。'"晉左思《吳都賦》："彈鸑鷟，射猱狿。"

《文韻·平青》：“狿，猭，猿屬。”《集韻·平青》：“狿，猭，狿猱，猿屬。或从庭。”《字彙·犬部》：“狿，猭猨之屬。”

【㹧】

同“狿”。此體宋代已行用。見該文。

猓然

單稱“然”“獤”。亦作“果然”“猓獤”。獸名。猿猴類。毛細長，色青赤或白，具斑紋。性聰而多疑，喜群聚，常居樹上。《周禮·春官·巾車》：“駹車藻蔽，然幨髹飾。”鄭玄注：“然，果然也。”《文選·左思〈吳都賦〉》：“狖鼯猓然，騰趠飛超。”劉逵注：“猓然，猿狖之類，居樹，色青赤有文，日南、九真有之。”唐李肇《國史補》卷下：“劍南人之採猓獤者，獲一猓獤，則數十猓獤可盡得矣。”《淵鑑類函》卷四三二：“《南州異物志》曰：‘交州以南有果然獸，其鳴自呼，身如猿，犬面，通身白色，其體不過三尺而尾長四尺餘。’”《埤雅·釋獸》：“獤，獸。似猨，青身，黑頰，有髯，髯黑，其手亦黑。性好理髯，又愛其類；生相序，死相赴，殺一可以致百。”明謝肇淛《五雜俎·物部一》：“猴之屬，

果　然
（清余省、張爲邦等《獸譜》）

則有獤，有猿，有狖，有玃。”參閱明李時珍《本草綱目·獸四·果然》。

【然】

“猓然”之單稱。此稱先秦時期已行用。見該文。

【獤】

“猓然”之單稱，此稱宋代已行用。見該文。

【果然】

同“猓然”。此稱漢代已行用。見該文。

【猓獤】

同“猓然”。此稱唐代已行用。見該文。

寓屬

亦作“禺屬”。謂寄居於樹上之獸類。多指獼猴類。《爾雅·釋獸》：“寓屬。”邢昺疏：“言此上獸屬多寄寓木上，故題云寓屬。”郝懿行義疏：“寓、禺，古字通。”

【禺屬】

同“寓屬”。此體清代已行用。見該文。

猶[1]

亦稱“猶猢”。獸名。猿猴類，形似麂。《禮記·曲禮》：“所以使民決嫌疑、定猶與也。”《爾雅·釋獸》：“猶，如麂，善登木。”郭璞注：“健上樹。”郝懿行義疏：“猶之爲獸，既是猴屬，又類麂形，麂形似廜而足如狗，故猶从犬矣。”《說文·犬部》：“猶，玃屬。从犬，酋聲。”北魏酈道元《水經注·江水》：“山多猶猢，似猴而短足；好游巖樹，一騰百步，或三百丈，順往倒返，乘空若飛。”郝懿行義疏：“酈注所説猶猢，即是《爾雅》之‘猶’，其謂之猢者，俗謂猴爲猢猻，猢，猴聲轉。”

【猶猢】

即猶[1]。此稱南北朝時期已行用。見該文。

猱狖

泛指猿猴。唐韓愈《南山詩》："微瀾動水面,踴躍躁猱狖。"唐羅隱《讒書·代韋徵君遜官疏》："豈知宸造過聽,好爵下授,所謂飾猱狖以冠帶,饗爰居以酒食者也。"

猱玃

泛指猿猴。唐杜甫《瞿塘兩崖》："猱玃鬚髯古,蛟龍窟宅尊。"宋王禹偁《酬種放徵君》："重取正衣冠,籠裹山猱玃。"見"猱狖"文。

猱狿

省稱"狿"。獸名。猿類。漢張衡《南都賦》："虎豹黄熊游其下,毃玃猱狿戲其巔。"晋左思《吳都賦》："彈鸒鶄,射猱狿。"晋張載注:"狿,猿屬。"《廣韻·平青》："狿,猱狿,猨屬。"

【狿】

"猱狿"之省稱。此稱晋代已行用。見該文。

猵[1]

亦稱"猵狙""獦牂""獺"。指似猿之獸。頭似犬,身如猿。《莊子·齊物論》："猨,猵狙以爲雌。"陸德明釋文:"司馬云,狙,一名獦牂。似猨而狗頭。憙與雌猨交也。崔云,猵狙,一名獦牂,其雄憙與猨雌爲牝牡。"《集韻·去綫》："猵,猵狙。獸名。似猿,首如犬。一曰異類牝牡也。"清厲荃《事物異名録》卷三七:"《莊子·齊物論》:'猿,猵狙以爲雌。'按:猵狙,獺也。獺無偶,故以猿爲婦。"

【猵狙】

即猵[1]。此稱先秦時期已行用。見該文。

【獦牂】

即猵[1]。此稱漢代已行用。見該文。

獺
(清余省、張爲邦等《獸譜》)

【獺】[1]

即猵[1]。此稱清代已行用。見該文。

蒙頌[1]

亦稱"蒙貴""獴獷"。獸名。猿類。產於兩廣地區。《爾雅·釋獸》："蒙頌猱狀。"晋郭璞注:"即蒙貴也,狀如蜼而小,紫黑色,可畜,健捕鼠,勝於猫。九真、日南皆出之。猱亦獼猴之類。"邢昺疏:"蒙頌一名蒙貴,狀似猿猱,故曰猱狀。"郝懿行義疏:"《廣志》云:今獴獷有黑白黄者,暹羅最良,捕鼠捷於家猫。"

【蒙貴】[1]

即蒙頌[1]。此稱晋代已行用。見該文。

【獴獷】[1]

即蒙頌[1]。此稱晋代已行用。見該文。

猿

亦作"猨""猨""蝯""猊""狨"。陸獸名。長臂猿科動物之統稱。似猴而大。無頰囊與尾。部分種類似人。分布於森林中。《山海經·南山經》："堂庭之山,多棪木,多白猿。"郭璞注:"今猿似獼猴而大,臂脚長,便捷。色有黑有黄。鳴其聲哀。"《玉篇·犬部》："猨,似獼猴而大,能嘯也。猿,同猨。"《集韻·平元》：“蝯，《説文》：‘善援。’禺屬，或作猨、猿、猨、阮。”《篇海類編·鳥獸類·犬部》：“犺，與猨同。”北魏酈道元《水經注·江水》：“巴東三峽巫峽長，猿鳴三聲淚沾裳。”唐杜甫《登高》：“風急天高猿嘯哀，渚清沙白鳥飛回。”

猨
（明王圻等《三才圖會》）

【猨】

同“猿”。此體南北朝已行用。見該文。

【蝯】

同“猿”。此體宋代已行用。見該文。

【猨】

同“猿”。此體宋代已行用。見該文。

【阮】

同“猿”。此體宋代已行用。見該文。

【犺】

同“猿”。此稱明代已行用。見該文。

【野賓】

猿名。爲宋代王仁裕所養之猿。《王氏聞見録》：“王仁裕有猿，小而慧黠，名曰野賓。”明張岱《夜航船·走獸》：“宋王仁裕嘗畜一猿，名曰野賓。一日放於嶓冢山，後仁裕復過此，見一猿迎道左，從者曰：‘野賓也。’隨行數十里，哀吟而去。”見“猿”文。

【參軍】[1]

即猿。晉崔豹《古今注·鳥獸》：“猿，一名參軍。”

獨

亦稱“獨猨”。獸名。似猿而大，食猿猴，喜獨居。《埤雅·釋獸》：“獨，猨類也。似猨而大，食猨。今謂之獨猨。蓋猨性群，獨性特；猨鳴三，獨鳴一，是以謂之獨也。”明李時珍《本草綱目·獸四·狨》：“獨，似猿而大，其性獨，一鳴即止，能食猨猴。”《正字通·犬部》：“獨，猨類……諺云：‘獨一叫而猨散。’”

【獨猨】

即獨。此稱宋代已行用。見該文。

蠗

亦作“𤢪”。猿猴類。《史記·司馬相如列傳》：“蛭蜩蠗蝚”。裴駰集解：“蠗蝚，似獼猴而黄。”《説文·虫部》：“蠗，禺屬。从䖵，翟聲。”南朝梁顧野王《玉篇·犬部》：“𤢪，似獼猴而黄……又作蠗。”

【𤢪】

同“蠗”。此體南北朝時期已行用。見該文。

䲢豺

亦稱“䲢豻”。獸名。獼猴類。清李調元《南越筆記》：“䲢豺者，生高要西七十五里䲢豻嶺。狀類沐猴，頭正方，髮長丈許，覆其面，欲有所視，輒摇頭，以兩手披之。一名䲢豻，上樹甚捷，故以名。東粵無豺狼，惟此嶺有之，疑亦人熊之類。”清厲荃《事物異名録》卷三七：“《山堂肆考》：䲢豻，一名䲢豺，沐猴類也。”

【䲢豻】

即䲢豺。此稱清代已行用。見該文。

囂獸

省稱“囂”。獸名。猴屬。《山海經·西山經》：“羭次之山……有獸焉，其狀如禺而長臂，善投，其名曰囂。”郭璞注：“亦在畏獸畫中，似獼猴投擲也。”郭璞《山海經圖贊·西山經·囂獸》：“囂獸長臂，爲物好擲。”

【囂】[1]

囂獸省稱。此稱先秦已行用。見該文。

玃猱

亦作“蠼猱”。亦稱“蠗蝚”。獮猴之一種。漢揚雄《蜀都賦》:“猨蠝玃猱,猶豰畢方。”漢司馬相如《上林賦》:“蛭蜩蠼猱,獑胡豰蛫,栖息乎其間。”《史記》作“蠗蝚”,《漢書》作“玃猱”。

【蠼猱】

同“玃猱”。此體漢代已行用。見該文。

【蠗蝚】

即玃猱。此稱漢代已行用。見該文。

貜父

亦作“玃父”。省稱“貜”“玃”。亦稱“猳玃”“馬猴”。即大猴。此稱先秦已行用。《爾雅·釋獸》:“貜父善顧。”郭璞注:“猳玃也,似獮猴而大,色蒼黑,能玃持人,好顧眄。”郝懿行義疏:“貜,當作玃……今俗呼馬猴。”《廣韻·入藥》:“貜,大猨也。”《集韻·入藥》:“玃、蠼、貜,獸名。《説文》云:‘母猴也。’”《吕氏春秋·察傳》:“數傳而白爲黑,黑爲白。故狗似玃,玃似母猴,母猴似人,人之與狗則遠矣。”漢高誘注:“玃,猳玃,獸名也。”漢司馬相如《上林賦》:“蜼玃飛蠝。”

貜
(馬駘《馬駘畫寶》)

【貜】

“貜父”之省稱。此稱宋代已行用。見該文。

玃
(清余省、張爲邦等《獸譜》)

【玃】

同“貜”。此稱先秦時期已行用。見該文。

【猳玃】

即貜父。此稱漢代已行用。見該文。

【馬猴】

“貜父”之省稱。此稱清代已行用。見該文。

猩猩[1]

亦作“狌狌”。省稱“猩”“狌”。亦稱“野人[2]”“野女”“野婆”。陸獸名。靈長目,猩猩科,猩猩(*Pongo pygmaeus*)。體形似人,面部無毛,黑銅色。眼大,口寬而突出,無頰嗛。軀幹壯大,可直立行走。前肢長可及踝,足可撿取物品。善跳躍、攀緣,以果實、芽葉及鳥蛋爲食。分布於熱帶森林中。《爾雅·釋獸》:“猩猩小而好啼。”郭璞注:“今交趾封谿縣出猩猩。”《禮記·曲禮上》:“猩猩能言,不離禽獸。”《山海經·海内南經》:

猩猩
(馬駘《馬駘畫寶》)

"狌狌知人名，其爲獸如豕而人面。" 郭璞注："今交趾封谿縣出狌狌。"《玉篇・犬部》："猩，亦作狌。" 唐韓愈、孟郊《城南聯句》："靈麻撮狗蝨，村穉啼禽猩。"《爾雅翼・釋蟲》："荀卿曰：'今夫猩猩二足而無毛也。' 既言二足，而又言無毛，則去人不遠矣，今人謂之野人。" 明李時珍《本草綱目・獸二・猩猩》："唐蒙《博物志》云：'日南有野女，群行覓夫，其狀白色，遍體無衣襦。' 宋周密《齊東野語》云：'野婆出南丹州，黃髮椎髻。' 合此二說，與前阮氏、羅氏之說觀之，則野女似即猩猩也。"

【狌狌】[1]

同 "猩猩"。此體先秦時期已行用。見該文。

【猩】

"猩猩" 之省稱。此稱南北朝時期已行用。見該文。

【狌】

"猩猩" 之省稱。此稱南北朝時期已行用。見該文。

【野人】

即猩猩。此稱宋代已行用。見該文。

【野女】

即猩猩。此稱明代已行用。見該文。

【野婆】

即猩猩。此稱宋代已行用。見該文。

陵鯉

亦作 "鯪鯉"。亦稱 "陵魚" "龍鯉" "石鯪"。俗稱 "穿山甲"。陸獸名。鱗甲目，穿山甲科，中華穿山甲（*Manis pentadactyla* Linnaeus）。因其形似鯉，入穴陵而居，故稱。體長 40~50 厘米，全身覆蓋角質鱗片。頭小，吻尖，口和耳、眼部小，無齒，舌細長，舐取蟻類爲食。四肢

鯪鯉
（馬駘《馬駘畫寶》）

短，爪强壯銳利，用以掘洞穴居或取食。肉可食，鱗片可入藥，性微寒，能散堅積，通經絡，消腫痛，下乳汁。分布於我國長江以南地區及越南、緬甸等地。爲國家重點保護動物。此稱晋代已行用。《文選・左思〈吳都賦〉》："陵鯉若獸，浮石若桴。" 李善注："陵鯉，有四足，狀如獺，鱗甲似鯉。居土穴中，性好食蟻。《楚辭》曰：'陵魚曷止。' 王逸曰：'陵魚，陵鯉也。'"《魏書・高祐傳》："東郡吏獲一異獸，獻之京師，時人咸無識者。詔以問祐，祐曰：'此是三吳所出，厥名鯪鯉，餘域率無。'" 明李時珍《本草綱目・鱗一・鯪鯉》："其形肖鯉，穴陵而居，故曰鯪鯉，而俗稱爲穿山甲，郭璞賦謂之龍鯉。《臨海水土記》云：'尾刺如三角菱，故謂石鯪。'"

【鯪鯉】

同 "陵鯉"。此體南北朝時期已行用。見該文。

【陵魚】

即陵鯉。此稱先秦時期已行用。見該文。

【龍鯉】

即陵鯉。此稱晋代已行用。見該文。

【石鯪】

　　即陵鯉。此稱唐前代已行用。見該文。

【穿山甲】

　　"陵鯉"之俗稱。此稱明代已行用。見該文。

兔

　　亦稱"鵗扶""討來""穴鼻"。陸獸名。兔形目，兔科，家兔（Oryctolagus cuniculus Linnaeus）。頭部略似鼠，唇中具裂隙。耳長，目大，尾短而上翹。前肢短，后肢長，善跳躍，行甚速。聽、嗅覺靈敏，性溫順。繁殖力強，壽命約十年。有家兔和野兔等種類，色多種。肉可食，毛柔軟，保暖性好，可紡織，皮可製裘。廣泛分布於我國各地。此稱先秦已行用。《詩·王風·兔爰》："有兔爰爰，雉離於羅。"《淵鑑類函》卷四三一引元陳芬《芸窗私志》曰："后羿獵於巴山，獲一兔，大如驢，异之，置柙中，中途失去，柙掩如故。羿夜夢一人冠服如王者，謂羿曰：'我鵗扶君，爲此土之神，而何辱我？我將假手於逢蒙。'是日逢蒙弑羿而奪之位。兔曰鵗扶，自此始也。"元趙孟頫《兔》詩："耳後生風鼻出火，大呼討來飛鳴髀。"自注："討來，國朝語，謂兔也。"明

兔
（清余省、張爲邦等《獸譜》）

王志堅《表異録》卷一："《易乾鑿度》曰：'月三日成魄，八日成光；蟾蜍體就，穴鼻始明。'穴鼻，兔也。"

【鵗扶】

　　即兔。此稱元代已行用。見該文。

【討來】

　　即兔。此稱元代已行用。見該文。

【穴鼻】

　　即兔。此稱明代已行用。見該文。

【舍舍迦】

　　"兔"之別稱。梵語。此稱明代已行用。明李時珍《本草綱目·獸二·兔》："梵書謂兔爲舍舍迦。"

【狡兔】

　　亦作"郊菟""郊兔"。亦稱"毚兔"。即兔。以其生性機警而狡黠，故稱。此稱先秦已行用。《玉篇·兔部》："毚，郊兔。"《集韻·去稕》："毚，狡兔名。"《韓非子·内儲説下》："太宰嚭遺大夫種書曰，狡兔盡則良犬烹，敵國滅則謀臣亡。"《淮南子·原道訓》："强弩弋高鳥，走犬逐狡兔，此其爲樂也。"又《主術訓》："孔子之通智，過於萇宏，勇服於孟賁，足躡郊菟，力招城關，能亦多矣。"楊樹達證聞："郊當讀爲狡。"唐李白《留别于十一兄逖裴十三遊塞垣》詩："釣周獵秦安黎元，小魚毚兔何足言。"參見本考"逡"。見"兔"文。

【郊菟】

　　同"狡兔"。此稱先秦時期已行用。見該文。

【郊兔】

　　同"狡兔"。此稱南北朝時期已行用。見該文。

【毚兔】

即狡兔。此稱唐代已行用。見該文。

【毚】

亦作"逡"。即兔。此稱始見於先秦典籍。《説文新附·兔部》:"毚,狡兔也。"《戰國策·齊策三》:"東郭逡者,海内之狡兔也。"鮑彪注:"逡,毚同,狡兔名。"參見本卷《獸説·陸獸考》"東郭逡"文。

【逡】

同"毚"。此體先秦時期已行用。見該文。

娩

亦作"娩"。亦稱"㹀"。仔兔。此稱秦漢時期已行用。《爾雅·釋獸》:"兔子娩。"晋郭璞注:"俗呼曰㹀。"郝懿行義疏:"兔,其子名娩,《説文》作'娩',云兔子也。娩,疾也,娩訓疾者,兔生子極易,恒疾而速。"《藝文類聚》卷九五引《爾雅》正作娩,與《説文》同。

【娩】

同"娩"。此體漢代已行用。見該文。

【㹀】

即娩。此稱晋代已行用。見該文。

【㹌】

同㹀。此體南北朝時已行用。《魏書·術藝傳·江式》:"小兔爲㹌,神蟲爲蠶。"《集韻·上侯》:"㹌,江東呼兔子爲㹌。"宋王明清《揮塵錄·前錄》卷四:"北廷川,長廣數千里,鷹鶻鵰鶚之所生,多美草,下生花砂鼠,大如㹌,鶩禽捕食之。"清邵長蘅《雪後登滕王閣放歌》:"又疑誤跨玉虹入月府,玉㹌抱杵凍不舉。"

毚兔 [1]

省稱"毚"。狡兔。一説指大兔。此稱先秦已行用。《説文·怠部》:"毚,狡兔也,兔之駿者,从怠兔。"《詩·小雅·巧言》:"躍躍毚兔,遇犬獲之。"毛傳:"毚兔,狡兔也。"孔穎達疏:"《倉頡解詁》:'毚,大兔也。'大兔必狡猾,又謂之狡兔。"宋王安石《送王蒙州》詩:"箭落皂雕毚兔避,句傳炎海鱷魚驚。"

【毚】

"毚兔"之省稱。此稱漢代已行用。見該文。

毚兔 [2]

兔之一種。大小似鼠,頭似兔,尾如鼠。生黑白色細毛。善跳躍,行動迅捷。此稱清代已行用。清陸楣《征西紀略》:"十八日抵噶里,從者獵得毚兔四五,大如鼠,頭似兔,尾則類鼠,細毛黑白色,足有長短,跳躍甚捷,犬不能獲,惟網可得,皮可爲裘。"

東郭逡

亦作"東郭毚"。省稱"東郭"。良兔名。善跑,傳説能日行五百里。此稱先秦已行用。《戰國策·齊策三》:"東郭逡者,海内之狡兔也。"漢劉向《新序·雜事》之五:"昔者齊有良兔曰東郭毚,蓋一旦而走五百里。"漢張衡《西京賦》:"毚兔聯狖,陵巒超壑。比諸東郭,莫之能獲。"唐元稹《代曲江老人百韻》詩:"箭倒南山虎,鷹擒東郭毚。"

【東郭毚】

同"東郭逡"。此體漢代已行用。見該文。

【東郭】

"東郭逡"之省稱。此稱漢代已行用。見該文。

明視

謂肥兔或用以祭祀宗廟之禮兔。此稱漢代已行用。《禮記·曲禮》:"凡祭宗廟之禮兔曰明視……雉曰疏趾，兔曰明視。”鄭玄注：“兔肥則目開，而視明也。”《爾雅翼·釋蟲》：“兔視月而有子，其目尤瞭，故牲號謂之明視。”明李時珍《本草綱目·獸二·兔》：“《禮記》謂之明視，言其目不瞬而瞭然也。”

欣

謂兔之絶有力者。一説并指牛之絶有力者。此稱秦漢時期已行用。《爾雅·釋獸》：“兔子，嬎，其迹遠，絶有力，欣。”郝懿行義疏：“絶有力者名欣。欣聲近魏。《戰國策》説，天下狡兔有東郭㕙也。”黄侃《爾雅略説·論清儒爾雅之學下》：“兔、牛絶有力者，皆曰欣。”

跳兔

善跳躍的一種兔。分布於北方。大如鼠，前足短，僅寸餘，後足長，近一尺。頭目毛色似兔，爪類則類鼠。尾長，尾端毛或黑或白。善跳躍。此稱宋代已行用。《埤雅·釋蟲》：“按蹶鼠前而兔後，趨則頓，走則顛。今契丹北境有跳兔，前足纔寸許，後足幾一尺。行則用足跳，一躍數尺；止則蹶然僕地。即所謂蹶。”明金幼孜《北征録》：“上令衛士掘沙穴中跳兔，與幼孜三人觀。大如鼠，其頭目毛色皆兔，爪足則鼠。尾長，其端有毛，或黑或白。前足短，後足長，行則跳躍。性狡如兔，犬不能獲之。疑即《詩》所謂‘躍躍毚兔’者也。”按：今東北、西北、内蒙古一帶分布一種跳鼠，前肢短，爪堅硬，用以抓土；後肢甚發達，尾端有毛囊，末端通常爲白色，爲三趾跳鼠。疑上述跳兔即此。參見本卷《獸説·陸獸考》“蹶”文。

鼠

獸名。嚙齒目大多數動物之通稱。陸獸名。嚙齒目，鼠科動物之統稱。今多指家鼠。多數體細長，尾長等身，毛色青灰或黄褐。無犬齒，門齒尖利而發達且無齒根，終生生長不息，故須借嚙物以磨損。繁殖力極强。喜小群栖，善打洞，穴居。多以植物性食物爲主。常盗食糧粟，損壞衣物，危害農牧業，破壞建築物等，爲重要害獸；爲鼠疫、流行性出血熱等傳染病之源。種類甚多，如田鼠、家鼠、竹鼠、鼢鼠、鼩鼠、鼫鼠等。此稱先秦已行用。《廣韻·上語》：“鼠，舒吕切。小獸名。善爲盗。”《詩·召南·行露》：“誰謂鼠無牙，何以穿我墉？”又《詩·小雅·斯干》：“風雨攸除，鳥鼠攸去。”漢王充《論衡·幸偶》：“蟲墮一器，酒棄不飲；鼠涉一筐，飯捐不食。”《説文·鼠部》：“鼠，穴蟲之總名也。象形。凡鼠之屬皆从鼠。”晋葛洪《抱朴子·清鑒》：“虎尾不附狸身，象牙不出鼠口。”唐柳宗元《賀分淄青諸州爲三道節度狀》：“已肅澄清之政，鼠無夜動，鴞變好音。”

【老鼠】[1]

即鼠。用以喻人，作罵人語。此稱南北朝時已行用。《南史·蕭穎達傳》：“預華林宴，酒後於座辭氣不悦。沈約因勸酒，欲以釋之。穎達大罵約曰：‘我今日形容，正是汝老鼠所爲，

鼠
（清余省、張爲邦等《獸譜》）

何忽復勸我酒！’”

【耗蟲】

亦稱“耗子”。即鼠。以其最能損耗食物，故名。此稱明代已行用。明張自烈《正通字・鼠部》：“俗稱鼠爲耗蟲。”清富察敦崇《燕京歲時記・耍耗子》：“京師謂鼠爲耗子。”

【耗子】

即耗蟲。此稱清代已行用。見該文。

【坎精】

即鼠。八卦之“坎”，有隱伏、勞陷之義，在天干地支中當“子”，故稱鼠爲“坎精”。此稱唐代已行用。《新唐書・王孝傑傳》：“初，進軍平州，白鼠晝入營頓伏。皆謂‘鼠，坎精，胡象也。白質歸命，天亡之兆。’及戰，乃孝傑覆焉。”

土撥鼠

亦稱“䶉貐鼠”“竹䶉”“答剌不花”“塔剌不花”。即旱獺。齧齒目，松鼠科，旱獺（*Marmota monax* Linnaeus）。長40~60厘米，體粗壯。頭闊而短，肢短爪健，前爪尤發達，擅掘土。耳較小，尾略扁。毛色黃褐。穴居於草原、山野和高原地帶，喜群栖，以植物爲食，有冬眠習性。爲鼠疫、布氏杆菌病和兔熱病的傳播者。肉可食，毛皮柔軟珍貴。此稱明代已行用。明李時珍《本草綱目・獸三・土撥鼠》：“〔集解〕〔陳〕藏器曰：‘土撥鼠，生西番山澤間，穴土爲窠。形如獺。夷人掘取食之。’”又，“時珍曰：按《唐書》有䶉貐鼠，即此出。䶉貐，言其肥也。《唐韻》作竹䶉，音僕朴。俗訛爲土撥耳。蒙古人名答剌不花。”明胡侍《真珠船・毗狸》：“塔剌不花，一名土撥鼠，味甘無毒……煮食之，宜人。生山後草澤中，北人掘

取以食，雖肥，煮則無油，湯無味。”

【䶉貐鼠】

即土撥鼠。此稱唐代已行用。見該文。

【竹䶉】

即土撥鼠。此稱唐代已行用。見該文。

【答剌不花】

即土撥鼠。蒙古語。此稱明代已行用。見該文。

【塔剌不花】

即土撥鼠。蒙古語。此稱明代已行用。見該文。

鼫鼠

陸獸名。齧齒目，松鼠科，歐亞紅松鼠（*Sciurus vulgaris* Linnaeas）。今稱松鼠。體長20~28厘米，尾蓬鬆，幾近身長。冬季耳有毛簇。毛色灰褐、暗褐或赤褐，腹面皆白。栖息於山林間，以樹葉、草苔築巢，或利用鵲、鴉之廢巢。主食松子、胡桃等果實，亦食昆蟲及鳥卵，爲林業害獸。毛皮可製衣，尾毛可製筆。分布於我國東北至西北地區及歐洲各地。此稱秦漢已行用。《爾雅・釋獸》：“鼫鼠。”郭璞注：“今江東山中有鼫鼠，狀如鼠而大，蒼色。在樹木上。”

【松鼠】

即鼫鼠。此稱多行用於現代。見該文。

鼲鼠

亦稱“黃鼠”“禮鼠”“拱鼠”“貔狸”“令邦”。齧齒目，松鼠科，大黃鼠（*Citellus dauricus*）。形如大家鼠，長15~25厘米，體肥壯。尾短，不及身長二分之一。眼大而突出，頰囊發達。群栖，穴居，白天覓食，以草本莖葉爲主，爲農業害獸與鼠疫等病之傳染源。以其毛色黃褐，

故稱“黄鼠”。又以見人常拱立如揖，故名“拱鼠”。肉可食，亦可入藥，皮可製裘。分布於我國北方乾旱草原與沙漠地帶。此稱漢代已行用。《説文·鼠部》:“鼲鼠。出丁零胡，皮可作裘。”晉郭義恭《廣志》:“黄鼠在田野間爲群，害穀麥，善走，凡狗不得，惟鼠狼能得之。”唐韓愈《城南聯句》詩:“禮鼠拱而立，駭牛躅且鳴。”元迺賢《塞上曲》詩之四:“馬乳新挏玉滿缾，沙羊黄鼠割來腥。”明李時珍《本草綱目·獸三·黄鼠》:“〔釋名〕禮鼠（韓文）、拱鼠（同上）、鼲鼠（音渾）、貔狸。時珍曰：黄鼠，晴暖則出坐穴口，見人則交其前足，拱而如揖，乃竄入穴。即《詩》所謂相鼠有禮，人而無禮；韓文所謂禮鼠拱而立者出。古文謂之鼲鼠，遼人呼爲貔狸……胡人亦名令邦。”又，“〔集解〕時珍曰，黄鼠出太原……遼人尤爲珍貴。狀類大鼠，黄色，而足短善走，極肥……村民以水灌穴而捕之。味極肥美，如豚子而脆。皮可爲裘領。”

【黄鼠】

即鼲鼠。此稱晉代已行用。見該文。

【毗狸】

亦作“毗離”。亦稱“毗令邦”。契丹語。即鼲鼠。此稱宋代已行用。宋王闢之《澠水燕談録》卷八:“契丹國産毗狸，形類大鼠而足短，極肥，其國以爲殊味。穴地取之，以供國主之膳，自公、相下，不可得而嘗。”清紀昀《閱微草堂筆記·姑妄聽之一》:“遼重毗離，亦曰毗令邦，即宣化黄鼠，明人尚重之，今亦不重矣。”

【毗離】

同“毗狸”。此稱清代已行用。見該文。

【毗令邦】

即毗狸。此稱清代已行用。見該文。

田鼠

亦稱“嗛鼠”“鼸鼠”，誤稱“香鼠”。獸名。嚙齒目，倉鼠科，普通田鼠（*Microtus arvalis* Pallas）。狀似鼠，肢與尾皆短。耳小，幾爲毛所掩。毛色灰褐或沙黄。口具頰囊，臼齒嚼面呈交迭三角形。善掘土，穴生。爲農業害獸。在我國，種類有十餘種，主要分布於北方。此稱先秦已行用。《爾雅·釋獸》:“鼸鼠。”郭璞注:“以頰裹藏食。”清郝懿行義疏:“嗛與鼸同。按：鼸鼠即今香鼠。頰中藏食，如獼猴然。灰色，短尾而香，人亦蓄之。”按：香鼠實爲香鼬，屬鼬科，與倉鼠科之田鼠不同。郝氏稱“鼸鼠即今香鼠”，實誤。《禮記·月令》:“〔季春之月〕桐始華，田鼠化爲駕。”《大戴禮記·夏小正》:“正月，田鼠出。田鼠者，嗛鼠也。”參見本類“香鼠[1]”文。

【嗛鼠】

即田鼠。此稱先秦時期已行用。見該文。

【鼸鼠】

即田鼠。此稱秦漢時期已行用。見該文。

【香鼠】[1]

“鼸鼠”之誤稱。實爲鼬科之“香鼬”。此稱清代已行用。參見本卷《獸説·陸獸考》“鼸鼠”“香鼠[1]”。

鼶鼠

省稱“鼶”。亦作“鼶”“鷈”。謂大田鼠。體大如鼬。此稱秦漢已行用。《爾雅·釋獸》:“鼶鼠。”郭璞注:“《夏小正》曰:‘鼶鼬則穴。’”邢昺疏:“似鼬之鼠。”郝懿行義疏:“蓋田之大者。”《字彙補·鼠部》:“鼶，同鼶。”清桂馥

《説文解字義證・鼠部》："䶂即鼨字。"參見本卷
《獸説・陸獸考》"田鼠"文。

【鼨】

"鼨鼠"之省稱。此稱先秦時期已行用。見
該文。

【鼶】

同"鼨"。此體明代已行用。見該文。

【䶂】

同"鼨"。此體清代已行用。見該文。

鱗鼠

田鼠之一種。以其身披鱗甲，故稱。喜群
居，蠶食田苗，爲農業害獸。此稱清代已行用。
清曹樹翹《滇南雜志》卷二二："鱗鼠，出順寧
州屬之雲州，身有鱗甲，千百爲群，殘食田苗，
數年一出。"

鼫鼠

亦稱"碩鼠""鼫鼠""鼢鼠""雀鼠""五
技鼠"。一種栖於田野的大鼠。兔頭鼠身，色
青黃，喜食粟豆。此稱漢代已行用。《爾雅・釋
獸》："鼫鼠，鼠屬。"郭璞注："形大如鼠，頭似
兔，尾有毛，青黃色，好在田中食粟豆。關西
呼爲鼫鼠。"《廣雅・釋獸》："鼫鼠，鼫鼠。"明
李時珍《本草綱目・獸二・鼫鼠》："〔釋名〕碩
鼠（與鼫鼠同，出《周易》）、鼫鼠（音酌，出
《廣雅》）、雀鼠（出《埤雅》）、鼢鼠（音俊，
出《唐韻》）。時珍曰，碩，大也。似鼠而大，
關西方言轉鼫爲鼫，訛鼫爲雀，蜀人謂之鼢
鼠。"又："〔集解〕時珍曰，鼫鼠處處有之。形
大於鼠，頭似兔，尾有毛，青黃色……鼫大居
山也。范成大云，賓州鼫鼠專食山豆根。"

【碩鼠】

即鼫鼠。此稱先秦時期已行用。見該文。

【鼫鼠】

即鼫鼠。此稱漢魏時期已行用。見該文。

【鼢鼠】

即鼫鼠。此稱唐代已行用。見該文。

【雀鼠】

即鼫鼠。此稱宋代已行用。見該文。

【五技鼠】

亦稱"鼫鼠"。即鼫鼠。此稱漢代已行用。
《説文・鼠部》："鼫，五技鼠也。能飛不能過屋，
能緣不能窮木，能游不能渡谷，能穴不能掩身，
能走不能先人。"漢蔡邕《勸學篇》："鼫鼠五
能，不成一技。"

鼢鼠

亦作"蚡鼠"。亦稱"地行鼠""地老
鼠""犁鼠"。陸獸名。嚙齒目，鼠科，中華鼢
鼠（*Myospalax fontanieri* Milne-Edwards）。體
胖，尾短，耳無殼，眼甚小，幾爲毛所掩。四
肢粗短，前爪尤健。毛細軟，色粉紅或赤褐，
背深腹淺。額部常有一撮白毛。穴居於草原或
田野，善掘土打洞，其通道曲折可達數十米。
以根、地下莖與農作物嫩芽爲食，爲農業害獸。
廣泛分布於西伯利亞、蒙古和我國北方地區。
此稱秦漢已行用。《爾雅・釋獸》："鼢鼠。"郭璞
注："地中行者。"清郝懿行義疏："鼢鼠……此
鼠今呼地老鼠，產自田間。體肥而匾，尾僅寸
許，潛行地中，起土如耕。《方言》謂之犁鼠。
郭璞注：'犁鼠，鼢鼠也。'"《説文・鼠部》："鼢，
地行鼠。伯勞所作也。一曰偃鼠。從鼠，分聲。
蚡，或從虫分。"按：《説文》謂"偃鼠"，乃
誤。

【蚡鼠】

同"鼢鼠"。此體漢代已行用。見該文。

【地行鼠】

　　即鼢鼠。此稱漢代已行用。見該文。

【黎鼠】

　　即鼢鼠。此稱漢代已行用。見該文。

【地老鼠】

　　即鼢鼠。此稱清代已行用。見該文。

竹鼠

　　亦稱"䶑""竹䶄""竹豚""稚子""竹狖"。陸獸名。齧齒目，竹鼠科，中華竹鼠（*Rhizomys sinensis* Gray）。狀似家鼠，長約 30 厘米。肢短、體胖，眼、耳均小，尾極短。毛棕灰色，背深腹淺。栖息於竹林中，穴居地下，以竹笋與竹地下莖爲食。其肉可食，皮毛可利用。分布於我國中西部及南部地區。此稱秦漢已行用。《説文·鼠部》："䶄，䶑，竹鼠也。"清段玉裁注："後世所謂竹䶄也。《莊子》作'䶄'，又作'䶑'。"《古今圖書集成·禽蟲典·鼠部》："〔宋惠洪〕《冷齋夜話·竹豚》：'竹根有鼠，大如猫，其色類竹，名竹豚，亦名稚子。'"明李時珍《本草綱目·獸二·竹䶑》〔釋名〕："竹狖。時珍曰，竹䶑，食竹根之鼠也。出南方，居土穴中。大如兔，人多食之，味如鴨肉。"

【䶑】

　　即竹鼠。此稱先秦時期已行用。見該文。

【竹豚】

　　即竹鼠。此稱宋代已行用。見該文。

【稚子】

　　即竹鼠。此稱宋代已行用。見該文。

【竹狖】

　　即竹鼠。此稱明代已行用。見該文。

【竹䶄】

　　即竹鼠。此稱清代已行用。見該文。

【䶄】

　　亦作"䶑"。即竹鼠。此稱漢代已行用。《説文·鼠部》："䶄，竹鼠也。"漢揚雄《蜀都賦》："春羔秋䶄，膾鯪龜肴。"《集韻·平尤》："䶄，䶑。《説文》：'竹鼠也'。如犬，或从留。"

【竹䶑】

　　亦作"竹䶄"。即竹鼠。此稱宋代已行用。宋蘇軾《竹䶄》詩："野人獻竹䶄，腰腹大如盎。"《清稗類鈔·動物類》："竹鼠，一名竹䶑，亦作竹䶄。似家鼠而小，毛蒼色，尾極短，目細而長。"

【竹䶄】

　　同"竹䶑"。此體宋代已行用。見該文。

鼩鼠

　　省稱"鼩"。亦稱"甘鼠""甘口鼠"。陸獸名。齧齒目，鼠科，小家鼠（*Mus musculus* Linnaeus）。此稱秦漢時已行用。《爾雅·釋獸》："鼩鼠。"郭璞注："有螫毒者。"《説文·鼠部》："鼩，小鼠也。"《爾雅翼·釋蟲》："鼩，鼠類之最小者。或曰甘鼠，又名甘口鼠。食物當時不覺痛。"《春秋·成公七年》："鼩鼠食郊牛角，改卜牛。"

【鼩】

　　鼩鼠之省稱。此稱漢代已行用。見該文。

【甘鼠】

　　即鼩鼠。此稱宋代已行用。見該文。

【甘口鼠】

　　即鼩鼠。此稱宋代已行用。見該文。

白鼠

　　白色之鼠。一説爲傳説中滿百歲之鼠。傳説其甚有靈性，能預知凶吉及千里之外事。此稱晋代已行用。晋葛洪《抱朴子·對俗》："鼠壽三百歲，滿百歲則色白。善憑人而卜，名曰仲。能知一年中吉凶，及千里外事。"《宋書‧符瑞志下》："晋惠帝永嘉元年五月，白鼠見東宮，太子獲以獻。"清崔灝《通俗編‧獸畜》引《靈應錄》："陳泰見一白鼠緣樹上下，撣而不去，言於妻子曰：'衆言有白鼠處即有藏也。'遂掘之，獲金五十笏。"

鼤

白鼠。此稱漢代已行用。《說文‧鼠部》："鼤，鼤鼠也。从鼠，番聲，讀若樊。"《玉篇‧鼠部》："鼤，白鼠。"

豹文鼠

亦稱"豹鼠"。因其身有豹狀斑紋，故名。哺乳綱。嚙齒目，鼠科。此稱晋代已行用。晋郭璞《爾雅序》："爾雅者，蓋興於中古，隆於漢世，豹鼠既辯，其業亦顯。"唐李商隱《贈送前劉五經映三十四韻》詩："驚疑豹文鼠，貪竊虎皮羊。"宋王楙《野客叢書‧豹文鼮鼠》："考《前漢》諸書，不聞終軍有此事，讀《後漢‧竇攸家傳》，光武宴百僚於雲臺，得豹文之鼠，問群臣，莫知之……問所出，曰見《爾雅》，驗之果然。"

【豹鼠】

即豹文鼠。此稱晋代已行用。見該文。

唐鼠[1]

亦稱"易腸鼠""拖腸鼠""鸜鶹"。傳說唐房升仙，携鷄犬而去，獨弃其鼠，故名。又因其腹有附着物，傳其腸常拖出，以示更換，故亦稱"易腸鼠""拖腸鼠""鸜鶹"。似鼠而稍大，青黑色。此稱明代已行用。《藝文類聚》卷九五引南朝齊劉澄之《梁州記》："智水北智鄉山，有仙人唐公房祠……山有易腸鼠，一月三吐易其腸。束廣微（晢）所謂唐鼠者也。"又引晋張華《博物志》："唐房升仙，鷄狗並去。唯以鼠惡不將去，鼠悔，一月三出腸也，謂之唐鼠。"宋王禹偁《謫居感事》詩："兀兀拖腸鼠，悠悠曳尾龜。"清李元《蠕範‧物名》："唐鼠，鸜鶹也，易腸鼠也。似鼠稍長，青黑色，腹邊有餘物如腸，時亦朽落。相傳仙人唐昉拔宅昇天，鷄犬皆去，唯鼠墜下不死，而腸出數丈，三年易之，故名唐鼠。"參閱《博物志校證》第一二五頁。

【易腸鼠】

即唐鼠[1]。此稱南北朝時期已行用。見該文。

【拖腸鼠】

即唐鼠[1]。此稱宋代已行用。見該文。

【鸜鶹】

即唐鼠[1]。此稱清代已行用。見該文。

褥特鼠

鼠之一種，能食蛇。尖嘴赤尾，傳說尿可治蛇咬瘡。其稱唐代已行用。《舊唐書‧西戎傳‧罽賓國》："〔貞觀〕十六年，又遣使獻褥特鼠，喙尖而尾赤，能食蛇。有被蛇螫者，鼠輒嗅而尿之，其瘡立愈。"《新唐書‧西戎傳‧罽賓國》稱"蛇螫者嗅且尿，瘡即愈"，甚誤。

斑鼠

亦稱"班尾鼠""班鼠""鼳鼭""鼳鼭"。鼠之一種。以其尾有斑紋，故名。此稱秦漢已行用。《爾雅‧釋獸》："斑鼠，鼠屬。"郝懿行義疏："《玉篇》：'斑，班尾鼠。'《廣韻》：'班鼠也。斑，鼠紋也。'《廣雅》鼳鼭即此也。"唐白居易《游悟真寺詩》："中頂最高峰，拄天青玉竿。鼳鼭上不得，豈我能攀援。"

【班尾鼠】

　　即鼣鼠。此稱南北朝時期已行用。見該文。

【班鼠】

　　即鼣鼠。此稱宋代已行用。見該文。

【鼳鼣】

　　即鼣鼠。此稱三國時期已行用。見該文。

【鼸鼳】

　　即鼣鼠。此稱唐代已行用。見該文。

鮛

　　亦作"鼳"。鼠之一種。此稱秦漢已行用。《爾雅·釋獸》："鮛，鮛鼠，鼠屬。"郝懿行義疏："《廣韻》作鼳，或曰：鼠爲十二屬首，所以紀歲時，故有鮛名。"《玉篇·鼠部》："鮛，鼠名。"

【鼳】

　　同"鮛"。此體宋代已行用。見該文。

璞

　　古方言謂乾鼠，一説爲鼠未臘者。此稱先秦已行用。《莊子·天下》："犬可以爲羊。"唐陸德明釋文："鄭人謂玉未理者曰璞，周人謂鼠臘者亦曰璞。故形在於物，名在於人。"《尹文子·大道下》："鄭人謂玉未理者曰璞，周人謂鼠未臘者爲璞。周人懷璞，謂鄭賈曰：'欲買璞乎？'鄭賈曰：'欲之。'出其璞，視之，乃鼠也。因謝不取。"《後漢書·應劭傳》："昔鄭人以乾鼠爲璞。"李賢注："《尹文子》曰：鄭人謂玉未琢者爲璞，周人謂鼠未臘者爲璞。周人遇鄭賈人曰：欲買璞乎？鄭賈曰：欲之。出璞，視之，乃鼠也。因謝不取。《戰國策》亦然。今此乃云，鄭人以乾鼠爲璞，便與二説不同。此云乾鼠，彼云未臘。"

豪彘[1]

　　亦稱"豪豬""狟豬""鸞豬""豪豬""帚

猪""蒿猪""山猪""豪豬"。陸獸名。嚙齒目，豪猪科，豪猪（*Hystrix hodgsoni*）。體肥壯，體被棘刺，尖如針，平時後伸，遇敵則竪立以禦之。穴居，夜出，食樹皮，傷禾稼。主要分布於南方各省區。此稱先秦時已行用。《山海經·西山經》："又西五十二里，曰竹山……有獸焉，其狀如豚而白毛，大如笄而黑端，名曰豪彘。"晋郭璞注："狟猪也，夾髀有麓，豪長數尺，能以脊上豪射物，亦爲牝牡。狟，或作猏，吴楚呼爲鸞猪，亦此類也。"畢沅校正曰："豪，舊本作'毫'。俗字，今改正。"《漢書·揚雄傳》："拕豪豬。"唐顏師古注："豪猪，亦名帚豬也。"明李時珍《本草綱目·獸二·豪猪》："〔釋名〕蒿猪（《唐本草》）、山猪（《通志》）、豪豬、狟猪、鸞猪。"〔集解〕頌曰："豪猪，陜、洛、江東諸山中並有之。"按：郭曰"自爲牝牡"，實誤。

豪　彘
（清余省、張爲邦等《獸譜》）

【豪豬】

　　即豪彘[1]。此稱漢代已行用。見該文。

【狟猪】

　　即豪彘[1]。此稱晋代已行用。見該文。

【鸞猪】[1]

　　即豪彘[1]。此稱晋代已行用。見該文。

【豪猪】

　　即豪彘[1]。此稱唐代已行用。見該文。

【帚貑】

　　即豪彘[1]。此稱唐代已行用。見該文。

【山猪】

　　即豪彘[1]。此稱宋代已行用。見該文。

【蒿猪】

　　即豪彘[1]。此稱唐代已行用。見該文。

【貑貐】

　　即豪彘[1]。此稱明代已行用。見該文。

【白豪】[1]

　　即豪彘[1]。以其毛色白，故名。此稱先秦已行用。《山海經·西次二經》：“鹿臺之山，其上多白玉，其下多銀，其獸多㸲牛、臷羊、白豪。”郭璞注：“豪，貆猪也。”郝懿行箋疏：“貆猪即豪彘也，以其毛白，故稱白豪。”

狼

　　陸獸名。哺乳綱，食肉目，犬科，狼（ *Canis lupus* Linnaeus ）。食肉猛獸。狀似犬而體瘦，吻較犬而尖，口較犬爲闊。腿細高，面

狼
（清余省、張爲邦等《獸譜》）

部長，牙銳利，耳直立，尾下垂。毛色因産地而异，通常上部爲黄或灰褐，下部帶白色。栖息於山區、平原和森林地帶，多獨居或雄雌同穴。性殘而貪，晝伏夜出，捕食禽、畜，亦襲人類。皮毛可製裘，也可作褥、帽等。分布於亞、歐及北美洲，我國則幾遍各地。此稱先秦已行用，沿用至今。《說文·犬部》：“狼，似犬，銳頭，白頰，高前，廣後。”《詩·齊風·還》：“並驅從兩狼兮，揖我謂我臧兮。”《史記·項羽本紀》：“猛如虎，狠如羊，貪如狼，强不可使者，皆斬之。”宋蘇舜欽《獵狐篇》：“所向不能入，有類狼失狽。”明馬中錫《中山狼傳》：“有狼當道，人立而泣。”

白狼[1]

　　謂白色的狼。古人以之爲瑞祥之獸。此稱先秦已行用，後世沿用。《山海經·西次四經》：“盂山，其陰多鐵，其陽多銅，其獸多白狼白虎。”郭璞注：“《外傳》曰：‘周穆王伐犬戎，得四白狼。’”唐劉賡《稽瑞》引《六韜》：“文王囚羑里，散宜生得白狼獻紂，免西伯之難。”《藝文類聚》卷九九引《瑞應圖》：“白狼，王者仁德，明哲則見。”按：郭璞引《外傳》爲《國語·周語》文。

貛[1]

　　謂公狼。此稱秦漢已行用，後世沿用。《爾雅·釋獸》：“狼，牡貛，牝狼。”郝懿行義疏：“狼，牡名貛，牝爲狼。”《廣韻·平桓》：“貛，牡狼。”按：牡，鳥獸之雄性也，與牝相對。另，謂猪貛、狗貛爲貛，參見“貛[1]”。

猲狙

　　亦作“獦狚”。省稱“猲”。猛獸。赤首鼠目，其狀如狼。此稱先秦已行用，後世沿用。

獦 狚
（清余省、張爲邦等《獸譜》）

《集韻·入曷》：“獦（獦），獦狚，巨狼。或從
葛。”按：據方成珪考，《類篇》《字林》及《一
切經音義》“狚”均作“狚”。《山海經·東山經》：
“北號之山……有獸焉，其狀如狼，赤首鼠目，
其音如豚，名曰獦狚，是食人。”郝懿行箋疏：
“經文‘獦狚’當爲‘獦狚’。《玉篇》《廣韻》
並作獦狚，云：‘狚，丁旦切，獸名。’”

【獦狚】

同“獦狚”。此體南北朝時期已行用。見該
文。

【獦】

“獦狚”之省稱。此體宋代已行用。見該文。

【獦狚】

省稱“狚”。即獦狚。此稱南朝梁時已行
用。《玉篇·犬部》：“狚，獦狚。”《廣韻·去翰》：
“狚，獦狚。獸名。似狼而赤。出《山海經》。”
《集韻·去換》：“狚，獦狚。獸名。巨狼也。”見
“獦狚”文。

【狚】

“獦狚”之省稱。此稱南北朝時期已行用。
見該文。

【巨狼】

即獦狚。此稱宋代已行用。見該文。

犲

亦作“犲”。俗稱“犲狗”。陸獸名。哺乳
綱，食肉目，犬科。犲（*Cuon alpinus* Pallas）。
形似狼犬而尾長，體細瘦，身長1米許。口吻
狹長而尖，牙鋭利如錐，耳殼呈三角形。足前矮後高，腳五趾，具鈎爪。毛長而色棕紅，亦有茶褐色、黃灰色，尾末端黑色。性凶殘，喜群居，常合力擊殺中小獸類或家畜。毛皮可作褥墊，毛可製筆。分布於北從西伯利亞

犲
（馬駘《馬駘畫寶》）

南至印尼的地區，我國則遍布各地。此稱先秦
已行用，沿用至今。《禮記·月令》：“犲乃祭獸
戮禽。”漢王褒《四子講德論》：“是以養雞者不
畜貍，牧獸者不育犲。”《集韻·平皆》：“犲，或
作犲。”明王圻等《三才圖會·鳥獸·犲》：“犲
似狗而長尾，白頰，高前廣後，其色黃。季秋
取獸四面陳之以祀其先世，謂之犲祭獸。又曰
瘦如犲，蓋犲體細瘦，故謂之犲。”

【犲】

同“犲”。此體宋代已行用。見該文。

【犲狗】

“犲”之俗稱。因其形似狗，又傳狗爲犲
之舅，故稱。此稱明代已行用。《爾雅·釋獸》：
“犲，狗足。”郭璞注：“腳似狗。”郝懿行義疏：
“犲瘦而猛捷，俗名犲狗。”明李時珍《本草綱

目·獸二·豺》:"〔集解〕豺,處處山中有之。狼屬也。俗名豺狗,其形似狗而頰白,前矮後高而長尾……世傳狗爲豺之舅,見狗輒跪,亦相制耳。"

狽

野獸名。狼屬。狀似狼,前足甚短,行走不便,常須扶狼臂而行。性狡詐,人稱狼群之"軍師",故成語中有"狼狽爲奸"之説。此稱漢代已行用。《正字通·犬部》:"狽,狼屬,狼前兩足長,後兩足短;狽前兩足短,後兩足長。"《後漢書·李固傳》:"至今聖工狼狽,親遇其艱。"唐段成式《酉陽雜俎·毛篇》:"或言,狼狽是兩物,狽前足絶短,每行常駕兩狼,失狼則不能動,故世言事乖者稱狼狽。"《醒世姻緣傳》第一三回:"伍聖道、邵强仁鼠共貓眠,擒縱惟憑指使;狽因狼突,金錢息任箕斂。二百兩自認無虛,五年徙薄從寬擬。"

獒[1]

一種高大凶猛之犬。犬科。長約1米,毛黄褐。四肢短,尾長,上唇被覆下唇,耳小而下垂。性聰敏,善鬥,常用以捕獵。此稱先秦已行用,後世沿用。《爾雅·釋畜》:"狗四尺爲獒。"《説文·犬部》:"獒,犬如人心可使者。從犬,敖聲。"《左傳·宣公二年》:"〔晉靈〕公嗾夫獒焉,〔提彌〕明搏而殺之。"唐舒元輿《坊州按獄》:"攫搏如猛虎,吞噬若狂

獒。"明詹同《出獵圖》詩:"蒼鷹欻起若飛電,四尺神獒作人立。"

青犴

産於胡地之野犬。因其色青,故名。此稱秦漢已行用。《禮記·玉藻》:"麛裘青犴褎。"鄭玄注:"犴,胡犬也。"《淮南子·道應訓》:"玄豹、黄羆、青犴。"高誘注:"犴,胡地野犬。"

狐

陸獸名。哺乳綱,食肉目,犬科,赤狐(*Vulpes vulpes* Linnaeus)。形似犬,面部較長,口吻較尖突,耳爲三角形。體長約70厘米,尾長約45厘米,尾部有一小孔,可分泌惡臭。毛色褐,多呈赤褐、黄或灰褐,耳背黑色或黑褐色,尾尖爲白色。性狡詐而多疑。栖息於森林、草原、半沙漠地帶,晝伏夜出。主食鼠類,兼食其他小動物及野果等。毛皮極貴重,腋下和腹部的毛皮尤爲珍貴,可製裘。在我國,除臺灣和海南島之外分布幾遍大陸各地。此稱先秦已行用,沿用至今。《詩·邶風》:"莫赤匪狐,莫黑匪烏。"漢張衡《南都賦》:"若夫天封大狐,列仙之陬,上平衍而曠蕩,下蒙籠而崎嶇。"唐温庭筠《車駕西游因而有作》詩:"宣曲長楊瑞氣凝,上林狐兔待秋鷹。"《説文·犬部》:"狐,祅獸也,鬼所乘之,有三德,其色中和,小前大後,列則丘首。"明王圻等《三才圖會·鳥獸·狐》:"狐,妖獸,

獒
（馬駘《馬駘畫寶》）

狐
（馬駘《馬駘畫寶》）

鬼所乘也。其狀鋭口而大尾。説者謂古淫婦所化……善爲娖人，故稱狐媚。性善疑，方河水合時，聽水下無聲乃行。”

【赤狐】

即狐。今之通稱。見該文。

火狐

謂赤色之狐。體大色赤，其毛皮極温暖，甚爲珍貴。産於東北等地。此稱清代已行用。清何秋濤《北徼方物考·狐》：“身黓而膁青者，曰火狐。”清西清《黑龍江外紀》卷八：“狐有元狐、青狐、火狐、沙狐數種。”《清一統志·奉天府·土産》：“火狐，《通志》：色赤而大，夜擊之，火星迸出，毛極温暖。”

文狐

謂體有斑紋之狐。古人以爲祥瑞之獸。此稱漢魏前已行用。《藝文類聚》卷九九引《禮斗威儀》：“君乘火而王，其政訟平，南海輸以文狐。”《文選·曹植〈七啓〉》：“曳文狐，掩狡兔。”張銑注：“文狐，狐有文者。”

白狐[1]

狐之一種。毛色夏灰冬白，故名。古謂有靈性之物。毛皮極珍貴。此稱明代已行用。明張岱《夜航船·走獸》：“白狐。禹年三十未娶。行塗山，有白狐九尾造禹。塗山人歌曰：‘白狐綏綏，九尾龐龐。成子家室，乃都攸昌。’禹遂娶之，謂之女嬌。”參閲《宋書·符瑞志中》。

白 狐
（馬駘《馬駘畫寶》）

沙狐

陸獸名。食肉目，犬科，沙狐（*Vulpes corsac* Linnaeus）。生於荒沙，身小色白，皮毛極珍貴，可集以爲裘。此稱清代已行用。《清一統志·奉天府五》：“沙狐生沙磧中，身小色白，皮集爲裘，在腹下者名天馬皮，頷下者名烏雲豹，皆貴重。”

青狐

亦稱“倭刀”。狐之一種。色兼黄黑，皮毛較珍貴。此稱清代已行用。《嘉慶一統志·盛京奉天府五·土産》“玄狐”注：“又有青狐，亦名倭刀，毛色兼黄黑，貴重次玄狐。”清西清《黑龍江外紀》卷八：“狐有元狐、青狐、火狐、沙狐數種。”

【倭刀】

即青狐。此稱清代已行用。見該文。

豐狐

亦作“封狐”。謂大狐。豐，大也。此稱先秦已行用。《莊子·山水》：“夫豐狐文豹，栖於山林，伏於巖穴，静也。”《韓非子·喻老》：“翟人有獻豐狐、玄豹之皮於晉文公，文公受客皮而嘆曰：‘此以皮之美自爲罪。’”《楚辭·離騷》：“羿淫遊以佚畋兮，又好射夫封狐。”又《招魂》：“蝮蛇蓁蓁，封狐千里些。”王逸注：“封狐，大狐也，言炎土之氣多蝮虺惡蛇，積聚蓁蓁，爭欲囓人，又有火狐健走，千里求食，不可逢遇也。”《晉書·郗隆傳》：“封狐萬里，投軀而弗顧；獮麻千群，探穴而忘死。”

【封狐】[1]

同“豐狐”。此體先秦時期已行用。見該文。

貉

亦作“貈”“狢”。陸獸名。哺乳綱，食

貉
（清余省、張爲邦等《獸譜》）

肉目，犬科，貉（*Nyctereutes procyonoides Gray*）。形似狐而體肥。吻尖耳圓，體尾皆短。色棕灰，四肢和胸腹幾近黑色，眼部各有一片黑褐色斑紋。穴居河谷、山邊和田野間。雜食鼠蛙、草果等。毛皮可作皮衣、帽等，尾毛可製筆，爲重要毛皮獸之一。分布於我國、俄羅斯、朝鮮和日本。此稱先秦已行用，後世沿用。《詩·豳風·七月》："一之日于貉，取彼狐狸，爲公子裘。"《列子·湯問》："貉踰汶則死矣。"張湛注："似狐善睡獸也。"《說文·豸部》："貈，似狐，善睡獸……《論語》曰：'狐貉之厚以居。'"段玉裁注："凡狐貉連文者，皆當作此貈字，今字乃假貉爲貈，造貊爲貉矣。"晋張華《博物志》卷四："《周官》云：'貉不渡汶水，鸜鵒不渡濟水'，魯國無鸜鵒來巢，記異也。"《元史·世祖本紀》："給以鎧仗鞍勒，狐貉衣裘，遣赴皇孫阿難答所出征。"

【貈】

同"貉"。此體漢代已行用。見該文。

【狢】

同"貉"。此體先秦時期已行用。見該文。

貆

亦作"貏""貏"。雌貉。此稱晋代已行用。《爾雅·釋獸》"貔子貛"晋郭璞注："其雌者名貏。"按：貛，即幼貉。《集韻·上皓》："貏，獸名，雌貏也，或作貀、貏。"

【貏】

同"貏"。此體宋代已行用。見該文。

【貏】

同"貏"。此體宋代已行用。見該文。

熊

陸獸名。哺乳綱，食肉目，熊科動物之統稱。頭大尾短，四肢短粗，形似大猪。脚掌大，前後肢均五趾，蹠行性，爪不能伸縮。能攀緣，可直立行走。體色棕褐、黑或全白略黑。冬多穴居而眠，始春而出。雜食性。種類依色分白熊、黑熊、棕熊等。分布於亞、歐和北美洲，我國主產黑熊、棕熊。熊脂、熊膽、熊肉可製藥，熊掌爲珍貴食肴，毛皮可作毯等。此稱始見於先秦典籍，沿用至今。《說文·火部》："熊，獸。似豕，山居，冬蟄。"《書·牧誓》："勖哉夫子！尚桓桓，如虎如貔，如熊如羆，于商郊。"漢馬融《長笛賦》："寒熊振頷，特麚昏影。"明

熊
（清余省、張爲邦等《獸譜》）

李時珍《本草綱目·獸二·熊》："俗呼熊爲猪熊，羆爲人熊、馬熊，各因形似以爲別也。"參見本卷《獸説·陸獸考》"羆"文。

【子路】

"熊"之别稱。此稱南北朝時已行用。南朝宋劉敬叔《異苑》卷三："熊無穴，或居大樹孔中，東土呼熊爲子路。"

封熊

大熊。此稱魏晋時已行用。《文選·張協〈七命〉》："封熊之蹯，翰音之蹠。"吕延濟注："封，大也。"

白熊

俗稱"北極熊""銀熊"。陸獸名。哺乳綱，食肉目，熊科，白熊（ *Ursus maritimus* Phipps）。體長可近 3 米，頭大而扁長，眼耳均小，四肢粗短，有爪，蹯大，尾短。毛長而繁密，色淡黃或銀白。分布於北極寒冷地區，常栖息於冰雪間，善於冰上行走，亦能游泳。捕食鳥獸及海豹、魚類，夏季以植物爲食。皮毛保暖性强，極珍貴。此稱南北朝時已行用，至今沿用。《北史·魏紀》："射白熊於頹牛山，獲之。"唐貫休《送僧入馬頭山》詩："苦竹大於杉，白熊卧如馬。"

【北極熊】

即白熊。此稱近現代已行用。見該文。

【銀熊】

即白熊。因其常栖息於冰雪間，體色銀白，與冰雪同色，故名。此稱近現代已行用。見該文。

玄熊

亦稱"黑熊"。俗稱"狗熊"。陸獸名。哺乳綱，食肉目，黑熊（ *Ursus thibetanus* G.Baron Cuvier）。體形肥大，尾甚短。毛黑色，胸部有半月形白紋。能游泳，善爬樹，可直立行走。多栖於樹林，雜食，性喜孤獨。熊脂、熊膽、熊肉可製藥，熊掌爲美味，毛皮可製毯，皆極珍貴。此稱漢代已行用。《文選·王延壽〈魯靈光殿賦〉》："玄熊舑舕以齗齗，却負載而蹲跱。"唐李周翰注："木上刻作黑熊……言玄熊對踞於山嶽，飛燕相追而差池。"三國魏曹植《七啓》："玄熊素膚，肥豢膿肌。"清屈大均《廣東新語·獸語》："嶺之南，熊有三種：曰人熊，曰猪熊，曰狗熊。狗熊即《爾雅》所謂'熊虎醜，其子狗'者也。郭璞謂熊之子名狗，非也。狗熊者，熊之小者也。以其小，故曰熊子也。"

【黑熊】

即玄熊。此稱唐代已行用。見該文。

【狗熊】

即玄熊。此稱清代已行用。見該文。

魋

亦稱"赤熊"。陸獸名。哺乳綱，食肉目，熊科，棕熊（ *Ursus arctos* Linnaeus）。狀似小熊，毛淺紅而黃。此稱秦漢時期已行用。《爾雅·釋獸》："魋，如小熊，竊毛而黃。"晋郭璞注："今建平山中有此獸，狀如熊而小，毛塵淺赤黃色，俗呼爲赤熊。"明李時珍《本草綱目·獸二·熊》："〔附録〕時珍曰，熊、羆、魋，三種一類也。如豕色黑者，熊也；大而色黃白者，羆也；小而色黃赤者，魋也。建平人呼魋爲赤熊，陸璣謂羆爲黃熊，是矣。"

【赤熊】

即魋。此稱晋代已行用。見該文。

羆

亦稱"貔羆""貔熊""人熊""馬熊"。陸獸名。哺乳綱，食肉目，熊科，馬熊（*Ursus arctos pruinosus*）。體似狗熊，頭長，足高，可直立行走。力甚大，可拔樹，虎亦畏其威猛。毛色褐、黃或黃白。善爬樹，能游泳。膽可入藥，毛皮可作墊、毯，甚珍貴。一説爲雄熊。此稱先秦已行用，沿用至今。《爾雅·釋獸》："羆如熊，黃白文。"晋郭璞注："似熊，而長頭高脚，猛憨多力，能拔樹木，關西呼曰貑羆。"貑羆，一作"貑熊"（見《淵鑑類函》卷四三〇引）。《詩·大雅·韓奕》："獻其貔皮，赤豹黃羆。"又，《小雅·斯干》："吉夢爲何，維熊維羆。"陸璣疏："羆，有黃羆、赤羆，有大於熊。"《説文·熊部》："羆，如熊，黃白文。"明李時珍《本草綱目·獸二·熊》："〔釋名〕時珍曰……羆爲人熊、馬熊，各因形似以爲別也。〔附録〕時珍曰，熊、羆、魋，三種一類也……羆，頭長脚高，猛憨多力，能拔樹木，虎亦畏之。遇人則人立而攫之，故俗呼爲人熊。關西呼貑熊……有馬熊，形如馬。即羆也。或云，羆即熊之雄者。"

【貑羆】

即羆。此稱晋代已行用。見該文。

羆
（清余省、張爲邦等《獸譜》）

【貑熊】

即羆。此稱清代已行用。見該文。

【人熊】

即羆。以其直立似人形，故稱。此稱明代已行用。見該文。

【馬熊】

即羆。以其形似馬，故稱。此稱明代已行用。見該文。

貔貅 [1]

省稱"貔"。亦稱"白狐 [2]""執夷"。今稱"大熊猫""熊猫"。陸獸名。哺乳綱，食肉目，猫熊科，大熊猫（*Ailuropoda melanoleuca David*）。似熊而小，身長150厘米餘，高爲身長之半。頭小、體胖、尾短。毛濃密而光亮。通體白，眼窩、雙耳、四肢與兩肩黑。原肉食，今以箭竹爲主食。性温和，有時亦凶。喜獨栖，善爬樹，生活於海拔三千米上下的山林中。爲我國特有珍獸，僅川西、藏東、陝甘南有之。屬國家一級保護動物，被譽爲"活化石""國寶"。此稱先秦已行用。《爾雅·釋獸》："貔，白狐，其子縠。"郭璞注："貔，一名執夷，虎豹之屬。"邢昺疏："貔，一名白狐。或白，似熊。"《詩·大雅·韓奕》："獻其貔皮，赤豹黃羆。"毛傳："貔，猛獸也。"釋文："貔，本亦作豼，音毗，即白狐也。一名執夷。"《禮記·曲禮上》："前有摯獸，則載貔貅。"孔穎達疏："貔貅，是一獸，亦有威猛也。若前有猛獸，則舉此貔貅，使衆知爲備也。"《史記·五帝本紀》："軒轅乃修德振兵……教熊羆貔貅貙虎，以與炎帝戰於阪泉之野。"按：古時多以爲猛獸。

【貔】

"貔貅"之省稱。此稱先秦時期已行用。

見該文。

【白狐】 [2]

即貔貅。此稱秦漢時期已行用。見該文。

【執夷】

即貔貅。此稱晉代已行用。見該文。

【大熊猫】

即貔貅。此稱近現代已行用。見該文。

【熊猫】

即貔貅。此稱近現代已行用。見該文。

鼬

亦稱"狖""鼪""鼪鼬""鼬鼠"。俗稱"黄鼬"。陸獸名。哺乳綱,食肉目,鼬科,黄鼬(*Mustela sibirica* Pallas)。狀似鼠,體長、肢短、尾粗大。背毛黄褐,頭腹則淡。肛門旁有一對臭腺,遇敵時則釋放異氣,藉以逃遁。喜獨栖山野廢舍,畫伏夜出。以鼠、蛇、蟲、鳥爲食;偶亦捕食禽畜。皮可製裘,尾毛可製筆,品質均上乘。分布於亞洲、歐洲、美洲及非洲地區,在我國則幾遍各地。亦作爲白鼬(即"掃雪")、雪鼬(即"伶鼬""銀鼠")、艾鼬(即"艾虎")、香鼠、青鼬等鼬科動物之通稱。此稱先秦已行用,沿用至今。《莊子·秋水》:"騏驥

鼬 鼠
(清余省、張爲邦等《獸譜》)

驊騮,一日而馳千里,捕鼠不如狸狌。言殊技也。"又《徐無鬼》:"夫逃虛空者,藜藋柱乎鼪鼬之逕。"《爾雅·釋獸》:"鼬鼠……鼠屬。"晋郭璞注:"今鼬似貂,赤黄色,大尾,啖鼠。江東呼爲鼪。"《廣雅·釋獸》:"鼠狼,鼬。"《説文·鼠部》:"鼬,如鼠,赤黄而大,食鼠者。从鼠,由聲。"唐段成式《酉陽雜俎·語資》:"狐性多疑,鼬性多豫。"唐韓愈《南山》詩:"峥嶸躋塚頂,倏閃雜鼯鼬。"明李時珍《本草綱目·獸二·鼬鼠》:"〔集解〕時珍曰,鼬,處處有之。狀似鼠而身長尾大,黄色帶赤,其氣極臊臭。許慎所謂似貂而大,色黄而赤者是也。其毫與尾可作筆,嚴冬用之不折。世所謂鼠鬚、栗尾者,是也。"清王士禎《淮安新城有感》詩:"荒徑人稀鼪鼬嘯,野塘風急荻蘆秋。"

【狖】

即鼬。此稱先秦時期已行用。見該文。

【鼪】 [1]

即鼬。此稱晋代已行用。見該文。

【鼪鼬】

即鼬。此稱先秦時期已行用。見該文。

【鼬鼠】

即鼬。此稱先秦時期已行用。見該文。

黄鼠狼

省稱"鼠狼"。亦稱"鼪鼠""鼶鼠""地猴"。因其毛色黄,善捕鼠,故稱。體長約30厘米,尾長可達15~20厘米。栖息於林邊、田間及多石的平原等處,畫伏夜出,以嚙齒類、小鳥及昆蟲爲食,有時亦竊家禽。皮毛可做衣帽,尾毛可製筆,稱"狼毫"。此稱漢魏時已行用。沿用至今。《爾雅·釋獸》:"鼬鼠……鼠屬。"郝懿行義疏:"今俗通呼爲黄鼠狼。善捕鼠。夜中竊

食人鷄，人掩取之，以其尾爲筆，所謂狼豪者也。"《廣雅・釋獸》："鼠狼，鼬。"清王念孫疏證："鼬，善捕鼠，故有鼠狼之名。"《玉篇・鼠部》："鼪，鼬鼠也。"明李時珍《本草綱目・獸三・鼬鼠》："〔釋名〕黃鼠狼、鼪鼠、鼪鼠、地猴。時珍曰，按《廣雅》，鼠狼即鼬也。江東呼爲鼪。其色黃赤如柚，故名。此物健於捕鼠及禽畜，又能制蛇虺。"參見本卷《獸説・陸獸考》"鼬"文。

【鼠狼】

"黃鼠狼"之省稱。此稱三國時期已行用。見該文。

【鼪鼠】

即黃鼠狼。此稱明代已行用。見該文。

【鼪鼠】

即黃鼠狼。此稱明代已行用。見該文。

【地猴】

即黃鼠狼。此稱明代已行用。見該文。

狖[2]

亦作"狖"。獸名。鼬鼠類，似猫，善捕鼠。此稱漢代已行用。《説文・豸部》："狖，鼠屬，善旋。从豸，穴聲。"《廣雅・釋獸》："狖，狖也。"王念孫疏證："《衆經音義》卷二一引《倉頡篇》云：'狖，似猫，搏鼠，出河西。'則狖乃狸屬，非猨狖之狖也。"《集韻・去宥》："狖……或作狖。"《三國志・魏書・東夷傳》："大人加狐狸、狖白、黑貂之裘。"又："其國善養牲，出名馬、赤玉、貂狖、美珠。"

【狖】

同"狖[2]"。此體漢代已行用。見該文。

香鼬

古稱"香鼠"。陸獸名。哺乳綱，食肉目，鼬科，香鼬（*Mustela altaica* Pallas）。體形較小，行甚速。毛色黃褐，背深腹淺。栖息於山林、草原，主食小型嚙齒類動物及鳥類。毛皮可製裘。在我國，分布於東北及中南部地區。此稱宋代已行用。宋范成大《桂海虞衡志・志獸》："香鼠至小，僅如指擘大。穴於柱中。行地，疾如激箭。"參見本卷《獸説・陸獸考》"田鼠"文。

【香鼠】[2]

即香鼬。此稱宋代已行用。見該文。

貂

亦作"貂"。亦稱"貂鼠""栗鼠""松狗"。陸獸名。哺乳綱，食肉目，鼬科，紫貂（*Martes zibellina* Linnaeus）。狀似鼬，體細長，約 75 厘米。四肢短，前肢尤甚，爪甚尖利，適於爬樹。尾粗長而多毛。色黃，偏黑或紫。其性外温内悍。多栖於森林水邊，晝伏夜出，捕食昆蟲鳥鼠，有時亦食果實。種類甚多，有紫貂、水貂等。毛皮輕暖，禦寒甚佳，爲珍貴裘皮。其尾，古人多用作冠飾。分布於西伯利亞、

貂
（清余省、張爲邦等《獸譜》）

蒙古及我國東北一帶，爲“東北三寶”（人參、貂皮、烏拉草，一説人參、貂皮、鹿茸）之一。爲國家三類保護動物。此稱先秦已行用，沿用至今。《戰國策·趙策一》：“李兑送蘇秦明月之珠，和氏之璧，黑貂之裘，黃金百鎰。”鮑彪注：“貂，鼠屬，大而黃黑，出丁零國。”《玉篇·鼠部》：“貂，古文貂字，鼠也。”唐岑參《胡歌》：“黑姓蕃王貂鼠裘，葡萄宮錦醉纏頭。”《爾雅翼·釋蟲》：“貂，鼠

貂　鼠
（明盧和等《食物本草》）

栗　鼠
（馬駘《馬駘畫寶》）

屬而黃黑，好在木上，亦謂之栗鼠……貂内勁悍而外温潤。”《史記·貨殖列傳》：“狐貂裘千金。”《後漢書·輿服志下》：“武冠……侍中、中常侍加黃金璫，附蟬爲文，貂尾爲飾。”劉昭注：“胡廣又曰：‘意謂北方寒凉，本以貂皮暖額，附施於冠，因遂變爲首飾。’”明李時珍《本草綱目·獸三·貂鼠》：“〔釋名〕栗鼠、松狗。時珍曰，貂亦作貂。”

【貂】

同“貂”。此體漢代已行用。見該文。

【貂鼠】

即貂。此稱唐代已行用。見該文。

【栗鼠】

即貂。此稱明代已行用。見該文。

【松狗】

即貂。此稱明代已行用。見該文。

銀貂

貂鼠之一種。以其色白，故稱。此稱明代已行用。明李時珍《本草綱目·獸三·貂鼠》：“〔集解〕〔貂鼠〕白色者，爲銀貂。”

黃貂

貂鼠之一種。以其色黃，故稱。此稱明代已行用。明李時珍《本草綱目·獸三·貂鼠》：“〔集解〕毛帶黃色者，爲黃貂。”

貒

亦作“貒”。亦稱“貛[1]”“猪獾”。陸獸名。哺乳綱，食肉目，鼬科，猪獾（*Arctonyx collaris* F.Cuvier）。狀似猪，形體肥，頭長、吻尖，四肢短，爪鋭利，行動遲緩。毛色黑褐，間有白毛。尾部有袋狀物，雌雄相招時能釋放臭氣。栖息於山野間，掘地爲穴。晝伏夜出，以蟲蟻爲食，亦食瓜果。其肉可食，油可入藥，毛皮可製裘。多分布於我國長江流域及南方地區。此稱秦漢已行用。《爾雅·釋獸》：“貒子貗。”

貒
（清余省、張爲邦等《獸譜》）

郭璞注："貒，豚也，一名貛。"南朝宋劉義慶《世說新語·品藻》："人人皆如此，便可結繩而治，但恐狐狸、貒、狢噉盡。"明李時珍《本草綱目·獸二·貒》："貒，即今之猪貛也。處處山野間有之，穴居。狀似小猪貛，形體肥而行鈍。其耳聾，見人乃走……食蟲蟻瓜果。其肉帶土氣，皮毛不如狗貛。"

【猯】

同"貒"。此體南北朝時期已行用。見該文。

【貆】[2]

即貒。此稱晉代已行用。見該文。

【猪貛】

即貒。此稱明代已行用。見該文。

貗

獸名。謂小貒。此稱秦漢時已行用。《爾雅·釋獸》："貒子貗。"郭璞注："貒，豚也。一名貛。"郝懿行義疏："今貒形如猪，穴於地中，善攻堤岸。其子名貗。"

貛

亦作"貆""犿""貆""獾"。亦稱"天狗""狗貛"。陸獸名。哺乳綱，食肉目，鼬科，狗貛（*Meles meles* Linnaeus）。形如猪狗，體長約50厘米，尾短，10厘米餘。嘴尖、耳短。前爪特長，掘土甚力。毛灰黃，胸腹與四肢黑，頭部有三條明顯白紋。多穴居於丘堤、大樹下，洞可達10餘米。晝伏夜出，以蟲獸等肉食爲主，雜食果苗。冬眠。分

貛
（馬駘《馬駘畫寶》）

猪貛和狗貛兩種。肉可食，皮可爲裘，毛可製筆、刷，油爲治療燒燙傷之外用良藥。分布於亞洲、歐洲，我國除臺灣和海南島外，幾遍各地。此稱漢代已行用。《說文·豸部》："貆，野豕也。从豸，萑聲。"《玉篇·犬部》："犿，同貛。"《集韻·平桓》："貛，亦作貆、獾、貆、貆。通作犿。"《詩·魏風·伐檀》："不守不獵，胡瞻爾庭有縣貆兮。"毛傳："貆，獸名。"鄭玄箋："貉子曰貆。"宋蔡卞《毛詩名物解·釋獸》："貆，貉之小善止者也。雖小而善止者易獲，蓋待獸獵而後得之。"《淮南子·修務訓》："螣知爲蛭，貛貉爲曲穴。"明李時珍《本草綱目·獸二·貛》："〔釋名〕貛、狗貛、天狗。時珍曰，貛又作貆，亦狀其肥鈍之貌。蜀人呼爲天狗。〔集解〕汪穎曰：'狗貛，處處山野有之，穴土而居，形如家狗而脚短，食果實。有數種相似。其肉味甚甘美，皮可爲裘。'時珍曰：貒，猪貛也；貛，狗貛也。二種相似而略殊。"清朱駿聲《說文通訓定聲》卷一四："貆，野豕也……關西謂之貒。是貆貒同物。形如猪，穴地而處，善攻隄岸。按：有猪貛，亦有狗貛。"

【貆】

同"貛"。此體先秦時期已行用。見該文。

狗貛
（明王圻等《三才圖會》）

【貜】

　　同"玃"。此體宋代已行用。見該文。

【貜】[3]

　　同"玃"。此體南北朝時期已行用。見該文。

【犳】

　　同"玃"。此體南北朝時期已行用。見該文。

【天狗】[1]

　　即"玃"。此稱明代已行用。見該文。

【狗獿】

　　即獿[2]。此稱明代已行用。見該文。

【刁黄】

　　"玃"之別稱。古代吴越一帶的方言。因其性狡詐而色黄，故名。此稱清代已行用。清厲荃《事物異名録》卷三七："玃，刁黄。《事物原始》：'玃，色黄而微黑，尾短，毛臭而肉羶……吴越皆呼刁黄。善爲曲穴而避，防人害也。'"按：《格致鏡原》所引，"避"下多一"藏"字。見"玃"文。

虎

　　俗稱"老虎"。陸獸名。哺乳綱，食肉目，貓科，虎（*Panthera tigris* Linnaeus）。體約長1.5~2米，尾長逾1米；其貌似貓，毛色黄褐，

虎
（清余省、張爲邦等《獸譜》）

自背及腹，由深至淺；身有黑色斑紋，額上紋似"王"字，故被譽爲"百獸之王"。性凶猛，力巨大，聽、嗅覺靈敏，呼嘯生風，百獸皆避。居山林，喜獨栖，多夜行。能游泳，不善爬樹，以鳥獸爲食，偶亦襲人畜。分布於亞洲地區，北從西伯利亞，南至印度尼西亞、印度等地。我國是虎類的主要活動地區之一，有東北虎、華南虎兩大類，數量均極少，皆爲國家一級保護動物。東北虎體軀碩大，毛色淺，生活於長白山、大興安嶺一帶；華南虎體較東北虎小，毛色較深，分布於華中、華南，係我國獨有虎種，又稱"中國虎"。虎肉可食，骨、血、内臟均可入藥，有祛風、止痛之功效。皮毛亦極珍貴，可做椅、褥墊和地毯等。此稱先秦已行用，沿用至今。《周易·乾卦》："雲從龍，風從虎。"孔穎達疏："虎是威猛之獸。"《詩·小雅·何草不黄》："匪兕匪虎，率彼曠野。"毛傳："兕虎，野獸也。"《說文·虍部》："虎，山獸之君。"《後漢書·班超傳》："不入虎穴，不得虎子。"宋蘇轍《湖陰曲》："老虎穴中卧，獵夫不敢窺。"明李時珍《本草綱目·獸二·虎》："〔集解〕時珍曰，按《格物論》云：'虎，山獸之君也。'狀如貓而大如牛，黄質黑章，鋸牙鈎爪，鬚健而尖，舌大如掌生倒刺……聲吼如雷，風從而生，百獸震恐。"《山堂肆考》卷二五："虎屬陽，狀如貓，而大如黄牛，黑章，鈎爪鋸牙，舌大於掌……虎一生止一乳，一乳必雙，所謂虎不再交是也。死必靠木及巖石，未嘗仆地。一名大蟲。"按：《山堂肆考》所謂"虎一生止一乳，一乳必雙，所謂虎不再交是也"，實誤。虎一生并非祇生一胎，且一胎頭數不一。

【老虎】

即虎。此稱宋代已行用。見該文。

【大蟲】

亦稱"大靈"。俗稱"老大蟲"。"虎"之別稱。此稱晋代已行用，後世沿用。晋干寶《搜神記》卷二："扶南王范尋養虎於山，有犯罪者，投於虎，不噬，乃宥之。故虎名大蟲，亦名大靈。"唐李肇《唐國史補》卷上："大蟲老鼠，俱爲十二相屬。"宋陸游《老學庵筆記》卷三："方彝叔赴召時，有華山道人獻詩曰：'北蕃群犬窺籬落，驚起南朝老大蟲。'"《水滸傳》第二三回："只聽得樹背後撲地一聲響，跳出一只吊睛白額大蟲來。"

【大靈】

即大蟲。此稱晋代已行用。見該文。

【老大蟲】

即大蟲。此稱宋代已行用。見該文。

【山君】

亦稱"獸君"。"虎"之美稱。以其被譽爲山獸之王，故稱。此稱源於漢代。後世詩文多沿用。《説文·虍部》："虎，山獸之君。"宋王安石《次韻酬宋玘》詩："游衍水邊追野馬，嘯歌林下應山君。"清黃景仁《圈虎行》："何物市上游手兒，役使山君作兒戲。"《事物異名録》卷三七："《説文》：虎，西方獸，曰獸君。以其爲山獸之君也。亦曰山君。"見"虎"文。

【獸君】

即山君。此稱漢代已行用。見該文。

【文虎】[1]

亦稱"雕虎""彫虎"。"虎"之美稱。以虎紋深淺相間，華麗如雕飾，故稱。文，通"紋"。此稱先秦時已行用，後世沿用。《山海經·海外南經》："狄山，帝堯葬于陽，帝嚳葬于陰。爰有熊、羆、文虎。"《尸子》卷下："中黃伯曰，余左執太行之獲，而右搏雕虎，惟象之未與吾心試焉。"漢張衡《思玄賦》："執雕虎而試焉兮，阽焦原而跟止。"晋左思《蜀都賦》："屠麖麋、翦旄麈、帶文蛇、跨彫虎。"見"虎"文。

【雕虎】[1]

即文虎。此稱先秦時期已行用。見該文。

【彫虎】

即文虎。"彫"同"雕"。此稱晋代已行用。見該文。

【李耳】

亦稱"李父""狸兒"。"虎"之別名。俗語有説虎本南郡中盧李氏公所化，故稱。此稱漢代已行用。《方言》第八："虎，陳魏宋楚之間或謂之李父，江淮南楚之間謂之李耳。"《太平御覽》卷九八一引漢應劭《風俗通義》："呼虎爲李耳。俗説本南郡中盧李氏公所化，爲呼'李耳'，因喜；呼'班'便怒。"明李時珍《本草綱目·獸二·虎》："李耳當作狸兒，蓋方言狸爲李，兒爲耳也。今南人猶呼虎爲猫，即此意也。"見"虎"文。

【李父】

即李耳。此稱漢代已行用。見該文。

【狸兒】

即李耳。此稱明代已行用。見該文。

【伯都】

謂虎。古代方言。此稱漢代已行用。《方言》第八："虎……自關東西，或謂之伯都。"郭璞注："俗曰伯都事神虎説。"唐代亦稱"挷於"。見"虎"文。

【揜於】

即伯都。此稱唐代已行用。見該文。

【於菟】

亦作"於檡""烏菟""烏䖘""於㹸"。省稱"㹸"。"虎"之別名。於，音"烏"，故又寫作"烏菟"。此稱先秦已行用，後世沿用。清代亦稱"烏㹸"。《方言》第八："虎……江、淮、南楚之間謂之李耳，或謂之於㹸。"晉郭璞注："今江南山夷呼虎爲㹸。"《廣雅·釋獸》："於㹸、李耳，虎也。"《左傳·宣公四年》："楚人謂乳穀，謂虎於菟。"《漢書·叙傳上》作"於檡"，唐顏師古注："檡字或作'菟'。"晋左思《吳都賦》："烏菟之族，犀兕之黨。"唐杜甫《戲作俳諧體遣悶二首》詩之二："於菟侵客恨，粗粝作人情。"宋黃庭堅《雙澗寺二首》詩："二水犇犇鳴屋除，松林落日吼烏菟。"明陶宗儀《南村輟耕録·朱張》："左右僕從皆佩於金符，爲萬户、千户。"清厲荃《事物異名録》卷三七："〔虎〕《方言》作'烏㹸'"又"《古歡堂》言作'烏㹸'"。見"虎"文。

【於檡】

同"於菟"。此體漢代已行用。見該文。

【於㹸】

同"於菟"。此體漢代已行用。見該文。

【烏菟】

同"於菟"。此體晉代已行用。見該文。

【㹸】

"於菟"之省稱。此體晉代已行用。見該文。

【烏㹸】

同"於菟"。此稱清代已行用。見該文。

【波羅】

亦稱"羅羅""巴而思"。"虎"之別稱。此

羅　羅
（清余省、張爲邦等《獸譜》）

稱唐代已行用。唐趙叔達《星回節避風臺驃信命賦》詩："法駕避星回，波羅毗勇猜。"原注："波羅，虎也；毗勇，野馬也。驃信昔年幸此，曾射野馬並虎也。"《事物異名録》卷三七引五代佚名《玉溪編事》："南詔謂虎爲波羅。"又引明陳耀文《天中記》："雲南蠻人呼虎爲羅羅。"《元史·姚天福傳》："每廷折權臣，帝嘉其直，賜名'巴兒思'，謂其不畏强悍，猶虎也。"明陶宗儀《南村輟耕録·巴而思》："〔姚天福〕彈擊權臣，無所顧畏，世祖賜言'巴而思'，國言'虎'也。"《事物異名録》卷三七："《事物原始》：'〔虎〕胡人謂之巴而思。'"見"虎"文。

【羅羅】[1]

即波羅。此稱明代已行用。見該文。

【巴兒思】

亦作"巴兒思"。蒙古語，謂虎。此稱元代已行用。見該文。

【巴而思】

同"巴兒思"。此稱明代已行用。見該文。

【戾蟲】

"虎"之別稱。以其性情暴戾，故名。此稱先秦已行用，後世沿用。《戰國策·秦策二》：

"有兩虎諍人而鬥者，卞莊子將刺之，管與止之曰：'虎者，戾蟲；人者，甘餌也。今兩虎諍人而鬥，小者必死，大者必傷。子待傷虎而刺之，是則一舉而兼兩虎也。'"宋黃庭堅《曹侯善政頌並序》："虎暴人境，肆作機牙。侯（曹侯）曰徹之，病在乎政。惟此戾蟲，乃與政通。"

【黃班】

亦作"黃斑"。"虎"之別稱。以其皮毛有黃色斑紋，故名。此稱隋代已行用。《隋書・五行志上》："陳初，有童謠曰：'黃班青驄馬，發自壽陽涘。來時冬氣末，去日春風始。'其後陳主果爲韓擒所敗。'擒'，本名'擒獸'，黃班之謂也。"按：韓擒，本名韓擒虎，《隋書》"擒獸"本作"擒虎"，唐人避李淵祖諱改。明高啓《同謝國史游鍾山逢鐵冠先生》詩："鐵冠先生有道者，往往人見騎黃班。"

【黃斑】

同"黃班"。此體明代已行用。見該文。

【寅獸】

亦稱"寅客"。"虎"之別稱。古人以十二生肖與地支相配，虎配寅，故名。此稱南北朝時已行用。南朝梁陶弘景《真誥・翼真檢》："有云寅獸白齒者，是虎牙也；亦直云寅獸者，亦云寅客。"

【寅客】

即寅獸。此稱南北朝時期已行用。見該文。

【彪】[1]

指虎。此稱南北朝時已行用。北周庾信《枯樹賦》："熊彪顧盼，魚龍起伏。"唐韓愈《崔十六少府攝伊陽以詩及書見投因酬三十韻》："下言人吏稀，惟足彪與麋。"一說小虎。《古今韻會舉要》："彪，小虎。"

【斑子】

亦稱"斑奴"。"虎"之別稱。以其身斑紋華麗，故名。此稱唐代已行用。唐戴孚《廣異記・斑子》："中夜，有二虎欲至其所，山魈下樹，以手撫虎頭曰：'斑子，我客在，宜速去也。'二虎遂去。"又《巴人》："老人乃登山呼斑子，俄而有虎數頭，相繼而至。"清金志章《岔道射虎行爲李守戎作》詩："鬚髯蝟磔氣勃發，直視斑子如跛羊。"清黃景仁《圈虎行》詩："我觀此狀氣消沮，嗟爾斑奴亦何苦。"

【斑奴】

即斑子。此稱清代已行用。見該文。

【斑寅將軍】

亦稱"虞吏"。"虎"之擬人化稱謂。因其身斑紋交錯，在十二生肖中配寅，又威猛似將軍，故稱。此稱唐代已行用。《太平廣記》卷四三四引唐裴鉶《傳奇・寧茵》謂，唐大中年間有寧茵秀才假大僚莊於南山下，月夜吟咏於庭，俄聞扣門之聲，稱桃林斑特處士相訪，延入。又聞扣門聲，云南山斑寅將軍奉謁，亦延入。飲酒賦詩，大醉而別。及旦，視門外，唯有牛踪虎迹而已。南朝梁元帝《金樓子・志怪》："山中有寅日稱虞吏者，虎也。"《事物異名錄》卷三五引《金樓子》："寅日，山中稱虞吏者，虎也。"

【虞吏】

此稱南北朝時已行用。見該文。

【嘯風子】

"虎"之別稱。以其呼嘯帶風，故稱。此稱先秦已行用，後世沿用。《周易・乾卦》："雲從龍，風從虎。"明李時珍《本草綱目・獸二・虎》："〔集解〕時珍曰，〔虎〕聲吼如雷，風從而生，百獸震恐。"《事物異名録》卷三七引《事物原始》："白額將軍、嘯風子，皆虎子別名。"

【白額虎】

亦稱"白額侯""白額將軍"。"虎"之別稱。以其身黃褐而獨額白，故稱。此稱唐代已行用。唐王維《老將行》："射殺山中白額虎，肯數鄴下黃鬚兒。"《新唐書·吉温傳》："温嘗曰，若遇知己，南山白額虎不足縛。"《太平廣記》卷四四五引唐戴孚《廣異記·張鋋》："吳郡張鋋，暮經巴西，有自稱巴西侯者邀其飲酒，坐上有白額侯等。張鋋沉醉，醒後見旁卧者爲一大猿及白額虎等巨獸。"清厲荃《事物異名録》卷三七："《事物原始》：'白額將軍、嘯風子，皆虎之別名。胡人謂之巴而思。'"

【白額侯】

即白額虎。此稱唐代已行用。見該文。

【白額將軍】

即白額虎。此稱清代已行用。見該文。

斥虎

大虎也。斥，大。此稱漢代已行用。《後漢書·馬融傳》："元初二年，上《廣成頌》以諷諫，其辭曰：'……暴斥虎，搏狂兕。'"李賢注："《倉頡篇》曰：'斥，大也。'"

乳虎[1]

指哺育幼子之母虎。哺乳期之母虎搏噬過常，故常喻猛虎。此稱先秦已行用，後世沿用。《晏子春秋·内篇諫下》："接一搏特豯而再搏乳虎，若接之功，可以食桃而無與人同矣。"《莊子·盜跖》："案劍瞋目，聲如乳虎。"《淮南子·説林訓》："若蹑薄冰，跂在其下，若入林而遇乳虎。"《漢書·酷吏傳·義縱》："……甯

成爲濟南都尉，其治如狼牧羊……號曰：'寧見乳虎，無直甯成之怒。'"顏師古注："猛虎產乳，養護其子，則搏噬過常，故以喻也。"清魏源《海國圖志·籌海篇二》："來如乳虎，敗如鳥散，則騷在民。"

乳虎[2]

謂虎之幼子，謂幼虎。此稱漢代已行用，後世沿用。漢賈誼《新書·胎教》："無養乳虎，將傷天下。"宋陸游《秋晚》詩："老羆尚欲身當道，乳虎何疑氣食牛。"梁啟超《少年中國説》："老年人如瘠牛，少年人如乳虎。"

【孩虎】

亦稱"雛虎"。謂幼虎。此稱唐代已行用。唐杜甫《王兵馬使二角鷹》詩："杉鷄竹兔不自惜，孩虎野羊俱辟易。"唐李商隱《送從翁東川弘農尚書幕》詩："雛虎如憑怒，漦龍性漫馴。"

【雛虎】

即孩虎。此稱唐代已行用。見該文。

獸子

指虎子。爲避唐高祖李淵祖諱而改。此稱唐後始用。《周書·李遠傳》："古人有言：'不入獸穴，安得獸子？'"

牸虎

指雌虎。牸，鳥獸之雌性者。此稱唐代已行用。唐釋道世《法苑珠林》卷十："時彼獸中有一牸虎，端正少雙，於諸獸中無比類者。"

白虎[1]

亦稱"虦"。謂毛色變异呈白色之虎。此稱秦漢已行用，後世沿用。《史記·秦始皇本紀》："二世夢白虎嚙其左驂馬，殺之，心不樂。"漢張衡《西京賦》："東海黃公，赤刀粵祝，冀厭白虎，卒不能救。"《爾雅·釋獸》："虦，白虎。"

郭璞注：“漢宣帝時，南郡獲白虎，獻其皮骨爪牙。”邢昺疏：“白虎，一名甝。”晋左思《吴都賦》：“虨甝豠，須麋麖。”唐李白《大獵賦》：“行甝號以鷞睨兮，氣赫火而敵烟。”

【甝】

即白虎[1]。此稱秦漢時期已行用。見該文。

【玉虎】

即白虎[1]。美稱。此稱明代已行用，後世多用於詩文中。《古微書》卷三三引《河圖握矩記》：“令誉野中有玉虎，晨鳴雷聲，聖人感期而興。”北周庾信《齊王進白兔表》：“臣聞輿圖欲遠，則玉虎晨鳴；轍迹方開，則銀麖入貢。”清朱鶴齡《咏雪獅子十韻》詩：“豈是金牛出，還疑玉虎鳴。”

虦貓

亦作“虦苗”。省稱“虦”，或作“虥”。謂淺毛虎。此稱秦漢時已行用，後世沿用。《爾雅·釋獸》：“虎，竊毛謂之虦貓。”郭璞注：“竊，淺也。”《説文·虍部》：“虦，虎竊毛謂之虦苗。”段玉裁注：“苗，今之貓字，許書以苗爲貓也。”唐韓愈《崔十六少府攝伊陽以詩及書見投因酬三十韻》：“下言人吏稀，惟足彪與虥。”唐皮日休《明月灣》詩：“松瘦忽似狄，石文或如虥。”明鄭元勲《十雪獅賦》：“毛淺若虥，尾大如斗。”

【虦苗】

同“虦貓”。此體漢代已行用。見該文。

【虦】

“虦貓”之省稱。此稱漢代已行用。見該文。

【虥】

同“虦”。此體明代已行用。見該文。

甝[1]

亦作“彪”。謂黑色之虎。此稱秦漢時已行用。《爾雅·釋獸》：“甝，黑虎。”郭璞注：“晋永嘉四年，建平秭歸縣檻得之，狀如小虎而黑，毛深者爲斑。”唐陸德明釋文：“甝，作彪。”《説文·虍部》：”甝，黑虎也。”朱駿聲通訓定聲：“字亦作彪。”晋左思《吴都賦》：“虨甝豠，須麋麖。”晋張協《七命》：“拉甝豠，挫獬廌。”

【彪】

同“甝[1]”。此體唐代已行用。見該文。

【甝】

即甝[1]。此稱漢代已行用。《玉篇·虍部》：“甝，亦作甝。”

師子

亦作“獅子”。省稱“獅”。陸獸名。哺乳綱，食肉目，猫科，獅（*Panthera leo* Linnaeus）。猛獸，號稱百獸之王。體似猫而大，身長逾 2 米，尾細長，約 1 米。毛色黄褐或暗褐，無斑紋。頭大，肩闊，後身漸狹；臉圓，鼻昂，鬚發達，雄獅頸部有長鬣，雌則無。四肢剛健，具鈎爪；掌部有肉塊，行走迅捷，輕若無聲。栖叢林與荒野之中，晝伏夜出，捕食羚羊、斑馬等有蹄類動物。雄獅體魄尤壯，吼聲如雷。其肉可食，皮可製革等。分布於非洲、亞洲西部。此稱秦漢時期已行用，沿用至今。《玉篇·犬部》：“獅，猛獸也。”《漢書·西域傳》：“烏弋……而有

獅
（馬駘《馬駘畫寶》）

桃拔、師子、犀牛。"《南齊書·王敬則傳》：
"〔王敬則〕夢騎五色師子。"唐柳泌《玉清行》
詩："獅麟威赫赫，鸞鳳影翩翩。"明李時珍
《本草綱目·獸二·獅》："〔釋名〕時珍曰，獅
爲百獸長，故謂之獅。"又："〔集解〕時珍曰，
獅子出西域諸國。狀如虎而小，黃色。亦如金
毛猱狗，而頭大尾長。亦有青色者。銅頭、鐵
額、鈎爪、鋸牙。弭耳昂鼻，目光如電，聲
吼如雷。有耏髯，牡者尾上茸毛大如斗。日走
五百里，爲百蟲之長。怒則威在齒，喜則威在
毛。每一吼，則百獸避易，馬皆溺血。"《紅樓
夢》第六六回："除了那兩個石頭獅子乾净，只
怕連猫兒、狗兒都不乾净。"

【獅子】

　　同"師子"。此稱明代已行用。見該文。

【獅】

　　"獅子"之省稱。此稱南北朝時期已行用。
見該文。

【百獸王】

　　亦稱"百獸長"。"獅子"之美稱。古謂獅
爲百獸之王、百獸之長，故稱。此稱宋代已行
用。宋張耒《雪獅絶句》："六出裝來百獸王，
日頭出後便郎當。"明李時珍《本草綱目·獸
二·獅》："〔釋名〕時珍曰，獅爲百獸長，故謂
之獅。"參見本卷《獸説·陸獸考》"師子"、"狻
麑"文，另參閱《事物異名録》卷三五。

【百獸長】

　　即百獸王。"獅子"之美稱。此稱明代已行
用。見該文。

【狻麑】

　　亦作"狻猊"。省稱"狻"。"獅子"之古稱。
此稱秦漢已行用，後世沿用。《爾雅·釋獸》：

狻　麑
（清余省、張爲邦等《獸譜》）

"狻麑，如虦貓，食虎豹。"郭璞注："即師子
也。出西域。漢順帝時，疏勒王來獻犎牛及獅
子。《穆天子傳》曰：'狻猊，日走五百里。'"《説
文·犬部》："狻，狻麑。如虦貓，食虎豹者。"
唐李賀《公無出門》詩："毒虬相視振金環，狻
猊獟猭吐饞涎。"宋蘇軾《記所見開元寺吳道
子畫佛滅度以答子由》詩："西方真人誰所見，
衣被七寶從雙狻。"明李時珍《本草綱目·獸
二·獅》："〔釋名〕狻猊，《爾雅》作狻麑。"

【狻猊】

　　同"狻麑"。此體漢代已行用。見該文。

【狻】

　　"狻麑"之省稱。此稱漢代已行用。見該文。

狻　猊
（明王圻等《三才圖會》）

【貴獸】

"獅子"之美稱。以傳説獅子有智分別，故稱。此稱晋代已行用。《大智度論》卷一五："譬如獅子王在林中吼，有人見之，叩頭求哀，則放令去，虎豹小物，不能爾也。何以故，獅子王貴獸，有智分別故。"

【僧伽彼】

省稱"僧伽"。即獅。梵語。此稱唐代已行用。《孔雀王咒經》卷下："阿難，南方四夜叉大軍主住南方，常守護南方，其名如是：僧伽，優波僧伽，償起羅，旃陀那。"婆羅注："〔僧伽〕梁言師子。"明李時珍《本草綱目·獸二·獅》："獅爲百獸長，故謂之獅。虓，象其聲也。梵書謂之僧伽彼。"

【僧伽】

"僧伽彼"之省稱。此稱唐代已行用。見該文。

【白澤】[1]

亦稱"虓"。漢代已行用此稱。宋代亦稱"扶扱"。清厲荃《事物異名録》卷三七："《説文》：'獅子，一名白澤，又虓，獅子也。'扶拔，《格物論》：'獅子，一名扶拔'。"《後漢書·章帝紀》已見其名，與獅子同爲域外貢品，李賢注"似麟無角"，疑爲母獅也。

【虓】

即白澤。此稱清代已行用。見該文。

【扶拔】

即白澤。此稱清代已行用。見該文。

豹

亦稱"豹子"。陸獸名。哺乳綱，食肉目，猫科，豹（*Panthera pardus* Linnaeus）。形似虎而小，大小因種類而异，身長大多在 75~130 厘米，尾長 85 厘米許，身上多具黑色斑點或花紋。性凶猛，具鈎爪，善奔走，能爬樹。多栖於茂密叢林中，以鳥獸爲食，偶亦危害人畜。種類多，分雲豹、金錢豹、雪豹、獵豹等多種。其肉可食，骨可入藥，皮可製裘，甚爲珍貴。其稱先秦時期已行用，沿用至今。《詩·大雅·韓奕》："獻其貔皮，赤豹黄羆。"《山海經·海内經》："幽都之山，黑水出焉。其上有玄鳥、玄蛇、玄豹、玄虎、玄狐蓬尾。"《爾雅·釋獸》："貘麚，如貙貓，食虎豹。"《説文·豸部》："豹，似虎，圜文。从豸，勺聲。"唐杜甫《石龕》

白　澤
（明王圻等《三才圖會》）

豹
（清余省、張爲邦等《獸譜》）

詩：“熊羆咆我東，虎豹號我西。”明李時珍《本草綱目·獸二·豹》：“〔釋名〕時珍曰，豹性暴，故曰豹。”《正字通·豸部》：“狀似虎而小，白面，毛赤黃，文黑如錢圈，中五圈，左右各四者，曰金錢豹，宜爲裘。如艾葉者，曰艾葉豹。次之色不赤、毛無文者，曰土豹。《山海經》玄豹，黑文多也；《詩》赤豹，尾赤文黑也；又西域有金綫豹，文如金綫。”

【文豹】

“豹”之美稱。以其身有華紋，故稱。此稱先秦時期已行用，後世沿用。《莊子·山木》：“夫豐狐文豹，栖於山林，伏於巖穴，靜也。”《新唐書·西域傳下·康》：“開元十五年，君忽必多獻舞女、文豹。”明陳汝元《金蓮記·射策》：“千秋霧影飛文豹，三殿花香落錦袍。”《太平御覽》卷八九七引晋張華《博物志》：“穢貊國南與辰韓，北與句麗、沃沮接，東窮大海。海中出斑魚皮，陸出文豹。”

【失剌孫】

“豹”之別稱。胡人方言。此稱明代已行用。明李時珍《本草綱目·獸二·豹》：“〔釋名〕程《列子》、失剌孫。時珍曰……東胡謂之失剌孫。”《事物異名録》卷三七：“《本草綱目》：‘豹，胡謂之失剌孫。’”

【程至】

省稱“程”。“豹”之別稱。此稱秦漢已行用。《事物異名録》卷三七：“《夢溪筆談》：‘秦人謂豹曰程至。’又《說文》：‘豹，食廉而有程度，故文從勻，又名程。’”明李時珍《本草綱目·獸二·豹》：“〔釋名〕時珍曰，豹性暴，故曰豹……《王氏字説》云：‘豹性勻物而取，程度而食，故字從勻，又名曰程。’《列子》云：

‘青寧生程，程生馬。’沈氏《筆談》云：‘秦人謂豹爲程至，今延州猶然。’東胡謂之失剌孫。”

【程】

“程至”之省稱。此稱先秦時期已行用。見該文。

玄豹 [1]

亦稱“黑豹”。以其身多黑色斑紋，故謂。此稱先秦時已行用，後世沿用。《山海經·中山經》：“即穀之山，多美玉，多玄豹。”晋郭璞注：“黑豹也。”又《海内經》：“幽都之山……有……玄豹、玄虎。”南齊謝朓《之宣城郡出新林浦向板橋》詩：“雖無玄豹姿，終隱南山霧。”

玄　豹
（明王圻等《三才圖會》）

【黑豹】

即玄豹。此稱晋代已行用。見該文。

黑　豹
（馬駘《馬駘畫寶》）

赤豹

謂毛赤而有黑色斑紋之豹。此稱先秦時期已行用，後世沿用。《詩·大雅·韓奕》：“獻其貔皮，赤豹黃羆。”毛傳：“毛赤而紋黑，謂之

赤　豹
（清余省、張爲邦等《獸譜》）

赤豹。”《楚辭·九歌·山鬼》：“乘赤豹兮從文狸，辛夷車兮結桂旗。”漢揚雄《羽獵賦》：“鉤赤豹，摼犀象。”唐白居易《奉和汴州令狐令公二十二韻》：“槍森赤豹尾，纛吒黑龍髯。”

猞猁猻

省稱“猞猁”。亦稱“失利孫”“失利”“土豹”。陸獸名。哺乳綱，食肉目，猫科，猞猁猻（*Lynx lynx* Linnaeus）。體貌均似豹而小，體長85~100厘米，毛色紅黑或灰黑，具黑色斑紋。尾短、端黑，僅及身長四分之一。頭小，耳立，耳端有黑色毛簇。四肢粗長，具鉤爪，尤善爬樹。性凶猛而機敏，多栖峻岩之山林，喜夜行，多以鳥和小型哺乳類動物爲食。肉可食，毛厚而軟，裘皮極珍貴，可作裘等。廣布亞洲、歐洲及北美洲。在我國，多分布於北部和西部地區。此稱清代已行用。明方以智《物理小識·皮類》：“猞猁孫，即土豹也。”清魏源《聖武記》卷一：“國土産東珠、人葠、紫貂、元狐、猞猁猻。”《清一統志·奉天府·土産》：“失利孫，俗稱猞猁，亦作失利。一名土豹。烏拉諸山皆有之。”《黑龍江志稿·物産》：“猞猁猻，即土豹。猞猁猻類野狸而大目，有長毫，白花色，小者烏倫，出索倫者佳。”《紅樓夢》第一〇五回：“黄狐三十張，猞猁猻皮十二張。”

【猞猁】

“猞猁猻”之省稱。此稱清代已行用。見該文。

【土豹】

即猞猁猻。此稱明代已行用。見該文。

【失利孫】

即猞猁猻。此稱清代已行用。見該文。

【失利】

即猞猁猻。此稱清代已行用。見該文。

烏倫

謂猞猁猻之小者。此稱清代已行用。《黑龍江志稿·物産》：“猞猁猻，即土豹。……小者烏倫，出索倫者佳。”

狸

亦作“貍”，亦稱“貅”。陸獸名，哺乳綱，食肉目，猫科，大小似狐，身上斑紋似猫，毛色雜黄。頭圓，尾大，行動敏捷，常竊家禽爲食。此稱秦漢時已行用，後世沿用。《説文·豸部》：“貍，伏獸，似貙。”段玉裁注：“謂善伏之獸，即俗所謂野猫。”《爾雅·釋獸》：“貍、狐、貒、貈醜，其足蹯，其跡内。”《方言》第八：

狸
（清余省、張爲邦等《獸譜》）

"貓，陳楚江淮之間謂之㹯，北燕朝鮮之間謂之㹯，關西謂之狸。"《玉篇·豸部》："㹯，狸別名。"《玉篇·犬部》："㹯，狸也。"《廣韻·平之》："狸，野貓。貍，俗。"《集韻·平之》："狸，或作貍、㹯、㹯。"《文子·上德》："乳犬之噬虎，伏鷄之搏狸，恩之所加，不量其力。"李時珍《本草綱目·獸二·狸》："〔釋名〕野貓。"又"〔集解〕宗奭曰，狸形類貓，其文有二：一如連錢，一如虎文，皆可入藥。"

【貍】

同"狸"。此體南北朝時期已行用。見該文。

【㹯】

即狸。此稱南北朝時期已行用。見該文。

【㹯】

亦稱"貓"。"狸"之別名。此稱漢代已行用。見該文。

【貓】

即㹯。此稱漢代已行用。見該文。

九節狸

亦稱"虎僕"。狸之一種。形似虎狸，尾部有黑白相間之斑紋。皮毛極珍貴，皮可作裘領，毛可作筆。此稱明代已行用。明李時珍《本草綱目·獸二·狸》："〔集解〕時珍曰，狸有數種：大小如狐，毛雜黃黑有斑，如貓而圓頭大尾者爲貓

九節狸
（明盧和等《食物本草》）

狸，善竊鷄鴨，其氣臭，肉不可食；有斑如貙虎，而尖頭方口者爲虎狸，善食蟲鼠果實，其肉不臭，可食；似虎狸而尾有黑白錢文相間者，爲九節狸，皮可供裘領。《宋史》：安陸州貢野貓、花貓。即此二種也。"

【虎僕】

即九節狸。此稱唐代已行用。唐陸龜蒙《幽居賦》序："得以書抽虎僕，射用牛螉。"《太平御覽》卷九一三引《博物志》："有獸緣木，綠文似豹，名虎僕，毛可爲筆。"《事物異名録》卷三七："《博物志》：'有獸緣木，文似豹，名虎僕。'俗名九節狸是也。"

虎狸

"狸"之一種。以其斑紋似虎，故稱。頭尖，口方，雜食。此稱明代已行用。明李時珍《本草綱目·獸二·狸》："〔集解〕時珍曰……有斑如貙虎，而尖頭方口者爲虎狸。"

貓狸

狸之一種。體似貓而頭圓，尾大。此稱明代已行用。明李時珍《本草綱目·獸二·狸》："〔集解〕弘景曰，狸類甚多。今人用虎狸，無用貓狸者，然貓狸亦好。"

犰

獸名。狸類。似狸而小，色黃，有斑紋。居於澤中，以蟲鼠及草根爲食。此稱明代已行用。《正字通·犬部》："犰，狸屬。似狸而小。"《廣韻·去震》："犰，小獸，有臭，居澤，色黃，食鼠。"明李時珍《本草綱目·獸二·狸》："一種似貓狸而絕小，黃斑色，居澤中，食蟲鼠及草根者名犰。"

狸狌

亦作"貍鼪"。單稱"鼪"。謂野貓。一説

即鼠狼。此稱先秦時已行用。《爾雅·釋獸》"鼬鼠"考證:"鄭樵曰:'俗呼鼠狼,江東呼爲鼪。即《莊子》云:騏驥驊騮,捕鼠不如貍鼪。'"《莊子·逍遥游》:"子獨不見貍狌乎?卑身而伏,以候遨者;東西跳梁,不辟高下,中於機辟,死於罔罟。"又《秋水》:"騏驥驊騮,一日而馳千里,捕鼠不如貍狌,言殊技也。"成玄英疏:"貍狌,野貓也。"另説貍貓和黄鼬爲兩獸。

【貍鼪】

同"貍狌"。此體先秦時期已行用。見該文。

【鼪】[2]

即貍狌。此稱先秦時期已行用。見該文。

靈貓[1]

陸獸名。哺乳綱,食肉目,靈貓科,大靈貓(*Viverra zibetha* Linnaeus)。狀如貍,尾較長,色灰黄,有黑色斑紋,其紋如土豹。生活於山谷,晝伏夜出,主食小獸及野果等。有大小之别,大靈貓亦稱"九江貍"。雄獸睾丸與陰莖間,雌獸陰部有香腺之油質分泌物,稱"靈貓香"。可作香料,亦可藥用。皮毛可製裘。在我國,主要分布於長江流域及其南地區。此稱先秦時期已行用,後世沿用。《爾雅翼·釋蟲》:"靈貓似麝,生南海山谷中。如貍,自爲牝牡,亦云蛤貍。"明李時珍《本草綱目·獸二·靈貓》:"〔釋名〕靈貍,香貍,神貍。時珍曰,自爲牝牡,又有香氣,可謂靈而神矣。〔集解〕藏器曰:'靈貓生南海山谷。狀如貍,自爲牝牡,其陰如麝,功亦相似。'"按:原説"自爲牝牡",實誤。

【神貍】

"靈貓"之别稱。此稱明代已行用。明李時珍《本草綱目·獸二·靈貓》:"〔釋名〕靈貍、香貍、神貍。"

【香貍】

亦稱"靈貍"。"靈貓"之美稱。以其體有香囊,能分泌油質液體,有香氣似麝,故名。此稱唐代已行用。唐段成式《酉陽雜俎·毛篇·香貍》:"香貍,取其水道連囊以酒燒乾之,其氣如真麝。"《淵鑑(明盧和等《食物本草》)類函》卷四三一引《異物志》:"靈貍……按段成式言,香貍有四外腎……劉郁《西域記》云黑契丹出香貍,文似土豹,其肉可食,糞溺皆香如麝氣。"明李時珍《本草綱目·獸二·靈貓》:"〔釋名〕靈貍、香貍、神貍。"

香 貍

【靈貍】[1]

即香貍。此稱明代已行用。見該文。

玉面貍

亦稱"白鼻心""花面貍""牛尾貍""果貍"。俗稱"果子貍"。陸獸名。哺乳綱,食肉目,靈貓科,果子貍(*Paguma larvata* C.E.H.Smith)。以其面白似玉,故稱。狀似家貓,身長約70厘米,身細肢短。毛色灰褐,背深腹淺,鼻端至頭后及眼瞼上下,各有一條明顯白紋。故稱"白鼻心"。頭部有染塊大小不等的白色斑塊,與棕黑色被毛相同,構成一個黑白鮮明的特定臉譜,又稱"花面貍"。尾幾近身長,頗似牛尾,故稱"牛尾貍"。栖於裸岩及灌木叢中,喜夜行,善攀緣。以植物性食物爲主,尤喜食百果,故俗稱"果子貍",亦雜食鼠蛙蟲鳥,擅捕鼠。肉可食，冬月尤肥美；皮毛可製裘，針毛可製筆、刷。在我國，廣泛分布於長江流域及江南地區。此稱宋代已行用。宋虞儔《和漢老弟牛尾狸韻》："堂饋流涎玉面狸，也知臭腐出神奇。"宋蘇軾《送牛尾狸與徐使君》詩："泥深厭聽雞頭鵝，酒淺欣嘗牛尾狸。"明李時珍《本草綱目·獸二·狸》："〔集解〕時珍曰……南方有白面而尾似牛者，爲牛尾狸，亦曰玉面狸，專上樹木食百果，冬月極肥，人多糟爲珍品，大能醒酒。"《事物異名錄》卷三七："《食物本草》：'狸，有白面者，名玉面狸。喜食百果，又名果狸。'"清阮葵生《茶餘客話》卷九："鼎俎家蒸玉面狸與烹黃雀，必先以蜜塗之，雖沸煤而其膏不走，固之道也。"清李斗《揚州畫舫錄·新城北錄中》："第二分二號五簋碗十件：鯽魚舌匯熊掌……梨片伴蒸果子狸。"

玉面狸

（明盧和等《食物本草》）

【牛尾狸】

即玉面狸。此稱宋代已行用。見該文。

【果狸】

即玉面狸。此稱明代已行用。見該文。

【果子狸】

即玉面狸。此稱清代已行用。見該文。

【白鼻心】

即玉面狸。此稱近代已行用。見該文。

【花面狸】

即玉面狸。此稱近代已行用。見該文。

象

陸獸名。哺乳綱，象科之統稱。爲陸地上最龐大之哺乳獸。體高約 3 米，皮厚，毛少，四肢粗壯，形如大柱。鼻與上唇瘉合成圓筒長

象

（清余省、張爲邦等《獸譜》）

鼻，雄象上頜門齒異常發達，俗稱象牙。分爲非洲象和亞洲象兩種。在我國，曾廣布於中原一帶，今僅見於雲南。象牙爲上等手工原料，極珍貴。此稱先秦時期已行用。《爾雅·釋地》："南方之美者，有梁山之犀、象焉。"邢昺疏："犀、象二獸，皮、角、牙、骨，材料之美者也。"《説文·象部》："南越大獸。"段玉裁注："獸之最大者，出南越……長鼻牙，三年一乳。"《左傳·襄公二十四年》："象有齒以焚其身賄也。"晋張華《博物志》卷三："昔日南貢四象，各有雌雄。"

【大客】

"象"之俗稱。此稱南北朝時已行用。南朝宋劉敬叔《異苑》卷三："始興郡陽山縣有人行田，忽遇一象，以鼻卷之，遥入深山。見一象脚有巨刺，此人牽挽得出。病者即起，相與躑陸，狀若歡喜。前象復載人就一污濕地，以鼻

掘數條長牙，送還本處。彼境田稼，常爲象所困。其象俗呼爲大客。因語云：'我田稼在此，恒爲大客所犯，若念我者，勿復見侵。'便覺躑躅，若有訓解。于是一家業田，絕無其患。"《事物異名錄》卷三七引《異苑》："始興陽山，俗呼象爲大客。"

【牙獸】

"象"之別稱。以其牙突出而珍貴，故稱。此稱南北朝時已行用。南朝梁劉孝威《謝東宮賚炭啓》："聚而爲嶽，大壯黑山，稱之以船，將重牙獸。"

【江猨】

"象"之俗稱。此稱漢代已行用。《事物異名錄》卷三七："〔司馬〕相如《子虛賦》注：'象，俗呼爲江猨。'"

【伽那】

即象。梵語。此稱唐代已行用。唐段公路《北戶錄・象鼻炙》："廣之屬城循州、雷州，皆產黑象……梁翔法師云：'象一名伽那。'"《事物異名錄》卷三七引《北戶錄》梁翔法師云："象，一名伽那。"

【封獸】

古特指象。按：本泛指大獸。以象體大，故稱。此稱漢代已行用。《後漢書・南蠻西南夷傳論》："又其寶貨、火齊、馴禽、封獸之賦，輪積於內府。"李賢注："封獸，象也。"宋梅堯臣《臘脯》詩："畋獵得封獸，割鮮爲腶修。"

【鈍公子】

"象"之別稱。南方陸象先家之諱稱。此稱宋代已行用。《事物異名錄》卷三七引宋陶穀《清異錄・鈍公子》："陸象先家避諱號象爲鈍公子……以避諱故也。"

香象

古謂色青而有香氣之巨象，力甚大。此稱南北朝時已行用。《雜寶藏經》卷二："提醯國王有大香象，以香象力，催伏迦屍王軍。"南朝陳徐陵《丹陽上庸路碑》："香象之力，持所未勝。"唐王維《和宋中丞夏日游福賢觀天長寺之作》詩："積水浮香象，深山鳴白雞。"

舞象

謂可隨樂而舞之大象。此稱唐代已行用。唐劉恂《嶺表錄異》卷一："蠻王宴漢使于百花樓前，設舞象曲，樂動，倡優引入一象，以金覊絡首，錦襜垂身，隨膝騰踏，動頭搖尾，皆合節奏。"明張岱《夜航船・走獸》："唐明皇有舞象數十。祿山亂，據咸陽，出舞象，令左右教之拜。舞象皆弩目不動，祿山怒，盡殺之。"

燧象

謂尾部繫有火炬之象。古人作戰，以點燃之火炬繫於象尾，使其狂奔入敵營，使敵人驚而退却。此稱先秦時期已行用。《左傳・定公四年》："王使執燧象以奔吳師。"杜預注："燒火燧繫象尾，使赴吳師驚却之。"

貘

亦作"貊""㹮"。亦稱"白豹"。陸獸名。哺乳綱，奇蹄目，貘科，亞洲貘（*Tapirus indicus* Desmarest）。體形似猪，但比猪大，體被硬毛，有可以伸縮的短鼻，善於游泳和潛水。在距今一百萬年到一萬年之間廣泛生存於溫暖潮濕的環境，在我國主要分布於華南地區。但由於環境的變遷，巨貘在一萬年前滅絕，貴州博物館館藏貘化石。世界上現有四種：東南亞馬萊貘（巨貘近親）、中美的中美貘、南美的南美貘和山貘。能舐食銅鐵，亦食竹骨，皮可隔

貘
（清余省、張爲邦等《獸譜》）

濕。此稱秦漢時已行用。《爾雅翼·釋蟲》：“貘，今出建寧郡。毛黑白，臆似熊而小，熊食蛇。以舌舐鐵，可頓進數十斤。溺能消鐵爲水。有誤食針鐵在腹者，服其溺則化……今蜀人云：‘峨眉山多有之。’”《山海經·中山經》：“崍山，江水出焉。”晋郭璞注：“邛崍山……山有九折，阪出狛。狛，似熊而黑白駁。亦食銅鐵也。”《爾雅·釋獸》：“貘，白豹。”郭璞注：“貘，似熊，小頭，庳脚，黑白駁。能舐食銅鐵及竹骨。骨節强直，中實少髓。皮辟濕。或曰豹，白色者別名貘。”漢司馬相如《上林賦》：“其獸則庸、旄、貘、犛、沈牛、麈、麋。”《後漢書·西南夷傳》：“哀牢夷者……出銅鐵、鉛、錫、金、銀、光珠、水精、瑠璃、軻蟲、蚌珠，孔雀、翡翠、犀象、猩猩、貊獸。”

【貊】

同“貘”。此體漢代已行用。見該文。

【狛】

同“貘”。此體晋代已行用。見該文。

【白豹】

即貘。此稱秦漢時期已行用。見該文。

犀

亦稱“犀牛”。陸獸名。哺乳綱，奇蹄目，犀科，印度犀牛（ *Rhinoceros unicornis* Linnaeus）。狀略似牛，故稱。體肢粗大，鼻上有角，多爲

犀
（清余省、張爲邦等《獸譜》）

一或二，間亦有三角者。皮厚而堅，多皺襞，毛極稀少，色微黑。肉可食，皮可製鞭、盾，角爲珍貴藥材，有涼血、解毒、清熱之功效。此稱先秦時已行用，沿用至今。《墨子·公輸》：“荆有雲夢，犀兕麋鹿滿之。”《説文·牛部》：“犀，南徼外牛，一角在鼻，一角在頂。似豕，從牛。”《逸周書·世俘》：“武王狩，禽虎二十有二……犀十有二。”《漢書·平帝紀》：“〔元始〕二年春，黄支國獻犀牛。”顔師古注：“犀狀如水牛，頭似豬而四足類象，黑色，一角當額前，鼻子又有小角。”《南史·陸驗徐驎傳》：“先是，外國獻生犀，其形甚陋。”明李時珍《本草綱目·獸二·犀》：“〔釋名〕大抵犀、兕是一物，古人多言兕，后人多言犀，北音多言兕，南音多言犀，爲不同耳。”

【犀牛】[1]

即犀。此稱漢代已行用。見該文。

【奴角】

"犀牛"之別稱。一説爲犀牛之角。此稱唐代已行用。唐段成式《酉陽雜俎·毛篇》:"犀牛,一名奴角。"明李時珍《本草綱目·獸二·犀》:"鼻上者食角也,又名奴角。"

【生犀】[1]

謂活犀牛。此稱漢代已行用。《後漢書·章帝紀》:"元和元年春正月……日南徼外蠻夷獻生犀、白雉。"

牸犀

亦稱"沙犀"。謂雌犀牛。牸者,雌也。雌犀皮甚厚,宜制鎧甲。此稱南朝梁時已行用。《新唐書·地理志四》:"〔鄂州〕土貢:牸犀角。"《爾雅翼·釋蟲》:"牸犀之角,文理細膩,斑白分明……牸犀,古人或但主謂之牸,蓋即兕也。"明李時珍《本草綱目·獸二·犀》:"陶弘景曰:又有牸犀,角甚長,文理似犀,不堪入藥。"又:"〔釋名〕兕。時珍曰,犀字,篆文象形。其牸名兕,亦曰沙犀。"

【沙犀】

即牸犀。此稱明代已行用。見該文。

【兕犀】

單稱"兕"。亦稱"犀兕"。即牸犀。此稱先秦時期已行用。《詩·小雅·吉日》:"發彼小豝,殪此大兕。"《左傳·宣公二年》:"使其驂乘,

兕犀
(明文俶《金石昆蟲草木狀》)

兕
(明王圻等《三才圖會》)

謂之曰:'牛則有皮,犀兕尚多,棄甲則那。'"孔穎達疏:"《釋獸》云:'兕似牛'。郭璞云:'一角青色,重千斤。'《説文》云:'兕如野牛,青毛,其皮堅厚,可制鎧。'"《淮南子·説山訓》:"非以斬縞衣將以斷兕犀,故高山仰止。"明李時珍《本草綱目·獸二·犀》:"〔釋名〕兕,時珍曰,犀字,篆文象形。其牸名兕,亦曰沙犀。"

【兕】[1]

"兕犀"之省稱。此稱先秦時期已行用。見該文。

【犀兕】

即兕犀。此稱先秦時期已行用。見該文。

駃鹿

亦作"娥鹿"。陸獸名。哺乳綱,奇蹄目,馬科。此稱漢魏時已行用。《廣雅·釋獸》:"駃鹿,馬屬。"唐郤昂《八馬坊碑頌序》:"其名則……蒲梢、啓服、野麋、娥鹿。"

【娥鹿】

同"駃鹿"。此體唐代已行用。見該文。

驉驢

省稱"驉""驢"。野馬也。陸獸名。哺乳綱,奇蹄目,馬科,野馬(*Equus ferus Polikov*)。此稱宋代已行用。《廣韻·入屋》:

"驉，野馬。"又《入屋》:"騊，驉騊，野馬。"

【驉】

即驉騊。此稱宋代已行用。見該文。

【騊】

即驉騊。此稱宋代已行用。見該文。

【野馬】

即驉騊。此稱宋代已行用。見該文。

【驒騱】

亦作"驒奚"。即野馬。此稱漢代已行用。《史記·匈奴列傳》:"騊駼驒騱。"司馬貞索隱:"《説文》:'野馬屬。'騱字作騱。"《漢書·司馬相如傳》:"其獸則麒麟角端，騊駼橐駝，蛩蛩驒騱，駃騠驢驘。"顏師古注:"驒騱，駏驢類也。"又《匈奴傳》作"驒奚"。

【驒奚】

同"驒騱"。此體漢代已行用。見該文。

封豕[1]

亦稱"幫猪"。即大猪。封，大也。此稱先秦已行用。《左傳·昭公二十八年》:"伯封實有豕心，貪惏無饜，忿類無期，謂之封豕。"又《定公四年》:"吳爲封豕長蛇，以荐食上國。"《史記·司馬相如傳》:"射封豕。"裴駰集解引郭璞曰:"封豕，大猪。"唐白居易《寄獻北都留守裴令公》詩:"盧蔡擒封豕，平齊斬巨鼇。"章炳麟《新方言·釋動物》:"今浙江猶呼大猪爲幫猪，即封豕也。"

【幫猪】

即封豕。此稱近代已行用。見該文。

【豨】[3]

亦作"豨"。即封豨，大猪也。此稱先秦時已行用，後世沿用。《方言》第八:"猪……南楚謂之豨。"一説謂猪跑之貌。《説文·豕部》:"豨，豕走豨豨。"段玉裁注:"豨豨，走兒。"《莊子·知北遊》:"正獲之問於監市履豨也，每下愈況。"陸德明釋文:"豨，大豕也。夫監市之履豨，以知其肥瘦。"見"封豨"文。

【豨】[1]

同"豨[3]"。此體先秦時已行用。見該文。

犯[1]

謂二歲猪。此稱漢代已行用。《説文·豕部》:"犯，一曰一歲能相把挐者也。"《周禮·夏官·大司馬》:"大獸公之，小獸私之。"漢鄭玄注:"鄭衆曰:'一歲爲豵，二歲爲犯。'"亦泛指二歲獸。《廣雅·釋獸》:"獸兩歲爲犯。"另説指一歲猪或獸。《禮記·射義》:"騶虞者，樂官備也。"鄭玄注:"謂《騶虞》壹發五犯。"陸德明釋文:"獸一歲曰犯。"參見本卷"犯[2]""犯[3]"。

野猪

陸獸名。哺乳綱，偶蹄目，猪科，野猪(*Sus scrofa* Linnaeus)色黑體壯，毛粗硬，性凶猛。頭長，頸短，耳大而豎立。嘴部爲裸厚之圓盤，頂端有軟骨，善掘土。齒發達，雄性有巨大獠牙。晝伏夜出，雜食性。廣泛分布於我國南北地區，家猪即由此馴化而成。此稱南北朝時已行用，沿用至今。《南齊書·五行志》:"童謠云:'野猪雖嗃嗃，馬子空問渠。'"《南史·王琳傳》:"陳武帝既殺王僧辯，推立敬帝，以侍中司空徵琳，不從命，乃大營樓艦，將圖

野 猪
（明文俶《金石昆虫草木狀》）

義舉。琳將張平宅乘一艦，每將戰勝，艦則有聲，如野豬，故琳戰艦以千數，以野豬爲名。"

【野彘】

亦稱"田豕"。即野豬。此稱秦漢時期已行用。《禮記・郊特牲》："迎貓爲其食田鼠也，迎虎爲其食田豕也，迎而祭之也。"《淮南子・修務訓》："野彘有艽莦。"《史記・郅都傳》："野彘卒入廁，上目都，都不行。"見"野豬"文。

【田豕】

即野彘。此稱先秦時期已行用。見該文。

貒

謂頭短皮緊之豬。此稱始見於秦漢典籍。《爾雅・釋獸》："豕……奏者貒。"郭璞注："今貒豬短頭，皮理腠蹙。"郝懿行義疏："奏者，釋文本或作湊……今豬腹韓頭足俱短，毛赤黑色亦短，即貒豬也。"

駱駝

亦作"橐駝""橐佗""橐馳"。亦稱"駝駱"。省稱"橐""駝"。陸獸名。哺乳綱，偶蹄目，駱駝科，動物之統稱。分爲單峰駝（*Camelus dromedarius* Linnaeus）、雙峰駝（*Camelus bactrianus* Linnaeus）。駱駝，頭小，體大，頸長，背有駝峰，或單或雙。家養，亦有野生。毛褐或赤色，性溫順，以粗草及灌木爲食，反芻。壽命約30年。二趾，蹄扁平，底有肉墊，適於履沙；眼有重瞼，不懼風沙。感覺靈敏，能預感大風，亦能嗅出遠處水源。體晝夜

駱駝
（馬駘《馬駘畫寶》）

溫差大，且耐脫水能力强，故耐乾旱飢渴。善負重，能致遠，故尤宜作沙漠之旅具，有"沙漠之舟"之美喻，可用於馱、騎、拉車等。其毛、皮、肉均可用，毛可製作毛絨、衣料。單峰駝多分布於阿拉伯、印度及非洲北部；我國則多爲雙峰駝，見於西北地區。此稱秦漢時期已行用，沿用至今。漢陸賈《新語・道基》："夫驢、騾、駱駝……山上水藏，擇地而居。"《後漢書・梁慬傳》："慬等出戰……乘勝追擊，凡斬首萬餘級，獲生口數千人，駱駝、畜產數萬頭，龜兹乃安。"《元朝秘史》："將俺地面所產駱駝、手段子、鷹鶻，常進貢皇帝。"《山海經・北山經》："虢山……其獸多橐駝。"郭璞注："橐駝，有內鞍，善行流沙中，日行三百里。其負千斤，知水泉所在也。"《史記・匈奴列傳》："其畜之所多則馬、牛、羊，其奇畜則橐駝、驢、驘、駃騠。"《漢書・百官公卿表上》："又牧橐、昆蹏令丞皆屬焉。"顏師古注引漢應劭曰："橐，橐佗。"唐段成式《酉陽雜俎・毛篇》："駝性羞。"宋沈遼《奉送安行弟赴博羅守》詩："橐馳牛馬以萬計，白米青鹽歸我儲。"元王逢《奉陪神保大王宴朱將軍第聞彈白翎雀引》："地椒野穄極

駝
（清余省、張爲邦等《獸譜》）

廣莫，穿廬離離散駝駱。”

【橐駝】

同“駱駝”。此體先秦時期已行用。見該文。

【橐佗】

同“駱駝”。此體漢代已行用。見該文。

【橐馳】

同“駱駝”。此體宋代已行用。見該文。

【駝駱】

即駱駝。此稱元代已行用。見該文。

【橐】

“橐駝”之省稱，即駱駝。此稱漢代已行用。見該文。

【駝】

“駱駝”之省稱，即駱駝。此稱唐代已行用。見該文。

【明駝】

“駱駝”之別稱。以其臥屈足漏明，故稱。此稱南北朝已行用。《樂府詩集·梁鼓角橫吹曲·木蘭辭》：“願借明駝千里足，送兒還故鄉。”唐段成式《酉陽雜俎·毛篇》：“駝性羞。《木蘭篇》：‘明駝千里脚。’多誤作鳴字。駝臥腹不貼地，屈足漏明，則行千里。”明李時珍《本草綱目·獸一·駝》：“〔集解〕其臥而腹不著地，屈足露明者，名明駝。最能行遠。”明張岱《夜航船·走獸》：“明駝，駝臥，足不帖地，屈足。漏明，則走千里，故曰明駝。唐制，驛有明駝使，非邊塞軍機，不得擅發。楊貴妃私發駝使，賜安禄山荔枝。”《事物異名録》卷三七：“《酉陽雜俎》：‘駝臥腹不貼地，屈足漏明，故曰明駝。’一説，駝眼下有毛夜明，故云。”

【馲駝】

省稱“馲”[1]。“駱駝”之別稱。此稱漢代已行用。《廣韻·入鐸》：“馲，馲駝。”漢牟融《理惑論》：“諺云：‘少所見，多所怪，睹馲駝，言馬腫背。’”陸德明釋文引《字林》曰：“駝，馲駝。似鹿而大，肉鞍，出繞山。”《方言》第七：“凡以驢、馬、馲駝載物者謂之負他。”唐杜甫《冬狩行》：“幕前生致九青兕，馲駝蟲嶮垂玄熊。”宋歐陽修《洛陽牡丹記·花釋名》：“故張僕射齊賢有第西京賢相坊，自青州以馲駝馱其種，遂傳洛中。”

【馲】[1]

“馲駝”之省稱。此稱宋代已行用。見該文。

【馬腫背】

亦稱“山驢王”。“駱駝”之異稱。以其背部駝峰高隆，似馬背部腫起，故謂。此稱漢代已行用。漢牟融《理惑論》：“諺云：‘少所見，多所怪，睹馲駝，言馬腫背。’”《事物異名録》卷三七引唐劉訥言《諧噱録》：“趙崇俘不識駱駝，呼爲山驢王。”

【山驢王】

即馬腫背。此稱唐代已行用。見該文。

【廬山精】

“駱駝”之異稱。以其人不識駱駝，誤謂。此稱唐代已行用。宋蔡絛《鐵圍山叢談》卷六：“唐人説江東不識橐駝，謂是廬山精。”《事物異名録》卷三七引唐皇甫枚《三水小牘》：“劉秉仁爲江州刺史，自京將駱駝至郡，放之山下。野人見而大驚，共射之。乃以狀白州曰：獲廬山精於某處。劉命致之，乃所放駝耳。”按：橐駝，即駱駝。

風駝

亦稱“風脚駝”。駱駝之一種。因傳説能日行千里，其疾如風，故名。此稱遼代已行用，後世沿用。《遼史·耶律察割傳》："太祖謂近侍曰：此子目若風駝……無令入門。"元劉郁《西使記》："風駝，急使乘，日可千里。"明李時珍《本草綱目·獸一·駝》："〔集解〕于闐有風脚駝，其疾如風，日行千里。"

【風脚駝】

即風駝。此稱明代已行用。見該文。

獨峰駝

亦稱"一封駝"。陸獸名。哺乳綱，偶蹄目，駱駝科，單峰駝（*Camelus dromedarius Linnaeus*）。行速極快。此稱唐代已行用，後世沿用。《新唐書·吐蕃傳上》："獨峰駝日行千里。"唐李商隱《鏡檻》詩："傳書兩行雁，取酒一封駝。"明李時珍《本草綱目·獸一·駝》："〔集解〕土番有獨峰駝。"按：古代封通峰。

【一封駝】

即獨峰駝。此稱唐代已行用。見該文。

鹿

亦稱"茸客"。陸獸名。哺乳綱，偶蹄目，鹿科動物之統稱。通常雄性有枝狀角，每年脱換一次；雌則無（馴鹿雌類有角）。肢細，尾短，無上門齒。性溫順，機敏而善跑，主食青草、樹葉、果實等。種類甚多，我國常見者有麝、麂、水鹿、梅花鹿、白唇鹿、馬鹿、麋鹿、馴鹿、麅等。其肉可食，皮可作褥墊，鹿角、鹿茸可入藥，鹿茸尤爲珍貴。此稱

鹿
（馬駘《馬駘畫寶》）

先秦時已行用，沿用至今。《詩·小雅·鹿鳴》："呦呦鹿鳴，食野之苹。"宋梅堯臣《魯山山行》詩："霜落熊升樹，林空鹿飲溪。"宋陶穀《清異錄·獸》："武宗爲潁王時，邸園畜禽獸之可人者，以備十玩，繪十玩圖，於今傳播。九皋處士，鶴……茸客，鹿；辨哥，鸚鵡。"

【茸客】

即鹿。此稱宋代已行用。見該文。

【西王母】

亦稱"仙獸"。"鹿"之別稱。以其常居於林泉間，自得其樂，故稱。此稱晉代已行用。晉葛洪《抱朴子·登陟》："稱東王父者，麋也；西王母者，鹿也。"《事物異名錄》卷三七引《埤雅》："鹿者仙獸，常自能樂性林泉。"

【仙獸】

即西王母。"鹿"之別稱。此稱晉代已行用。見該文。

【伊尼】

即鹿。佛家語。此稱宋代已行用。《事物異名錄》卷三七引宋釋法云《翻譯名義集》："佛書謂鹿爲伊尼。"

麀

雌鹿。亦泛指雌獸。此稱先秦時已行用。《爾雅·釋獸》："鹿牡麚，牝麀。"《説文·鹿部》："麀，牝鹿也。"《詩·大雅·靈臺》："王在靈囿，麀鹿攸伏。"《左傳·襄公四年》："在帝夷羿，冒于原獸，忘其國恤而思其麀牡。"按：牝，鳥獸之雌性者也。

麚

亦作"麔"。雄鹿。此稱先秦時已行用。《楚辭·招隱士》："白鹿麕麚兮，或騰或倚。"漢王逸注："麚，一本作麔。"《遼史·耶律夷臘葛傳》：

“遼法，麎歧角者，惟天子得射。”

【麎】

同“麛”。此體漢代已行用。見該文。

麚

謂二歲鹿。此稱漢代已行用。《廣韻·上止》：“麚，鹿一歲曰麛，二歲曰麚。”漢揚雄《蜀都賦》：“糴米腒麚，麚麕不行。”按：腒同“豬”。

麛

亦稱“麛鹿”。謂幼鹿。此稱先秦時已行用。《國語·魯語上》：“獸長麛麌。”韋昭注：“鹿子曰麛。”漢班固《白虎通·文質》：“卿大夫贄，古以麛鹿，今以羔雁。何以爲？古者質取其内，謂得美草鳴相呼；今文取其外，謂羔跪乳雁有行列也。”參見本卷《獸説·陸獸考》“鹿”文。

【麛鹿】

即麛。此稱漢代已行用。見該文。

麟[1]

謂大鹿。此稱漢代已行用。《文選·張衡〈東京賦〉》：“成禮三驅，解罘放麟。”李善注引薛綜曰：“大鹿曰麟。”一説爲大雄鹿。五代南唐徐鍇《説文繫傳·鹿部》：“麟，大牡鹿也。”元湯式《湘妃引·送友歸家鄉》：“麟脯行犀筋，駝峰出翠釜，都不如蓴菜鱸魚。”

一角鹿

謂僅有一角之鹿。古人以爲災異或祥瑞之徵兆。此稱南北朝時期已行用。《魏書·靈徵志》：“高祖太和三月，泗州獻一角鹿。”按：鹿之一角似遺傳變異所致，與災異祥瑞無關。

麤狼

獸名。鹿之一種。此稱漢代已行用。漢楊孚《異物志》：“麤狼，大如麋，角向前，有枝下出反向上長者四五尺。廣州有之。常居平地，不得入山林。”晋左思《吳都賦》：“其下則梟羊、麤狼。”

白鹿[1]

鹿之一種。以其色白，故稱。古人以爲祥瑞之獸，別稱“仙客”。此稱先秦時已行用。《國語·周語上》：“王不聽，遂征之，得四白狼、四白鹿以歸。”《山海經·西次四經》：“上申之山……獸多白鹿。”晋葛洪《抱朴子·玉策篇》：“鹿壽千歲；滿五百則其色白。”唐鄭嵎《津陽門詩注》：“上嘗於芙蓉園中獲白鹿。……上由是愈愛之，移於北山，字之曰仙客。”《宋書·符瑞志中》：“白鹿，王者明慧及下則至。”

白 鹿
（馬駘《馬駘畫寶》）

【仙客】

“白鹿”之美稱。此稱唐代已行用。見該文。

茶首

亦稱“茶首机”。誤稱“蔡苴机”。雙頭鹿名。少數民族方言。此稱魏晋時期已行用。《太平御覽》卷九○六引晋張華《博物志》曰：“雲南郡出茶首。茶首，其音爲蔡茂。是兩頭鹿名也。獸似鹿，兩頭，其腹中胎，常以四月中，取可以治虵虺毒，永昌亦有之。”明李時珍《本草綱目·獸二·雙頭鹿》：“〔釋名〕茶首机。時珍曰：茶首机，音蔡茂机，番言也，出《博物志》。舊本訛作蔡苴机，又作余義，亦茶首之訛也。”按：某些古籍本誤作“茶首”“茶苴”“蔡苴机"。"茶"讀音爲"茶";茶、茶、蔡音同,可替代。而"首""苴"皆與"苜"相去甚遠。故"茶首""茶苴""蔡苴机"之謂,實誤。

【茶苴机】

即茶首。此稱晋代已行用。見該文。

【蔡苴机】

"茶苴机"之誤稱。此稱明代已行用。見該文。

由鹿

謂由此用作誘捕群鹿之鹿。此稱唐代已行用。唐吕温《由鹿賦》序:"予南出襄樊之間,遇野人繫鹿而至者。問之,答曰:'此爲由鹿。由此鹿以誘致群鹿也。'"

麆[1]

亦稱"駝鹿""堪達罕""堪達漢"。俗稱"四不像"。陸獸名。哺乳綱,偶蹄目,鹿科,駝鹿(*Alces alces* Linnaeus)。體長達2米以上,爲鹿種中之最大者。古人遂以其爲鹿之主,故名。雄性具雙角,爲板狀横生,多叉,每年冬季脱落,初夏萌生。毛色棕灰,膝下則白,頸下有鬃毛,尾甚短。性温順,栖於山林、沼澤之地,善游泳,以植物爲食。以其頭似鹿而非鹿,脚似牛而非牛,尾似驢而非驢,頸背似駱駝而非駱駝,故俗謂之"四不像"。主要分布於我國東北,爲國家二級保護動物。此稱先秦時期已行用。《逸周書·王會》:"正北方稷慎大麆。"孔晁注:"麆,似鹿。"

麆
（馬駘《馬駘畫寶》）

《説文·鹿部》:"麆,麎屬。从鹿,主聲。"《史記·司馬相如列傳》:"獸則猵、旄、獏、犛、沈牛、麈、麋。"徐珂《清稗類鈔·動物》:"麆,亦稱駝鹿。滿洲語謂之堪達罕,一作堪達漢,產於寧古塔、烏蘇里江等處之沮洳地。其頭類鹿,脚類牛,尾類驢,頸背類駱駝,而觀其全體,皆不完全相似,故俗稱四不像。"

【駝鹿】

即麆。此稱清代已行用。見該文。

【堪達罕】

即麆。滿語譯稱。此稱清代已行用。見該文。

【堪達漢】

即麆。滿語譯稱。此稱清代已行用。見該文。

【四不像】

即麆。此稱清代已行用。見該文。

麋鹿

省稱"麋"。亦稱"麋驢""四不相""四不像"。陸獸名。哺乳綱,偶蹄目,鹿科,麋鹿(*Elaphurus davidianus* Milne-Edwards)。爲我國特產珍獸,國家一級保護動物。古代曾廣泛分布於我國,近代野生者已絶,惟豢養於英美等國。今我國北京大興南海子麋鹿苑與江蘇大豐自然保護區已從英國引回較大種群。此稱先秦時已行用,沿用至今。《説

麋
（明文俶《金石昆虫草木狀》）

文·鹿部》:"麋,鹿屬。从鹿,米聲。麋,冬至解其角。"《左傳·莊公十七年》:"冬,多麋。"孔穎達疏:"麋是澤獸,魯常有。"《楚辭·九歌·湘夫人》:"麋何食兮庭中,蛟何爲兮水裔?"《山海經·西山經》:"西皇之山,其陽多金,其陰多鐵,其獸多麋鹿、㸲牛。"郭璞注:"麋,大如小牛,鹿屬也。"又《中山經》:"柴桑之山,其上多銀,其下多碧,多冷石楮,其木多柳芑楮桑,其獸多麋鹿,多白蛇飛蛇。"《宋書·張暢傳》:"又騾驢、駱駝,是北國所出,今遣送,並致雜物。"清郝懿行《宋瑣語·言詮》:"又騾驢、駱駝,是北國所出。"郝按:"騾驢,一獸之名,俗人謂'四不相',其形狀似騾非騾,似驢非驢也,故以名焉。聞蒙古人云,其地亦無騾、驢二物。"

【麋】[1]

"麋鹿"之省稱。此稱先秦時期已行用。見該文。

【騾驢】

即麋鹿。此稱南北朝時期已行用。見該文。

【四不相】

"麋鹿"之俗稱。此稱清代已行用。見該文。

【㹈鹿】

"麋鹿"之別稱。此稱漢代已行用。漢袁康《越絕書·句踐陰謀外傳》:"子胥曰:'臣必見越之破吳,㹈鹿游於姑胥之臺,荆榛蔓於宮闕。'"

麌

謂幼麋。此稱先秦時期已行用。《爾雅·釋獸》:"麋,牡麔,牝麎,其子麛。"《國語·魯語上》:"魚禁鯤鮞,獸長麑麋。"韋昭注:"麋子曰麛。"宋蘇轍《和子瞻鳳翔八觀·李氏園》:"置囿通樵蘇,養獸讓麋麛。"

麔

指雄性之麋。此稱秦漢時已行用。《爾雅·釋獸》:"麋,牡麔,牝麎。"一說爲母麋。《説文·鹿部》:"麔,麋牝者。从鹿,咎聲。"《集韻·上有》:"麔,《説文》麋牝也。"參見本卷《獸説·陸獸考》"麋鹿"文。

麋[2]

指雌麋。此稱漢代已行用。漢劉向《列女傳·晉弓工妻》:"纏以荆麋之筋,糊以阿魚之膠。"元周致中《異域志·扶桑國》:"人無機心,麋鹿與之相親。"

【麎】

即麋[2]。指雌麋。此稱秦漢時已行用。《爾雅·釋獸》:"麋,牡麔,牝麎。"《説文·鹿部》:"麎,牝麋也。从鹿,辰聲。"按:牝,鳥獸之雌也。《詩·小雅·吉日》:"瞻彼中原,其祁孔有。"鄭玄箋:"'祁'當作麎。麎,麋牝也。"

狄

指體大力强之麋鹿。此稱秦漢時已行用。《爾雅·釋獸》:"麋,牡麔、牝麎,其子麛,其迹躔;絶有力,狄。"邢昺疏:"此釋麋之種類也……其絶異壯大有力者名狄也。"

麈[2]

指尾可作拂塵之鹿。此稱漢代已行用。《急就篇》卷四:"麋、麈、麔、麖皮給履。"顏師古注:"麈似鹿,尾大而一角。談説者,飾其尾而執之,以爲儀。"《埤雅·釋獸》:"麈,似鹿而大,其尾辟塵。"《三才圖會·鳥獸》:"麈,獸。似鹿而大,其尾辟塵。以置舊帛中,能令歲久紅色不黦,又以拂氈,令氈不蠹。"按:黦,音yuè,污穢也。

麈³

指大麋。此稱宋代已行用。宋高似孫《緯略》："麋之大者曰麈，群麋隨之，皆依麈尾所轉。"

獐

亦作"麞"。俗稱"牙麞"。陸獸名。哺乳綱，偶蹄目，鹿科，獐（*Hydropotes inermis Swinhoe*）。似鹿而小，無角。雄性犬齒發達，伸於口外，形成獠牙。體長約1米，毛粗長，黃褐色，背深腹淺。行動敏捷，善跳躍，能游泳，多栖息於蘆灘、草原。肉可食，皮可製革等。在我國，分布於長江中下游及東南沿海地區。爲國家一級保護動物。此稱秦漢時期已行用。《說文·鹿部》："麞，麋屬，从鹿。"桂馥義證："麋當作麞。"按：麋，即麞。《玉篇·鹿部》："麞，與獐同。"《埤雅·釋獸》："麞如小鹿而美，故从章也，章美也。"《呂氏春秋·士容》："此良狗也，其志在獐麋豕鹿，不在鼠。"《淮南子·主術訓》："鹿之上山，獐不能跂也。"按：今多稱"河麂"。

麞
（馬駘《馬駘畫寶》）

【麞】

同"獐"。此體漢代已行用。見該文。

【牙麞】

亦作"牙獐"。"獐"之俗稱。以其雄性犬齒長而外突，形成獠牙，故稱。此稱宋代已行用。晋崔豹《古今注·鳥獸》："麞有牙而不能噬，鹿有角而不能觸。麞一名麕，青州人謂麕爲麞。"《爾雅翼·釋蟲》："麞之性怯，又謂之麜……大者不過三二十斤，老則牙見於外，淮人謂之牙麞。"宋郭若虛《圖畫見聞志·紀藝下》："易元吉……於神游殿之小屏畫牙獐，皆極其思。"

【牙獐】

同"牙麞"。此體宋代已行用。見該文。

【麖】

即獐。此稱先秦時已行用。《爾雅·釋獸》："麖，大麃。牛尾，一角。"郭璞注："麃，即麞。"《逸周書·王會》："發人麃。麃者，若鹿，迅走。"《史記·武帝本紀》："其明年郊雍，獲一角獸，若麃然。"裴駰集解引韋昭曰："楚人謂麋爲麃。"按：麃與麋均爲鹿屬，但有差异，雄麃一角，麋則兩角，麋亦稱爲四不象。故楚人謂麋爲麃有誤。

【麖】¹

亦作"麠"。即獐。此稱先秦時已行用。《山海經·中山經》："屍山，多蒼玉，其獸多麖。"郭璞注："麖，似鹿而小，黑色。"《爾雅·釋獸》："麖，大麃。牛尾，一角。"郭璞注："麃，即麞。"《說文·鹿部》："麖，大鹿也。牛尾一角。从鹿畺聲。麖，或从京。"又，"麃，麖屬。"按：麖、京者，皆謂大也。郭璞所謂"似鹿而小"，乃誤。

【麠】

同"麖"。此體秦漢時期已行用。見該文。

【黄鹿】

亦稱"麃""麖""麇""麔"。俗稱"獐子"。即獐。小型鹿類。此稱先秦時已行用。《爾雅·釋獸》："麇，大麞。旄毛，狗足。"《說文·鹿部》："麔，大麞也。狗足。从鹿，旨聲。"

清段玉裁注："麔，大麇也。"又注："麇，各本誤麋。今正。"又："麇，麔也。从鹿，囷省聲。麔，籀文不省。"《龍龕手鑑·鹿部》："麆，黃鹿也。"《山海經·中山經》："女兒之山，其上多玉，其下多黃金；其獸多豹虎，多閭麋麔麆。"郭璞注："麆，似獐而大。偎毛，豹腳。音幾。"《水滸傳》第八六回："不多時，只見門外兩個人，扛著一個獐子入來。"

【麆】

即黃鹿。此稱先秦時已行用。見該文。

麆
（清余省、張爲邦等《獸譜》）

【麔】

即黃鹿。此稱秦漢時期已行用。見該文。

【麔】

即黃鹿。此稱漢代已行用。見該文。

【麇】

即黃鹿。此稱清代已行用。見該文。

【獐子】

即黃鹿。此稱近代已行用。見該文。

麚

指雄獐。一説爲雄鹿。此稱先秦時已行用。《爾雅·釋獸》："麚，牡麔，牝麀。"郝懿行義疏："古本作'麚，牡麔牝麀'，正與《詩》言麛鹿相合，今本麔麀互倒。"《廣韻·上麌》："麔，牡鹿。"宋陳師道《送內》詩："麛麔顧其子，燕雀各自隨。"《詩·小雅·吉日》："獸之所同，麀鹿麌麌。"毛傳："麌麌，衆多也。"

麀

雌獐。后亦説爲雄獐。此稱秦漢時已行用。《爾雅·釋獸》："麚，牡麔，牝麀。"按：麔，即獐。郝懿行義疏："古本作'麚，牡麔牝麀'，正與《詩》言麛鹿相合，今本麔麀互倒。"《玉篇·鹿部》："麀，牝麔。"

麛

亦作"麝"。幼獐。一説爲幼鹿。此稱秦漢時已行用。《爾雅·釋獸》："麚，牡麔，牝麀，其子麛。"按：麛亦作麋，即獐。《集韻·去禡》："麛、麝，麔子麛。或从助。"

【麝】

同"麛"。此體宋代已行用。見該文。

麖

獸名。似鹿而大。此稱漢代已行用。漢揚雄《蜀都賦》："獸則麢羊野麋，熊羆貘貒，麢麖鹿麔。"章樵注："似鹿而大。"

麝

亦稱"香麞""麝父"。今稱"原麝"。因其香氣遠射，故稱。陸獸名。哺乳綱，偶蹄目，鹿科，原麝（*Moschus moschiferus* Linnaeus）。似鹿而小，體長80~90厘米，重約10公斤。耳大，無角。前肢短，后肢長。毛棕灰色或黃褐色，有土黃色條紋與斑點。雄性犬齒獠牙，腹下陰囊側有香腺，可分泌麝香，雌性則無。性怯，善跳。喜獨居，常夜行。栖息於山野，以樹葉、青草爲主食。肉可食，皮可製革，麝香爲珍貴香料，亦可入藥。分布於我國大部分地

麝
（清余省、張爲邦等《獸譜》）

區。此稱先秦時已行用。《爾雅·釋獸》：“麝父
足。”郭璞注：“脚步似麕，有香。”《山海經·西
山經》：“翠山……其陰多㺮牛麢麝。”明李時珍
《本草綱目·獸二·麝》：“〔釋名〕射父、香麕。
《爾雅》香麕。時珍曰：麝之香氣遠射，故謂
之麝。或云麝父之香來射，故名，亦通。其形
似麕，故俗呼香麕。梵書謂麝香曰莫訶婆伽。”
按：“麕”，今本作“獐”。

【香麕】

即麝。此稱秦漢時期已行用。見該文。

【麝父】

即麝。此稱秦漢時期已行用。見該文。

【原麝】

即麝。此稱近代已行用。見該文。

竹牛

陸獸名。哺乳綱，偶蹄目，牛科，野牛
（*Bos gaurus*）。狀似犛（犚）牛，體大角長，色
純黑。此稱五代已行用。據范資《玉堂閑話》，
疊宕、潘岷之境，多產竹牛，一名野牛，色純
黑。每飲塵之處，則拱木叢竹，踐之成塵。獵
人以毒矢射之，即斃。踣之如山，積肉如阜。
宋康與之《昨夢錄》：“西夏有竹牛，重數百斤，

角甚長而黃黑相間，用以制弓極佳，尤且健
勁。”明李時珍《本草綱目·獸二·犚牛》：“時
珍曰，犚者髦也……西人呼爲竹牛，因角理如
牛也。”一説爲體大羚羊類動物。參閲謝成俠
《中國牛種的起源和進化》。

【犘牛】

亦稱“莽牛”。即大野牛。莽者，大也。主
產於我國青海西寧一帶。此稱秦漢時已行用。
《爾雅·釋畜》：“犘牛。”郭璞注：“出巴中，重
千斤。”清郝懿行義疏：“野牛也，郭云，出巴
中者，今此牛出西寧府西寧衞，大者千餘斤。
犘之爲言莽也，莽者大也。今俗云莽牛即此。”
唐柳宗元《同劉二十八院長述舊言懷感時書事》
詩：“岸蘆翻毒蜃，碛竹鬥狂犘。”

【莽牛】

即犘牛。此稱清代已行用。見該文。

犦牛

謂野山牛。體大肉多，主產於山區。此稱
先秦時已行用。《山海經·西山經》：“小華之山，
其木多荆杞，其獸多犦牛。”郭璞注：“今華陰
山中多山牛山羊，肉皆千斤，牛即此牛也。”一
説爲“犦（犚）牛”之別稱。明李時珍《本草
綱目·獸二·犚牛》：“犚者髦也……《山海經》
作‘犦牛’，西人呼爲竹牛，因角理如牛也。或
云竹即犦音之轉。”按：犚牛爲野犛牛，犦牛則
爲另一種野牛。

犢

牛之一種。謂北方牛。體較水牛而小，色
有黃、黑、赤白等數種。此稱南朝梁時已行用。
《玉篇·牛部》：“犢，牛名。”明李時珍《本草
綱目·獸一·牛》：“南牛曰㸶，北牛曰犢。”又，
“牛有犢牛、水牛二種。犢牛小而水牛大，犢牛

有黄、黑、赤白駁雜數色。"

牻牛

亦作"牚牛"。省稱"牚"。野牛之一種。色青黄。其肉可食，角可制器。此稱明代已行用，《字彙補·牛部》："牚，廣西桂平縣有牛……名曰牚牛，似更爲一種。見《留青日劄》。"明李時珍《本草綱目·獸二·犛牛》："牻牛。《廣志》云：'出日南及潯州大賓縣，色青黄，與蛇同穴，性嗜鹽，人裏手塗鹽取之。其角如玉，可爲器。'"

【牚】

"牚牛"之省稱。此稱明代已行用。見該文。

【牚牛】

同"牻牛"。此體明代已行用。見該文。

犛牛

亦作"犍牛"。亦稱"犪牛""夔牛"。野牛之一種。似家牛而大，肉重數千斤。主產於我國西南部山區。此稱秦漢時已行用。《爾雅·釋畜》："犛牛。"郭璞注："即犪牛也。如牛而大。肉數千斤，出蜀中。《山海經》曰：'岷山多犪牛。'"《集韻·平微》："犛，或作犍。"《山海經·中山經》作"夔牛"，郭璞注："今蜀山中有大牛……名爲夔牛。晋太興元年，此牛出上庸郡，人弩射殺（之），得三十八擔肉。即《爾雅》所謂魏〔犛〕。"又《圖贊》："〔夔牛〕出自江、岷，體若垂雲，肉盈千鈞，雖有逸力，難以揮輪。"明劉基《郁離子·瞽聵》："宋之非楚敵也，舊矣，猶犪牛之於鼢鼠也。"明李時珍《本草綱目·獸二·犛牛》："犛牛，又名夔牛……出蜀山中。"

【犍牛】

同"犛牛"。此體宋代已作用，見該文。

【犪牛】

即犛牛。此稱先秦時期已行用。見該文。

【夔牛】[1]

即犛牛。此稱先秦時期已行用。見該文。

大尾羊

謂綿羊。以其尾肥大，富含脂肪，故稱。毛細皮薄，尾肥碩。主產於我國新疆一帶。此稱晋代已行用。晋郭義恭《廣志》："大尾羊，細毛薄皮，尾上旁廣，重且十斤，出康居。"明李時珍《本草綱目·獸一·羊》："〔附錄〕時珍曰……哈密及大食諸番有大尾羊，細毛薄皮，尾上旁廣，重且一二十斤，行則以車載之。"

野羊[1]

亦作"壄羊"。陸獸名，哺乳綱，偶蹄目，牛科，北山羊（*Capra ibex* Linnaeus）謂野山羊。此稱漢代已行用。《史記·司馬相如列傳》："手熊羆，足野羊。"裴駰集解："郭璞曰：'野羊如羊，千斤。'"《漢書·司馬相如傳》作"壄羊"。顔師古注："張揖曰：'壄羊，麢羊也，似羊而青。'師古曰：'壄羊，今之所謂山羊也，非麢羊矣。'"唐杜甫《王兵馬使二角鷹》詩："杉鷄竹兔不自惜，孩虎野羊俱辟易。"

【壄羊】

同"野羊[1]"。此體漢代已行用。見該文。

羚羊

亦作"麢羊""靈羊"。陸獸名。哺乳綱，偶蹄目，牛科，山羚羊（*Gazella gazella* Pallas）。狀似山羊而大，四肢細長，蹄小而尖，體形輕盈。多栖息於曠野、荒漠中，亦見於山區。種類繁多，我國常見者有原羚、膽喉羚、藏羚、斑羚、高鼻羚等。肉可食，皮毛可製作褥墊等。高鼻羚之角爲珍貴藥材，性寒，味鹹，

羚 羊
（明文俶《金石昆虫草木狀》）

富含角質蛋白、磷酸鈣及不溶性無機鹽等成分，有平肝熄風、清熱定驚之功效。此稱晋代已行用，沿用至今。《爾雅·釋獸》："麢，大羊。"晋郭璞注："麢羊，似羊而大，角員銳，好在山崖間。"《埤雅·釋獸》："羚羊似羊而大，角有圓繞蹙文，夜則懸角於木上以防患。語曰'麢（羚）羊掛角'，此之謂也。"

【麢羊】[1]

同"羚羊"。此體晋代已行用。見該文。

麢 羊
（清余省、張爲邦等《獸譜》）

【靈羊】

同"羚羊"。此體漢代已行用。《後漢書·西南夷傳·冉駹夷》："有靈羊，可療毒。"李賢注：《本草經》曰：'靈羊角，味鹵鹹無毒，主療青盲、蟲毒，去惡鬼，安心氣，彊筋骨也。'"

羜

謂幼羊。一說出生五個月之羊羔。此稱先秦時已行用。《詩·小雅·伐木》："既有肥羜，以速諸父。"毛傳："羜，未成羊也。"《爾雅·釋畜》："未成羊，羜。"郭璞注："俗呼五月羔爲羜。"《廣雅·釋獸》："羜，羔也。"漢桓麟《七說》："焦柔毛之羜。"宋蘇軾《聞子由瘦》詩："十年京國厭肥羜，日日烝花壓紅玉。"

黃羊

俗稱"蒙古羚"。陸獸名。哺乳綱，偶蹄目，牛科，黃羊（*Procapra gutturosa* Pallas）。野羊之一種。以其腹背帶黃，故名。狀似羊而小，頸細長。角短，有輪脊。肋細，尾短。栖息於山野、沙漠，喜臥沙地，善奔走。其皮可作裘褥等。主要分布於我國内蒙古等西北地區。此稱唐代已行用。唐杜甫《送從弟亞赴河西判官》詩："黃羊飫不羶，蘆酒多還醉。"宋莊季裕《鷄肋編》卷中："關右塞上有黃羊，無角，邑類麢麃，人取其皮以爲裘褥。"明李時珍《本草綱目·獸一·黃羊》："〔釋名〕羊腹帶黃，故名。《爾雅》謂之羭，出西番也。〔集解〕狀與羊同，但低小細肋……角似羊，喜臥沙地。生沙漠，能走善臥。"

【蒙古羚】

即黃羊，此稱近現代已行用。見該文。

蔥聾

野羊之一種。頸項毛色赤紅。此稱先秦時期已行用。《山海經·西山經》："符禺之山……其獸多蔥聾，其狀如羊而赤鬣。"郝懿行箋疏："此即野羊之一種，今夏羊亦有赤鬣者。"

羠[1]

謂雌性野羊。此稱漢代已行用。《急就篇》

卷三："牂、羖、羯、羠、羝、羜、羭。"顏師古注："西方有野羊，大角，牡者曰羱，牝者曰羠。"按：牝，鳥獸之雌者也。

羒

謂雌羊。此稱晋代已行用。《改併四聲篇海·羊部》引《搜真玉鏡》："羒，牝羊也。"《太平御覽》卷九二〇引晋張華《博物志》："又有作淫羊脯法：取羖羒各一，別繫令裁相近而不使相接……"明李時珍《本草綱目·獸一·羊》："牝羊曰羒。"按：牝，鳥獸之雌者也。參閱《博物志校證》第一三二頁。

牸羝

謂一歲之雌羊。此稱三國時已行用。《廣雅·釋獸》："吳羊……其牝，一歲曰牸羝。"按：牝，鳥獸之雌者也。羝，未滿周歲的小羊。

羝[1]

謂未滿周歲之小羊。此稱漢代已行用。《急就篇》卷三："牂、羖、羯、羠、羝、羜、羭。"顏師古注："羝，羊未卒歲也。"《説文·羊部》："羝，羊未卒歲也。从羊，兆聲。或曰，夷羊百斤左右爲羝。"漢桓寬《鹽鐵論·散不足》："鮮羔羝，幾胎扁，皮黃口。"

羝[2]

謂百斤左右的閹羊。此稱漢代已行用。《説文·羊部》："羝……夷羊百斤左右爲羝。"按：夷羊、羠羊，即閹割過的羊。閹羊易肥，故有重百斤左右者。

羜

謂小羊。一説爲出生六個月之幼羊。此稱漢魏時已行用。《説文·羊部》："羜，六月生羔也。从羊，宁聲。讀若霡。"《廣雅·釋獸》："羜，羔也。"王念孫疏證："小羊謂之羜，猶小鷄謂之

彘矣。"明李時珍《本草綱目·獸一·羊》："羊子曰羔。羔生五月曰羜，六月曰羜。"

羱

亦稱"羱羊""原羊"。野羊之一種。形似家羊而大。雌雄均生角，雄角粗大而盤屈，角前有橫棱。毛色夏多淡褐，冬則淺。栖息於高原山地，喜群居，以粗草爲食。肉可食，皮毛可作褥墊、禦寒之物等。分布於我國西北部地區。此稱秦漢時已行用，沿用至今。《爾雅·釋獸》："羱，如羊。"晋郭璞注："羱羊似吳羊而大角，角橢，出西方。"

羱 羊
（馬駘《馬駘畫寶》）

《急就篇》顏師古注："西方有野羊，大角，牡者曰羱，牝者曰羠。"《後漢書·烏桓鮮卑傳》："又禽獸異於中國者，野馬、原羊……"李賢注："郭璞注《爾雅》曰：'原羊，似吳羊而大角。'"按：原通"羱"。一説特指雄性野羊。《宋書·謝靈運傳》："山下則熊羆豺虎，羱鹿麞麇。"自注："羱……野羊，大角。"另説"羱羊"爲羚羊。明李時珍《本草綱目·獸二·鹿羊》："〔陶弘景曰〕乃《爾雅》名羱羊者，羌夷以爲羚羊，能陟峻阪。"實誤。

【羱羊】[1]

即羱。此稱晋代已行用。見該文。

【原羊】

即羱。此稱漢代已行用。見該文。

龍羊

野羊之一種。形似家羊而大，角盤屈，黑

質而白紋。分布於我國西藏、四川等西部地區。此稱宋代已行用。宋宋祁《益部方物略記·龍羊》:"羊質而大,角繚於首。"自注:"出吐蕃及威茂州。形似畜羊而大,其角繚繚,重八九兩,黑質而白文,可以爲帶胯。"

羬

亦作"羏"。亦稱"羒"。無角羊。此稱明代已行用。明李時珍《本草綱目·獸一·羊》:"〔釋名〕無角羊曰羬,曰羒。"北魏酈道元《水經注·沮水·趙補洛水》:"白於山今名女郎山……其獸多㸰牛、羒羊。"清貝青喬《咄咄吟》:"結好羬漿酪酒間,還勞款送入舟山。"

【羒】

即羬。此稱南北朝時期已行用。見該文。

【羏】

同"羬"。此體清代已行用。見該文。

麔[1]

亦作"羬"。謂六尺之大羊或細角大山羊。此稱秦漢時已行用。《爾雅·釋畜》:"羊六尺爲羬。"陸德明釋文:"羬,本亦作麔。"《説文·鹿部》:"麔,山羊而大者,細角。"漢揚雄《蜀都賦》:"獸則麔羊野麋。"按:麔,一指熊虎豹之強健者。參見本卷《獸説·陸獸考》"麔[2]"文。

【羬】[1]

同"麔[1]"。此體秦漢時已行用。見該文。

十二蟲

指與地支相配的十二種動物,藉以銘記人之生年,此稱始見於宋代。宋蘇轍《守歲》詩:"於菟絶繩去,顧兔追龍蛇。奔走十二蟲,羅網不及遮。"

六獸

謂麋、鹿、熊、麕、兔、野豕等六種獸類。一説有狼無熊。此稱先秦時期已行用。《周禮·天官·庖人》:"庖人掌六畜、六獸、六禽,辨其名物。"鄭玄注:"鄭司農云:'六獸,麋、鹿、熊、麕、野豕、兔'……又《内則》無熊,則六獸當有狼,而熊不屬。"

玉署三牲

道家謂麞、鹿、麂也。"玉署"即道觀,"三牲"皆爲靈秀的鹿科動物;故以此稱表明道家之清高。此稱始見於宋代。宋陶穀《清異錄·玉署三牲》:"道家流書,言麞、鹿、麂是玉署三牲。神仙所享,故奉道者不忌。"按:"麞"即"獐"。

豺虎

指豺與虎。皆爲性情殘暴之猛獸,亦泛指猛獸。此稱先秦時已行用。《詩·小雅·巷伯》:"取彼譖之,投畀豺虎;豺虎不食,投畀有北。"南朝梁沈約《齊故安陸昭王碑文》:"蟓蝗弗起,豺虎遠迹。"唐杜甫《憶昔》詩:"九州道路無豺虎,遠行不勞吉日出。"

豺狼

指豺與狼。亦泛指凶殘之獸之人。此稱先秦已行用。《左傳·襄公十四年》:"賜我南鄙之田,狐狸所居,豺狼所嗥。"《孟子·離婁上》:"嫂溺不援,是豺狼也。"唐杜甫《送樊二十三侍御赴漢中判官》詩:"川谷血橫流,豺狼沸相噬。"參見本卷《獸説·陸獸考》"豺""狼"文。

豺貘

指豺與貘。此稱晋代已行用。晋左思《吳都賦》:"仰攀鷦鸒,俯蹴豺貘。"參見本卷《獸説·陸獸考》"豺""貘"文。

豺獺

指豺與獺。豺於季秋祭獸,獺於孟春祭魚。

此稱漢已行用。《禮記·王制》："獺祭魚，然後虞人入澤梁；豺祭獸，然後田獵。"《漢書·貨殖傳》："草木未落，斧斤不入於山林，豺獺未祭，罝網不布於墅澤。"《後漢書·祭祀志》："豺獺知祭祀，而況人乎。"唐中宗《拜南郊制》："豺獺有祭，下不隔於微品；犧牲畢陳，上以先於嚴配。"宋劉弇《元符南郊大禮賦》："粵若滇浲，鴻蒙之始，登魚奠獸，肇豺獺之知，圓顱方趾。厥協精純肅專，於是乎有祭。"按：豺於深秋多殺諸獸以備冬，陳於四周，獺亦常於春季捕得魚陳水邊，二者皆有似人之陳物祭祀，故古人有豺祭、獺祭之説。

禽獸

爲鳥類與獸類的合稱，并或單指獸類或借喻不知廉恥、行爲卑劣之人。此稱先秦已行用。《禮記·曲禮上》："君子恭敬撙節，退讓以明禮。鸚鵡能言，不離飛鳥，猩猩能言，不離禽獸。"《孟子·滕文公上》："草木暢茂，禽獸繁殖；五穀不登，禽獸偪人。"又《滕文公下》："無父無君，是禽獸也。"

【禽鹿】

即禽獸。此稱秦漢已行用。《史記·李斯列傳》："處卑賤之位而計不爲者，此禽鹿視肉，人面而能强行者耳。"司馬貞索隱："禽鹿，猶禽獸也。"清唐甄《潛書·貞隱》："於是以富貴爲陋，貧賤爲高，卿相爲污，野人爲潔。亂不出，治亦不出。桀紂招之不來，堯舜招之亦不來。若此者，禽鹿之類也。"

辰牡

謂合於狩獵時令之公獸，用以進獻也。一説指五歲之獸。此稱先秦已行用。《詩·秦風·駟驖》："奉時辰牡，辰牡孔碩。"毛傳："辰，時

也……冬獻狼，夏獻麋，春秋獻鹿豕之類。"清王引之謂辰當讀爲慎，獸五歲爲慎，獸之最大者。參閱清王引之《經義述聞·奉時辰牡》。

乳獸 [1]

指育子之雌獸。多指猛獸。此稱南朝時已行用。南朝梁張纘《南征賦》："采風謠于往昔，聞乳獸於寧成。"清朱彝尊《孟忠毅公神道碑銘》："潛狙乳獸，爭磨其牙。"

乳獸 [2]

指幼獸。此稱宋代已行用。宋梅堯臣《送許當職方通判泉州》："乳鳥不遠飛，乳獸不遠游。異類尚有戀，人獨安所求。"宋狄遵度《佳城篇》詩："佳城鬱鬱積寒烟，孤雛乳獸號荒阡。"

狗 [1]

亦作"豿"。謂熊虎等獸之幼仔。此稱秦漢已行用。《爾雅·釋獸》："熊虎醜，其子狗。"唐陸德明釋文："狗，本或作豿。"郭璞注："《律》曰：捕虎一購錢三千，其狗半之。"邢昺疏："醜，類也。熊虎之類，其子名狗。"《集韻·上厚》："狗，熊虎子也，漢律，捕虎購錢二，其狗半之是也。通作豿。"按：通常稱犬之小者爲狗。參見本卷《獸説·陸獸考》"狗 [2]"文。

【豿】

同"狗 [1]"。此體唐代已行用。見該文。

剛蟲

謂凶猛之鳥獸。此稱漢代已行用。漢張衡《西京賦》："百卉具零，剛蟲搏摯。"呂延濟注："綜曰：鷹犬之屬，可摯擊也。濟曰：剛蟲，鷹豺也。"

特 [4]

謂三歲之獸。此稱先秦時期已行用。

《詩・魏風・伐檀》：“不狩不獵，胡瞻爾庭有懸特兮？”毛傳：“獸三歲曰特。”《周禮・夏官・大司馬》：“大獸公之。”鄭玄注：“一歲爲從，二歲爲豝，三歲爲特。”一說爲四歲之獸。《廣雅・釋獸》：“獸……四歲爲特。”參見本卷“特¹”“特²”“特³”文。

倮蟲

亦作“裸蟲”。指無羽、毛、鱗、甲的動物。人爲倮蟲之首，故亦常爲人之特稱。此稱秦漢已行用。《大戴禮記・易本命》：“倮之蟲三百六十，而聖人爲之長。”漢王充《論衡・商蟲》：“倮蟲三百，人爲之長。”《晉書・五行志中》：“夫裸蟲人類，而人爲之主。”

【裸蟲】

同“倮蟲”。此體晉代已行用。見該文。

倮獸

指短毛之獸。如虎豹之類。一說爲無毛、羽、鱗、甲的動物。此稱秦漢時已行用。《管子・幼官》：“飲於黃後之井，以倮獸之火爨。”尹知章注：“倮獸，謂淺毛之獸，虎豹之屬。”又石一彥注：“倮獸，非毛非羽非鱗非介之族。”參見本類“倮蟲”。

貄

亦作“肆”“豟”。謂通體披毛之獸或幼狸。此稱秦漢已行用。《爾雅・釋獸》：“狸子，豟。”又“貄，修毫。”郭璞注：“毫，長毛。”邢昺疏：“貄獸體多長毛。”郝懿行義疏：“《釋文》貄本又作‘豟’，亦作‘肆’，音四。則與上‘狸子’‘豟’，同名。疑亦同物。今狸貓之屬，有毛絕長者，謂之獅貓，獅與肆音近而義同，肆有長義，此獸毛長，因謂之肆。然則《爾雅》古本作‘肆’，今作‘貄’‘豟’，俱俗體也。”

【肆】

同“貄”。此體漢代已行用。見該文。

【豟】

同“貄”。此體漢代已行用。見該文。

義鼠

一種似鼠之短尾小獸。南朝宋劉敬叔《異苑・義鼠》：“義鼠形如鼠，短尾，每行遞相咬尾，三五爲群，驚之即散。”

閭

亦稱“山驢”。古之獸名。狀如驢，歧蹄，一角。此稱先秦已行用。《儀禮・鄉射禮》：“於郊則閭中以旌獲。”鄭玄注：“閭，獸名，如驢，

閭
（清余省、張爲邦等《獸譜》）

一角。或曰如驢，歧蹄。”《山海經・北山經》：“縣雍之山……其獸多閭麋。”晉郭璞注：“閭，即羭也，似驢而歧蹄，角如麢羊，一名山驢。”

【山驢】

即閭。此稱晉代已行用。見該文。

蟄獸

指藏於穴中過冬之野獸。此稱先秦時已行用。《周禮・秋官・穴氏》：“掌攻蟄獸。”鄭玄注：“蟄獸，熊羆之屬，冬藏者也。”

闕泄

亦作“闕泄”。脚有多趾之獸。此稱秦漢時已行用。《爾雅·釋獸》：“闕泄多狃。”郭璞注：“説者云，脚饒指，未詳。”宋邢昺疏：“舊説以爲闕泄，獸名。其脚多狃。狃，指也，然其形所未詳聞。”

【闕泄】

同“闕泄”。此體宋代已行用。見該文。

貄

獸名。此稱漢代已行用。《字彙·豸部》：“貄，獸名。”漢揚雄《蜀都賦》：“鴻貄貙羺，獨竹孤鶬。”宋章樵注：“貄、貙，皆獸名。貄貴大者。貙貴初生。”

獸

哺乳動物之通稱。通體披毛，多栖於山野。此稱先秦時已行用。《廣雅·釋鳥》：“四足而毛謂之獸。”《周禮·夏官·大司馬》：“大獸公之，小禽私之。”《左傳·襄公四年》：“民有寢廟，獸有茂草。”

麙[2]

亦作“羬”。指熊虎豹之强健者。此稱漢代已行用。《爾雅·釋獸》：“熊虎醜，其子狗，絶有力麙。”《廣雅·平咸》：“羬，熊虎絶有力也。”又：“麙，同羬。”《龍龕手鑑·鹿部》：“麙，豹絶有力。”另，麙亦謂細角之大山羊。參見本卷《獸説·陸獸考》“麙[1]”文。

【羬】[2]

同“麙[2]”。此體南北朝時期已行用。見該文。

麛卵

謂初生之獸、幼鹿或鳥蛋。此稱先秦已行用。《禮記·曲禮下》：“國君春田不圍澤，大夫不掩群，士不取麛卵。”孔穎達疏：“麛乃是鹿子之稱，而凡獸子亦得通名也；卵，鳥卵也，春方乳長，故不得取也。”南宋陸游《老學庵筆記》卷八：“《唐高祖實録》：武德二年正月甲子，下詔曰……況乎四時之禁，毋伐麛卵。”亦泛指獵殺禽獸。《周禮·地官·迹人》：“凡田獵者受令焉。禁麛卵者，與其毒矢射者。”北魏賈思勰《齊民要術·養鵝鴨》：“宜以供膳，宰無麛卵之咎也。”

麞

獸名。似鹿而大，一説爲祭祀之羊。此稱秦漢已行用。《説文·鹿部》：“麞，似鹿而大也。”漢揚雄《蜀都賦》：“獸則麙羊野麋，罷犛貘貒，麞麞鹿麏。”宋司馬光《類篇·羊部》：“郊羊大者羬麞。”

第二節　飛獸考

飛獸指能在空中飛行或在林間滑翔的獸類，包括翼手目（chiroptera）和齧齒目（Rodentia）之松鼠科（Sciuridae）鼯鼠亞科（Petauristinae）。翼手目獸類已完全適應飛行生活，是哺乳動物中唯一能真正飛翔的一類，前肢變成皮膜狀的翼，後肢五趾皆具鈎爪，適於懸挂，群居生活，夜出覓食，視力很弱，聽覺靈敏，耳殼很大，内耳發達，依靠回聲定位引導飛行，追捕昆蟲，遍布全球。松鼠科有樹栖、地栖、地下穴居三類，其中鼯鼠類適於森林間滑翔，形似松鼠，且前肢與後肢間的體側有皮膜，習夜行，食堅果、嫩枝等，分布於我國南部各省。

我國人民很早就認識飛獸，由於其善飛翔，古籍中多將其納入禽類。《詩》中就有記載，如其《小雅・角弓》："相彼盍旦，尚猶患之。"鄭玄注："夜鳴求旦之鳥也。"此處"盍旦"即指複齒鼯鼠。秦漢時期，人們對自然界的認識有所提高，一些著名的典籍即出自此期。被稱爲荒誕怪異的奇書《山海經》中有多處涉及飛獸，此書明確地將飛獸歸爲獸類，如其《北山經》："天池之山，其上無草木，多文石。有獸焉，其狀如兔而鼠首，以其背飛，其名曰飛鼠。"此即鼯鼠。又："丹熏之山……有獸焉，其狀如鼠，而菟首麋身，其音如獆犬，以其尾飛，名曰耳鼠，食之不腜，又可以禦百毒。"郭璞注："腜，大腹也，見《埤蒼》。""耳鼠"即鼯鼠。《爾雅》將生物分爲草、木、蟲、魚、鳥、獸、畜，分類較詳細，却將飛獸誤歸入《釋鳥》，如："蝙蝠，服翼。""鼯鼠，夷由。"《方言》中亦有多處記載飛獸，如《方言》第八："蝙蝠，自關而西秦隴之間，謂之蝙蝠，北燕謂之蟙䘃。"惜此書旨在辨析方言異同，不予分類考釋。

宋代羅願所撰《爾雅翼》，亦將蝙蝠類歸入鳥類。如《釋鳥》："蝙蝠，服翼。"而將鼯鼠類歸入獸類，但在"鼯"釋文中誤將鼯與服翼歸爲鼠類。如《釋獸》："鼯，鼯與服翼皆鼠類。……又謂之鼯鼠。"

明代李時珍撰《本草綱目》，將動物進行系統分類，但亦將飛獸誤歸入禽鳥類。如其《禽二・伏翼》："〔釋名〕蝙蝠、天鼠、仙鼠、飛鼠、夜燕……時珍曰：伏翼，《爾雅》作服翼。"另外，禽鳥類中亦載有鼯鼠。

古代諸典籍對翼手目獸類及鼯鼠類未詳細分類，統稱翼手目獸類爲蝙蝠，統稱鼯鼠類爲鼯鼠。翼手目現存我國有七科，即狐蝠科（Pteropodidae）、鞘尾蝠科（Emballonuridae）、假吸血蝠科（Megadernatidae）、菊頭蝠科（Rhinolophidae）、蹄蝠科（Hipposideridae）、犬吻蝠科（Molossidae）、蝙蝠科（Vespertilionidae）。狐蝠科有八種，即棕果蝠（*Rousettus leschenaultii*）、琉球狐蝠（*Pteropus dasymallus*）、大狐蝠（*P.giganteus*）、泰國狐蝠（*P.lylei*）、布氏球果蝠（*Sphaerias blanfordi*）、犬蝠（*Cynopterus sphinx*）、短耳犬蝠（*C.brachyotis*）、長舌果蝠（*Eonycteris spelaea*）；鞘尾蝠科祇一種，即鞘尾蝠（*Taphozous melanopogon*）；假吸血蝠科衹一種，即印度假吸血蝠（*Megaderma lyra*）；菊頭蝠科有十二種，即馬鐵菊頭蝠（*Rhinolophus ferrumequinum*）、中菊頭蝠（*R.affinis*）、魯氏菊頭蝠（*R.rouxii*）、托氏菊頭蝠（*R.thomasi*）、角菊頭蝠（*R.cornutus*）、小菊頭蝠（*R.blythi*）、短翼菊頭蝠（*R.lepidus*）、單角菊頭蝠（*R.monoceros*）、大菊頭蝠（*R.luctus*）、皮氏菊頭蝠（*R.pearsoni*）、大耳菊頭蝠（*R.macrotis*）、貴州菊頭蝠（*R.rex*）；蹄蝠科有六種，即中蹄蝠（*Hipposideros larvatus*）、大蹄蝠（*H.armiger*）、雙色蹄蝠（*H.bicolor*）、普氏蹄蝠（*H.pratti*）、三葉蹄蝠（*Aselliscus stoliczkanus*）、無尾蹄蝠（*Coelops frithi*）；犬吻蝠科有二種，即犬吻蝠（*Tadarida plicata*）、皺唇蝠（*T.teniotis*）；蝙蝠科有六十種，即鬍鼠耳蝠（*myotis mystacinus*）、大鼠耳蝠（*M.myotis*）、山蝠（*Nyctalus noctula*）、伏翼（*Pipistrellus pipistrellus*）、普通伏翼（*P.abramus*）、斑蝠（*Scotomanes ornatus*）、大黃蝠（*S.heathi*）、大耳蝠（*Plecotus auritus*）、長翼蝠（*Miniopterus schreibersi*）、中管鼻蝠（*Murina huttoni*）、彩蝠（*Kerivoula picta*）、小彩蝠（*K.hardwickei*）等。其中狐蝠科獸類以果實爲食，有時對果樹造成危害。其他六科主要捕食昆蟲，對人類有益。

鼯鼠類現存我國有十七種，即毛耳飛鼠（*Belomys pearsonii*）、複齒鼯鼠（*Trogopterus xanthipes*）、棕鼯鼠（*Petaurista petaurista*）、雲南鼯鼠（*P.yunanensis*）、海南鼯鼠（*P.hainana*）、紅白鼯鼠（*P.alborufus*）、臺灣鼯鼠（*P.pectoralis*）、灰鼯鼠（*P.xanthotis*）、栗褐鼯鼠（*P.magnificus*）、灰背大鼯鼠（*P.philippensis*）、白斑鼯鼠（*P.marica*）、小鼯鼠（*P.elegans*）、溝牙鼯鼠（*Aeretes melanopterus*）、飛鼠（*Pteromys volans*）、黑白飛鼠（*Hylopetes alboniger*）、羊絨鼯鼠（*Eupetaurus cinereus*）、低泡飛鼠（*Petinomys electilis*）。

飛獸與人類關係十分密切。蝙蝠獵食多飛翔於池塘、河湖附近的草地上空。據解剖可知，蝙蝠胃內食物大多屬於蚊蟲類的雙翅目昆蟲，這對於維護人類健康極爲有利，故人類視之爲朋友。又因蝙蝠音同"遍福"，中國自古代始，就以其爲吉祥物。北京大學生物系師生曾在校園裏對蝙蝠進行了生態觀察。蝙蝠白天栖息在屋檐下縫隙或天花板上，有的匍匐而栖，有的以後肢將身體倒挂。一天內出動兩次覓食：一次在黃昏，另一次在黎明前。在黎明，蝙蝠返巢是在家燕出現之前；在黃昏，蝙蝠的出巢是在家燕歸巢之後。家燕與蝙蝠聯手服務人類，家燕值白天班，蝙蝠值夜晚班，相交替地爲人們消滅蚊蟲。蝙蝠每年繁殖一次，每胎一至四仔。實驗證明：母蝙蝠有辨認親生仔的能力，如果將非親生的小蝙蝠放在它身邊，它不但不哺乳，而且會咬死這個"野種"。蝙蝠大多有冬眠習性，群集在大山洞中入眠。在山洞中長年積累的大量蝙蝠糞，可作爲上等肥料，亦可供藥用，中藥中的"夜明砂"，即爲加工後的蝙蝠糞。前述之"盍旦"，即複齒鼯鼠，亦稱寒號蟲，栖居於山區松柏林中，其窩巢是在山岩峭壁上的岩縫内，專以柏樹籽及其葉爲食。其糞和尿均可入藥，糞呈黑褐色球粒狀，尿呈褐色結晶，即中藥中的"五靈脂"。而大蝙蝠則有害於人類，危害農作物及森林、盜食糧食。

蝙蝠

亦稱"蟙䘃""仙鼠""飛鼠""老鼠"。飛獸名。哺乳綱翼手目動物的通稱。體狀似鼠，而有翼，頭首小吻鈍，口有利齒，耳殼短闊。前後肢之間皆有薄而無毛之翼膜，善飛。毛柔，色灰暗。晝伏夜出。分大小兩類。大蝙蝠體大，第一、二指均有鈎爪，便於懸栖，以果實爲食；小蝙蝠體小，惟第一指具爪，以昆蟲爲食。各類中又有許

蝙 蝠
（馬駘《馬駘畫寶》）

多種，分布極廣。此稱秦漢已行用。《爾雅・釋鳥》："蝙蝠，服翼。"晉郭璞注："齊人呼爲蟙䘃，或謂之仙鼠。"《方言》第八："蝙蝠，自關東謂之服翼，或謂之飛鼠，或謂之老鼠，或謂之䑕鼠，自關而西秦隴之間，謂之蝙蝠，北燕謂之蟙䘃。"唐元稹《景申秋》詩："簾斷螢火入，窗明蝙蝠飛。"按：古代以蝙蝠爲鳥類，實誤。又，䘃同蠓。參見本卷《獸説・飛獸考》"服翼"文。

【蟙䘃】

即蝙蝠。此稱漢代已行用。見該文。

【仙鼠】

即蝙蝠。此稱晉代已行用。見該文。

【飛鼠】[1]

即蝙蝠。此稱漢代已行用。見該文。

【老鼠】[2]

即蝙蝠。此稱漢代已行用。見該文。

【服翼】

亦作"伏翼"。亦稱"天鼠""夜燕"。即蝙蝠。此稱漢代已行用。漢劉向《新序・雜事》卷五："黃鵠、白鶴，一舉千里，使之與燕、服翼試之堂廡之下、廬室之間，其便未必能過燕、服翼也。"又

服 翼
（明王圻等《三才圖會》）

《別録》："伏翼，一名蝙蝠。生太山川谷及人家屋間。"明李時珍《本草綱目・禽二・伏翼》："〔釋名〕蝙蝠、天鼠，仙鼠、飛鼠、夜燕……時珍曰：伏翼，《爾雅》作服翼。"按：服翼屬獸類，《本草綱目》將其歸入禽類，實誤。

【伏翼】

通"服翼"。此體漢代已行用。見該文。

【天鼠】

即服翼。此稱明代已行用。見該文。

【夜燕】

即服翼。此稱明代已行用。見該文。

伏　翼
（明文俶《金石昆虫草木狀》）

鼫鼠

亦作"鼫旦""鼫鴠"。飛獸名。哺乳綱，翼手目，松鼠科，複齒鼯鼠（*Trogopterus xanthipes* Milne-Edwards）。即寒號蟲。蝙蝠類。狀如小鷄。盛暑時，文彩絢爛；冬寒時，毛盡脱落。此稱先秦時已行用。《禮記·坊記》："《詩》云：'相彼鼫旦，尚猶患之。'"鄭玄注："鼫旦，夜鳴求旦之鳥也。"又《月令》作"鼫旦"。明楊慎《丹鉛録》作"鼫鴠"。按：鼫旦當爲蝙蝠類飛獸。古人以爲鳥類，實誤。

寒號蟲
（明盧和等《食物本草》）

【鼫旦】

同"鼫鼠"。此體先秦時期已行用。見該文。

【鼫鴠】

同"鼫鼠"。此體明代已行用。見該文。

【鶡旦】

亦作"侃旦"。亦稱"定甲""獨春""城旦""倒懸""渴旦""寒號蟲"。即鼫旦。此稱漢代已行用。《方言》第八："鶡旦，周魏齊宋楚之間謂之定甲，或謂之獨春。自關而東謂之城旦，或謂之倒懸，或謂之鶡旦。自關而西秦隴之内間謂之鶡旦。"明李時珍《本草綱目·禽二·寒號蟲》："〔釋名〕時珍曰，《廣志》作'侃旦'，唐詩作'渴旦'，皆隨意借名耳。"

【侃旦】

同"鶡旦"。此體晋代已行用。見該文。

【定甲】

即鶡旦。此稱漢代已行用。見該文。

【獨春】

即鶡旦。此稱漢代已行用。見該文。

【城旦】

即鶡旦。此稱漢代已行用。見該文。

【倒懸】

即鶡旦。此稱漢代已行用。見該文。

【渴旦】

即鶡旦。此稱唐代已行用。見該文。

【寒號蟲】

即鶡旦。此稱明代已行用。見該文。

鼨犬

省稱"鼨"。亦稱"露犬""風鼠"。古代產於胡地的一種飛鼠。可食虎豹。此稱先秦時期已行用。《説文·鼠部》："鼨，胡地風鼠。從鼠，勺聲。"《廣韻·平效》："鼨，鼠屬。能飛，食虎豹，出胡地。"《逸周書·王會》："渠叟以鼨犬。鼨犬者，露犬也，能飛，食虎豹。"南朝齊王融《三月三日曲水詩序》："紈牛露犬之玩，乘黄兹白之駟。"

【鼨】

"鼨犬"之省稱。此稱漢代已行用。見該文。

【露犬】

即齁犬。此稱先秦時期已行用。見該文。

【風鼠】

即齁犬。此稱漢代已行用。見該文。

鼯鼠

亦作"梧鼠"。亦稱"夷由""飛生""鸓鼠""鼯鼺""飛生鼠"。飛獸名。哺乳綱,翼手目,鼯鼠科動物之號稱。形似蝙蝠,尾甚長。前後肢間有飛膜,藉以在山野林間自高處嚮低處滑翔。夜行性。以堅果、嫩葉、甲蟲等爲食。類多種。橙足鼯鼠的糞可入藥,稱"五靈脂"。栖息於東亞亞熱帶森林,在我國則分布於廣東、廣西、雲南、貴州、福建、臺灣一帶。此稱秦漢時已行用。《爾雅·釋鳥》:"鼯鼠,夷由。"晋郭璞注:"狀如小狐,似蝙蝠,肉翅,翅尾項脅毛紫赤色,背上蒼艾色,腹下黄,喙頷雜白,脚短,爪長,尾三尺許。飛且乳,亦謂之飛生。"《爾雅翼·釋獸》:"鼯,又謂之梧鼠,又名飛蠝,又名鸓鼠。"《通雅·動物》:"鼯鼺,亦曰飛生鼠。"按:因其有寬而多毛之飛膜,古人誤認爲鳥類,故异名多與"飛""鳥"相關。《爾雅》即歸入"釋鳥"篇,實誤。參見本卷《獸

鼯　鼠
（清余省、張爲邦等《獸譜》）

說·飛獸考》"飛貚"文。

【梧鼠】

同"鼯鼠"。此體宋代已行用。見該文。

【夷由】

即鼯鼠。此稱秦漢時期已行用。見該文。

【飛生】

即鼯鼠。此稱晋代已行用。見該文。

【鸓鼠】

即鼯鼠。此稱宋代已行用。見該文。

鸓鼠（黔州鸓鼠）
（明文俶《金石昆虫草木狀》）

【鼯鼺】

即鼯鼠。此稱明代已行用。見該文。

【飛生鼠】

即鼯鼠。此稱明代已行用。見該文。

【耳鼠】[1]

即鼯鼠。此稱先秦時已行用。《山海經·北山經》:"丹熏之山……有獸焉,其狀如鼠,而菟首麋身,其音如獟犬。以其尾飛,名曰耳鼠。食之不睬,又可以禦百毒。"

【飛鼠】[2]

即鼯鼠。頭似鼠而能飛,故名。此稱先秦時已行用。《山海經·北山經》:"天池之山,其上無草木,多文石。有獸焉,其狀如兔而鼠首,以其背飛,其名曰飛鼠。"郭璞注:"用其背上毛飛,飛則仰也。"參閱明王圻等《三才圖會》。

飛 鼠
（明王圻等《三才圖會》）

【飛䶂】

亦作“飛蠝”“飛鸓”。省稱“蠝”“䶂”。即鼯鼠。此稱漢代已行用。《文選·張衡〈南都賦〉》：“鸑鷟鵁鶄翔其上，騰猨飛䶂栖其間。”李善注引三國魏張揖曰：“蠝，飛鼠也。‘蠝’與‘䶂’同。”《漢書·司馬相如傳》：“惟獑飛蠝。”顔師古注引張揖曰：“飛蠝，飛鼠也，其狀如兔而鼠首，以其頦飛。”又引郭璞曰：“蠝，鼯鼠也，毛紫赤色，飛且生，一名飛生。”《史記·司馬相如列傳》作“飛鸓”。

【飛蠝】

同“飛䶂”。此體漢代已行用。見該文。

【飛鸓】

同“飛䶂”。此體漢代已行用。見該文。

【蠝】

“飛蠝”之省稱。此稱三國時期已行用。見該文。

【䶂】

“飛䶂”之省稱。此稱三國時期已行用。見該文。

【鸓】

即鼯鼠。此稱晋代已行用。《集韻·平支》：“鸓，鼯鼠別名。”晋索靖《草書狀》：“玄螭蛟獸嬉其間，騰猨飛鸓相奔趣。”明黄佐《北京賦》：“上有捕雀垂蔦之錦鸓，下有嚇虎綴毬之刺蝟。”

第三節　水獸考

水獸指適應於水中生活的獸類。主要包括鰭脚目（Pinnipedia）、鯨目（Cetacea）、海牛目（Sirenia）及部分食肉目（Carnivora）鼬科（Mustelidae）動物，嚙齒目（Rodentia）河狸科（Castoridae）和部分鼠科（Muridae）動物。鰭脚目獸類，是由古代食肉類分出向水中發展的一支，四肢退化成鰭狀，五趾間連以蹼，尾小夾在後肢間，海中生活，以魚、貝類等爲食，分布多在温帶、寒帶的沿海地區；鯨目獸類，是哺乳動物中完全轉變爲水生的一支，體形似魚，頸部不明顯，頸椎常癒合在一起，毛退化，以厚的皮下脂肪代替，其前肢成魚鰭狀，後肢缺少有水準的尾鰭，鼻孔一或兩個，開在頭頂部，又名噴水孔，有活瓣，在水中可關閉，出水呼吸時，會發出很大聲響，呼出的熱氣混有大量水蒸气，可形成一條明顯的霧柱，遠看如同水柱，此類淡水、海水中均有分布；海牛目獸類，適於海洋生活，身體結構和鯨有相似之處，體呈魚形，前肢變鰭形，但趾上還保存着退化了的蹄，後肢消失，皮厚無毛，皮下脂肪層很厚，具水準尾鰭；而食肉目之鼬科部分獸類則適應半水棲生活，如水獺、江獺。

我國先民對水獸的記載，上可追溯到先秦時期。其中多種典籍均記載了水獸。《左傳・宣公十二年》："古者明王伐不敬，取其鯨鯢而封之，以爲大戮。"按："鯨鯢"，即鯨目水獸，統稱"鯨""鯨魚"。《孟子・離婁上》："故爲淵驅魚者，獺也；爲叢驅爵者，鸇也。"此處"獺"即"水獺"。

秦漢時期，人們對水獸的研究水準及認識水準有一定提高，對其記載亦見於此期的各種典籍。被稱爲我國最古老的百科全書的《爾雅》，將動物分爲蟲、魚、鳥、獸四類，而將大部分水獸歸入《釋魚》。如《爾雅・釋魚》："鱀，是鱰。"郭璞注："鱀……大腹，喙小銳而長……鼻在額上……胎生……大者長丈餘，江中多有之。"按："鱀"即"白鰭豚"，泛指"江豚"。《説文》亦記載有水獸，其《犬部》《魚部》均有載述。如《犬部》："獱，獺屬。從犬，扁聲。獱，或從賓。"按："獱"即"水獺"。又《魚部》："鮪，魚名……一曰鮪魚，出江東，有兩乳。"段玉裁注："鮪，即今之江猪，亦曰江豚。樂浪潘國與九江同產此物。"又"鱷，海大魚也。從魚，畺聲……鯨，鱷或從京。"按："大魚"即"鯨"。

唐宋元明至今，隨着科技水平的提高，水產業發展很快，同時，人們對水獸的認識愈來愈清晰，借助先進的科技手段，關於各種水獸的歸屬亦愈來愈明瞭。唐韓愈《祭鱷魚文》："潮之州，大海在其南。鯨鵬之大，蝦蟹之細，無不容歸。"宋羅願撰《爾雅翼》是對《爾雅》的補充，其《釋魚》中有"海中鱰長數千里，穴居海底"。按："鱰"即"露脊鯨"。《本草綱目》即將"鯨"歸入《鱗部》，已區別了江豚、海豚。如其《鱗四・海豚魚》："〔釋名〕時珍曰：海豚、江豚，皆因形命名。"又"〔集解〕藏器曰：江豚生江中，狀如海豚而小。出没水上，舟人候之占風。……時珍曰：其狀大如數百斤猪，形色青黑如鯰魚，有兩乳，有雌雄，類人。數枚同行，一浮一没，謂之拜風。"華夫先生《中國古代名物大典》之《獸禽類・水獸部》，根據水獸之生物學分類進行闡釋，收列了大部分水獸，如鯨、江豚、海豚、白鰭豚、水獺等。

鰭脚目現代發現在我國有兩科，即海狗科（Otariidae）和海豹科（Phocidae），如海狗（*Callorhinus curilensis*）、海豹（*Phoca vitulina*）；鯨目有河豚科（Platanistidae）、抹香鯨科（Physeteridae）、海豚科（Delphinidae）、鰛鯨科（Balaenopterldae），如白鰭豚（*Lipotes vexillifer*）、抹香鯨（*Physeter catodon*）、短吻真海豚（*Delphinus delphis*）、藍鰛

鯨（*Balaenoptera musculus*）；海牛目衹一科，即儒艮科（Dugongidae），衹一種，即儒艮（*Dugong dugon*）；食肉目鼬科（Mustelidae）中屬水獸者有三種，即水獺（*Lutra lutra*）、江獺（*L.perspicillata*）、小爪水獺（*Aonyx cinerea*）；嚙齒目河狸科（Castoridae），我國衹一種，即河狸（*Castor fiber*）；鼠科（Muridae）中水獸有兩種，即水田鼠（*Arvicola terrestris*）、麝鼠（*Ondatra zibethica*）。

　　水獸與人類關係非常密切，大部分水獸具有很高的經濟價值。因此，人類很早就開始捕撈水獸爲用。水獺之毛皮極爲貴重，其底絨豐厚，保暖性强，且華麗美觀，可用以製造名貴的大衣領和皮帽等。鯨目動物之皮肉均可利用，其脂肪是重要的工業原料，特別是鯨腦油，可製精密儀器的潤滑油。抹香鯨腸内的龍涎香是製造名貴香料的原料。鯨皮可製革，肉可食，内臟可提取激素、維生素等藥物。河狸亦是珍貴的毛皮獸。麝鼠毛皮外觀優美，呈棕褐色，帶有光澤，具有皮板壯、絨毛厚、針毛亮等特點，是一種珍貴的毛皮獸；其原産北美，因其體形較大，繁殖快，便於飼養，引起歐洲各國注意，先後移殖，我國自 20 世紀 50 年代引入。

　　我國水獸資源豐富，但日本侵華時曾在黃海、東海等海域大量捕獲鬚鯨，加上世界其他漁業國的濫捕，使鯨類資源遭受嚴重破壞，現存大型鬚鯨數量極少，幾乎滅絶。爲保護鯨類資源，我國將若干鯨類列爲國家保護動物，并建立自然保護區，進行重點保護。白鱀豚爲我國特産，有“水中大熊猫”之稱，所剩數量甚少，屬珍稀、瀕危動物，我國亦將其列爲國家一級保護動物，建立自然保護區，進行重點保護，并開展了對其形態、生理、分布、繁殖等方面的科學研究。

鯨

　　俗稱“鯨魚”。水栖類大型哺乳動物。水獸名。哺乳綱，淡水鯨科，抹香鯨科，鯨科動物之統稱。形似魚，前肢化爲鰭，後肢完全退化，尾呈魚尾狀，或有背鰭。種類甚多，身長 1~30 米。長短因種類而异。頭大，眼小，無外耳。成體無毛，而皮下脂肪甚厚，以有效保暖與有利浮游。用肺呼吸，靠頭頂之鼻孔於水面吸氣，每次可潛泳 10 分鐘至一小時。胎生，常一胎一仔。分鬚鯨、齒鯨兩大類。前者形體較大，有鬚無齒，雙鼻孔，以水中浮游生物、甲殼類爲主食；后者體形較小，有齒無鬚，單鼻孔，以魚類、海鳥、海豹等爲食。它能發出超聲波，靠聲吶回聲來定位。皮、肉、脂肪均可用，經濟價值甚高。世界各海洋皆有分布。此稱先秦時已行用。《左傳·宣公十二年》：“取

鯨
（明王圻等《三才圖會》）

其鯨鯢而對之。”《説文・魚部》：“鱷，海大魚也。从魚，畾聲……鯨，鱷或从京。”晉郭璞《江賦》：“介鯨乘濤以出入，鰠鮆順時而往還。”《後漢書・班固傳》：“於是發鯨魚，鏗華鍾，登玉輅，乘時龍，鳳蓋颯灑，和鸞玲瓏，天官景從，寖威盛容。”李賢注：“鯨魚，謂刻杵作鯨形也。鏗謂繫之也……薛綜注《西京賦》云：‘海中有大魚名鯨。又有獸名蒲牢。蒲牢素畏鯨魚，鯨魚擊蒲牢，蒲牢輒大鳴呼。凡鐘，欲令其聲大者，故作蒲牢於其上，撞鐘者名爲鯨魚。鐘有篆刻之文，故曰華。’”唐韓愈《祭鱷魚文》：“潮之州，大海在其南。鯨鵬之大，蝦蟹之細，無不容歸。”金元好問《鄧州城樓》詩：“長鯨駕空海波立，老鶴叫月蒼烟愁。”參見本書《水族卷・水生脊椎動物説・水生哺乳動物考》文。

鯨魚

“鯨”之俗稱。此稱漢代已行用。見該文。

海翁魚

即抹香鯨。參見本書《水族卷・水生脊椎動物説・水生哺乳動物考》文。

海鰍

省稱“鰍”。亦稱“鰍魚”。水獸名。哺乳綱，露脊鯨科，黑露脊鯨（*Eubalaena glacialis* Borowski）。共有三屬五種，我國海域分布的爲黑露脊鯨。體長近 20 米，重達 70 噸。頭部有角質瘤，上頜前端之瘤尤大。無背鰭。屬鬚鯨類，每側有鯨鬚約 230 片。以浮游生物爲食。此稱唐代已行用。唐劉恂《嶺表録異》下：“海鰍，即海上最偉者，其小者亦千餘尺，吞舟之説，固非謬也……過安南貿易，路經調黎，深闊處，或見十餘山，或出或没。篙工曰：‘非山島，鰍魚背也。’雙目閃爍，鬐鬣若簸朱旗。日中忽雨霶霈，舟子曰：‘此鰍魚噴氣，水散於空，風勢吹來若雨耳。’”《爾雅翼・釋魚》：“《水經》曰：‘海中鰍，長數千里，穴居海底。’”明屠本畯《閩中海錯疏》卷上：“海鰍噴沫，飛灑成雨；其來也移若山岳，乍出乍没。舟人相值，必鳴金鼓以怖之，布米以厭之，鰍悠然而逝。”

【鰍】

“海鰍”之省稱。此稱南北朝時期已行用。見該文。

【鰍魚】

即海鰍。此稱唐代已行用。見該文。參見本書《水族卷・水生脊椎動物説・水生哺乳動物考》文。

江豚

亦稱“水猪”“鱀魚”。俗稱“江猪”。水獸名。哺乳綱，海豚科。江豚（*Neophocaena phocaenoides*）體形似魚，肥狀如猪；棲息於水中，故又稱“水猪”，俗稱“江猪”。身長 1~1.5 米，頭小而短，前額微凸。眼小，尾扁，無背

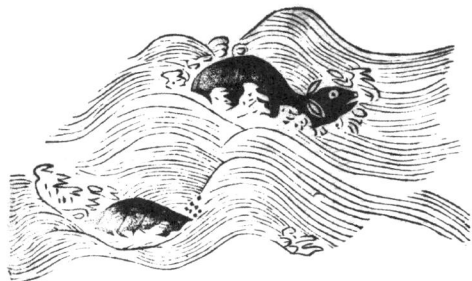

江 豚
（明王圻等《三才圖會》）

鰭。色灰黑，喜獨栖，亦小集群，以魚類或其他水生動物爲食。肉可食，皮可製革，骨可爲飼料、肥料。分布於我國長江中下游與東南沿海一帶。此稱晋代已行用。《文選・郭璞〈江賦〉》：“魚則江豚海狶。”李善注：“《南越志》曰：‘江豚似猪。’”唐許渾《金陵懷古》詩：“石燕拂雲晴亦雨，江豚吹浪夜還風。”明李時珍《本草綱目・鱗四・海豚魚》：“〔釋名〕海狶。《文選》：‘生江中者名江豚。’時珍曰，《南方異物志》謂之水猪。〔集解〕藏器曰：‘江豚生江中，狀如海豚而小。’時珍曰，其狀大如數百斤猪。形色青黑如鯰魚，有兩乳，有雌雄，類人。”《事物異名録》卷三八：“《正字通》、郭璞賦，海狶。《南方異物志》謂之水猪，又名䲅魚，謂其多涎也。按：《本草綱目》謂鱀魚、水猪、䲅

魚，皆江豚名。大抵海豚、江豚，因所處而分，其實一物也。”

【水猪】
即江豚。此稱南北朝時期已行用。見該文。

【䲅魚】
即江豚。此稱明代已行用。見該文。

【江猪】
“江豚”之俗稱。見該文。

【鯆䰽】
亦作“鱄䰽”“鱛䰽”。亦稱“鮄魚”，省稱“鮄”“鯆”“鮄”。“江豚”之别稱。此稱漢代已行用。《説文・魚部》：“鮄，魚名……一曰鮄魚，出江東，有兩乳。”段玉裁注：“鮄，即今之江猪，亦曰江豚。樂浪潘國與九江同産此物。”《晋書・隱逸傳・夏統》：“〔夏統〕初作鯔鰣躍，後作鯆䰽引。”唐皮日休《奉和魯望漁具十五詠・滬》詩：“濤頭條爾過，數頃跳鯆䰽。”《廣韻・平模》：“鯆，大魚。”又：“鯆，鯆䰽。魚名。亦作鮄。”又：“鮄，魚名。又江豚别名。天欲風則見。鱄，則鯆。”明楊慎《異魚圖贊》卷三：“樂浪潘國，魚之淵府，異哉鮄魚，鮕有兩乳。”《事物異名録》卷三八：“《説文》江豚一名鯆䰽，逢風則涌。一名鮄魚，一名奔䰽。又‘鱄䰽’，《史記正義》作‘鱛䰽’，《廣韻》作‘鯆䰽’。”

【鱄䰽】
同“鯆䰽”。此體漢代已行用。見該文。

【鱛䰽】
同“鯆䰽”。此體唐代已行用。見該文。

【鮄魚】
即鯆䰽。此稱漢代已行用。見該文。

水 猪
（馬駘《馬駘畫寶》）

【鮴】

　　即鯆鮸。此稱漢代已行用。見該文。

【鯆】

　　"鯆鮸"之省稱。此稱宋代已行用。見該文。

【鮸】

　　即鯆鮸。此稱宋代已行用。見該文。

【鮋鮸】

　　單稱"敷"。"江豚"之別稱。即鯆鮸。此稱三國時已行用。魏曹操《四時食制》："鮋鮸魚，黑色，大如百斤猪……數枚相隨，一浮一沉。一名敷。常見首。出淮及五湖。"《事物異名録》卷三八："魏武帝《四時食制》：'鮋鮸之魚，大如百勮猪，數枚相隨，沉浮自如。'按：即江豚也。"

【敷】

　　即鮋鮸。此稱三國時已行用。見該文。

【奔鮋】

　　亦稱"瀶"。即江豚。瀶，原本係泉之稱謂，因江豚呼氣時噴水若泉，故借稱。此稱唐代已行用。唐段成式《酉陽雜俎・鱗介篇》："奔鮋，一名瀶。非魚，非蛟，大如船，長二三丈，色如鮎。有兩乳在腹下，雄雌陰陽類人。取其子著岸上，聲如嬰兒啼。頂上有孔通頭，氣出嚇嚇作聲，必大風，行者以爲候。"《事物異名録》卷三六："《酉陽雜俎》：'奔鮋，一名瀶。'"參見本卷《獸説・水獸考》"鯆鮸"。

【瀶】

　　即奔鮋。此稱唐代已行用。見該文。

【拜江猪】

　　亦稱"井魚"。爲"江豚"之俗稱。因其鼻孔嚮天開於顱頂如穴，呼吸時則溢水如井泉，若香客朝聖，故稱；又因頭穴如井，故亦稱

"井魚"。此稱唐代已行用。唐段成式《酉陽雜俎・鱗介篇》："井魚，腦有穴，每翕水輒於腦穴蹙出，如飛泉，散落海中。舟人竟以空器貯之。海水鹹苦，經魚腦穴出，反淡如泉水焉。"《事物異名録》卷三八："《山堂肆考》：'江豚俗呼拜江猪。以其腦中有井，故又名井魚。'"

【井魚】

　　即拜江猪。此稱唐代已行用。見該文。

【屯江小尉】

　　亦稱"追風使"。"江豚"之譽稱。以其多在風天巡游於江面，故稱。此稱宋代已行用。《正字通・魚部》："魨……本作豚。舊注音豚，不知魨爲俗增也。"《事物異名録》卷三八引宋毛勝《水族加恩簿》："屯江小尉，宜授追風使，試湯波太守。"按：謂江魨也。

【追風使】

　　即屯江小尉，此稱宋代已行用。見該文。

海豚

　　亦稱"海豚魚""海狶"。水獸名。哺乳綱，海豚科，短吻真海豚（*Delphinus delphis*）。形似魚，身長二米餘，長圓如紡錘；體側常有一、二條暗紋。嘴尖，額突，上下頜各有近百顆尖細牙齒，以小魚、烏賊、蝦、蟹等爲食。腦發達，甚聰穎，可學做很多複雜動作，爲水族館中明星，深受孩童喜愛。喜群栖，善助人，甚得人們親善喜愛。其肉可食，皮可製革，脂肪可製油。分布於各海洋中。此稱秦漢時已行用。《爾雅・釋魚》："鱀，是鱁。"郭璞注："鱀，鮥屬也。體似鱏，尾如鮕魚。大腹，喙小鋭而長，齒羅生，上下相衝。鼻在額上，能作聲。少肉多膏。胎生。健啖細魚。"明李時珍《本草綱目・鱗四・海豚魚》："〔釋名〕海狶。時珍曰，

海豚、江豚，皆因形命名。〔集解〕藏器曰：'海豚生海中，候風潮出没。形如豚，鼻在腦上作聲，噴水直上。百數爲群。'"《事物異名録》卷三八："《爾雅》：'鱀，是鱁。注鮥屬。'按：即海豚也。"

【海豚魚】

即海豚。此稱明代已行用。見該文。

【海狶】

即海豚。此稱明代已行用。見該文。參見本書《水族卷·水生脊椎動物説·水生哺乳動物考》文。

鱀

亦稱"鱁"。俗稱"白鱀豚""白旗"。水獸名，哺乳綱，淡水鯨科，白鱀豚（*Lipotes vexillifer*）。謂白鰭豚。形如紡錘，身長2米餘，有背鰭。背色藍灰，腹色銀白，鰭尤白，故稱"白鰭豚"。游弋於江面時，背鰭如迎風而立之白旗，逆水行進，故又稱"白旗"。頭圓，頭短，眼小，吻長而尖，達30厘米，口內生有130餘顆細牙，齒根扁寬。視力嚴重退化，靠超聲波回聲定位。喜獨栖，或小集群活動，主食魚類。爲我國特産珍獸，有"水中大熊猫"之稱，屬國家一類保護動物。分布於長江中下游水域，錢塘江亦有。此稱秦漢時已行用。《爾雅·釋魚》："鱀，是鱁。"郭璞注："鱀，鮥屬也……大腹，喙小鋭而長，齒羅生，上下相銜。鼻在額上，能作聲。少肉多膏。胎生……大者長丈餘，江中多有之。"明李時珍《本草綱目·鱗四·海豚魚》："〔釋名〕海狶。《文選》：'生江中者名江豚。'江猪、水猪、鱀魚、饞魚、鯆魶。〔集解〕時珍曰，其狀大如數百斤猪，形色青黑如鮎魚，有兩乳，有雌雄，類人。數枚

同行，一浮一沉，謂之拜風。"參見本卷《獸説·水獸考》"江豚""海豚"文。

【鱁】

即鱀。此稱秦漢時期已行用。見該文。

【白鱀豚】

"鱀"之俗稱。此稱漢代已行用。見該文。

【白旗】

"鱀"之俗稱。爲現代沿江百姓口語。見該文。

【白鰭豚】

即鱀。爲現代之稱謂。見該文。

獺 [2]

亦稱"水狗""水獺"。半水栖獸類。水獸名。哺乳綱，鼬科，水獺（*Lutra lutra* Linnaeus）。以其形似狗，又栖息水中，故稱"水狗""水獺"。體長50~75厘米，頭扁寬，四肢粗短，趾間具蹼，尾長而有力。毛短色褐，背深腹淺，具光澤。穴居河濱，性善泳。晝伏夜出，捕食魚類，亦食蛙、鳥等。皮毛柔軟喜水，極爲珍貴，可製衣帽；肝可入藥，治癆瘵。廣泛分布於我國大部分地區。野生，亦可豢養。此稱三國時已行用。《廣雅·釋獸》："獺，一名水狗。"

獺
（清余省、張爲邦等《獸譜》）

《孟子·離婁上》：“故爲淵驅魚者，獺也；爲叢驅爵者，鸇也。”《淮南子·主術訓》：“獺未祭魚，網罟不得入於水。”高誘注：“獺，獱也。”按：獱，獺之別名。《事物異名録》卷三七：“水狗，《廣雅》：‘獺，一名水狗。’又，鴟鳥亦名水狗。”清方文《品魚四十首·鯔》詩：“獺能辨諸魚，食此必有以。”《兒女英雄傳》第二一回：“人比他兩個作江裏吃人的水獺，水底壞船的海馬一般。”

【水狗】

即獺。此稱三國時已行用。見該文。

【水獺】

即獺。此稱清代已行用。見該文。

【猵獺】

亦作“蝙獺”。獺之一種。捕食魚類。此稱先秦時已行用。《文子·上義》：“夫畜魚者，必去其蝙獺。”《淮南子·兵略訓》：“夫畜池魚者，必去猵獺。養禽獸者，必去豺狼。”高誘注：“猵，獺之類，食魚者也。”漢桓寬《鹽鐵論·輕重》：“水有猵獺而池魚勞，國有强禦而齊民消。”宋孔平仲《二十二日大風發長蘆》詩：“江豚蹴吾前，猵獺作人立。”

【蝙獺】

同“猵獺”。此體先秦已行用。見該文。

【猵】²

亦作“獱”。即獺。釋義衆説不一。一説獺之大者，一説獺之小者，一説謂獺之個體。此稱漢代已行用。《説文·犬部》：“猵，獺屬。從犬，扁聲。獱，或從賓。”明李時珍《本草綱目·獸二·水獺》：“〔釋名〕水狗。時珍曰……其形似狗，故字從犬，從賴。大者曰獱，曰猵。又，桓寬《鹽鐵論》以獨爲猵、群爲獺。”《事物異名録》卷三七：“獱，《廣韻》：‘獱，獺之別名。’按：師古曰：‘獱，小獺也。’李時珍曰：‘〔獺〕大者爲獱。’未知孰是。”

【獱】

同“猵²”。此體漢代已行用。見該文。

膃肭獸

參見本書《水族卷·水生脊椎動物説·水生哺乳動物考》文。

海狗

參見本書《水族卷·水生脊椎動物説·水生哺乳動物考》文。

人魚

參見本書《水族卷·水生脊椎動物説·水生哺乳動物考》文。

人　魚
（明王圻等《三才圖會》）

水豹

水獸名。栖息水中，以其形似豹，故名。此稱漢代已行用。漢揚雄《蜀都賦》：“其深則有猵獺、沈鱓、水豹、蛟蛇。”章樵注：“水豹，水獸，狀似豹。”漢張衡《南都賦》：“追水豹兮鞭蝄蜽，憚夔龍兮怖蛟螭。”南朝齊謝朓《三日侍宴曲水代人應詔》詩：“筵浮水豹，席擾雲螭。”

水犀

犀牛之一種。以其生活於水中，故稱。形似豕而大，皮厚，有珠甲。皮可以作甲。此稱先秦時已行用。《國語·越語上》：“今夫差衣水犀之甲者億有三千。"韋昭注:"犀形似豕而大,今徼外所送,有山犀、水犀。水犀之皮,有珠甲,山犀則無。"唐杜牧《潤州二首》詩之二:"謝朓詩中佳麗地,夫差傳裏水犀軍。"明李時珍《本草綱目·獸二·犀》:"水犀出入水中,最爲難得。"清趙翼《題嶺南物産圖六十二韻》:"水犀角在鼻,石羊膽藏足。"

水鼠

鼠之一種。多生活於水邊,取食水中小魚蟹,因而得名。此稱明代已行用。明劉基《活水源記》:"其中有石蟹,大如錢;有小鱖魚,色正黑,居石穴中。有水鼠常來食之。"

水麝

麝之一種。以其多生活於水中,故名。此稱唐代已行用。明李時珍《本草綱目·獸二·麝》〔集解〕引蘇頌曰:"又有一種水麝,其香更奇。臍中皆水,瀝一滴於斗水中,用灑衣物,其香不歇。"此説見唐段成式《酉陽雜俎》。參見本卷《獸説·陸獸考》"麝"文。

潛牛 [1]

一種水獸。形似水牛。善潛水中,出水角則軟,入水角則堅。此稱漢代已行用。漢張衡《西京賦》:"搤水豹,鞭潛牛。"北魏酈道元《水經注·葉榆河》:"縣江中有潛牛,形似水牛。上岸鬥,角軟,還入江水,角堅復出。"清屈大均《廣東新語》卷二一:"西江有潛牛,牛身魚尾,能上岸與牛相鬥。角軟入水,既堅復出。牧者歌云:'毋飲江流,恐遇潛牛。'"

附録:"三有"獸類考

一、"三有獸類"名義訓

本節所考論之"三有獸類",是指在生態、科學和社會價值方面具有重要意義的陸生野生獸類。

我國野生動物種類資源十分豐富,僅脊椎動物就有6400多種。1988年11月全國人大常委會通過并頒布了《中华人民共和國野生動物保護法》,國務院隨即批准了《國家重點保護野生動物名録》。此後,各省、自治區、直轄市根據各地實際情況,制定相應的地方配套法律法規,發布地方保護野生動物名録。按照上述法律法規,各級林業行政主管部門在劃建自然保護區、實施物種拯救工程、强化保護執法、開展宣傳、資源調查和科學研究等方面做了大量工作,卓有成效地保護了衆多瀕危、珍貴野生動物,大熊猫、朱鸝、揚子鰐、海南坡鹿、白鶴等一批瀕危物種種群日趨穩定并不斷增長,取得不少成績。

然而,國家和地方重點保護的野生動物,畢竟衹占我國野生動物資源的一小部分。除此之外,我國還有許多野生動物在維護生態環境中具有不可替代的作用,并且同樣是國民經濟可持續發展的重要自然資源,也具有較大的科研價值。爲使這部分野生動物資源得到保護，根據《中华人民共和國野生動物保護法》中"國家保護的有益的或者有重要經濟、科學研究價值的陸生野生動物名録及其調整，由國務院林業行政主管部門制定并公布"的規定，2000 年 8 月 1 日，國家林業局第七號令發布了《國家保護的有益的或者有重要經濟、科學研究價值的陸生野生動物名録》(簡稱《"三有"保護名録》)。其後，《中华人民共和國野生動物保護法》在 2004、2009、2018 年進行三次修正，在 2016、2022 年進行兩次修訂，對應的《"三有"保護名録》在 2018 年修正爲《國家保護的有重要生態、科學、社會價值的陸生野生動物名録》。

《"三有"保護名録》的發布實施，進一步明確了我國野生動物保護範圍和職責，爲加强我國野生動物保護，優化生態環境和實施可持續發展戰略，奠定了又一重要法律基礎。

獸類與人類有着密切的關係，除供應人類肉食、毛皮和役用外，有的還具有很高的科學價值。屬於食蟲目動物的刺猬、鼩鼱是獸類中古老而原始的類群，是多種隱藏在地下害蟲的捕食高手；翼手目動物是獸類中唯一能够飛行的類群，多種蝙蝠可在夜空中追食暗藏暗飛的蚊蚋；屬鱗甲目的動物穿山甲全身布滿鱗甲，長着細長的舌頭，以其分泌的黏液取食螞蟻和白蟻。它們都是人類的朋友。屬於嚙齒動物的各種老鼠，是獸類中種類最多的類群，除麝鼠等一些經濟種類外，絕大部分老鼠危害農、林、牧業生產，有些種類還是危害人類健康的傳染性疾病的宿主，在目前的科學水準上是我們控制的對象；屬於兔形目的各種野兔和外形似鼠、牙齒構造像兔的鼠兔，在適應嚙咬生活以及與人類的關係方面都與嚙齒目相似，我們把它們同嚙齒目動物合稱爲嚙齒動物。屬於靈長目的各種猿猴都是珍貴的獸類，其中金絲猴、臺灣猴等僅見於我國；生有强大裂齒和發達犬齒的食肉動物（包括大熊猫）以及野馬、野駱駝、白唇鹿、海南坡鹿、黑鹿、羚牛、藏羚、高鼻羚羊等有蹄類，多爲中大型重要的經濟種類和珍稀保護動物，有些也是我國特產。人稱"美人魚"的海牛目動物——儒艮，外形似紡錘形，前肢演變爲鰭狀，後肢退化；各種鯨和海豚的身體已進化爲流綫型，它們的外部形態已完全適應了海洋生活。

綜上所述，獸類對周圍環境有着高度的適應性，一旦環境發生變化，就必須調整自身與環境的關係方能生存下去。因此，在長期進化過程中，獸類生存于地球上陸地、天空、海洋各个空間，并使它們在形態、生理、行爲等方面產生很大差异，衍生出許多特化的種類。

二、"三有獸類" 的種類與生存狀況

（一）"三有獸類" 的種類

2018 年修正的《"三有" 保護名録》包括獸綱中的六目十四科八十八種，鳥綱有十八目六十一科七百零七種，兩栖綱有三目十科二百九十一種，爬行綱有三目二十科三百九十五種，昆蟲綱有十七目七十二科一百二十屬一百一十種，總計達一千五百九十一種。

獸類動物包括食蟲目（Insectivora）四種，樹駒目（Scandentia）一種，食肉目（Carnivora）二十七種，偶蹄目（Artiodactyla）七種，兔形目（Lagomorpha）六種，嚙齒目（Rodentia）四十三種。總計八十八種。其中：

食蟲目（Insectivora）四種，分别是猬科（Erinaceidae）的普通刺猬（*Erinaceus europaeus*）、達烏爾猬（*Hemiechinus dauuricus*）、大耳猬（*Hemiechinus auritus*）、侯氏猬（*Hemiechinus hughi*）。

樹駒目（Scandentia）一種，是樹駒科（Tupaiidae）的樹駒（*Tupaia belangeri*）。

食肉目（Carnivora）二十七種，分别是犬科（Canidae）的狼（*Canis lupus*）、赤狐（*Vulpes vulpes*）、沙狐（*Vulpes corsac*）、藏狐（*Vulpes ferrilata*）、貉（*Nyctereutes Procyonoides*），鼬科（Mustelidae）的香鼬（*Mustela altaica*）、白鼬（*Mustela erminea*）、伶鼬（*Mustela nivalis*）、黄腹鼬（*Mustela kathiah*）、小艾鼬（*Mustela amurensis*）、黄鼬（*Mustela sibirica*）、紋鼬（*Mustela strigidorsa*）、艾鼬（*Mustela eversmanni*）、虎鼬（*Vormela peregusna*）、鼬獾（*Melogale moschata*）、緬甸鼬獾（*Melogale personata*）、狗獾（*Meles meles*）、猪獾（*Arctonyx collaris*），靈猫科（Viverridae）的大斑靈猫（*Viverra megaspila*）、椰子狸（*Paradoxurus hermaphroditus*）、果子狸（*Paguma larvata*）、小齒椰子猫（*Arctogalidia trivirgata*）、縞靈猫（*Chrotogale owstoni*）、紅頰獴（*Herpestes javanicus*）、食蟹獴（*Herpestes urva*），猫科（Felidae）的雲猫（*Felis marmorata*）、豹猫（*Felis bengalensis*）。

偶蹄目（Artiodactyla）七種，分别是猪科（Suidae）的野猪（*Sus scrofa*），鹿科（Cervidae）的赤麂（*Muntiacus muntjak*）、小麂（*Muntiacus reevesi*）、菲氏麂（*Muntiacus feae*）、毛冠鹿（*Elaphodus cephalophus*）、麅（*Capreolus capreolus*）、馴鹿（*Rangifer tarandus*）。

　　兔形目（Lagomorpha）六種，分別是兔科（Leporidae）的草兔（*Lepus capensis*）、灰尾兔（*Lepus oiostolus*）、華南兔（*Lepus sinensis*）、東北兔（*Lepus mandschuricus*）、西南兔（*Lepus comus*）、東北黑兔（*Lepus melainus*）。

　　嚙齒目（Rodentia）四十三種，分別是鼯鼠科（Petauristidae）的毛耳飛鼠（*Belomys pearsonii*）、複齒鼯鼠（*Trogopterus xanthipes*）、棕鼯鼠（*Petaurista petaurista*）、雲南鼯鼠（*Petaurista yunanensis*）、海南鼯鼠（*Petaurista hainana*）、紅白鼯鼠（*Petaurista alborufus*）、臺灣鼯鼠（*Petaurista pectoralis*）、灰鼯鼠（*Petaurista xanthotis*）、栗褐鼯鼠（*Petaurista magnificus*）、灰背大鼯鼠（*Petaurista philippensis*）、白斑鼯鼠（*Petaurista marica*）、小鼯鼠（*Petaurista elegans*）、溝牙鼯鼠（*Aeretes melanopterus*）、飛鼠（*Pteromys volans*）、黑白飛鼠（*Hylopetes alboniger*）、羊絨鼯鼠（*Eupetaurus cinereus*）、低泡飛鼠（*Petinomys electilis*），松鼠科（Sciuridae）的松鼠（*Sciurus vulgaris*）、赤腹松鼠（*Callosciurus erythraeus*）、黃足松鼠（*Callosciurus phayrei*）、藍腹松鼠（*Callosciurus pygerythrus*）、金背松鼠（*Callosciurus caniceps*）、五紋松鼠（*Callosciurus quinquestriatus*）、白背松鼠（*Callosciurus finlaysoni*）、明紋花松鼠（*Tamiops macclellandi*）、隱紋花松鼠（*Tamiops swinhoei*）、橙腹長吻松鼠（*Dremomys lokriah*）、泊氏長吻松鼠（*Dremomys pernyi*）、紅頰長吻松鼠（*Dremomys rufigenis*）、紅腿長吻松鼠（*Dremomys pyrrhomerus*）、橙喉長吻松鼠（*Dremomys gularis*）、條紋松鼠（*Menetes berdmorei*）、岩松鼠（*Sciurotamias davidianus*）、側紋岩松鼠（*Sciurotamias forresti*）、花鼠（*Eutamias sibiricus*），豪豬科（Hystricidae）的帚尾豪豬（*Atherurus macrourus*）、中國豪豬（*Hystrix hodgsoni*）、雲南豪豬（*Hystrix yunnanensis*），竹鼠科（Rhizomyidae）的花白竹鼠（*Rhizomys pruinosus*）、大竹鼠（*Rhizomys sumatrensis*）、中華竹鼠（*Rhizomys sinensis*）、小竹鼠（*Cannomys badius*），鼠科（Muridae）的社鼠（*Rattus niviventer*）。

　　（二）“三有獸類”的生存狀況

　　千奇百怪的珍禽异獸源於大自然，它們歷盡滄桑，繁衍生息，與人類世代共存。但由於自然環境的變遷，數以萬計的物種已在地球上滅絕。近百年來，人們在從事生產活動的同時，逐漸認識到保護野生動物、保護生態平衡并使之朝着有利於人類生存的方式循序發展的重要性。

　　我國是個地大物博、山川秀麗的文明古國，動物資源極其豐富。拯危繼絕，爲各種動物提供廣泛多樣的栖息地和它們繁衍後代所需要的生態環境是人類義不容辭的職責。

　　翼手類所屬的各種蝙蝠，居住在各類大小山洞，古老建築物的縫隙、天花板、隔墻以及樹洞、山上岩石縫中，而一些南方食果的蝙蝠還隱藏在棕櫚、芭蕉樹的樹葉後面。蝙蝠大部分是吃蟲的，有的種類還以植物的花粉、果實爲食，個別種類還有吸血的。它們取食時，不是依靠視覺，而是靠口腔和吻鼻部發出的超聲波，利用回聲定位來獲得食物。因大部分以昆蟲爲食而有益於人類，它們的糞便還可作肥料使用。少部分吃植物果實、花粉，極個別種類如吸血蝠是流行性傳染病的宿主而不利於人類。總之，它們中的絶大多數是人類的朋友，應加以保護。

　　靈長類動物一般生活在熱帶、亞熱帶和溫帶山林裏，栖息的海拔高度隨種類、季節不同而有所差別。它們通常過着樹栖、半樹栖的群居生活，白天活動，僅有少數種類，如蜂猴、夜猴、指猴等爲夜間活動。活動時以家族式群體在一起，有時也結成大群，每群數量不等。群體內有猴王帶領猴群覓食和漫游，此時雌猴和幼猴排在隊伍中間，以不同動作來傳遞資訊，停留時，均有成年猴登高瞭望，發現險情即鳴叫報警。它們憑藉高度發達的感覺器官，靈活運動的四肢和適於攀爬和抓拿的手指、脚趾，可在樹際間迅速疾行和跳躍。長臂猿的前肢特長，祇需輕輕一悠，就可從一棵樹轉移到數米外的另一棵樹上。猴類靠長尾能保持身體平衡，可在森林的枝叉間飛快地活動。靈長類動物的食物很雜，主要以水果、穀物爲主，也吃竹笋、蘿蔔等食物。它們不僅是觀賞動物，更重要的是可作爲醫學、航空事業的實驗動物，在科研上也有極大的研究價值，應予保護。猴類也侵入農田盜食莊稼，食量雖小但破壞嚴重。人類雖然是它們的近親，但對這些動物的威脅也最大。由於人類大面積砍伐森林以及濫捕亂獵等，猴類的種群數量急劇下降。因此，我們除采取措施控制它危害性的一面外，還需加强有關自然保護區的管理及人工繁殖中心的建設，以利猴類的生存和繁衍後代。

　　多數食肉獸以肉食爲主，但豺、狼、貂、大靈貓、小靈貓等，除肉食外，還吃一些植物性食物，近於雜食；熊類和小熊貓植物性食物的比重增加，而大熊貓以箭竹、竹笋爲主食，在食肉目動物裏幾乎成爲素食者。食肉獸大部是晝伏夜出，喜獨居生活，僅在繁殖育幼時期有短暫的家族式栖聚。每種食肉獸往往有一定的活動領域：獅子由於群居式生活所需空間較小；虎是獨來獨往的猛獸，喜歡游蕩，所需空間較大。由於生活環境遭到破壞，食物減少，虎的命運令人擔憂，如分布在我國東北、華南各地的老虎數量已極爲稀少，趨於滅絕。食肉獸中不少種類如虎、豹、大熊貓、小熊貓等都是國家頒布的數量日趨減少需加強保護的國家一、二類保護動物。

生活在我國的有蹄類動物，多數爲陸栖獸類。它們集群生活，多活動於森林、草原、荒漠、半荒漠等多種環境中。我國的有蹄類動物，除有科研價值或作爲觀賞動物外，大多可以列爲資源動物，如鹿科中的麝，不但種類多，資源也豐富，居世界之首。在中國傳統的中草藥中，以麝香和鹿茸最爲名貴，而我們在古代就有飼養梅花鹿取茸入藥的歷史了。人工養麝和人工取香早在中華人民共和國成立初就已經開展，目前已具有一定規模。現代的大家畜如駱駝、水牛、牦牛、山羊、綿羊等也是從野生的有蹄類動物中馴化而來的。目前已有多種此類動物列爲國家一、二類保護動物。但仍有一些人爲了獲得皮、肉，取茸、取香入藥而對它們濫捕亂獵，加上人類經濟活動對動物栖息地的破壞，它們的數量日益減少，有的已瀕臨滅絕，國家正在積極加大保護力度。

總之，"三有獸類"的生存環境并不理想，對它們的生存、發展構成威脅的因素又是多種多樣。因此，我們必須采取積極措施，全民總動員，全社會齊努力，保護好"三有獸類"和所有的生物種類。

三、保護"三有獸類"的意義與主要措施

首先，《中華人民共和國野生動物保護法》規定珍貴、瀕危的陸生、水生野生動物和有益的或者有重要經濟、研究價值的陸生野生動物受國家法律保護，所以濫食野生動物是違法行爲。

其次，保護野生動物就是保護人類自己。由於環境的惡化，人類的亂捕濫獵，各種野生動物的生存正在面臨着各種各樣的威脅。近100年，物種滅絕的速度已超過了自然滅絕速度的100倍，每天都有很多種生物從地球上消失。我國也已經有一些哺乳類動物滅絕，還有一些珍稀動物面臨滅絕。它們的滅絕會導致許多可被用於製造新藥的分子歸於消失，還會導致許多有助於農作物戰勝惡劣氣候的基因歸於消失，甚至引起新的瘟疫，由此所造成的損失是我們永遠也無法挽回的。

再者，食用野生動物極易傳染疾病。野生動物與人類共患的疾病有100多種，如狂犬病、結核、鼠疫、甲肝等。它們的內臟、血液乃至肌肉中均含有各種寄生蟲，如B病毒、弓形蟲、絲蟲、旋毛蟲等，有些即使在-15℃的低溫或100℃的高溫下也不能被殺死或清除。稍有不慎，就會得出血熱、鸚鵡熱、兔熱病、腦囊蟲、肺吸蟲、血吸蟲、腸道寄生蟲病等。例如我國主要猴類之一的獼猴有 10%~60% 携帶 B 病毒，而生吃猴腦者感染的可能性很大，一旦染上 B 病毒，人必死無疑。再拿人們吃得較多的蛇來説，食用它導致人們患病率很高，諸如癌症、肝炎、寄生蟲病等幾乎什麼病都有可能感染。在某些地區，由於人們對飲食力求新鮮，喜食用生食和半生食，這使得食源性的寄生蟲發病率逐年增加。事實上，各種家養動物已能够爲我們提供足够的營養，所以人類没有必要去食用野生動物。

中國從 20 世紀 50 年代開始建立自然保護區。截止 2021 年末，全國已建立國家級自然保護區 474 處，面積達 93 萬平方公里，占國土面積的 9.72%。自然保護區的建設，使珍稀野生動植物資源得到有效保護。

中國有重點、有組織地實施對大熊猫、朱鹮、揚子鰐、海南坡鹿、高鼻羚羊、野馬等瀕危野生動物的"七大拯救工程"。大熊猫保護工程：從 1992 年至 2000 年，新建 14 處大熊猫保護區，總面積 4242 平方公里，其中大熊猫栖息地 2479 平方公里。完善原有 13 處、總面積 5380 平方公里的大熊猫保護區的建設和管理，建立 17 條保護區走廊帶，在 32 個縣建設大熊猫栖息地管理站。工程涉及四川、陝西、甘肅三省的 34 個縣。朱鹮拯救工程：從 1993 年至 2000 年，在陝西、北京等地建立 13 處、總面積 4130 公頃的朱鹮保護地，進行朱鹮的人工飼養繁殖和科學研究。揚子鰐保護和發展工程：從 1983 年開始，在安徽建立 100 公頃揚子鰐繁殖研究中心，建立 440 平方公里的揚子鰐自然保護區。海南坡鹿拯救工程：從 1984 年至 1988 年，將自然保護區從 400 公頃擴大到 1366 公頃，建立穩定的人工馴養種群。野馬拯救工程：從 1995 年開始，在新疆吉木薩爾建立野馬繁育中心，在甘肅武威建立荒漠動物繁育中心，進行野馬的野化試驗。麋鹿拯救工程：從 1986 年開始在江蘇大豐建立麋鹿保護區，面積 1000 公頃，進行麋鹿圈養自然繁殖。高鼻羚羊拯救工程：從 1988 年開始在甘肅建立瀕危動物中心。

本節所考論的"三有獸類"，以 2018 年修正的《"三有"保護名録》爲據。本卷已於第二章第一、二、三節作了考論，本考不再單列。

第三章　畜　説

第一節　衣食用畜考

　　衣食用畜指與人類衣食生活密切相關的家畜，主要指猪、羊、兔，它們均由其野生種類馴化而來。另外，還包括主要用於役使的牛、馬、驢、騾、駱駝，以及主要用於玩賞的犬、猫與人類衣食有直接關係的内容，如肉、皮毛和血，等等。因此，本節所考内容主要是猪、羊、兔，但因本卷《獸説·陸獸考》對兔已詳細考釋，爲避免重複，本節不再贅述。而關於牛、馬、驢、騾、駱駝之詳情，則參見本章第二節《役使用畜考》，關於犬、猫之詳情，參見本章第三節《玩賞用畜考》。

　　我國先民在原始社會就已將野獸馴養而供衣食用。先秦時期就有對猪、羊、兔作爲家畜的記載，如《周易·説卦》："兑爲澤，爲少女……爲妾爲羊。"孔穎達疏："爲妾，取少女從姊女爲娣也；爲羊如上釋，取其羊性順也。"《詩》是我國勞動人民在勞動生活中形成的最早的詩歌總集，因此對衣食用畜的記載很多。如《國風·羔羊》："羔羊之皮，素絲五紽……羔羊之革，素絲五緎。"又《小雅·楚茨》："濟濟蹌蹌，絜而牛羊。"又《小雅·苕之華》："牂羊墳首，三星在罶。"毛傳："牂羊，牝羊也。"又《小雅·漸漸之石》："有豕白蹢，烝涉波矣。"毛傳："豕，猪也。"此期，家畜還作爲重要的祭祀用品。祭祀用家畜除猪、羊外，還有牛、馬、鷄等，如稱祭祀時的"牛、羊、豕"爲"三牲"，稱"牛、羊、豕、犬、鷄"爲"五牲"，另外亦有"牢""太牢""少牢""四擾""六畜""六膳""牲""牲畜""畜生"等名稱，均與牲畜相關。《禮記》中記載較多，如《曲禮下》："凡祭宗廟之禮，牛曰一元大武，豕曰剛鬣，豚曰腯肥，羊曰柔毛，鷄曰翰音，犬曰羹獻，雉曰疏趾，兔曰明視。"另外，關於祭祀用畜《書》《周禮》《儀禮》《大戴禮記》等均有記載（詳可參閱本書《禮俗卷·祭祀説·犧牲考》）。

隨後，人們對衣食用畜的認識越來越高，衣食用畜與人類的關係亦愈來愈密切，并且人們不斷積累養畜經驗，從而培養出很多優良品種。《爾雅·釋畜》中記載家畜十三種，其中有羊，另外有馬、牛、犬、鷄等，如《釋畜》："羊，牡羒，牝牂。"郭璞注："謂吳羊白羝。"郝懿行義疏："羝，牡羊也。吳羊，白色羊也。"又如《説文·豕部》："豬，豕而三毛叢居者。"段玉裁注："謂一孔生三毛也……今之豕皆然。"唐代是我國古代經濟文化發展的鼎盛時期，當然利用衣食用畜亦盛，如《事物異名録》引唐牛僧孺《幽怪録》："郭元振夜行入一宅，遇烏將軍，取佩刀斷其腕，將軍失聲而走。天明，視其手乃猪蹄也。""烏將軍"即黑色猪。又唐韓愈《寄崔二十六立之》詩："孤豚眠糞壤，不慕太廟犧。"此期還有歐陽詢《藝文類聚》、段成式《酉陽雜俎》中均有衣食用畜之記載。明李時珍《本草綱目》之《獸一》載畜九種，即豕、狗、羊、黃羊、牛、馬、驢、騾、駝，對每種之名稱、形態、習性、藥性、功用等均詳加介紹。如《獸一·羊》："董子云：羊，祥也。故吉禮用之……内則謂之柔毛，又曰少牢，《古今注》謂之長髯主簿云。"又"封羊，其背有肉，對如駝，出涼州郡縣，亦呼爲駝羊。"今人華夫先生主編之《中國古代名物大典》，共三十類，其中之一即獸畜類，將獸與畜分開，又將獸畜各按其學科分列，所收獸畜之數量、异名別稱之豐富，考釋之嚴謹，實可稱道，但畜類未分衣食用、役使用、玩賞用。本卷亦甚注意獸畜异名別稱之收列考釋。

羊是人類最早馴化的家畜之一。遠在八九千年前人類已經飼養綿羊，其祖先是山羊，即歐洲盤羊（*Ovis musimon*）、盤羊（*Ovis ammon*），而中國山羊的祖先是西藏的螺旋角羊或捻角羊。猪的野生祖先是歐洲野猪（*Sus scrofa ferus*）、印度野猪（*Sus cristatus*）、地中海野猪（*Sus mediterraneus*）、南亞野猪（*Sus irttatus*）。我國是養猪最早的國家之一。家兔是由野兔馴化而來。

對衣食用畜，人們不但用其肉、脂肪、乳來食用，亦可用其皮禦寒或製革，并用其毛、角製工藝品，而且還可入藥。如《本草綱目・獸一・豕》中記載，"臘豬頭""豬項肉""豬脂膏""豬腦""豬髓""豬血""豬心""豬肝""豬脾""豬肺""豬腎"等均有藥用，而且豬皮製革用作衣、鞋、手套等，豬鬃可製刷，豬糞爲上好肥料。而《本草綱目・獸一・羊》中亦記載"羊肉""羊脂腸""羊血""羊乳""羊腦""羊髓""羊心""羊肺""羊腎""羊肝"均有藥用，且羊皮製革亦可做衣、鞋、手套等，而且綿羊毛、山羊毛可作紡織原料。

隨着科技的發展，我國人民對衣食用畜的研究水準、飼養水準大大提高，從而培育出大量優良品種，如四川的榮昌豬、浙江的金華豬等，具有耐粗飼、早熟、易肥、適應性強，繁殖力強，豬鬃質量好等特點；世界上有名的豬品種大多有我國豬的血統。又如適合山東省西南平原生存的優良品種——小尾寒羊，使衣食用畜研究上升到一個新水準。

我國作爲數千年來自給自足的農業大國，畜牧業占據着重要地位，特別是衣食用畜關係到國計民生，提高衣食用畜的經濟價值是我們的長遠目標。

豬 [1]

家畜名。哺乳綱，偶蹄目，豬科（Suidae）。頭大，四肢短小，鼻短凹或平直，耳下垂或竪立，口吻長，體肥碩。毛粗，色有黑、白、花等多種。性溫順，生長快，繁殖力強。汗腺不發達，多浸水以散熱。係人類早期由野豬馴化而成。肉質優良，爲居民主要肉食來源，適於鮮用或加工。排泄物可用作肥料，皮、毛、鬃可作工業原料。壽命約20年。此稱先秦時已行用，沿用至今。《説文・豕部》："豬，豕而三毛叢居者。"段玉裁注："謂一孔生三毛也……今之豕皆然。"《荀子・正

豬
（明盧和等《食物本草》）

論》："今人或入其央瀆，竊其豬彘，則授其劍戟而遂之，不避死傷，是豈以喪豬爲辱也哉。"漢揚雄《太玄・劇》："次五：出野見虛，有虎牧豬，攘綺與襦。"

【豬】

同"豬[1]"。此體先秦已行用。《管子・地員》："聽徵如負豬豕，覺而駭。"明焦竑《俗書刊誤》卷一一："豬，俗作豬、㺒，立非。"

【豕】

亦稱"彘""豨""豯"。即豬。此稱先秦時期已行用，後世沿用。《爾雅・釋獸》："豕子，豬。"晉郭璞注："今亦曰彘。江東

豕
（馬駘《馬駘畫寶》）

呼豭,皆通名。"《方言》第八:"豬,北燕朝鮮
之間謂之豭,關東西或謂之彘,或謂之豕,南
楚謂之豨。"《廣韻·平微》:"豨,楚人呼豬。亦
作狶。"《詩·小雅·漸漸之石》:"有豕白蹢,烝
涉波矣。"毛傳:"豕,豬也。"《禮記·曲禮下》:
"豕曰剛鬣,豚曰腯肥。"《孟子·盡心上》:"舜
之居深山之中,與木石居,與鹿豕遊。"唐柳宗
元《招海賈文》:"反齗叉牙踔嶔崖,蛇首豨鬣
虎豹皮。"按:豨,即豬。

【彘】¹

即豕。此稱漢代已行用。見該文。

【豨】¹

即豕。此稱漢代已行用。見該文。

【狶】²

即豕。此稱唐代已行用。見該文。

【人君】

"豬¹"之異稱。此稱晉代已行用。《事物異
名錄》卷三七引晉葛洪《抱朴子》曰:"山中亥
日,稱人君者,豬也。"

【大蘭王】

"豬¹"之別稱。古時曾以此名受册封,故
稱。此稱南朝宋時已行用。南朝宋袁淑《大蘭
王九錫文》:"北燕伯使使者豪豨,册命大蘭王,
曰:'咨惟君禀太陰之沉精,標群形於玄質,體
肥而洪茂,長無心以游逸,資豢養於人主,雖
無爵而有秩,此君之純也;君昔封國商殷,號
曰豕氏,業隆當時,名垂於世,此君之美也。'"
《事物異名錄》卷三七:"《俳諧集》:'北燕伯使
使者豪豨,册命大蘭王。'按:謂豬也。"

【水畜】

"豬¹"之別稱。古人多以五畜與金、木、
水、火、土五行配當,鷄與"木"配,羊與

"火"配,牛與"土"配,犬與"金"配,豕與
"水"配,故謂豕為"水畜"。此稱唐代已行用。
《禮記·月令》"食麥與羊",唐孔穎達疏:"鷄為
木畜,羊為火畜,牛為土畜,犬為金畜,豕為
水畜。"

【長喙將軍】

亦稱"參軍"。"豬¹"之謔稱。喙,嘴也。
此稱晉代已行用。《事物異名錄》卷三七引晉崔
豹《古今注》:"豬,一名為長喙將軍,一名參
軍。"

【參軍】²

即長喙將軍。此稱晉代已行用。見該文。

【烏金】

"豬¹"之美稱。因謂黑猪能給人帶來財富,
故稱。此稱唐代已行用。《淵鑑類函》卷四三六
引唐張鷟《朝野僉載》:"唐洪州有人畜豬以致
富,因號豬為烏金。"

【烏鬼】

"豬¹"之別稱。唐時川人語。因其色多黑,
又特用作祭鬼,故謂。宋馬永卿《烏鬼魚蔬》:
"老杜(甫)《遣悶詩》云:'家家養烏鬼,頓頓
食黃魚。'……夫言為鬼,豬也,峽中人家多事
鬼,家養一豬,非祭鬼,不用,故於豬群中,
特呼烏鬼以別之。"《漫叟詩話》:"川人嗜豬肉,
家家養豬,每呼豬作烏鬼聲,故謂之烏鬼。"

【烏將軍】

"豬¹"之異稱。此稱唐代已行用。《事物
異名錄》卷三七引唐牛僧孺《幽怪錄》:"郭
元振夜行入一宅,遇烏將軍,取佩刀斷其腕,
將軍失聲而走。天明,視其手乃豬蹄也。"

【案板】

"豬¹"之異稱。此稱元代已行用。元關漢

卿《救風塵》第四折："笑吟吟案板似寫著休書，則俺這脫空的故人何處。"明佚名《壽亭侯怒斬關平》第二折："哥哥用心，刷鉋的潑油也似光，案板也似肥，喂的犇牛也似劣。"

【黑面郎】

"猪[1]"之异稱。此稱唐代已行用。唐馮贄《雲仙雜記·蛙臺》引《承平舊纂》："桂林風俗，日日食蛙。有來中朝爲御史者，朝士戲之曰：'汝之居，非烏臺，乃蛙臺也。'御史答曰：'此名非蛙，名圭蟲而已，然較圭蟲之奉養，豈不勝於黑面郎哉？'黑面郎，謂猪也，朝士大叔而退。"

【魯津伯】

"猪[1]"之別稱。此稱晋代已行用。《事物異名錄》卷三七引晋苻朗《苻子》：'朔人有獻大豕於燕相，令膳夫烹之。豕既死，見夢於燕相曰，仗君之靈得化，今始得爲魯之津伯也。'"

【糟糠氏】

"猪[1]"之別稱。此稱宋代已行用。宋陶穀《清異錄·獸》："僞唐陳喬食蒸豚曰：'此糟糠氏面目殊乖，而風味不淺也。'"參閱《事物異名錄》卷三七。

【豭】

"猪[1]"之別稱。此稱秦漢時已行用。《方言》卷八："〔豬〕北燕、朝鮮之間謂之豭。"一説謂公豬。《説文·豕部》："豭，牡豕也。"段玉裁注："《左傳》：'野人歌曰：既定爾婁豬，盍歸吾艾豭。'此豭爲牡豕之證也。"《左傳·隱公十一年》："鄭伯使卒出豭，行出犬鷄，以詛射潁考叔者。"陸德明釋文："豭，音加，豬別名。"

艾豭

謂老公豬。此稱先秦時已行用，後世沿用。《左傳·定公十四年》："宋野人歌之曰：'既定爾婁豬，盍歸吾艾豭。'"杜預注："艾，老也；豭，牡豕也。"唐柳宗元《同劉二十八院長述舊言懷感時事書事奉寄澧州張員外五十二韻之作因其韻增至八十通贈二君子》詩："曳捶牽羸馬，垂簑牧艾豭。"

么幼

亦稱"么豚"。俗稱豬一胎中最後出生者。此稱秦漢時已行用。《爾雅·釋獸》："豕子，豬、豵、豥，么幼。"晋郭璞注："最後生者，俗呼爲么豚。"邢昺疏："么幼者，豕之最後生者名也。"

【么豚】

即么幼。此稱晋代已行用。見該文。

豚

亦作"肫""独""遯""豘"。亦稱"豯"，指小豬。此稱先秦時已行用，後世沿用。《方言》第八："豬……其子或謂之豚，或謂之豯。"《廣韻·平魂》："豚，豕子。独，豘並上同。"《集韻·平魂》："豚，豘、独、遯，通作肫。"《論語·陽貨》："陽貨欲見孔子，孔子不見，歸孔子豚。"邢昺疏："豚，豬之小者。"《孟子·梁惠王上》："鷄豚狗彘之畜，無失其時，七十者可以食肉矣。"《晋書·阮籍傳》："及將葬，食一蒸肫，飲二斗酒，然后臨訣，直言窮矣。"

豚
（明文俶《金石昆虫草木狀》）

【肫】

同“豚”。此體宋代已行用。見該文。

【独】

同“豚”。此體宋代已行用。見該文。

【豘】

同“豚”。此體宋代已行用。見該文。

【遯】

同“豚”。此體宋代已行用。見該文。

【豯】

即豚。此稱漢代已行用。見該文。

【孤豚】

即豚。此稱漢代已行用，後世沿用。《史記·老子韓非列傳》：“子獨不見郊祭之犧牛乎？養食之數歲，衣以文綉，以入太廟。當是之時，雖欲爲孤豚，豈可得乎？”司馬貞索隱：“孤者，小也，特也，願爲小豚不可得也。”唐韓愈《寄崔二十六立之》詩：“孤豚眠糞壤，不慕太廟犧。”清錢謙益《元日雜題長句八首》詩之五：“矢貫貏貐成死狗，檻收牛鹿比孤豚。”

【猪】[2]

即豚。謂小猪。此稱秦漢時已行用。《爾雅·釋獸》：“豕子，豬。”

【蘭子】

亦作“欄子”。即豚。此稱先秦時已行用。《通雅·動物》：“蘭子，豚也。彖，豚也……智（方以智）按：古遯作‘遂’，彖即豚也。”清陳大章《詩傳名物集覽·有豕白蹢》引《列子》：“牢有欄子。”張湛注：“小豕也。一名蘭子。”

【欄子】

同“蘭子”。此體先秦時已行用。見該文。

剛鬣

特指古代宗廟祭祀時所用肥碩之猪。因猪肥壯則毛鬣粗硬，故稱。此稱漢代已行用，後世沿用。《禮記·曲禮下》：“凡祭宗廟之禮，牛曰一元大武，豕曰剛鬣，豚曰腯肥，羊曰柔毛。”孔穎達疏：“豕肥則毛鬣剛大也。”《金瓶梅詞話》第六三回：“眷生喬洪等，謹以剛鬣、柔毛，庶羞之奠，致祭於故親家母西門孺人李氏之靈。”

特[3]

謂獨生之猪。此稱秦漢時已行用。《爾雅·釋獸》：“豕生三，豵；二，師；一，特。”郭璞注：“豬生子常多，故别其少者之名。”參見本卷“特[1]”“特[2]”“特[4]”。

師

指猪或犬所生之雙胎。此稱秦漢時已行用。《爾雅·釋獸》：“豕生三，豵；二，師；一，特。”邢昺疏：“其（豬）生子二者爲師。”又，《爾雅·釋畜》：“犬生三，猣；二，師；一玂。”郭璞注：“此，與豬生子義同；名亦相出入。”

豟

亦作“豝”，謂體大健壯之猪。此稱秦漢時已行用。《爾雅·釋獸》：“〔豕〕絶有力，豟。”郭璞注：“即豕高五尺者。”又《釋畜》：“彘，五尺爲豟。”郭璞注：“《尸子》曰：‘大豕爲豟，五尺。’今漁陽呼豬大者爲豟，五尺。”《集韻·入麥》：“豟，豝，豟。《爾雅》：‘豕絶有力者。’或从犬，古作豟。”《尸子》卷下：“大羊爲羬，大豕爲豟五尺。”明李時珍《本草綱目·獸一·豕》：“〔釋名〕豬高五尺曰豟。”按：《爾雅》《本草》等稱“高五尺”爲豟，當爲“長五尺”，因猪不能直立行走。

【豝】

同“豟”。此體宋代已行用。見該文。

豝[2]

亦稱"豝""婁豬"。謂母豬。此稱先秦時已行用，後世沿用。《詩·召南·騶虞》:"彼茁者葭，壹發五豝。"毛傳:"豕牝曰豝。"《左傳·定公十四年》:"野人歌之曰:'既定爾婁豬，盍歸吾艾豭。'"杜預注:"婁豬，求子豬，以喻南子。"《爾雅·釋獸》:"〔豕〕牝豝。"《說文·豕部》:"豝，牝豕也。"明李時珍《本草綱目·獸一·豕》引《林氏小說》曰:"〔豕〕牝曰豝，曰豝。"參見本卷《畜說·衣食用畜考》"豝[1]""豝[3]"。

【豝】

即豝[2]。此體明代已行用。見該文。

【婁豬】

即豝[2]。此體先秦時期已行用。見該文。

羸豕

即豝[2]。謂母豬。蓋因群豬中多以公豬强健而母豬瘦弱，故稱。此稱先秦時期已行用。《周易·姤》:"羸豕孚蹢躅。"王弼注:"羸豕，謂牝豕也。"孔穎達疏:"群豕之中，豭强而牝弱，故謂牝豕爲羸豕。"《事物異名録》卷三七:"《易》:'羸豕，孚蹢躅。'疏:'羸豕，牝豕也。豭强而牝弱，故謂牝豕爲羸豕。'"按:牝，獸畜之雌性也。

豝[3]

謂大豬。古時漁陽方言。此稱南朝宋時已行用。《太平御覽》卷九〇三引南朝宋何承天《纂文》:"漁陽以大豬爲豝。"今本徐堅《初學記》卷二九引《纂文》作"漁陽以豬爲豝。"參見本卷《畜說·衣食用畜考》"豝[1]""豝[2]"。

【豨】[2]

即豝[3]。指大豬。此稱先秦時已行用，後世沿用。《莊子·知北游》:"正獲之間於監市履豨也，每下愈况。"郭象注:"豨，大豕也。"陸德明釋文引李頤注:"正，亭卒也;獲，其名也。監市，市魁也。豨，大豕也。夫市魁履豕，履其股脚豨難肥處，故知豕肥耳。"一說通指豬。參見本卷《畜說·衣食用畜考》"豨[1]"。

【豜】

即豝[3]。謂三歲之豬。亦泛指大豬。此稱先秦時已行用。《詩·豳風·七月》:"獻豜於公。"毛傳:"豕，一歲曰豵，三歲曰豜。"

豥

亦作"駭"。指四蹄皆白之豬。此稱秦漢時已行用。《爾雅·釋獸》:"四蹢皆白，豥。"唐陸德明釋文:"豥，户楷反，《爾雅》《說文》皆作豥。"《詩·小雅·漸漸之石》:"有豕白蹢，烝涉波矣。"漢鄭玄箋:"四蹄皆白曰豥。"

【駭】

通"豥"。此稱唐代已行用。見該文。

豵[1]

謂六月齡之豬。一說謂一歲豬。亦泛指小豬。此稱先秦時已行用。《說文·豕部》:"豵，生六月豚……一曰一歲，豵。"《詩·召南·騶虞》:"彼茁者蓬，壹發五豵。"毛傳:"一歲曰豵。"

豵[2]

謂一胎生三仔以上或三仔以之小豬。此稱秦漢時已行用。《爾雅·釋獸》:"豕生三豵，二師，一特。"郭璞注:"猪生子常多，故别其少者之名。"邢昺疏:"過三亦爲豵。"郝懿行義疏:"豵者，《說文》:'生六月豚，一曰一歲曰豵。'尚叢聚也。然則豵之爲言叢也，叢有衆意，故三曰豵。"

豶豕

亦作"獖"。省稱"豶"。謂閹割過的猪。此稱先秦時已行用，後世沿用。《説文·豕部》："豶，羠豕也。"段玉裁注："羠，騬羊也；騬，犗馬也；犗，騬牛也。皆去勢之謂也。"《集韻·平文》："豶，獖；《説文》：'羠豕也，或從犬。'"《周易·大畜》："六五，豶豕之牙，吉。"陸德明釋文引劉表曰："豕去勢曰豶。"《韓非子·十過》："管仲曰……公奴而好内，竪刁自豶以爲治内。其身不愛，又安能愛君！"漢朱穆《絶交論》："游豶蹂稼而莫之禁也。"《北史·陸通傳》："郡界有豕生數子，經旬而死，其家又有豶，遂乳養之，諸豚賴之以活。"

【獖】

同"豶"。此體先秦時期已行用。見該文。

【豶】

"豶豕"之省稱。此稱漢代已行用。見該文。

羊

家畜名。哺乳綱，偶蹄目，牛科。馴養或野生均有。種類繁多。有綿羊（*Ovis avies*）、山羊（*Capra hircus*）、黄羊（*Procapra*

羊
（清余省、張爲邦等《獸譜》）

gutturosa）、瞪羚（*Gazella gazella*）、盤羊（*Ovis ammon*）等之分。綿羊形體壯大，顏面圓形，公羊有盤旋長角，母羊無角。山羊形體瘦而高，顏面平直，角後伸成弓形。食草。毛可紡織，皮可製革，奶可飲，肉可食。《周易·説卦》："兑爲羊。"孔穎達疏："王廙云：'羊者順之畜，故爲羊也。'"《詩·小雅·楚茨》："濟濟蹌蹌，絜爾牛羊。"《禮記·月令》："〔仲春之月〕載青旗，衣青衣，服倉玉，食麥與羊。"

【火畜】[1]

"羊"之別稱。古人以牲畜與五行相配，羊配火，故稱。此稱漢代已行用。《禮記·月令》："〔仲春之月〕食麥與羊。"鄭玄注："羊，火畜也。"孔穎達疏："羊爲火畜。"一説爲馬的別稱。明王圻等《三才圖會·鳥獸》："馬，火畜也。火性健决躁速，故《易》乾爲馬。"

【沙肋】

"羊"之別稱。陝西沙苑古産佳羊，人謂細肋卧沙，因以稱羊爲沙肋。宋王阮《題四羊圖》詩："雪髯隱約黑暈中，沙肋微茫筆端足。"

【青鳥】

亦稱"胡髯郎""髯鬚參軍""長髯主簿"。"羊"之別稱。南朝梁任昉《述異記》上："古人説：羊一名胡髯郎，又名青鳥。"五代馬縞《中華古今注》卷下："羊，一名髯鬚參軍。"明李時珍《本草綱目·獸一·羊》："董子云：'羊，祥也。故吉禮用之……内則謂之柔毛，又曰少牢。《古今注》謂之長髯主簿。'"

【胡髯郎】

"羊"之別稱，即青鳥。此稱南北朝時期已行用。見該文。

【髯鬚參軍】

"羊"之別稱。此稱五代時期已行用。見該文。

【長髯主簿】

"羊"之別稱。此稱明代已行用。見該文。

吳羊

綿羊之一種。頭部較大，毛白而短。《爾雅・釋畜》："羊，牡羒。"郭璞注："謂吳羊白羝。"郝懿行義疏："吳羊，白色羊也。"《廣雅・釋獸》："吳羊牡一歲曰牡羘，三歲曰羝。"王念孫疏證："羊之白者爲吳羊。"明李時珍《本草綱目・獸一・羊》："生江南者爲吳羊，頭身相等而毛短。"

封羊

亦稱"駝羊"。指脊背肉峰凸起之大羊。《太平御覽》卷九〇二引《涼州異物志》："封羊其背如駝。"明李時珍《本草綱目・獸一・羊》："封羊，其背有肉，封如駝，出涼州郡縣，亦呼爲駝羊。"

【駝羊】

即封羊。因脊背之肉凸起如駝，故名。此稱明代已行用。見該文。

柔毛

指祭祀所用之羊。《禮記・曲禮下》："凡祭宗廟之禮，牛曰一元大武，豕曰剛鬣，豚曰腯肥，羊曰柔毛。"

夏羊

指黑色綿羊。頭小體大毛長。因夏后氏尚黑，故稱。《爾雅・釋畜》："夏羊牡羭牝羖。"郭璞注："黑羖羭。"郝懿行義疏："夏羊，黑色羊也。"明李時珍《本草綱目・獸一・羊》："生秦晉者爲夏羊，頭小身大而尾長。土人二歲而羸

其毛，以爲氈物，謂之綿羊。"

峻羊

亦稱"野羊""羱羊""山羊"。哺乳綱，偶蹄目，牛科，山羊（*Capra hircus* Linnaeus）。此稱秦漢已行用。反芻家畜。似羊而瘦小，尾短上翹，角後彎呈鐮刀狀，雄顎下有長鬚。毛粗直，多白色，或雜以黑、灰褐色。性活潑，喜登山，食短草、灌木、樹葉等。本爲野生，後豢養而爲家畜。肉可食，乳可飲，皮可製革，毛絨爲紡織原料，毛亦可製筆。明李時珍《本草綱目・獸二・山羊》："〔釋名〕野羊（《圖經》）、羱羊（時珍曰：'羊之在原野者，故名。'）。〔集解〕山羊，即《爾雅》峻羊。"

山羊
（明盧和等《食物本草》）

【野羊】[2]

即峻羊。此稱明代已行用。見該文。

【羱羊】[2]

即峻羊。此稱明代已行用。見該文。

【山羊】

即峻羊。此稱明代已行用。見該文。

羔

子羊。一說爲黑羊。《說文・羊部》："羔，羊子也。"《詩・召南・羔羊》："羔羊之皮，素絲五紽。"毛傳："小曰羔，大曰羊。"《論語・鄉黨》："緇衣羔裘。"邢昺疏："羔者，烏羊也。"《楚辭・招魂》："胹鱉炮羔，有柘漿些。"

羒

指白色之雄羊。《爾雅·釋畜》:"羊,牡羒,
牝牂。"郭璞注:"謂吳羊白羝。"郝懿行義疏:
"羝,牡羊也。吳羊,白色羊也。"明李時珍
《本草綱目·獸一·羊》:"白曰羒,黑曰羭。"

羖 [1]

亦作"羜"。指黑色雄羊。漢史游《急就
篇》卷三:"牂、羖、羯、羠、羝、羝、羭。"
顏師古注:"羭,吳羊之牝也;羖,夏羊之牡
也。"《說文·羊部》:"羖,夏羊牡曰羖。"清朱
駿聲《說文通訓定聲》卷八:"夏羊,黑羊。"
《集韻·上姥》:"羖……或從古。"亦泛稱黑羊。
《爾雅翼·釋蟲》:"以吳羊白,夏羊黑,今人便
以牂羖爲白黑羊名……羖在今世,但爲黑羊之
名。"《詩·小雅·賓之初筵》:"匪言勿言,匪由
勿語,由醉之言,俾出童羖。"《史記·秦本紀》:
"吾媵臣百里傒在焉,請以五羖羊皮贖之。"漢
劉向《說苑·反質》:"趙簡子乘弊車瘦馬,衣羖
羊裘。"按:一說羖爲夏羊之牝者。

【羜】

同"羖"。此體宋代已行用。見該
文。

羖 [2]

指閹割過的羊。唐玄應《一切經音義》卷
五引《三蒼》:"羖,羯也。"又唐慧琳《一切經
音義》:"羖羊……亦羯也。"按:羯指閹割之羊。

羖䍽

亦作"羜䍽"。亦稱"獝律"。雄羊之一種。
毛長而密,性勇悍。《三國志·魏書·管寧傳》:
"尺牘之迹動見模楷。"南朝宋裴松之注:"本
心爲當殺牂羊,更殺其羖䍽邪!"《北史·黨項
羌傳》:"處山谷間……織旄牛尾及羜䍽毛爲屋,
服裘褐披氈爲上飾。"元何中《涿州道間雪霽》

詩:"獝律共鴉牧,團瓢忽鷄鳴。"宋洪皓《松
漠紀聞》卷下:"善牧者每群必置羖䍽羊數頭,
仗其勇狠。"明李時珍《本草綱目·獸一·羊》:
"羊之種類甚多,而羖羊亦有褐色、黑色、白色
者,毛長尺餘,亦謂之羖䍽羊。北人引大羊以
此爲群首,又謂之羊頭。"又,"羖䍽羊出陝西、
河東,尤狠健,毛最長而厚,入藥最佳"。

【羜䍽】

同"羖䍽"。此體南北朝時期已行用。見該
文。

【獝律】

即羖䍽。此稱元代已行用。見該文。

牂羊

省稱"牂"。即指雌羊。此稱先秦時已行
用。《爾雅·釋畜》:"羊牡羒,牝牂。"《廣雅·釋
獸》:"吳羊。"清王念孫疏證:"是羊之白者爲
吳羊,其牝爲牂……又或通稱白羊爲牂羊。"
《詩·小雅·苕之華》:"牂羊墳首,三星在罶。"
毛傳:"牂羊,牝羊也。"《莊子·徐無鬼》:"吾
未嘗爲牧而牂生於奧,未嘗好田而鶉生於宎。"
郭象注:"牂,子郎反。《爾雅》云:牝羊也。"
《戰國策·楚策一》:"有狂兕牂車依輪而至。"宋
蘇軾《策別》:"至於鰍蚖之所蟠,牂豚之所伏,
雖千仞之山,百尋之溪,而人易之。"清馮景
《范增論》:"此何異一跛牂入群虎之穴,其滅也
易。"一說牂特指白羊。另說牂爲牡羊,即公
羊。實誤。

【牂】

"牂羊"之省稱。此稱先秦時期已行用。見
該文。

莧

亦作"羦""羵"。指細角山羊。《說文·莧

部》："莧，山羊細角者。从兔足，苜聲。讀若丸。"《後漢書·馬融傳》："肔完莧。"唐李賢注："字書作羱。"王先謙集解引惠棟曰："《類篇》云：'羱，山羊細角者。'"《集韻·平桓》："莧，《説文》：'山羊細角者。'或作羱、羱。"

【羱】

同"莧"。此體唐代已行用。見該文。

【羱】

同"莧"。此體宋代已行用。見該文。

羒

公羊。一説爲三歲之白公羊。《廣雅·釋畜》："吳羊牡一歲曰牡羒，三歲曰羒。"王念孫疏證："羊之白者爲吳羊。"《詩·大雅·生民》："取蕭祭脂，取羒以軷。"毛傳："羒羊，牡羊也。軷，道祭也。"《漢書·蘇武傳》："乃徙武北海上無人處，使牧羒，羒乳乃得歸。"顔師古注："羒，牡羊也。"另説指母羊。《爾雅·釋畜》："羊牡羒牝牂。"陸德明釋文引《字林》："羒，牂羊。"

達

亦作"㚐"。亦稱"羍""羍子""羝子"。指初生之羔羊。《集韻·去綫》："羍，羊羔也。"《通雅·動物·獸》："達名羍子。"清朱駿聲《説文通訓定聲》卷一三："達，假借爲大……又爲㚐。"《詩·大雅·生民》："誕彌厥月，先生如達。"鄭玄箋："達，羊子也。"孔穎達疏："以羊子初生之易，故以比后稷生之易也。"馬瑞辰通釋："《説文》：㚐，小羊也。讀若達。《箋》蓋以達爲㚐之假借，故曰羊子。"唐顔師古《匡謬正俗》卷六："或問：'今爲小羊未成爲羝子，何也？'答曰：'案：吕氏《字林》云：羍，音選，未晬羊也。今言旋者，蓋語訛耳，當言羍

子也。'"《初學記》卷二九："羍，六月生羔也。羍，七月生羔也。"

【㚐】

同"達"。此體漢代已行用。見該文。

【羍】

"達"之別稱。此稱唐代已行用。見該文。

【羍子】

"達"之別稱。此稱唐代已行用。見該文。

【羝子】

"達"之別稱。此稱唐代已行用。見該文。

䍽

指產於西北地區之羊名。《説文·羊部》："䍽，羊名。蹏皮可以割漆。从羊，此聲。"明李時珍《本草綱目·獸一·羊》："䍽羊，出西北地，其皮蹄可以割漆。"

跂牂

亦作"跂牂"。指母羊或跛足之母羊。《韓非子·五蠹》："故十仞之城，樓季不能逾者，峭也；千仞之山，跂牂易牧者，夷也。"《史記·李斯列傳》："泰山之高百仞，而跂牂牧其上。"裴駰集解："《詩》云：'牂羊墳首。'《毛傳》曰：'牝曰牂。'"《後漢書·孔融傳》："是使跂牂欲窺高岸，天險可得而登也。"李賢注："《爾雅》曰：'羊牝曰牂。'"

【跂牂】

同"跂牂"。此體漢代已行用。見該文。

羠[2]

指閹割過的羊。《説文·羊部》："羠，騬羊也。"清朱駿聲《説文通訓定聲》卷一二："馬曰騬，牛曰犗、曰犍，豕曰豮，羊曰羠、曰羯，蘇俗語通謂之扇。"《史記·貨殖列傳》："其民羯羠不均，自全晉之時，固以患其剽悍。"

羺

指長角之母羊。《説文·角部》:"羺,牝牂羊生角者也。"郝懿行義疏:"吴羊牝者無角,其有角者别名羺也。"

觟羊

指大羊。漢揚雄《太玄經·毅》:"觟羊之毅,鳴不類。"范望注:"觟羊,大羊也。"

【羬】3

大羊。古籍稱六尺之羊爲羬。《尸子》卷下:"大羊爲羬,六尺。"《爾雅·釋畜》:"羊六尺爲羬。"

觤

指角長短不齊之羊。《爾雅·釋畜》:"角不齊,觤。"郭璞注:"一短一長。"邢昺疏:"羊角不齊,一長一短者,名觤。"《説文·角部》:"觤,羊角不齊也。"

羚

小羊。《篇海類編·革部》引《餘文》:"羚,羊子也。"

羭

黑色母羊。《爾雅·釋畜》:"夏羊牡羭,牝羖。"郝懿行義疏引《説文》段玉裁注:"此當云牡羖牝羭。"《急就篇》卷三:"牂、羖、羯、羠、羝、羒、羭。"顔師古注:"羭,夏羊之牝也。"《列子·天瑞》:"老羭之爲猨也。"張湛注:"羭,牝羊也。"按:引《爾雅·釋畜》不誤者,皆以羭爲公羊。又説爲黑色之羊。明李時珍《本草綱目·獸一·羊》:"黑毛羊曰羭。"

犃

指閹割過的白羊。《爾雅·釋畜》:"吴羊犗曰犃。"清王念孫疏證:"羊之白者爲吴羊。"

羳

亦稱"蠻耳羊""蠻耳"。指黄腹之羊。耳小,腹黄,肋細。蓋以其出於西番,故稱。《爾雅·釋畜》:"羳,羊黄腹。"郭璞注:"腹下黄。"邢昺疏:"羊之黄腹者名羳羊。"郝懿行義疏:"李時珍云:即黄羊也。狀與羊同,但低小細肋,腹下帶黄色,其耳甚小,西人謂之蠻耳羊。"明李時珍《本草綱目·獸一·黄羊》:"《爾雅》謂之羳,出西番也。其耳甚小,西人謂之蠻耳。"

【蠻耳羊】

即羳。此稱明代已行用。見該文。

【蠻耳】

即羳。此稱明代已行用。見該文。

羵根

謂羊。一説爲羊肉。宋蘇軾《仇池筆記》:"王中令賦蒸豚詩:'若把羵根來比並,羵根自合吃藤條。'羵根,羊也。"明馮夢龍《古今譚概·僞弄》:"昭緯以詩謝曰:一樏羵根數十籤,盤中獨自有鮮鱗。"

羺

亦稱"羺羺""羺羺"。指胡地所産卷毛之羊。肉可食,皮可製革,毛可製衣。三國魏張揖《埤蒼》:"羺,胡羊也。"唐寒山《詩三百三首》之一〇二:"世濁作羺羺,時清爲騄駬。"明李時珍《本草綱目·獸一·羊》:"胡羊曰羺羺。"

【羺羺】

即羺。此稱明代已行用。見該文。

【羺羺】

即羺。此稱唐代已行用。見該文。

三牲

古謂用作祭祀的牛、羊、豕。俗稱"三大牲"。此稱漢代已行用，後世沿用。《禮記·祭統》："三牲之俎，八簋之實，美物備矣。"又《宰夫》："凡朝覲會同賓客以牢禮之法。"鄭玄注："三牲，牛羊豕具爲一牢。"《孝經·紀孝行》："雖日用三牲之養，猶不爲孝也。"邢昺疏："三牲：牛、羊、豕也。"又，後世亦以鷄、魚、猪爲"三牲"。

五牲

謂用作祭品的牛、羊、豕、犬、鷄五種動物。此稱先秦時已行用，後世沿用。《左傳·昭公十一年》："五牲不相爲用。"杜預注："五牲，牛、羊、豕、犬、鷄。"一説麋、鹿、麕、狼、兔，又謂麕、鹿、熊、狼、野豕。《左傳·昭公二十五年》："爲六畜、五牲、三犧，以奉五味。"杜預注："〔五牲〕麋、鹿、麕、狼、兔。"孔穎達疏引服虔曰："五牲，麕、鹿、熊、狼、野豕。"

六牲

古謂用作祭品的六種動物。指牛、馬、羊、豕、犬、鷄。此稱先秦時已行用，後世沿用。一説牛、羊、豕、犬、雁、魚。《周禮·地官·牧人》："掌牧六牲，而阜蕃其物，以共祭祀之牲牷。"漢鄭玄注："六牲，謂牛馬羊豕犬鷄。"《爾雅翼·釋蟲》："古者食醬，會六穀、六牲之宜。則牛宜稌，羊宜黍，豕宜稷，犬宜稻，雁宜麥，魚宜苽。"清王引之《經義述聞·周官上》："此六牲與《牧人》不同。《牧人》之六牲謂馬牛羊豕犬鷄，此六牲則牛羊豕犬雁魚。"

牢[1]

古謂祭祀時所用之犧牲。多指牛、羊、猪等。此稱先秦時已行用，後世沿用。《周禮·天官·小宰》："凡朝覲會同賓客，以牢禮之法，掌其牢禮。"《漢書·郊祀志上》："雍之諸祠自此興，用三百牢於鄜時。"《宋史·太祖本紀一》："己亥，澶、濮、曹、絳蝗，命以牢祭。"

太牢

亦作"大牢"。古謂祭祀時牛、羊、豕三牲全備。此稱先秦時已行用。《吕氏春秋·仲春》："以太牢祀於高禖。"高誘注："三牲具，曰太牢。"《公羊傳·桓公八年》"冬曰烝"何休注："禮，天子諸侯卿大夫，牛、羊、豕凡三牲曰大牢。"按：古代"大"通"太"。後又專謂牛爲太牢。《大戴禮記·曾子天圓》："諸侯之祭，牲牛曰太牢。"《事物異名録》卷三七引宋王楙《野客叢書》："太牢者，牛羊豕具……今人遂以牛爲太牢。"

【大牢】

同"太牢"。此體先秦時已行用。見該文。

少牢

古謂祭祀時用的羊、豕。後又專謂羊爲少牢。此稱先秦時已行用。《儀禮·少牢饋食禮》："少牢饋食之禮。"鄭玄注："羊、豕曰少牢，諸侯之卿大夫祭宗廟之牲。"《大戴禮記·曾子天圓》："大夫之祭，牲羊曰少牢。"《事物異名録》卷三七引宋王楙《野客叢書》："少牢，古謂去牛惟用羊豕。今人遂以……羊爲少牢。"

五畜

古謂人豢養的五種家畜。指牛、犬、豕、羊、鷄。此稱漢代已行用，後世沿用。《漢書·地理志下》："民有五畜，山多麈麖。"《靈樞經·五味》："五畜：牛甘，犬酸，猪鹹，羊苦，鷄辛。"

六畜

人豢養的六種家畜。指馬、牛、羊、鷄、犬、豕。此稱先秦時已行用，後世沿用。《左傳·昭公二十五年》："爲六畜、五牲、三犧，以奉五味。"杜預注："〔六畜〕馬、牛、羊、鷄、犬、豕。"《韓非子·難二》："務於畜養之理，察於土地之宜，六畜遂，五穀殖，則入多。"唐拾得《詩》之三："昨日設筃齋，今朝宰六畜。"

【六擾】

即六畜。古謂六種馴服的家畜。謂馬、牛、羊、豕、犬、鷄。此稱始見於先秦，後世沿用。《周禮·夏官·職方氏》："其畜宜六擾。"鄭玄注："六擾，馬、牛、羊、豕、犬、鷄。"明王廷相《刻齊民要術序》："其書，播植五穀，畜字六擾，區灌疏蔬，栽樹果實，條實時宜，靡不該載。"參見本卷《畜説·衣食用畜考》"四擾"文。

四擾

古稱馬、牛、羊、豕四種馴服的動物。擾，馴服也。此稱先秦時已行用。《周禮·夏官·職方氏》："其畜宜四擾。"鄭玄注："馬、牛、羊、豕也。"

六膳

古謂六種美味的肉類膳食。謂牛、羊、豕、犬、雁、魚。一説馬、牛、羊、豕、犬、鷄。此稱先秦時已行用，後世沿用。《周禮·天官·食醫》："掌和王之六食、六飲、六膳、百羞、百醬八珍之齊……凡會膳食之宜，牛宜稌，羊宜黍，豕宜稷，犬宜梁，雁宜麥，魚宜苽。"唐沈佺期《嵩山石淙侍宴應制》詩："仙人六膳調神鼎，玉女三漿捧帝壺。"

玄牡

謂用於祭祀的黑色雄性牲畜。牡，鳥獸之雄性也。此稱先秦時已行用，後世沿用。《書·湯誥》："敢用玄牡，告於上天后土。"《三國志·蜀書·先主傳》："皇帝備敢用玄牡，昭告皇天上帝后土神祇：漢有天下，歷數無疆。"

特[2]

謂公牛。亦指公馬。後泛指雄性牲畜。此稱先秦時已行用。《周禮·夏官·校人》："凡馬，特居四之一。"鄭玄注引鄭司農云："四之一者，三牝一牡。"孫詒讓正義："特本爲牡牛，引申之，牡馬亦得稱特也。"《史記·封禪書》："祭日以牛，祭月以羊。彘特。"參見本卷"特[1]""特[3]""特[4]"。

牸[1]

亦稱"草"。雌性獸畜之通稱。此稱三國時已行用，後世沿用。《廣雅·釋獸》："牸，雌也。"《史記·平準書》："亭有畜牸馬，歲課息。"北魏賈思勰《齊民要術·養牛馬驢騾》："陶朱公曰：子欲速富，當畜五牸。"孫氏注："牛、馬、猪、羊、驢五畜之牸。"宋洪皓《松漠紀聞》卷上："牛馬十數群，每群九牸一牡。"明方以智《通雅·動物獸》："牝畜爲草。何燕泉曰：'俗以牝畜爲草，如草狗之類，其言有自。晋郭欽謂魏杜畿課民畜牸牛草馬。'宋絲曰：'李君有國土之分，家有騮草馬，生白額駒，此其時也。'"按：牝，鳥獸之雌性。

【草】[1]

即牸。此稱明代已行用，見該文。

畜

謂人飼養的禽獸。亦泛指禽獸。此稱先秦時已行用，沿用至今。《周禮·天官·庖人》："庖人掌共六畜、六獸、六禽。”《國語·齊語》：“其畜散而無育。”《左傳·宣公四十二年》：“畜老猶憚殺之。”

畜生

原指初生禽獸。後泛指禽獸。亦用作駡人語。此稱先秦時已行用，後世沿用。《管子·禁藏》：“毋殺畜生，毋拊卵。”《韓非子·解老》：“民產絕則畜生少，兵數起則士卒盡。”《隋書·宣華夫人陳氏傳》：“夫人泫然曰：‘太子無禮！’上恚曰：‘畜生何足付大事，獨孤誠誤我！’”

畜產

謂家養的獸畜。亦用作駡人語，猶“畜生”。此稱先秦時已行用，後世沿用。《墨子·雜守》：“民獻粟米、布帛、金錢、牛馬畜產，皆爲置平賈。”《史記·秦本紀》：“君子不以畜產害人。”《後漢書·劉寬傳》：“嘗坐客，遣蒼頭市酒，大醉而還。客不堪之，駡曰：‘畜產！’”

廣牡

謂肥大的雄性牲畜。此稱先秦時已行用。《詩·周頌·雝》：“於薦廣牡，相予肆祀。”毛傳：“廣，大也。”鄭玄箋：“於進大牡之牲。”按：古代祭祀時以大牲爲敬。

犧牲

古時祭祀用牲畜之通稱。色純爲“犧”，體全爲“牲”。此稱先秦時已行用，沿用至今。今已指爲公而貢獻出生命、財物等的行爲。《書·泰誓上》：“犧牲粢盛，既於凶盜。”《後漢書·魯恭傳》：“《月令》，周世所造，而所據皆夏之時也，其變者唯正朔、服色、犧牲、徽號、器械而已。”李賢注：“祭天地、宗廟曰犧，卜得吉曰牲。”

犧

特指古代宗廟祭祀時所用之純色牲畜，又泛指所用之牲畜。此稱先秦時已行用，後世沿用。《説文·牛部》：“犧，宗廟之牲也。”《書·微子》：“今殷民，乃攘竊神祇之犧牷牲。”孔傳：“色純曰犧，體完曰牷，牛、羊、豚曰牲。”《吕氏春秋·行論》：“宋公肉袒執犧，委服告病。”高誘注：“犧，牲也。”《六書故·動物一》：“凡畜之牲，毛羽純具者，犧也。”《説文·牛部》：“犧，宗廟之牲也。從牛，義聲。”《左傳·昭公二十二年》：“賓孟適郊。見雄鷄自斷其尾，問之。侍者曰：‘自憚其犧也。’”杜預注：“畏其爲犧牲奉宗廟，故自殘毀。”唐韓愈《寄崔二十六立之》詩：“孤豚眠糞壤，不慕太廟犧。”

牲[1]

古謂供祭祀及食用的家畜。此稱先秦時已行用，後世沿用。亦泛指家畜。《説文·牛部》：“牲，牛完全。”段玉裁注：“牲，引申爲凡畜之稱。”清吳善述《説文廣義校訂》：“按三牲、五牲、六牲見於經者多矣。何云惟牛稱牲？因牲以牛爲大，故字以牛。《易》曰：‘用大牲，吉。’謂用牛也。牛稱大牲，則牲不惟牛矣。”《詩·大雅·雲漢》：“靡神不舉，靡愛斯牲。”《周禮·天官·庖人》：“庖人掌共六畜。”鄭玄注：“六畜，六牲也。始養之曰畜，將用之曰牲。”孫詒讓正義：“用謂共祭及膳。”

牲畜

古時三牲六畜之省稱。三牲，指牛、羊、豕。六畜，則包括馬、牛、羊、鷄、犬、豕。後泛指人類飼養的禽獸類。參見本卷《畜説·衣食用畜考》“三牲”“六畜”文。

芻豢

食草及食穀類家畜之通稱。泛指家畜。亦用以指祭祀用的犧牲。此稱先秦時已行用，後世沿用。《孟子·告子上》："故義理之悦我心，猶芻豢之悦我口。"朱熹集注："草食曰芻，牛羊是也；穀食曰豢，犬豕是也。"《禮記·月令》："乃命同姓之邦，共寢廟之芻豢。"鄭玄注："芻豢，猶犧牲。"宋蘇軾《答畢仲舉》："而既飽之餘，雖芻豢滿前，惟恐其不持去也。"清趙翼《楊桐山再具精饌招飲賦謝》詩："但從芻豢選肥美，昔人烹飪有絕技。"

旁生

亦作"傍生"。指禽獸等畜生。佛教語。因謂獸畜昆蟲等畜生非行天人正道，故稱。一説畜生横行，故曰旁生。此稱唐代已行用。唐玄應《一切經音義》卷二一〇："言傍生者，以傍行故。"唐釋道世《法苑珠林·畜生·會名》卷一〇："依新婆沙論名旁生。問：'云何旁生趣？'答：'其形旁，故行亦旁；以行旁，故形亦旁，是故名旁生。'"

【傍生】

同"旁生"。此稱唐代已行用。見該文。

三牙

三歲之牲口。因牛馬等牲口的年齡可由牙齒的多少看出來，故謂。此稱宋代已行用。宋洪邁《容齋隨筆·買馬牧馬》："而江淮之間，本非騎兵所能展奮，又三牙遇暑月，放牧於蘇、秀以就水草，亦爲逐處之患。"

第二節　役使用畜考

役使用畜指供人類役使之用的家畜，主要指牛、牦牛、馬、驢、騾、駱駝。牛、馬、驢、駱駝均由其野生種馴化而來，而騾則是雌馬與雄驢交配所生之雜種。另外，犬亦可用於役使。本節所考内容主要是牛、牦牛、馬、驢、騾、駱駝，但因本卷《獸説·陸獸考》對駱駝已進行詳細考釋，爲免重複，本節不再收録駱駝。而關於犬之詳情，則參見本章《玩賞用畜考》。

我國先民早在原始社會就馴養役使用畜。先秦時諸典籍中已有豐富的記載，役使用畜不但用於役使，亦用於衣食，還用於玩賞，且已有許多優良品種。如《周易·屯卦》："六二，屯如邅如，乘馬班如，匪寇婚媾；女子貞不字，十年乃字。"我國第一部詩歌總集《詩》，産生於勞動人民生活中，對役使用畜亦有多處記載，如《詩·小雅·無羊》："誰謂爾無牛，九十其犉。"又《詩·小雅·正月》："瞻彼阪田，有菀有特。"高亨注："特，公牛。"又《詩·鄭風·叔于田》："叔適野，巷無服馬。"另外，《左氏春秋》《國語》《周禮》《禮記》《儀禮》等典籍對役使用畜均有記載。其中，《周禮》《禮記》多記載用於祭祀之役使用畜。

如《周禮・地官・牧人》:"掌牧六牲,而阜蕃其物,以共祭祀之牲牷。"鄭玄注:"六牲,謂牛馬羊豕犬雞。"又如《禮記・曲禮下》:"天子以犧牛,諸侯以肥牛。"詳可參見本書《禮俗卷・祭祀說・犧牲考》。另外亦有記載役使用畜之優良品種者,如千里馬,《戰國策・燕策一》:"臣聞古之君人,有以千金求千里馬者,三年不能得。"後世多以"千里馬"喻指良馬或良才。

另外,役使用畜,亦用於軍事、通訊、游戲等諸多領域。秦漢時期及其後,先民對役使用畜的研究水準、飼養水準不斷提高,并培養出許多優良品種,有關記載亦很豐富。《爾雅》將動物分爲蟲、魚、鳥、獸、畜,其《釋畜》中載有家畜十三種,如《釋畜》:"馬……面顙皆白惟駹,回毛在膺,宜乘;在肘後,減陽;在幹,茀方。"郭璞注:"皆別旋毛所在之名。"邢昺疏:"幹者,脅也,旋毛在脅者,名茀方。""又駒顙,白顛。"郭璞注:"戴星馬也。"《說文》是我國第一部字書,其《馬部》《牛部》等亦記載役使用畜,如《馬部》:"駒駼,北野之良馬。"又"贏,驢父馬母。"按:贏即騾。秦漢時另有一些典籍亦記載役使用畜,如《山海經》《史記》《漢書》等。《史記・李斯列傳》:"中厩之寶馬,臣得賜之。"又《史記・趙世家》:"繆王日馳千里馬攻徐偃王,大破之。"

南朝梁顧野王所撰《玉篇》,是繼《說文》之後又一部重要字書,其《馬部》《牛部》中亦記載役使用畜。如《牛部》:"牻,牛體長。"又:"犐,特牛。"按:特牛即公牛。

唐宋時期是我國古代經濟文化發展的鼎盛時期,人們對役使用畜的認識、使用亦達到相當高的水準,特別是將役使用畜用於游樂,其規模之大,種類之多,是以前各朝代未見的。對於役使用畜之記載見於此期各典籍中。如唐歐陽詢《藝文類聚》,記有鳥獸、鱗介、蟲豸等四十四部,所記尤詳。唐段成式《酉陽雜俎》"廣動植"含羽篇、毛篇、鱗介篇、蟲篇四類動物。該書包羅萬象,毛篇即指獸畜類,詮釋形象生動,但如同羽篇、鱗介篇一樣,多係稀見或傳聞。宋人羅願撰《爾雅翼》三十二卷,其中《釋獸》六卷,亦將畜類包含於獸類中,所收列之畜類同《爾雅》無別,未見進展,且獸畜不分,與之雷同。而此期文人墨客以役使用畜賦詩者俯拾皆是。如唐白居易《新樂府・官牛》:"官牛官牛駕官車,滻水旁邊般載沙。"按:官牛即官署所有之牛。又唐高適《送渾將軍出塞》詩:"控弦盡用陰山兒,登陣常騎大宛馬。"按:大宛馬指產於古時西域大宛國之良種馬。又唐杜甫《丹青引贈曹將軍霸》詩:"先帝天馬玉花驄,畫工如山貌不同。"按:玉花驄爲唐玄宗之乘騎。另外,此時期盛行的以役使用畜之游戲,如"馬戰""舞馬""跳馬""賽馬""騎馬拔河""鬥牛”“奔牛”“賽牦牛”“跳駱駝”等。

明清至今，明李時珍的《本草綱目》影響很大，可視爲中國最早的具有科學價值之百科全書。其《獸一》載畜九種，即豕、狗、羊、黄羊、牛、馬、驢、騾、駝，對每種之名稱，形態、習性、藥性、功用等詳加介紹。清人陳元龍撰《格致鏡原》一百卷，其中《獸類》八卷，亦將畜類包含於獸類中。華夫先生主編之《中華古代名物大典》中《獸畜類》已將獸與畜分開，而且畜類中役使用畜亦較豐富，如牛、馬、驢、騾、駱駝，等等。

役使用畜爲人類造福體現在多個方面：可用於衣食，其皮可製革，其肉、脂腸、乳均可食用，特別是牛乳，已進入千家萬户，而且酸牛奶既有營養，又可改善消化道之微環境；可用於役使；可作爲藥物，據《本草綱目》記載，牛血、牛脂、牛髓、牛腦、牛心、牛脾、牛肺、牛肝、牛腎、牛胃、牛膽等均可入藥，馬心、馬肺、馬肝、馬腎、馬尾等和驢肉、驢頭肉、驢脂、驢髓、驢血等及騾肉、騾蹄、騾屎，以及駝脂、駝血、駝乳、駝黄、駝毛、駝屎均可入藥。另外，役使用畜亦可豐富人類的文娱生活，如牛角可供雕刻，鬥牛、馬戲、舞馬等則爲大衆所喜聞樂見。

隨着科技的發展，隨着人類生活水準的提高，役使用畜之潛在功用會越來越大，這就需發展畜牧業及與之相關的其他行業，培育出具有不同用途、不同特色的役使用畜新品種，爲人類造福。

馬

家畜名。哺乳綱，奇蹄目，馬科，馬（*Equus caballus* Linnaeus）。耳小，面長，直立。額、頸上緣及尾等處均有長毛，四肢强健有力，具蹄。性情温順而敏捷，聽覺、嗅覺靈敏。毛色多樣，有驪、青、栗、黑、白等毛色。可供挽、騎、馱之用；乳可飲，肉可食，皮可製革。廣泛分布於世界各地。我國主要分布於東北、西北和西南地區。此稱先秦已行用。《周易·屯卦》：“六二，屯如邅

馬
（明王圻等《三才圖會》）

如，乘馬班如。”《詩·鄭風·叔于田》：“叔適
野，巷無服馬。”唐杜甫《前出塞九首》之
八：“射人先射馬，擒賊先擒王。”

【火畜】[2]

“馬”之別稱。此稱明代已行用。明王圻等
《三才圖會·鳥獸》：“馬，火畜也。火性健決躁
速，故《易》‘乾爲馬’。”

【玉勒】

“馬”之別稱。本指玉飾的馬銜，後借指
馬。此稱唐代已行用。唐杜牧《夏州崔常侍自
少常亞列出領麾幢十韻》：“別風嘶玉勒，殘日
望金莖。”清汪懋麟《扈從東巡日記序》：“秘書
日日隨行殿，玉勒前頭珥筆來。”

【乞銀】

馬。鮮卑語。此稱宋代已行用。宋文同
《驄馬》詩：“鬐鬣擁如雪，西人號乞銀。”

八尺龍

特指駿馬。此稱先秦時已行用。《周禮·夏
官·庾人》：“馬八尺以上爲龍。”故稱駿馬爲
“八尺龍”。宋蘇軾《聞洮西捷報》詩：“漢家將
軍一丈佛，詔賜天池八尺龍。”

【八百哥】

駿馬名。即八龍。爲後唐魏王李繼岌之愛
馬。此稱五代已行用。《新五代史·唐家人傳·李
繼岌》：“八百哥、雪面娘、窣地嬌、衒蟬奴，
皆魏王繼岌之愛馬。”

八駿

原指周穆王之八匹駿馬。後泛指駿馬。此
稱先秦時已行用。八駿之説，所指不同，或以
毛色爲號，或以其形態爲名。典籍記載亦不相
同。一曰繭騮、綠耳、赤驥、白橐、渠黃、騟
輪、盜驪、山子；二曰驊騮、騄耳、赤驥、白

義、渠黃、逾輪、盜驪、山子；三曰驊騮、騄
耳、赤驥、白義、渠黃、騧騟、盜驪、飛黃；
四曰絶地、翻羽、奔宵、超影、逾輝、超光、
騰霧、挾翼；五曰驊騮、騄騥、赤驥、白兔、
犠渠、黃逾、盜驪、山子。《列子·周穆王》：
“〔王〕肆意遠游，命駕八駿之乘。右服驊騮而
左騄耳，右驂赤驥而左白橐……次車之乘，右
服渠黃而左逾輪，左驂盜驪而右山子。”《穆天
子傳》卷一：“天子之駿，赤驥、盜驪、白義、
逾輪、山子、渠黃、驊騮。”又曰：“八駿，皆
因其毛色以爲名號耳。”晋張華《博物志》卷
六：“周穆王八駿，赤驥、飛黃、白蟻、驊騮、
騄耳、騧騟、渠黃、盜驪。”晋王嘉《拾遺
記·周穆王》：“王馭八龍之駿，一名絶地，足不
踐土；二名翻羽，行越飛禽；三名奔宵，夜行
萬里；四名超影，逐日而行；五名逾輝，毛色
炳耀；六名超光，一形十影；七名騰霧，乘雲
而奔；八名挾翼，身有肉翅。”《廣韻·去稕》：
“駿，馬之俊。周穆王有八駿：驊騮、騄騥、赤
驥、白兔、犠渠、黃逾、盜驪、山子。”唐杜甫
《驄馬行》詩：“豈有四蹄疾於鳥，不與八駿俱
先鳴。”明胡應麟認爲王嘉所載，皆一時私意詭
撰，不足爲證。參閲《少室山房筆叢》卷三四。

九逸

亦稱“九馬”。指漢文帝的九匹駿馬，後用
以泛指御馬。此稱漢代已行用。《西京雜記》卷
二：“漢文帝自代還，有良馬九匹，皆天下之駿
馬也。一名浮雲，一名赤電，一名絶群，一名
逸驃，一名紫燕騮，一名綠螭驄，一名龍子，
一名麟駒，一名絶塵，號爲九逸。”唐杜甫《哀
王孫》詩：“金鞭斷折九馬死，骨肉不得同馳
驅。”明陳東《厩馬賦》：“八駿著驊騮之稱，九

軼標絕塵之號。"

【九馬】

即九逸。此稱唐代已行用。見該文。

三花馬

特指唐代邊地進貢之良馬。因馬身有唐宮廷尚乘局印之三花、飛凰等圖案，或將馬鬃編爲三辮，故以三花名之。此稱唐代已行用。唐白居易《和春深》詩："凰書裁五色，馬鬣剪三花。"宋胡仔《苕溪漁隱叢話後集‧東坡一》："晏元獻家張一畫《虢國出行圖》，其上亦有三花馬。蓋三花馬剪鬃爲三辮耳。"

大宛馬

省稱"宛馬"。亦稱"天馬"。指產於古時西域大宛國之良種馬。此稱漢代已行用。《史記‧大宛列傳》："初，天子發書《易》，云'神馬當從西北來'。得烏孫馬好，名曰天馬。及得大宛汗血馬，益壯，更名烏孫馬曰西極，名大宛馬曰天馬云。"又："而天子好宛馬，使者相望於道。"唐高適《送渾將軍出塞》詩："控弦盡用陰山兒，登陣常騎大宛馬。"唐杜甫《贈田九判官梁丘》詩："宛馬總肥春苜蓿，將軍只數漢嫖姚。"

【宛馬】

"大宛馬"之省稱。此稱唐前已行用。見該文。

【天馬】[1]

"大宛馬"之別稱。此稱漢代已行用。見該文。

下乘

指劣馬，常借喻頑劣之人。此稱漢代已行用。漢陳琳《爲曹洪與魏文帝書》："褻之者，固以爲園囿之凡鳥，外厩之下乘。"唐韓愈《爲人求薦書》："某聞木在山，馬在肆，遇之而不顧者，雖日累千萬人，未爲不材與下乘也。"

下駟

劣等駕馬。此稱漢代已行用。《史記‧孫子吳起列傳》："馬有上中下輩……孫子曰：今以君之下駟與彼上駟，取君上駟與彼下駟，取君中駟與彼下駟，既馳三輩畢，而田忌一不勝而再勝，卒得王千金。"唐薛用弱《集異記‧裴珙》："下駟蹇劣，日勢已晚，方至石橋。"

上駟

上等駕馬、良馬。此稱漢代已行用。參見本卷《畜説‧役使用畜考》"下駟"文。

上襄

最佳之良馬或駕馬。上，前；襄，駕；即走在最中間或前邊，爲車之主導、先決的兩匹駕馬。此稱先秦已行用。《詩‧鄭風‧大叔于田》："兩服上襄，兩驂雁行。"鄭玄箋："襄，駕也。上駕者，言爲衆馬之最良也。"明何景明《述歸賦》："乘白螭於上襄兮，曲文蜺於兩服。"清王引之《經義述聞》卷五："古代'上'與'前'同義，上襄是説駕車走在前面的兩匹馬。"

口馬

通常指今張家口以外所產之蒙古馬。此稱南北朝已行用。《北齊書‧李密傳》："高祖頻降手書勞問，並賜口馬。"《隋書‧王韶傳》："以功進位開府，對晉陽縣公，邑五百户，賜口馬雜畜以萬計。"

山子

古良馬名。周穆王八駿之一。後亦泛指良馬。此稱先秦已行用。《列子‧周穆王》："左驂盜驪而右山子。"宋蘇舜欽《夏熱晝寢感咏》："山子逐雷電，安肯服短轅"。《宋史‧禮樂志十六》：〔真宗〕詔輔臣觀粟於後苑，御山子。"
參見本卷《畜說・役使用畜考》"八駿"文。

千里馬

亦稱"千里駒""千里足"。謂日行千里之
良馬。此稱先秦已行用。《戰國策・燕策一》："臣
聞古之君人，有以千金求千里馬者，三年不能
得。"《史記・趙世家》："繆王日馳千里馬，攻
徐偃王，大破之。"漢韓嬰《韓詩外傳》卷七：
"使驥不得伯樂，安得千里之足，造父亦無千里
之手矣。"《三國志・魏書・曹休傳》："此吾家千
里駒也。"

【千里足】

即千里馬。此稱漢代已行用。見該文。

【千里駒】

即千里馬。此稱三國時期已行用。見該文。

小步馬

馬名。因其步伐較小，能碎步而行，故名。
《漢書・西域傳上・烏秅國傳》："〔烏秅國〕壘石
爲室，民接手飮，出小步馬，有驢無牛。"顔師
古注："小，細也。細步，能蹀足，即今所謂百
步千迹者也。"

五花馬

指毛色斑駁之馬。省稱"五花"。亦稱"五
花驄"。一說剪馬鬃爲五簇，分爲五個花紋，稱
爲五花，其馬遂名五花馬。唐李白《將進酒》
詩："五花馬，千金裘，呼兒將出換美酒，與
爾同銷萬古愁。"唐杜甫《高都護驄馬行》詩：
"五花散作雲滿身，萬里方看汗流血。"仇兆鼇
注引郭若虛曰："五花者，剪鬃爲瓣，或三花，
或五花。"唐韓翃《送王光輔歸青州兼寄儲侍
御》詩："遠憶故人滄海別，當年好躍五花驄。"

【五花】

"五花馬"之省稱。此稱唐已行用。見該文。

【五花驄】

"五花馬"之別稱。此稱唐代已行用。見
該文。

天驥

亦稱"天馬"。指日行千里之良馬。《文
選・張協〈七命〉》："天驥之駿，逸態超越。"李
善注："《天馬歌》曰：天馬來，從西極。"《晋
書・文苑傳・庾闡》："寒松負雪，莫邪挺鍔，天
驥汗血，茍云其隽。"

【天馬】[2]

即天驥。此稱漢代已行用。見該文。

中駟

中等駕馬、良馬。後亦以此喻指中品事物。
此稱先秦時已行用。《史記・孫子吳起列傳》："馬
有上中下輩……孫子曰：'今以君之下駟與彼上
駟，取君上駟與彼中駟，取君中駟與彼下駟。'"
明胡震亨《唐音癸籤・評彙六》："'秦時明月'
一絶，發端句雖奇，而後勁尚屬中駟。"

內乘

謂御馬。此稱明代已行用。明何景明
《子昂畫馬歌》："籲嗟內乘無人識，想見奔驪
過都國。"

文馬[1]

指毛色具文采之馬。此稱先秦時已行用。
《左傳・宣公二年》："宋人以兵車百乘，文馬百
駟以贖華元於鄭。"《史記・周本紀》："閎夭之徒
患之，乃求有莘氏美女，驪戎之文馬，有熊九
駟，他奇怪物，因殷嬖臣費仲而獻之紂。"五代
丘光庭《兼明書》卷三："宣二年，宋人以……
文馬百駟以贖華元於鄭。杜注曰：'畫馬爲文

四百匹也。'明曰:'杜説非也。文馬者,馬之毛色自有文采,重其難得,若畫馬爲文,乃是常馬,何足貴乎?'"

六馬[1]

指六種用途之馬。此稱先秦時已行用。《周禮·夏官·校人》:"校人掌王馬之政,辨六馬之屬:種馬一物,戎馬一物,齊馬一物,道馬一物,田馬一物,駑馬一物。"鄭玄注:"玉路駕種馬,戎路駕戎馬,金路駕齊馬,象路駕道馬,田路駕田馬,駑馬給宮中之役。"

六馬[2]

特指皇帝皇后駕車所用之六匹馬。此稱先秦時已行用。《書·五子之歌》:"予臨兆民,懍乎若朽,索之取六馬。"孔穎達疏:"經傳之文,唯此言六馬。"《史記·秦始皇本紀》:"始皇……數以六爲紀,符、法冠皆六寸,而輿六尺,六尺爲步,乘六馬。"《宋書·禮志一》:"皇后著十二笄,依漢魏故事,衣青衣,乘油蓋雲母安車,駕六馬。"

六廄馬

指唐宮廷六廄所養之馬。此稱唐代已行用。《舊唐書·職官志三》:"開元時,仗内六閑,曰飛龍、祥麟、鳳苑、鵷鸞、吉良、六群等,號六廄馬。"《新唐書·百官志二》:"尚乘局,奉御二人,直長十人,掌内外閑廄之馬,左右六閑,一曰飛黄,二曰吉良,三曰龍媒,四曰駒駼,五曰駃騠,六曰天苑。"

六駿

特指唐太宗李世民征伐作戰時所騎乘之六匹馬。此稱始見於唐代。六駿曰颯露紫、拳毛騧、白蹄烏、特勒驃、什伐赤、青騅。李世民生前對六駿喜愛有加。貞觀十年(636),李世民親撰《六馬圖贊》,并令書法家歐陽詢以八分體書之,刻於石上(見《全唐文》卷一〇)。後歐陽詢刻石亡失,宋游師雄重刻,參閱《金石粹編》卷一三九。今陝西禮泉西北九駿山之昭陵,存有六駿浮雕石像遺址。石雕刻於貞觀十年,後世稱爲昭陵六駿。石雕爲立像,略小於真馬,然雄渾有力,栩栩如生,神態各异,再現了六駿威武飄逸的形象,也反映了唐代高超的雕刻藝術。其中颯露紫、拳毛騧二駿於1914年被美國人盜走,現留存美國,陳列於賓夕法尼亞大學博物館内。其餘四駿現藏陝西博物館。元王惲《韓幹畫照夜白圖》詩:"昭陵六駿秋風裏,辛苦文皇百戰功。"

玉花驄

亦稱"玉面花驄"。駿馬名。爲唐玄宗之乘騎,因馬面花白,故名。唐杜甫《丹青引贈曹將軍霸》詩:"先帝天馬玉花驄,畫工如山貌不同。"宋胡仔《東坡》之一:"《復齋漫録》云:《明皇雜録》:'上所乘馬有玉花驄、照夜白。'又《異人録》言:'玉花驄者,以其面白,故又謂之玉面花驄。'"

【玉面花驄】

即玉花驄。此稱宋代已行用。見該文。

玉追

駿馬名。相傳爲三國時名將張飛之坐騎。《淵鑑類函》卷四三三引《寰宇記》曰:"張飛有馬名玉追。時歌曰:'人中有張飛,馬中有玉追。'"

玉逍遥

駿馬名。馬身純白,行走穩健。爲宋仁宗之御馬。宋邵伯温《邵氏聞見録》卷二:"仁宗御馬有名玉逍遥者,馬色白,其乘之安如輿輦也。"

玉鼻騂

白鼻紅毛之馬。騂，赤也。此稱宋代已行用。宋蘇軾《戲周正孺二絕》之二："天厩新頒玉鼻騂，故人共敞亦常情。"《禮記・明堂位》："夏后氏牲尚黑，殷尚牡，周騂剛。"孔穎達疏："騂，赤色。"

玉螭

馬之美稱。此稱宋代已行用。宋蘇軾《書韓幹牧馬圖》："樓下玉螭吐清寒，往來蹙踏生飛湍。"

叱撥

亦作"赤撥"。駿馬名。此稱唐代已行用。唐岑參《玉門關蓋將軍歌》："樞上昂昂皆駿駒，桃花叱撥價最殊。"宋李石《續博物志》卷四："唐天寶中，大宛進汗血馬六匹，一曰紅叱撥，二曰紫叱撥，三曰……"元泰不華《送瓊州萬戶入京》詩："曾把烏號悲絕域，却乘赤撥上神州。"

【赤撥】

同"叱撥"。此體元代已行用。見該文。

紅叱撥

駿馬名。宋李石《續博物志》卷四："唐天寶中大苑進汗血馬六匹，一曰紅叱撥……"見"叱撥"文。

四駿

指西域名馬蒲梢、龍文、魚目、汗血，皆千里馬也。此稱漢代已行用。《漢書・西域傳贊》："蒲梢、龍文、魚目、汗血之馬，充於黃門。"顏師古注引孟康曰："四駿馬名也。"

代馬

胡馬，古時產於代北之良馬。代，本指漢魏時之代郡，後借指北方邊塞之地。《文選・曹植〈朔風詩〉》："願騁代馬，倏忽北徂。"劉良注："代馬，胡馬也。"

白口騧

駿馬名。北魏酈道元《水經注・河水》："赫連之世，有駿馬死此，取馬色以爲邑號，故目城爲白口騧。"

白兔

古良馬名。周穆王八駿之一。參見本卷《畜說・役使用畜考》"八駿"文。

白馬

白色之馬。古時盟誓或祭河神，宰馬歃血時多用之。《墨子・明鬼下》："杜柏乘白馬素車，朱衣冠，執朱弓，挾朱矢，追周宣王。"《戰國

白 馬
（明文俶《金石昆虫草木狀》）

策・魏策一》："合從者，一天下約爲兄弟，刑白馬以盟於洹水之上，以相堅也。"《史記・吕太后本紀》："高帝刑白馬，盟曰：'非劉氏而王，天下共擊之。'"唐白居易《井底引銀瓶》詩："君騎白馬傍垂楊，牆頭馬上遙相顧。"

白駒

少壯之白馬。此稱先秦時已行用。《詩・小雅・白駒》："皎皎白駒，食我場苗。"《莊子・知北游》："人生天地之間，若白駒之過隙，忽然

而已。”三國魏王粲《贈士孫文始》：“白駒遠志，古人所箴。”

白㠯

亦作“白義”“白儀”“白蟻”。古代良馬名，周穆王八駿之一。㠯，古“義”字。此稱先秦時已行用。《列子·周穆王》：“右驂赤驥而左白㠯。”張湛注：“㠯，古義字。”楊伯峻集釋：“孫詒讓曰：‘白㠯，《穆天子傳》兩見，㠯一作義，一作儀。’郭璞亦云‘古義字’，與張注同。”《穆天子傳》卷八：“天子之駿：赤驥、盜驪、白義、逾輪、山子、渠黃、華騮、綠耳。”另作“儀”。晉張華《博物志》卷八“白義”又作“白蟻”。見“八駿”文。

【白義】

同“白㠯”。此體晉代已行用。見該文。

【白儀】

同“白㠯”。此體晉代已行用。見該文。

【白蟻】

同“白㠯”。此體晉代已行用。見該文。

奴馬

亦作“駑馬”。省稱“駑”。馬之最劣等者。一稱，奴，駑之古字。此稱先秦時已行用。古人將馬分爲三等，一等爲戰馬，即戎馬；二等爲駕車或農耕之馬，即田馬；三等即能力低劣之駑馬。《周禮·夏官》：“馬質掌質馬。馬量三物，一曰戎馬，二曰田馬，三曰駑馬。”《墨子·魯問》：“今有固車良馬於此，又有奴馬四隅之輪於此。”孫詒讓閑詁引畢沅云：“駑，古字只作奴。一本作駑。”晉盧諶《贈劉琨》：“飾獎駑猥，方駕駿珍。”

【駑馬】

同“奴馬”。此體先秦時已行用。見該文。

【駑】

“駑馬”之省稱。此稱晉代已行用。見該文。

【駑猥】

即奴馬。此稱晉代已行用。見該文。

玄駒

亦稱“褭驂”，即小馬。一説古良馬名。此稱漢代已行用。《爾雅·釋畜》：“玄駒，褭驂。”郭璞注：“玄駒，小馬，別名褭驂耳。或曰：此即褭驂，古之良馬名。”

【褭驂】

即玄駒。此稱漢代已行用。見該文。

戎馬

戰馬。一説胡地所産之馬。戎馬爲馬中之最佳者，用於駕戰車或軍事首領之戎車。此稱先秦已行用。《老子》：“天下無道，戎馬生於郊。”《淮南子·泰族訓》：“雄鷄夜鳴，庫兵動而戎馬驚，今日解怨偃兵。”漢司馬遷《報任少卿書》：“且李陵提步卒不滿五千，深踐戎馬之地。”李善注：“胡地出馬，故言戎馬。”

西極

良馬名。漢代稱産於烏孫國之名馬。《史記·大宛列傳》：“得烏孫馬好，名曰天馬。及得大宛汗血馬，益壯，更名烏孫馬曰西極，名大宛馬曰天馬云。”

朱駮

駿馬名。因其毛色朱黃相雜而得名。《廣雅·釋獸》：“朱駮，馬屬。”王念孫疏證：“黃赤色馬也。”南朝宋謝莊《舞馬賦》：“方疊鎔於丹鎬，赤聯規於朱駮。”

朱駿

指産於四川之駿馬。《太平寰宇記》卷四八：“夔州府龍馬溪，産龍駒，曰朱駿。”

自在將軍

五代時劉旻所騎乘之黄驑馬名。《新五代史·劉旻傳》：“旻歸，爲黄驑治厩，飾以金銀，食以三品料，號自在將軍。”

汗血馬

古時西域大宛國所産之赤色駿馬。因其汗出如血，故名。此稱漢代已行用。《神異經·中荒經》：“西南大宛，宛丘有良馬，其大二丈，鬣至膝，尾委地，蹄如升……日行千里，至日中而汗血。”《漢書·武帝紀》：“貳師將軍廣利斬大宛王首，獲汗血馬來，作《西極天馬之歌》。”顔師古注引應劭曰：“大宛舊有天馬種，蹋石汗血。汗從前肩髆出如血。號一日千里。”

走狐

指駿馬。《廣雅·釋獸》：“走狐，馬屬。”《駢雅·釋獸》：“走狐，駿馬也。”

赤兔

亦作“赤菟”。駿馬名。三國名將吕布之坐騎。《三國志·魏書·吕布傳》：“布有良馬，曰赤兔。”南朝宋裴松之注：“時人語曰：人中有吕布，馬中有赤兔。”《後漢書·吕布傳》：“布常御良馬，號曰赤菟，能馳城飛塹。”唐李賀《馬詩》：“赤兔無人用，當須吕布騎。”

【赤菟】

同“赤兔”。此體漢代已行用。見該文。

赤電

駿馬名。漢文帝九逸之一。參見本卷《畜説·役使用畜考》“九逸”文。

赤驥

古良馬名。周穆王八駿之一。此稱先秦時已行用。《列子·周穆王》：“命駕八駿之乘，右服驊駵而左騄耳，右驂赤驥而左白㠲。”唐杜甫《寄劉峽州伯華使君四十韻》：“放蹄知赤驥，捩翅服蒼鷹。”參見本卷《畜説·役使用畜考》“八駿”文。

秀髆

良馬。因其前肢瘦細，故名。元高明《琵琶記》：“還有銀鬃秀髆青花，蘇盧棗驑栗色。”

但馬

亦作“誕馬”。古代儀仗隊中備用之馬。但，徒；即不配鞍轡也，因以得名。此稱南北朝已行用。《魏書·王瓊傳》：“道逢太保廣平王懷，據鞍抗禮，自言馬瘦，懷即以誕馬並乘具與之。”唐段成式《酉陽雜俎·禮異》：“北齊迎南使……使主、副各乘車，但馬在車後。鐵甲者百餘人，儀仗百餘人。”宋程大昌《演繁露·誕馬》：“《通典》：宋江夏王義恭爲孝武所忌，憂懼，故奏革諸侯國制，但馬不得過二。其字則書爲但，不書爲誕也。但者，徒也。徒馬者，有馬無鞍，如人袒裼之袒也……然則謂之但馬，蓋散馬備用而不施鞍轡者也。”

【誕馬】

同“但馬”。此體三國時期已行用。見該文。

青驄

毛色黑白相間之馬。《玉臺新咏·古詩爲焦仲卿妻作》：“踟蹰青驄馬，流蘇金縷鞍。”唐杜甫《高都護驄馬行》：“安西都護胡青驄，聲價欻然來向東。”

苑馬

牧場游牧之馬。一説爲御馬。《史記·平準書》：“蓋選苑馬以調。”《漢書·景帝紀》：“匈奴入雁門，至武泉，入上郡，取苑馬，吏卒戰死者二千人。”《漢書·元帝紀》：“减樂府員，省苑馬，以振困乏。"《後漢書·西南夷傳》："掠苑馬。"

苐方

脅生旋毛之馬。《爾雅·釋畜》："〔馬〕面顙皆白，惟駹。回毛在膺，宜乘；在肘後，減陽；在幹，苐方。"郭璞注："皆別旋毛所在之名。"邢昺疏："幹者，脅也，旋毛在脅者，名苐方。"

抹鄰

亦稱"抹倫"。謂馬，蒙古語譯稱。元關漢卿《哭存孝》："米罕整斤吞，抹鄰不會騎。"元佚名《岳飛精忠》："大小三軍上抹鄰，不披鎧甲不遮身。"明李昌祺《剪燈餘話·至正妓人行》："鹵簿曉排仙仗發，抹倫晴鞘繡鞍乘。"

【抹倫】

同"抹鄰"。此體明代已行用。見該文。

奔宵

古良馬名。周穆王八駿之一。參見本卷《畜説·役使用畜考》"八駿"文。

奔電

亦作"犇電"。秦始皇七匹名馬之一。晋崔豹《古今注·鳥獸》："秦始皇有名馬……四曰犇電。"北周庾信《三月三日華林園馬射賦》："將軍戎服，來參武讌，尚帶流星，猶乘奔電。"

【犇電】

同"奔電"。此體晋代已行用。見該文。

果下馬

體形矮小的馬。因其嬌小，騎乘時可在果樹之下穿行，故名。《三國志·魏書·烏丸鮮卑東夷傳》："其海出斑魚皮，土地饒文豹，又出果下馬。"裴松之注："果下馬高三尺，乘之可於果樹下行，故謂之果下。見《博物志》《魏都賦》。"晋張華《博物志》："穢貊國南與辰韓，

北與句麗、沃沮接，東窮大海。海中出斑魚皮，陸出文豹。又出果下馬，漢時獻之，駕輦車。"

兒馬

指雄馬。《爾雅·釋畜》："牡爲騭。"郝懿行義疏："今東齊人以牡爲兒馬，牝爲騍馬。"《明史·兵志·馬攻》："凡牡曰兒，牝曰騍，兒一騍四爲群。"清顧炎武《日知録》："今人則以牡爲兒馬，牝爲騍馬。"

的顙

亦作"旳顙""馰顙"。亦稱"白顚""戴星馬"。省稱"馰"。謂白額之馬。此稱先秦已行用。《爾雅·釋畜》："馰顙，白顚。"郭璞注："戴星馬也。"《説文·馬部》："馰，馬白額也。"桂馥義證："馰，馬白額也者，《相馬經》：馬白顚名曰的盧。"《周易·説卦》："震爲雷……其於馬也，爲善鳴，爲馵足，爲作足，爲的顙。"孔穎達疏："白額爲的顙，亦取動而見也。"《詩·秦風·車鄰》："有車鄰鄰，有馬白顚。"毛傳："白顚，的顙也。"陳奐傳疏："傳以的顙詁白顚。"《爾雅》："顙白顚。舍人注云，旳，白也；顙，額也。額有白毛，今之戴星馬也。"

【旳顙】

同"的顙"。"旳"爲"的"之古字。此體先秦時期已行用。見該文。

【馰顙】

同"的顙"。此體先秦時期已行用。見該文。

【馰】

"馰顙"之省稱。此稱漢代已行用。見該文。

【白顚】

"的顙"之別稱。此稱先秦時期已行用。見該文。

【戴星馬】

"的顙"之俗稱。此稱漢代已行用。見該文。

的盧[1]

亦作"的顙"。古代謂額有白色斑紋之馬。一說爲凶馬，乘之不利。《三國志・蜀書・先主傳》裴松之注引《世說新語》："備屯樊城，劉表禮焉，憚其爲人，不甚信用。曾請備宴會，蒯越、蔡瑁欲因會取備，備覺之，僞如厠，潛遁出。所乘馬名的盧。騎的盧走，墮襄陽城西檀溪水中，溺不得出。備急曰：'的盧，今日厄矣，可努力！'的盧乃一踊三丈，遂得過。"《晉書・庾亮傳》："初亮所乘馬的顱，殷浩以爲不利於主，勸亮賣之。亮曰：'豈有己之不安而移之於人。'浩慚而退。"宋辛棄疾《破陳子》："馬作的盧飛快。"

【的顱】

同"的盧"。此體晉代已行用。見該文。

征馬

謂遠行之馬，或謂戰馬。南朝梁江淹《別賦》："趨征馬而不顧，見行塵之時起。"唐李華《吊古戰場文》："鷙鳥休巢，征馬踟躕。"《資治通鑑・唐長慶元年》："〔劉總〕又獻征馬萬五千匹。"

征鞍

本指遠行所需之馬鞍，後借指遠行時所乘之馬。唐張九齡《初入湘中有喜》詩："征鞍窮鄒路，歸棹入湘流。"唐杜審言《經行嵐州》詩："自驚牽遠役，艱險促征鞍。"

乳駒

幼馬。《新唐書・百官志三》："乳駒、乳犢十給一丁。"

服馬[1]

省稱"服"。古代馬車單轅四馬，兩夾轅之馬稱爲服馬。此稱先秦已行用。《釋名・釋車》："游環在服馬背上，驂馬之外。"《正字通・月部》："服，車駕四馬，在內兩馬曰服，外兩馬曰騑。"《詩・鄭風・大叔于田》："兩服上襄，兩驂雁行。"鄭玄箋："兩服，中央夾轅者。"《戰國策・衛策》："拊驂而答服。"鮑彪注："兩馬在中爲服。"

【服】

"服馬"之省稱。此稱先秦時期已行用。見該文。

服馬[2]

泛指騎乘之馬。《詩・鄭風・叔于田》："叔適野，巷無服馬。"漢鄭玄箋："服，猶乘馬也。"

宜乘

千里馬之一種。因腹下生旋毛，古人以爲大吉，故名。因此馬多服役於官府，故又稱官府馬。《爾雅・釋畜》："回毛在膺，宜乘。"郭璞注："樊光云：'俗呼之官府馬。'《伯樂相馬法》：'旋毛在腹下如乳者，千里馬。'"郝懿行義疏："回毛，旋毛也。旋毛在胸者名宜乘，郭引樊光云官府馬者，言此馬宜官府乘駕也。"

【官府馬】

"宜乘"之別稱。此稱晉代已行用。見該文。

泥驄

古馬名。毛色淺黑間白。此稱先秦已行用。《爾雅・釋畜》："陰白雜毛，駰。"晉郭璞注："陰，淺黑，今之泥驄。"

草馬[1]

指未經人工馴養的馬。清翟灝《通俗

編·獸畜·草馬》："馬未調馭爲草，又一義也。"
又，民間亦謂雌馬爲草馬。

草駒

幼馬。初生之馬謂駒，又因幼馬常放在草
中，故名草駒。《淮南子·修務訓》："夫馬之
爲草駒之時，跳躍揚蹄，翹尾而走，人不能
制。"高誘注："馬五尺以下爲駒，放在草中，
故曰草駒。"

重馬[1]

懷孕之馬。《漢書·劉屈氂傳》："重馬傷
耗，武備衰減。"顔師古注："重馬，謂馬懷孕
者也。"《通雅·動物》："馬懷孕曰重馬。"

重馬[2]

指高大肥壯之馬。《史記·秦始皇本紀》：
"河魚大上，輕車重馬東就食。"《新五代史·雜
傳·趙匡凝》："君在鎮時，輕車重馬，歲輸于
梁，今敗乃歸我乎。"

追風

秦始皇七匹名馬之一。一説爲商湯之坐
騎。亦泛稱良馬。因馬奔馳如風，故名。晋崔
豹《古今注·鳥獸》："秦始皇有名馬七：一曰追
風……"北魏楊衒之《洛陽伽藍記》："〔元琛〕
遣使向西域求名馬，遠至波斯國，得千里馬，
號曰追風赤驥。"清李元《蠕範·物名》："〔商〕
湯馬曰青龍，曰追風。"

追風駿

善走之良馬。晋葛洪《抱朴子·君道》："市
馬骨以招追風駿。"

神駒

良馬。《魏書·裴駿傳》："駿幼而聰慧，親
表異之，稱爲神駒。"宋朱熹《遠游篇》："上有
孤鳳翔，下有神駒驤。"

飛燕

駿馬名。《文選·張協〈七命〉》："駕紅陽之
飛燕，驂唐公之驪騟。"張銑注："紅陽，唐公，
人也。並有良馬名飛燕、驪騟也。"南朝宋謝靈
運《會吟行》："飛燕躍廣途，鸔首戲清沚。"李
善注："《西京雜記》曰：'文帝自代還，有良馬
九匹，一名飛燕騮。'"

飛翮

駿馬名。秦始皇七匹名馬之一。晋崔豹
《古今注·鳥獸》："秦始皇有名馬七，一曰追
風……五曰飛翮。"

飛龍[1]

駿馬名。漢張衡《南都賦》："駟飛龍兮騤
騤。"唐李白《答杜秀才五松山見贈》詩："敕
賜飛龍二天馬，黃金絡頭白玉鞍。"

飛騎

指奔馳如飛之快馬。唐韋莊《和鄭拾遺秋
日感事一百韻》："飛騎黃金勒，香車翠鈿裝。"

班馬

離群或載人別離之馬。班，意謂別離。《左
傳·襄公十八年》："齊師夜遁……邢伯告中行伯
曰：'有班馬之聲，齊師其遁。'"杜預注："夜
遁，馬不相見，故鳴。班，別也。"北周庾信
《哀江南賦》："失群班馬，迷輪亂轍。"唐李白
《送友人》詩："揮手自茲去，蕭蕭班馬鳴。"清
錢謙益《別惠老兩絕句》："頭白此爲別，忍聽
班馬鳴。"

乘且

亦作"乘駔"。亦稱"乘旦"。駿馬名。漢
賈誼《新書·匈奴》："駕四馬，載綠蓋，從數
騎，御驂乘且。"漢劉向《九嘆·惜賢》："同駕
贏與乘駔兮。"王逸注："乘駔，駿馬也。"《文

選·王褒〈聖主得賢臣頌〉》："及至駕齧膝，驂乘旦，王良執靶，韓哀附輿。"李善注引張晏曰："齧膝、乘旦，皆良馬名也。"清王念孫《讀書雜志·漢書十一》："乘旦當爲乘且，字之誤也。且與駔同。"

【乘駔】

同"乘且"。此體漢代已行用。見該文。

【乘旦】

即乘且。此稱漢代已行用。見該文。

乘馬

指駕車所用之四匹馬。《詩·陳風·株林》："駕我乘馬，說於株野。"又，《詩·小雅·采菽》："君子來朝，何錫予之？雖無予之，路車乘馬。"鄭玄箋："賜諸侯以車馬。"《禮記·檀弓上》："冉子攝束帛乘馬而將之。"

乘黃[1]

指同駕一車之四匹黃馬。《詩·魯頌·有駜》："有駜有駜，駜彼乘黃。"又，《詩·鄭風·大叔于田》："叔于田，乘乘黃。"毛傳："乘黃，四馬皆黃也。"漢劉向《列女傳·秦穆公姬傳》："路車乘黃。"

牸馬

亦作"字馬"。亦稱"牸牝"。指母馬。《韓非子·解老》："戎馬乏，則牸馬出，軍危殆，則近臣役。"《史記·平準書》："令封君以下至三百石以上吏，以差出牝馬天下亭，亭有畜牸馬，歲課息。"《漢書·食貨志上》："衆庶街巷有馬，仟伯之間成群，乘牸牝者擯而不得會聚。"顏師古注引孟康曰："皆乘父馬，有牝馬間其間則踶齧，故斥出不得會同。言時富饒，故恥乘牸牝，不必以其踶齧也。"又，《食貨志下》作"字馬"。

【字馬】

同"牸馬"。此體漢代已行用。見該文。

【牸牝】

即牸馬。此稱漢代已行用。見該文。

般臂

指前肢毛皮有斑紋之馬。般，通斑。此稱先秦時已行用。《周禮·天官》："豕盲眡而交睫，腥。馬黑脊而般臂，螻。"鄭玄注："般臂，臂毛有文。"賈公彥疏："云馬黑脊而般臂螻者，謂馬脊黑前脛般般然。"

拳毛騧

駿馬名。唐太宗六駿之一。"騧"亦作"瓜"。唐太宗《六馬圖贊》："拳毛瓜，黃馬黑喙。"唐杜甫《韋諷錄事宅觀曹將軍畫馬圖》詩："昔日太宗拳毛騧，近時郭家獅子花。"參見本卷《畜說·役使用畜考》"六駿"文。

浮雲

駿馬名。漢文帝九逸之一。參見本卷《畜說·役使用畜考》"九逸"文。

黃

特指黃赤色之馬。此稱先秦時已行用。《詩·秦風·渭陽》："何以贈之，路車乘黃。"又，《詩·魯頌·駉》："有驪有皇，有驪有黃。"毛傳："黃騂曰黃。"孔穎達疏："黃而赤色者直名爲黃。"

黃逾

古良馬名。周穆王八駿之一。參見本卷《畜說·役使用畜考》"八駿"文。

黃驄

指黃色之馬。此稱南北朝時已行用。《周書·裴果傳》："永安末，盜賊蜂起，果從軍征討，乘黃驄馬，衣青袍，每先登陷陳，時人號

爲黃驄年少。”唐韋應物《送孫徵赴雲中》：“黃
驄少年舞雙戟，目視旁人皆辟易。”

雪面娘

良馬名。此稱五代時已行用。後唐魏王李
繼笈之愛馬。參見本卷《畜説·役使用畜考》
“八百哥”文。

雪駒

白馬。宋陸游《感舊》：“浣花江路青螭舫，
槎柳毬場白雪駒。”

魚

亦作“鮫”“瞯”。亦稱“魚目”。馬名。因
其雙目呈白色，似魚，故名。此稱先秦時已行
用。《爾雅·釋畜》：“二目白，魚。”郭璞注：“似
魚目也。《詩》曰：‘有驔有魚。’”郝懿行義疏：
“魚者，《漢書·西域傳贊》：‘以魚目與龍文、汗
血，並爲駿馬之名。’蓋即此也。《釋文》：‘魚，
本又作瞯。《字林》作鮫，皆或體耳。’”

【鮫】

同“魚”。此體晋代已行用。見該文。

【瞯】

同“魚”。此體唐代已行用。見該文。

【魚目】

即魚。此稱漢代已行用。見該文。

逸駿

指奔馳疾速之駿馬。此稱晋代魏晋時已
行用。晋陸機《辨亡論》：“巨象逸駿，擾於外
閑。”

逸驃

駿馬名。漢文帝九逸之一。參見本卷《畜
説·役使用畜考》“九逸”文。

盜驪

古良馬名。此稱先秦時已行用。周穆王八

駿之一。形體細頸、毛淺黑。《穆天子傳》：“天
子之駿：赤驥、盜驪、綠耳……”郭璞注：“馬
爲細頸驪黑色也。”參見本卷《畜説·役使用畜
考》“八駿”文。

細馬[1]

良馬名。此稱唐代已行用。《舊唐書·職官
志三》：“凡馬有左右監，以別其粗良……細馬
稱左，粗馬稱右。”《宋史·外國傳三·高麗》：
“尹諲古以金綫織成龍鳳鞍並綉龍鳳鞍襆各二
幅，細馬二匹，散馬二十匹貢。”

細馬[2]

小馬。此稱唐代已行用。唐李白《對酒》：
“蒲萄酒，金叵羅，吳姬十五細馬馱。”明吳之
鯨《武林梵志》卷八：“大堤迴接鳳山遥，金勒
東風細馬嬌。芳草不知埋帝舄，柳枝猶自學宫
腰。”

越睒駿

駿馬名。因產於越睒國，故名。此稱唐代
已行用。《新唐書·南蠻傳》：“越睒之西，多薦
草，產善馬，世稱越睒駿，始生若羔，歲中紐
莎縻之，飲以米潘，七年可御，日馳數百里。”

超光

古良馬名。周穆王八駿之一。參見本卷《畜
説·役使用畜考》“八駿”文。

超影

古良馬名。周穆王八駿之一。參見本卷《畜
説·役使用畜考》“八駿”文。

狗

亦稱“駒”“驨”。爲後足皆白，或左足白
之馬。《爾雅·釋畜》：“馬後足皆白曰狗。”《廣
韻·上虞》：“驨，馬左右足白，《爾雅》云：‘馬
后足皆白’，本作狗。”

【猗】

即狗。此稱漢代已行用。見該文。

【猧】

即狗。此稱宋代已行用。見該文。

紫燕騮

省稱"紫燕"。駿馬名。漢文帝九逸之一。後泛指駿馬。《西京雜記》:"漢文帝自代還,有良馬九匹,皆天下名馬也。一名浮雲……一名紫燕騮。"三國魏劉邵《趙都賦》:"飛兔奚斯,常驪紫燕。"南朝宋顏延之《赭白馬賦》:"將使紫燕駢衡,綠蛇衛轂。"清李元《蠕範·物名》:"呂后馬曰紫燕。"見"九逸"文。

【燕騮】

"紫燕騮"之省稱。此稱三國時期已行用。見該文。

紫騮

赤色駿馬。《南史·羊侃傳》:"帝因賜侃河南國紫騮,令試之。侃執矟上馬,左右擊刺,特盡其妙。"唐楊炯《紫騮馬》:"俠客重周游,金鞭控紫騮。"唐李白《采蓮曲》:"紫騮嘶入落花去,見此踟躕空斷腸。"

犁眉騧

亦你"驪眉騧"。謂黃毛黑眉之良馬。此稱唐代已行用。唐李白《魯郡堯祠送竇明府薄華還西京》:"朝策犁眉騧,舉鞭力不堪。王琦注:《十六國春秋》:'姚襄所乘駿馬曰驪眉騧,日行千里。'《說文》:'騧,黃馬黑喙也。'驪,黑也。驪眉騧,則黃馬而黑眉者矣。古犁、驪通用。"

【驪眉騧】

同"犁眉騧"。此體漢代已行用。見該文。

渠黃

古良馬名。周穆王八駿之一。此稱先秦時期已行用。參見本卷《畜說·役使用畜考》"八駿"文。

絳騮

謂紅色之馬。此稱南北朝時期已行用。南朝宋何尚之《與顏延之書》:"絳騮清路,白簡深劾。取之仲容,或有廬耶。"

絕地

古良馬名。周穆王八駿之一。此稱先秦時期已行用。參見本卷《畜說·役使用畜考》"八駿"文。

絕群

駿馬名。漢文帝九逸之一。此稱漢代已行用。參見本卷《畜說·役使用畜考》"九逸"文。

絕塵

駿馬名。漢文帝九逸之一。此稱漢代已行用。參見本卷《畜說·役使用畜考》"九逸"文。

驔

指膝以上皆白之馬。一說為後足毛白之馬。此稱先秦已行用。《爾雅·釋畜》:"膝以上皆白惟驔……後右足白驤,左白驔。"《詩·秦風·小戎》:"文茵暢轂,駕我騏驔。"

蒼龍[1]

亦作"蒼龍"。青色之駿馬。以其飛馳似龍飛,故名。此稱先秦時已行用。《韓非子·外儲說右下》:"延陵卓子乘蒼龍與翟文之乘。前則有錯飾,後有利錣筴。"《禮記·月令》:"天子居青陽左个,乘鸞輅,駕蒼龍。"鄭玄注:"馬八尺以上為龍。"《漢書·王莽傳》:"駕坤車,左倉龍,右白虎。"

【倉龍】

同"蒼龍"。此體漢代已行用。見該文。

蒲梢

古良馬名。爲四駿之一。此稱漢代已行用。《史記·樂書》："後伐大宛得千里馬，馬名蒲梢。"裴駰集解引應劭曰："大宛舊有天馬種，蹋石汗血，汗從前肩膊出如血，號一日千里。"唐元稹《江邊四十韻》："高門受車轍，華厩稱蒲梢。"見"四駿"文。

照夜白

駿馬名。爲唐玄宗所騎乘駿馬之一。此稱唐代已行用。唐張彥遠《歷代名畫記》："玄宗好大馬，御厩至四十萬……遂命悉圖其駿，則有玉花驄、照夜白等。"唐杜甫《韋諷錄事宅觀曹將軍畫馬圖》詩："曾貌先帝照夜白，龍池十日飛霹靂。"

照影

良馬名。此稱元代已行用。元高明《琵琶記》："麟駒龍子，照影懸光。"

路馬

古代天子、諸侯所乘路車之馬。此稱漢代已行用。《禮記·曲禮上》："大夫、士下公門，式路馬。"《史記·萬石張叔列傳》："見路馬必式焉。"

傳馬

古時驛站所用之馬。此稱漢代已行用。《漢書·昭帝紀》："頗省乘輿馬及苑馬，以補邊郡三輔傳馬。"

獅子驄

古良馬名。其馬鬃毛拖地，形體如獅，因以得名。此稱唐代已行用。唐張鷟《朝野僉載》卷五："隋文皇帝時，大宛國獻千里馬，鬃曳地，號曰師子驄。"

窣地嬌

良馬名。爲後唐魏王李繼岌之愛馬。此稱五代已行用。參見本卷《畜説·役使用畜考》"八百哥"文。

福禄

斑馬之別稱。其狀如驢，身有條紋，故名。此稱明代已行用。《明史·外國傳七·不剌哇》："不剌哇與木骨都束接壤……所産有馬哈獸，狀如獐；花福禄，狀如驢。"又《忽魯謨斯》："忽魯謨斯，西洋大國也……所貢有獅子、麒麟、駝鷄、福禄、靈羊；常貢則大珠、寶石之類。"

肅爽

亦作"肅霜""驌驦""驌騻"。省稱"驌""驦"。駿馬名。一説爲唐成公之馬名。此名先秦時已行用。《篇海類編·鳥獸類·馬部》："驌，驌驦，古之良馬名。"《集韻·平陽》："驌，驌驦，良馬名。或從爽，通作爽。"《左傳·定公三年》："唐成公如楚，有兩肅爽馬。"杜預注："肅爽，駿馬名。"孔穎達疏："爽或作霜。賈逵云，色如霜紈。"晉張協《七命》："駕紅陽之飛燕，驂唐公之驌騻。"晉葛洪《抱朴子·博喻》："飆迅，非徒驊騮驌騻，立斷，未獨沈閭干將。"清李元《蠕範·物名》："唐成公馬名曰驌驦。"

【肅霜】

同"肅爽"。此體先秦時期已行用。見該文。

【驌騻】

同"肅爽"。此體晉代已行用。見該文。

【驌驦】

同"肅爽"。此體宋代已行用。見該文。

【驌】

"驌驦"之省稱。此稱宋代已行用。見該文。

【驪】

"驪驪"之省稱。此稱宋代已行用。見該文。

緑螭驄

駿馬名。漢文帝九逸之一。此稱漢代已行用。參見本卷《畜説·役使用畜考》"九逸"文。

駬騎

驛馬。特指專用於傳送皇帝聖旨與上報君王公文之馬。此稱先秦時已行用。《孔叢子·問軍禮》:"若不幸軍敗,則駬騎赴告天子。"唐元稹《酬樂天東南行詩一百韻》:"駬騎來千里,天書下九衢。"

駁[1]

亦作"駁"。亦稱"駁馬""駵駁"。謂毛色斑駁不純之雜色馬,或赤白,或青白,或黄白,故名。此稱先秦已行用。《爾雅·釋畜》:"駵白,駁。"邢昺疏:"駵,赤色也。謂馬有駵處有白處曰駁。"《説文·馬部》:"駁,馬色不純。从馬,爻聲。"唐慧琳《一切經音義》卷二四:"白黑雜謂之駁。"又卷六七:"駁,色不純也。《通俗文》:'黄雜謂之駁。'"又卷九七:"駁,謂不調一也。"《詩·豳風·東山》:"之子於歸,皇駁其馬。"毛傳:"黄白曰皇,駵白曰駁。"又

駁
(清余省、張爲邦等《獸譜》)

《秦風·晨風》:"山有苞櫟,隰有六駁。"孔穎達疏:"陸璣疏云:'駁馬,梓榆也。其樹皮青白駁犖。遥視似駁,故謂之駁馬。'"《管子·小問》:"管子對曰:'意者君乘駁馬而洀桓迎日而馳乎。'"房玄齡注:"洀,古盤字。"《淮南子·説林訓》:"駵駁不入牲。"高誘注:"犧牲,以純色也。"

【駁】[1]

同"駁[1]"。此體先秦時期已行用。見該文。

【駁馬】

即駁[1]。此稱先秦時期已行用。見該文。

【駵駁】

即駁[1]。此稱漢代已行用。見該文。

駃馬

亦作"父馬"。亦稱"騭"。指公馬。此稱先秦時已行用。《爾雅·釋畜》:"牡曰騭。"郭璞注:"今江東呼駃馬爲騭。"《漢書·食貨志》:"乘牸牝者擯而不得會聚。"顏師古注:"皆乘父馬,有牝馬間其間則蹏齧。"《廣韻·上虞》:"駃,牡馬。"

【父馬】

同"駃馬"。此體唐代已行用。見該文。

【騭】

即駃馬。此稱漢代已行用。見該文。

駃騠[1]

良馬。此稱秦代已行用。《廣韻·入屑》:"駃,駃騠。良馬,生七日超母也"。《史記·李斯列傳》:"駿良駃騠,不實外厩。"司馬貞索隱:"《爾雅·釋畜》:'馬屬也。'郭景純注《上林賦》云:'生三日而超其母也。'"秦李斯《上書秦始皇》:"駿馬駃騠。"劉良注:"駃騠,良馬也。"

騅

亦作“駽”“騏”。亦稱“烏驄”。指毛色黑白相間之馬。此稱先秦已行用。《詩·鄭風·大叔于田》：“叔于田，乘乘騅。”朱熹集注：“驪白雜毛曰騅，今所謂烏驄。”《爾雅·釋畜》：“驪白雜毛，騅。”《集韻》又作“騏”。

【駽】

同“騅”。此體先秦時期已行用。見該文。

【騏】

同“騅”。此體宋代已行用。見該文。

【烏驄】

“騅”之別稱。此稱宋代已行用。見該文。

蜚鴻

省稱“蜚”。古良馬名。此稱漢代已行用。漢東方朔《答驃騎難》：“麒麟、綠耳、蜚鴻、驊驑，天下良馬也。”宋趙子崧《繳申大元帥府狀》：“惟大王亟整六蜚，入朝九廟，則一切平定。”

【蜚】[1]

“蜚鴻”之省稱。此稱宋代已行用。見該文。

舞馬

指經過馴教會表演舞蹈的馬。此稱南北朝時期已行用。《宋書·謝莊傳》：“時河南獻舞馬，詔群臣爲賦。”史載唐玄宗曾命馴教舞馬，分爲左右部，各有名稱，舞馬披以錦綉，絡以金銀。伴樂一起，舞馬即奮首揚蹄，縱橫應節，昂然起舞。至千秋節，輒命群馬舞於勤政殿下，爲當時宮廷一大樂事。事見唐代鄭處誨《明皇雜錄補遺》。明張岱《夜航船·走獸》：“唐玄宗舞馬四百蹄，分爲左右部，有名曰‘某家嬌’。其曲曰《傾杯樂》。皆衣以錦綉，綴以金銀，每樂作，奮首鼓尾，縱橫應節。”

銜蟬奴 [1]

古良馬名。爲後唐李繼笈之愛馬。參見本卷《畜說·役使用畜考》“八百哥”文。

雒

黑身而白鬛之馬。一説爲白身黑鬛之馬。此稱先秦時已行用。《詩·魯頌·駉》：“有騨有雒，以車繹繹。”毛傳：“黑身白鬛曰雒”。參見本卷《畜說·役使用畜考》“駱馬”文。

豪馬

亦稱“髦馬”。其足關節處生有長毛，故名。此稱先秦已行用。《穆天子傳》卷四：“天子之豪馬、豪牛、龍狗、豪羊，以三十祭文山。”郭璞注：“豪，猶髦也。”《山海經》云：“髦馬如馬，足四節皆有毛。”

【髦馬】

即豪馬。此稱先秦時已行用。見該文。

翠龍

亦稱“飛黃”。駿馬名。爲周穆王八駿之一。此稱先秦已行用。《漢書·揚雄傳》：“乘翠龍而超河兮，陟西岳之嶢崝。”顏師古注：“翠龍，穆天子所乘馬也。”晋張華《博物志·物名考》：“周穆王八駿：赤驥、飛黃、白蟻……盗驪。”參見本卷《畜說·役使用畜考》“八駿”文。

【飛黃】[1]

即翠龍。此稱晋代已行用。見該文。

駓

亦稱“桃花馬”。指毛色黃白相間之馬。此稱先秦已行用。《爾雅·釋畜》：“〔馬〕黃白雜毛，駓。”晋郭璞注：“今之桃花馬。”《說文·馬部》：“駓，黃馬白毛也。”《詩·魯頌·駉》：“薄言駉者，有雒有駓。”毛傳：“黃白雜毛曰駓。”元耶律楚材《懷古一百韻寄張敏之》詩：“穿廬或白黑，驛騎半黃駓。”

【桃花馬】

即駓。此稱晋代已行用。見該文。

駮騱

亦作“薄寒”。指來自域外身披長毛之馬。此稱南北朝時已行用。《玉篇・馬部》：“駮騱，蕃中馬也。”唐白居易《武丘寺路宴留別諸妓》詩：“清管曲終鸚鵡語，紅旗影動駮騱嘶。”元無名氏《酒泉子》：“紅耳薄寒，搖頭弄耳擺金彎。”

【薄寒】

同“駮騱”。此稱元代已行用。見該文。

駔

肥壯之馬。此稱漢代已行用。漢劉向《九嘆・憂苦》：“同駕贏與乘駔兮，雜斑駮與茸。”《說文・馬部》：“駔，壯馬也。”《文選・左思〈魏都賦〉》：“燕孤盈庫而委勁，冀馬填廐而駔駿。”南朝宋顏延之《赭白馬賦》：“於時駔駿，充階街兮。”

駟[1]

指同駕一車之四匹馬。《詩・小雅・采菽》：“載驂載駟，君子所屆。”《論語・季氏》：“齊景公有馬千駟。”邢昺疏：“馬四匹爲駟。”

駟[2]

泛指馬。《禮記・三年問》：“若駟之過隙，然而遂之，則是無窮也。”陸德明釋文：“駟，馬也。”《史記・孫子吳起列傳》：“今以君之下駟與彼上駟，取君上駟與彼中駟，取君中駟與彼下駟。”徐珂《清稗類鈔・農商類》：“以最賤之布、茶、糖，易其珍貴之金玉、毳革、茸角、香黃、藥料、材木、犛牛、良駟。”

駙

指轅外駕車之馬。即副馬。此稱漢代已行用。《說文・馬部》：“駙，副馬也。”清段玉裁注：“副者，貳也，非正駕車皆爲副馬。”《文選・張衡〈東京賦〉》：“駙承華之蒲梢，飛流蘇之騷殺。”薛綜注：“駙，副馬也。承華，廐名也。言取華廐之蒲梢以爲副馬也。”

駭

指一歲之幼馬。一說爲黑馬。此稱南北朝時已行用。《玉篇・馬部》：“駭，馬一歲。”《集韻・平先》：“駭，馬一歲名。一曰馬黑色。”

閱廣

亦作“騤驥”“騤廣”。指背脊長有旋毛適宜騎乘的馬。此稱先秦時已行用。《爾雅・釋畜》：“回毛在膺宜乘……在背閱廣。”邢昺疏：“旋毛在背者名閱廣。”《廣韻・入屑》：“騤，苦穴切。”《爾雅》：“馬回毛在背曰騤驥……亦作閱廣。”《集韻・入屑》：“閱騤，《爾雅》：馬回毛在背曰閱廣。或從馬。”

【騤驥】

同“閱廣”。此體漢代已行用。見該文。

【騤廣】

同“閱廣”。此體漢代已行用。見該文。

鋪馬

驛站所用之馬。古代各地均設立驛站，專用於傳遞皇帝詔書，上報官府公文。內設鋪馬，站站相接，十分快捷。鋪馬不准他用，擅用則問罪。宋樓鑰《北行日錄》：“金法、金牌走八騎，銀牌三，木牌二，皆鋪馬也。木牌最急，日行七百里，軍期則用之。”明宋濂《元史・兵志四》：“凡站，陸則以馬以牛，或以驢，或以車，而水則以舟。其給驛傳璽書，謂之鋪馬聖旨。"

駬

古指良馬。此稱先秦時已行用。《韓非子·難勢》："且夫治千而亂一，與治一而亂千也，是猶乘驥駬而分馳也，相去亦遠矣。"王先慎注："驥、駬，並千里馬也。"

駴

亦作"戎"。身高八尺以上之良馬。用以稱馬高大有力。此稱先秦時已行用。《爾雅·釋畜》："馬八尺爲駴。"郭璞注："《周禮》云：'馬，八尺以上爲駴。'"又《釋畜》："絶有力，駴。"郭璞注："即馬高八尺。"郝懿行義疏："《釋文》：本作戎。按：《釋詁》：戎，大也。馬高大而有力，古被斯名。"宋樓鑰《再題行看子》："韓生所貌定傑出，七尺爲騋八尺駴。"

【戎】

同"駴"。此體漢代已行用。見該文。

駰

毛色淺黑雜白之馬。此稱先秦時已行用。《爾雅·釋畜》："陰白雜毛，駰。"郭璞注："陰，淺黑。"邢昺疏："陰，淺黑色也。毛淺黑而白兼雜毛者名駰。"《説文·馬部》："駰，馬陰白雜毛黑。從馬，因聲，《詩》曰：'有駰有騢。'"《詩·小雅·皇皇者華》："我馬維駰，六轡既均。"唐元稹《代曲江老人百韻》："紫縰牽白犬，錦韉覆花駰。"

駃

良馬名。此稱南北朝時已行用。南朝宋顏延之《赭白馬賦序》："豈不以國尚威容，軍駃趫迅而已。"李善注："庾中丞《昭君辭》曰：'聯雪隱天山，崩風蕩河澳。朔障烈寒箭，冰原嘶代駃。'以韻言之，蓋馬名也。"

駓

亦作"騟"。指脣黑而體白之馬。此稱秦漢時已行用。《爾雅·釋畜》："白馬黑脣，駓。"《集韻·平罄》："騟，白馬黑脣，或從全。"

【騟】

同"駓"。此體宋代已行用。見該文。

駣

指二歲或四歲之幼馬。此稱先秦時已行用。《玉篇·馬部》："駣，馬四歲也。"《周禮·夏官·鋪人》："教駣，功駒。"鄭玄注："馬三歲曰駣。"

駚駥

亦作"駚騄""駚騠"。省稱"騠"。馬名。一説指似馬之獸。此稱魏晉已行用。《廣雅·釋獸》："騄駬、驊騮、駚駥，馬屬。"《廣韻·平齊》："騠，馬屬。亦作騠。"《集韻·平齊》："騠騠，《博雅》：'駚駥，馬屬。或從黎、犁。'"

【駚騄】

同"駚駥"。此體三國時期已行用。見該文。

【駚騠】

同"駚駥"。此體宋代已行用。見該文。

駱馬

省稱"駱"。指白身黑鬣之馬。此稱先秦時已行用。《爾雅·釋畜》："白馬黑鬣，駱。"《詩·小雅·四牡》："四牡騑騑，嘽嘽駱馬。"毛傳："白馬黑鬣曰駱。"《説文·馬部》："駱，馬白色黑鬣尾也。"唐白居易《不能忘情吟》："鬻駱馬兮放楊柳枝，掩翠黛兮頓金羈。"

【駱】

"駱馬"之省稱。此稱漢代已行用。見該文。

冀馬

指古冀州之北所產之馬。此稱漢代已行用。《後漢書·劉表傳贊》：“魚儷漢舳，雲屯冀馬。”李賢注引《左傳》：“冀之北土，馬之所生。”北周庾信《哀江南賦》：“俄而梯衝亂舞，冀馬雲屯。”

龍 [1]

指身高八尺以上之馬。此稱先秦時已行用。《周禮·夏官·庾人》：“馬，八尺以上爲龍。”《儀禮·覲禮》：“天子乘龍，載大旆。象明，升龍降龍。”鄭玄注：“馬，八尺以上爲龍。”

龍子 [1]

駿馬名。漢文帝九逸之一。此稱漢代已行用。參見本卷《畜説·役使用畜考》“九逸”文。

龍文

駿馬名。此稱漢代已行用。《漢書·西域傳贊》：“蒲梢、龍文、魚目、汗血之馬充於黃門。”顏師古注引孟康曰：“四駿馬名也。”見“四駿”文。

龍馬 [1]

指駿馬。因馬行似龍飛而名。此稱南北朝時已行用。南朝齊謝朓《送遠曲》：“方衢控龍

龍　馬
（清余省、張爲邦等《獸譜》）

馬，平路騁朱輪。”唐張籍《離婦》：“夫婿乘龍馬，出入有光儀。”唐李白《白馬篇》：“龍馬花雪毛，金鞍五陵豪。”

龍孫

良馬名。古人常以龍喻馬，故稱。此稱唐代已行用。唐李商隱《過華清內廐門》詩：“自是明時不巡幸，至今青海有龍孫。”唐曹唐《病馬》詩之三：“不剪焦毛鬣半翻，何人別是古龍孫。”

龍媒 [1]

指天馬、神馬。古人謂天馬乃神龍之類，天馬來爲致龍之徵兆，因稱天馬、駿馬爲龍媒。此稱漢代已行用。《漢書·禮樂志》：“天馬徠，龍之媒，遊閶闔，觀玉臺。”唐杜甫《昔游》詩：“有能市駿骨，莫恨少龍媒。”

龍駒

駿馬名。此稱南北朝時已行用。南朝陳徐陵《驄馬驅》詩：“白馬號龍駒，雕鞍名鏤衢。”《南史·張裕傳》：“昔日河南國獻赤龍駒，能拜伏，善舞。”唐杜甫《惜別行送劉僕射判官》詩：“祇收壯健勝鐵甲，豈因格鬥求龍駒。”

龍種

指駿馬。此稱南北朝時已行用。《魏書·吐谷渾傳》：“青海周回千餘里，海內有小山，每冬冰合後，以良馬置此山，至來春收之，馬皆有孕，所生得駒，號爲龍種，必多駿異。”唐杜甫《秦州雜詩》：“聞說真龍種，仍殘老驌驦。”金元好問《畫馬爲邢將軍賦》：“大宛城下戰骨滿，駑駘入漢龍種藏。”

龍驤

指駿馬。此稱先秦時已行用。漢陳琳《答東阿王箋》：“龍驤所不敢追，況於駑馬，可得

齊足。"《三國志·魏書·武帝紀》："對揚我高祖之休命。"裴松之注："且列侯諸將，幸攀龍驥，得竊微勞，佩紫懷黄，蓋以百數。"

凝露驄

亦作"凝露驄"。省稱"凝露"。良馬名。《新唐書·回鶻傳下》："其大酋俟斤因使者獻馬，帝取其異者號十驥，皆美名，曰騰霜白，曰皎雪驄，曰凝露驄……厚禮其使。"《舊唐書·北狄傳》作"凝露驄"。元高明《琵琶記》："凝露騰霜，麟駒龍子。"

【凝露】

"凝露驄"之省稱。此稱元代已行用。見該文。

【凝露驄】

同"凝露驄"。此體唐代已行用。見該文。

騮

亦作"驑""䮜"。指赤身黑鬣尾之馬。《篇海類編·鳥獸類·馬部》："驑，紫驑，赤馬黑鬣。"《詩·秦風·小戎》："騏騮是中，騧驪是驂。"《説文·馬部》："驑，赤身黑毛尾也。"《梁書·張率傳》："《禮》稱驪騵，《詩》頌騮駱。"宋王安石《春日晚行》："呼僮鞚我果下騮，欲尋南岡一散愁。"

【驑】

同"騮"。此體漢代已行用。見該文。

【䮜】

同"騮"。此體南北朝時已行用。見該文。

騮駒

指赤身黑鬣之馬。此稱漢代已行用。《史記·封禪書》："作西畤，祠白帝，其牲用騮駒、黄牛、羝羊各一云。"司馬貞索隱："赤馬黑鬣曰騮也。"《漢書·郊祀志》："加車一乘，騮駒四。"

逾輝

古良馬名。周穆王八駿之一。參見本卷《畜説·役使用畜考》"八駿"文。

踰輪

古良馬名，周穆王八駿之一。參見本卷《畜説·役使用畜考》"八駿"文。

騩

亦作"騩""駒"。亦稱"鐵驄"。指毛色介於青黑與深黑之間的馬。此稱先秦時已行用。《爾雅·釋畜》："青驪，騩。"郭璞注："今之鐵驄。"《説文·馬部》："騩，青驪馬。"段玉裁注："謂深黑色而戴青色也。"《集韻·去霽》："駒騩，馬青驪謂之駒，或作騩。"《正字通·馬部》："騩，俗騩字"。《詩·魯頌·有駜》："駜彼乘騩。"毛傳："青驪曰騩。"

【騩】

同"騩"。此體明代已行用。見該文。

【駒】

同"騩"。此體宋代已行用。見該文。

【鐵驄】

"騩"之俗稱。此稱晉代已行用。見該文。

騂

指赤色之馬。此稱先秦時已行用。《詩·魯頌·駉》："有騂有騏。"毛傳："赤黄曰騂。"孔穎達疏："騂爲純赤色。言赤黄者，謂赤而微黄，其色鮮明者也。"

駺

指尾白之馬。《爾雅·釋畜》："〔馬〕尾白，駺。"郭璞注："但尾毛白。"邢昺疏："但尾毛白者名駺。"《廣韻·平唐》："駺，馬尾白。"

繁駔

亦作"煩且"。齊景公之駿馬。《晏子春秋》："景公游於淄，聞晏子死，公乘侈輿，服繁駔趨之。"《韓非子·外儲説左上》："齊景公游少海，傳騎從中來謁曰：'嬰疾甚，且死，恐公後之。'景公遽起，傳騎又至。景公曰：'趨駕煩且之乘，使騶子韓樞御之'"。清王念孫《讀書雜志·漢書十一》"乘且"，"駿馬謂之乘駔（即乘且），亦謂之繁駔。"

【煩且】

同"繁駔"。此體先秦時期已行用。見該文。

驨産

亦作"屈産"。晉獻公所乘之良馬。《玉篇·馬部》："驨産，良馬。"清李元《蠕範·物名》："晉獻公馬曰屈産。"

【屈産】

同"驨産"。此體清代已行用。見該文。

騏

亦作"騹"。指毛色青黑之良馬。因其毛皮斑駁似棋盤，故名。一説爲周穆王八駿之一。此稱先秦時已行用。《詩·秦風·小戎》："文茵暢轂，駕我騏馵。"毛傳："騏，騏文也。"孔穎達疏："色之青黑者爲綦，馬名爲騏，知其色作綦文。"《廣雅·釋獸》："騏驥。"王念孫疏證："騏或作騹。"《荀子·性惡》："驊騮騹驥纖離緑耳，此皆古之良馬也。"楊倞注："皆周穆王八駿名。騹讀爲騏。"

【騹】

同"騏"。此體先秦時期已行用。見該文。

騏驎

亦作"騏麟"。指日行千里之良馬。此稱先秦時期已行用。《商君書·書策》："騏驎騄駬，每一日走千里。"《戰國策·齊策》："君之厩馬百乘，無不被繡衣而食菽粟者，豈有騏麟騄耳哉。"

【騏麟】

同"騏驎"。此體先秦時期已行用。見該文。

騋

身高七尺以上之馬。此稱先秦時期已行用。《詩·鄭風·定之方中》："秉心塞淵，騋牝三千。"毛傳："馬七尺以上爲騋。"《周禮·夏官·庾人》："馬八尺以上爲龍，七尺以上爲騋，六尺以上爲馬。"

騍

亦稱"騍馬""牝馬""草馬"。即雌馬。此稱秦漢時期已行用。《爾雅·釋畜》："牡曰騭，牝曰騇。"郝懿行疏："今齊東人以牡馬爲兒馬，牝爲騍馬。"《正字通·馬部》："騍，俗稱牝馬，即草馬。"宋王禹偁《小畜集·記馬》："以是駒配是母，幸而騮，其駿必備；不幸而騍，又獲其種。"自注："俚談以牡馬爲騮，牝馬爲騍。"

【騍馬】

即騍。此稱宋代已行用。見該文。

【牝馬】

"騍"之俗稱。此稱宋代已行用。見該文。

【草馬】[2]

"騍"之俗稱。此稱明代已行用。見該文。

【騇】

此稱秦漢時期已行用。即騍。《爾雅·釋畜》："牝曰騇。"郭璞注："草馬名。"唐邵昂《岐邠涇寧四州八馬坊頌碑》："騭騇異群，驪騵亦分。"見"騍"文。

【騲】

亦作"草"。即騍。此稱南北朝時已行用。《玉篇·馬部》:"騲,牝馬也。"明張自烈《正字通·馬部》:"騲,本作草。"見"騍"文。北齊顏之推《顏氏家訓·書證》:"良馬,天子以駕玉輅,諸侯以充朝聘郊祀,必無騲也。"

【草】[2]

同"騲"。此體明代已行用。見該文。

騉蹄

亦作"昆蹏"。駿馬名。此稱秦漢時已行用。《爾雅·釋畜》:"騉蹄趼,善陞甗。"郭璞注:"甗山形似甑,上大下小,騉蹄蹄如趼,而健上山,秦時有騉蹄苑。"《漢書·百官公卿表上》:"又牧橐、昆蹏令丞皆屬焉。"顏師古注引應劭曰:"橐、橐佗。昆蹏,好馬也。"

【昆蹏】

同"騉蹄"。此體漢代已行用。見該文。

騉駼

亦作"昆駼"。指蹄有歧趾之馬。此稱秦漢時已行用。《爾雅·釋畜》:"騉駼,枝蹄趼,善陞甗。"郭璞注:"騉駼,亦似馬而牛蹄。"陸德明釋文:"李巡曰:騉駼,其迹枝平似趼,亦能登高歷危險也。"漢張衡《西京賦》:"陵重巘,獵昆駼。"薛綜注:"昆駼,如馬,跂蹄。"

【昆駼】

同"騉駼"。此體漢代已行用。見該文。

騧

亦作"騜"。指黑嘴黃毛之馬。此稱先秦時已行用。《爾雅·釋畜》:"白馬黑唇,駩。黑喙,騧。"郭璞注:"今以淺黃色者為騧。"陸德明釋文:"《毛傳》《説文》《字林》皆云:'黃馬黑喙曰騧。'"《爾雅翼·釋蟲》:"宋明帝以'騧'字旁似'禍'改作'騜'。唐太宗有拳毛騧。"《集韻·平麻》:"騧,《説文》:'黃馬黑喙。'或作騜。"《詩·秦風·小戎》:"四牡孔阜,六轡在手,騏駵是中,騧驪是驂。"毛傳:"黃馬黑喙曰騧。"《後漢書·班超傳》:"巫言:'神怒何故欲向漢,漢使有馬,急求取祠我。'廣德乃遣使就超請馬。"

【騜】

同"騧"。此體南北朝時已行用。見該文。

騅

指毛色蒼白相雜之馬。此稱先秦時期已行用。《詩·魯頌·駉》:"薄言駉者,有騅有駓。"毛傳:"蒼白雜毛曰騅。"《爾雅·釋畜》:"蒼白雜毛,騅。"《説文·馬部》:"騅,馬蒼黑雜毛。"段玉裁注:"黑當作白……蒼白之色不可易也。"《史記·項羽本紀》:"駿馬名騅,常騎之。於是項王乃悲歌慷慨,自為詩曰:'力拔山兮氣蓋世,時不利兮騅不逝'。"

騊駼[1]

良馬名。一説為野馬。此稱秦漢時期已行用。《爾雅·釋畜》:"騊駼,馬。"郭璞注:"《山海經》云:'北海內有獸,狀如馬,名騊駼,色青。'"邢昺疏:"良馬名騊駼。"郝懿行義疏:"騊駼自是良馬,非必為瑞。"《説文·馬部》:"騊駼,北野之良馬。"《玉篇·馬部》:"騊駼,良馬名。"《淮南子·主術訓》:"伊尹賢相也,而不能與胡人騎騄馬而服騊駼。"高誘注:"騊駼,野馬也。"陸德明釋文:"《字林》云:'騊駼,一曰野馬。'"《淵鑑類函·騊駼》:"'一曰野馬。'"晉郭璞《山海經圖贊·騊駼贊》:"騊駼野駿,産自北域,交頸相摩,分背翹陸,雖有孫陽,終不在服。"按:野駿,即野馬。

騄耳

亦作"騄駬"。省稱"騄"。古良馬名。周穆王八駿之一。即綠耳，因其色綠，故名。此稱先秦時期已行用。《竹書紀年》卷上："八年春，北唐來賓，獻一騮馬，是生騄耳。"《史記·秦本紀》："造父以善御幸於周穆王，得驥溫驪、驊騮、綠耳之駟，天下之疾馬也。"《玉篇·馬部》："駬，騄駬，駿馬。"《廣韻·入燭》："騄，騄駬，駿馬名。"參見本卷《畜說·役使用畜考》"八駿"文。

【騄】

"騄耳"之省稱。此稱漢代已行用。見該文。

【騄駬】

同"騄耳"。此體漢代已行用。見該文。

騄驥

古良馬名。此稱漢代已行用。漢張衡《南都賦》："騄驥齊鑣，黃間機張，足逸驚飆，鏃析毫芒。"李善注："騄驥，駿馬之名也。"《後漢書·靈帝紀》："〔光和〕四年春正月，初置騄驥厩丞，領受郡國調馬。"李賢注："騄驥，善馬也。調，謂徵發也。"

鎧馬

謂帶甲之馬。此稱晋代已行用。《晋書·劉曜載記》："俄署驃騎劉述爲大司徒，劉昶爲太保，召公卿已下子弟有勇幹者爲親御郎，被甲乘鎧馬，動止自隨。"一說爲鎧甲與戰馬之并稱。《後漢書·蔡邕傳》："伏見幽、冀舊壞，鎧馬所出，比年兵饑，漸至空耗。"

翻羽

古良馬名。周穆王八駿之一。參見本卷《畜說·役使用畜考》"八駿"文。

獵白鹿馬

指良馬。此稱南北朝時已行用。《宋書·索虜傳》："今送獵白鹿馬十二匹並氊藥等物。彼來馬力不足，可乘之。道里來遠，或不服水土，藥可自療。"

騧騟

古良馬名。周穆王八駿之一。參見本卷《畜說·役使用畜考》"八駿"文。

騧騟

南北朝時之名馬。後泛指駿馬。《魏書·奚斤傳》："時國有良馬，曰騧騟。"《北史·王慧龍傳》："千里馬者，蓋至尊舊所乘騧騟馬也。"

騟

指紫色之馬。此稱南北朝時已行用。《玉篇·馬部》："騟，紫色馬。"唐段成式《酉陽雜俎·忠志》："骨利幹國獻馬百匹，十匹猶駿，上爲製名。決波騟者，近後足有距，走歷門三限不躓。"清朱彝尊《日下舊聞·宮室五》："命閣臣撰名以進，其一曰太平騟。"一說爲雜色馬。《集韻·平虞》："騟，馬雜色。"

騊駼

省稱"騊"。駿馬名。此稱南北朝時期已行用。《玉篇·馬部》："騊，騊駼，駿馬。"

【騊】

"騊駼"之省稱。此稱南北朝時期已行用。見該文。

騜

亦作"皇""騜"。指毛色黃白相雜之馬。此稱秦漢時已行用。《爾雅·釋畜》："驪白，駁；黃白，騜。"郭璞注："《詩》曰：騜駁其馬。"郝懿行義疏："黃色兼有白者名騜。騜，《詩》作皇。毛傳：黃白曰皇。"《正字通·馬部》：

“騜，本作騜，十畫，俗省從白，别作驞。今本《詩·豳風·東山》作‘皇駁其馬’。”

【皇】

同“騜”。此體先秦時期已行用。見該文。

【驞】

同“騜”。此體明代已行用。見該文。

騩

亦作“䮠”。指淺黑色之馬。此稱先秦時期已行用。《説文·馬部》：“騩，馬淺黑色。”《字彙·馬部》：“䮠，與騩同”。《尸子》卷下：“我得民而治，則馬有紫燕、蘭池、秀騏、逄騩。”《晋書·輿服志》：“皇后先蠶，乘油畫雲母安車，駕六騩馬。”

【䮠】

同“騩”。此體明代已行用。見該文。

騚

亦稱“首”。俗稱踏雪馬，指四蹄皆白之馬。此稱秦漢時期已行用。《爾雅·釋畜》：“馬四蹄皆白，首。”郭璞注：“俗稱踏雪馬。”郝懿行義疏：“《玉篇》云：騚，四蹄白也。按：宋雪窗本作騚，古本必作前，首與前形近而誤作前是也。”《廣韻·平先》：“騚，馬四蹄皆白也。”

【首】

即騚。此稱漢代已行用。見該文。

【踏雪馬】

“騚”之俗稱。此稱晋代已行用。見該文。

騢

亦稱“赭白馬”。指毛色赤白相雜之馬。此稱先秦時已行用。《爾雅·釋畜》：“彤白雜毛，騢。”郭璞注：“即今之赭白馬。彤，赤。”《説文·馬部》：“騢，馬赤白雜毛”。《詩·魯頌·駉》：“薄言駉者，有駰有騢。”毛傳：“彤白襍毛曰騢。”

【赭白馬】

即騢。此稱晋代已行用。見該文。

羸驂

指瘦馬。此稱唐代已行用。唐李涉《長安悶作》：“宵分獨坐到天明，又策羸驂信脚行。”

騵

赤色白腹之馬。此稱先秦時已行用。《爾雅·釋畜》：“駵馬白腹，騵。”《詩·大雅·大明》：“駟騵彭彭。”毛傳：“駵馬白腹，騵。”

騴

尾根毛白之馬。此稱秦漢時已行用。《爾雅·釋畜》：“尾本白，騴。”郭璞注：“尾株白。”郝懿行義疏：“騴者，尾根株白之云也，本即株也。”

騸馬

省稱“騸”。亦作“扇馬”。指割掉睾丸之雄馬。此稱五代時已行用。《舊五代史·郭崇韜傳》：“不唯疏斥閹寺，騸馬不可復乘。”《新五代史·郭崇韜傳》：“俟主上千秋萬歲後，當盡去宦官，至於扇馬，亦不可騎。”

【騸】

“騸馬”之省稱。此稱五代時期已行用。見該文。

【扇馬】

同“騸馬”。此稱五代時期已行用。見該文。

驁

駿馬名。傳説可日行千里。此稱先秦已行用。《説文·馬部》：“驁，駿馬。”段玉裁注：“謂駿馬之名也”。《吕氏春秋·察今》：“良馬期乎千里，不期乎驥驁。”高誘注：“驁，千里馬名也。"

駽

指長毛之馬。此稱漢代已行用。《説文·馬部》："駽，馬毛長也。"段玉裁注："謂馬毛長者名駽也。"宋蘇軾《書韓幹牧馬圖》詩："白魚赤兔騂皇駽，龍顱鳳頸獰且妍。"

犧渠

古良馬名。周穆王八駿之一。參見本卷《畜説·役使用畜考》"八駿"文。

騰馬

指公馬。此稱先秦時期已行用。《吕氏春秋·季春紀》："是月也，乃合纍牛騰馬，游牝於牧。"高誘注："纍牛，父牛也。騰馬，父馬也。皆將群游，從牝於牧之野，風合之。"許維通集釋："王引之曰：'纍牛，騰馬，皆牡也。'"

騰霧

古良馬名。周穆王八駿之一。參見本卷《畜説·役使用畜考》"八駿"文。

寶馬

駿馬之美稱。常與香車連用，言其珍貴。此稱漢代已行用。《史記·李斯列傳》："中厩之寶馬，臣得賜之。"元華幼武《滿庭芳·元宵何元肇見寄》："鰲山聳，香車寶馬，騰踏九重天。"《金瓶梅》第八九回："騎的馬謂之寶馬，坐的轎謂之香車。"

驃

指黃毛白斑之馬。一説爲黃鬃尾之白馬。此稱漢代已行用。《説文·馬部》："驃，黃馬髮白色也。"段玉裁注："起白點斑駁也。"又，《馬部》："〔驃〕一曰白髦尾也。"段玉裁注："謂黃馬而白鬣尾也。"

騽

指黑身黃脊之馬。一説爲膝下脛上生長毛之馬。此稱漢代已行用。《爾雅·釋畜》："驪馬黃脊，騽。"郭璞注："皆背脊毛黃。"《説文·馬部》："驪，馬深色也。"又："騽，馬豪骭也。"段玉裁注："骭者，脛也。高誘注《淮南》曰：'自膝以下脛以上也。'豪骭，謂骭上有修豪也。"

驂[1]

指同駕一車的三匹馬。此稱先秦已行用。《詩·小雅·采菽》："載驂載駟，君子所屆。"唐孔穎達疏："其大夫皆一轅車，夏后氏駕兩謂之麗，殷益以一騑謂之參，周人又益一騑謂之駟。"

驂[2]

亦稱"騑"。指駕車四匹馬中居於兩旁之馬。此稱先秦已行用。《詩·鄭風·大叔于田》："執轡如組，兩驂如舞。"鄭玄箋："在旁曰驂。"《荀子·哀公》："兩驂列，兩服入厩。"楊倞注："兩服，馬在中；兩驂，兩服之外馬。列與裂同，謂外馬擘裂，中馬牽引而入厩。"

驂服

駕車之馬的連稱。兩旁者稱驂，居中者謂服。此稱漢代已行用。漢桓寬《鹽鐵論》："驂服以罷，而鞭策愈加。"晉傅玄《墙上難爲趨》詩："門有車馬客，驂服若騰飛。"

齧郄

亦作"齧膝"。良馬名。因其脛長，口可觸膝，故名。此稱漢代已行用。《漢書·王褒傳》："及至駕齧郄，驂乘旦。"顏師古注："孟康曰：'良馬低頭，口至郄，故曰齧郄。'"一作"齧膝"。宋王安石《躍馬泉》詩："山祇來伐之，半嶺跳騉膝。”

【騉膝】

同“騉蹄”。此稱漢代已行用。見該文。

驊騮[1]

亦作“驊騮”“華騮”“華騮”。古良馬名。周穆王八駿之一。其色赤如華，故名。此稱先秦時已行用。《荀子·周穆王》：“驊騮、騹驥、纖離、緑耳，此皆古之良馬也。”楊倞注：“皆周穆王八駿名。”《列子·周穆王》：“命駕八駿之乘，右服驊騮而左騄耳；右驂赤驥而左白㸱。”張湛注：“驊，古驊字。”《淮南子·主術訓》：“夫華騮、緑耳，一日而至千里，然其使之搏兔，不如豺狼，伎能殊也。”《漢書·揚雄傳上》：“騁驊騮以曲囏兮，驘騾連蹇而齊足。”顔師古注：“驊騮，駿馬名也，其色如華而赤也。”《漢書·地理志》：“周有造父，善駕習馬，得華騮緑耳之乘。”參見本卷《畜説·役使用畜考》“八駿”文。

【驊騮】

同“驊騮”。此體先秦時期已行用。見該文。

【華騮】[1]

同“驊騮”。此體漢代已行用。見該文。

【華騮】

同“驊騮”。此體漢代已行用。見該文。

驔

良馬名。一説爲小腿長有細白長毛之馬。一説爲黃脊黑毛之馬。此稱先秦時已行用。《説文·馬部》：“驔，驪馬黃脊。”《詩·魯頌·駉》：“有驔有魚，以車袪袪。”毛傳：“豪骭曰驔。”孔穎達疏：“傳言豪骭白者，蓋謂毫毛在骭而白長，名爲驔也。”

駰

亦稱“連錢驄”。指青色具鱗狀斑紋之馬。此稱先秦時已行用。《爾雅·釋畜》：“青驪驎，駰。”晋郭璞注：“色鈾深淺，斑駁隱粼，今之連錢驄。”《詩·魯頌·駉》：“薄言駉者，有駰有駱。”朱熹注：“駰，青驪驎，色淺深似魚鱗斑駁，今連錢驄。”

【連錢驄】

即駰。此稱晋代已行用。見該文。

驓

指膝以下皆爲白毛之馬。此稱秦漢時已行用。《爾雅·釋畜》：“四骹皆白，驓。”郭璞注：“骹，膝下也。”郝懿行義疏：“膝以下皆白謂之驓。”《廣韻·平蒸》：“驓，馬名，四骹皆白。”

騳

指不施鞍轡之馬。《字彙·馬部》：“騳，馬不施鞍轡爲騳。”此稱唐代已行用。唐令狐楚《少年行》：“少小邊州慣放狂，騳騎蕃馬射黃羊。”

驈

指兩股之間長有白毛之馬。此稱先秦時已行用。《詩·魯頌·駉》：“有驈有皇，以車彭彭。”毛傳：“驪馬白跨曰驈。”孔穎達疏：“孫炎曰：‘驪，黑色也。白跨，股脚白也。’”《爾雅·釋畜》：“驪馬白跨，驈。”郭璞注：“驪黑色跨髀間。”《説文·馬部》：“驈，驪馬白跨也。”段玉裁注：“跨者，兩股之間也。”

驛馬

馬名。古時指服役於驛站專供載人或傳遞資訊之馬。此稱漢代已行用。《史記·汲黯鄭當時列傳》：“每五日洗沐，常置驛馬長安諸郊，存諸故人，請謝賓客。”《三國志·魏書·張郃傳》:"諸葛亮復出,急攻陳倉,帝驛馬召張郃到京都。"

驗

馬名。此稱漢代已行用。《説文·馬部》:"驗,馬名。"今用爲譣,意爲證也,後譣意存而字廢,而驗字存而意廢,驗爲譣義。

麟駒

駿馬名。漢文帝九逸之一。參見本卷《畜説·役使用畜考》"九逸"文。

纖離

良馬名。此稱先秦時已行用。《荀子·性惡》:"驊騮、騹驥、纖離、緑耳,此皆古之良馬也。"《史記·李斯列傳》:"乘纖離之馬,建翠鳳之旗。"

纖驪

良馬名。指魏文帝曹丕之坐騎。後泛指良馬。此稱三國時魏晋已行用。三國魏曹丕《與孫權書》:"纖驪馬……朕之常所自乘,甚調良,善走,數萬匹之極選者,乘之真可樂也。"清李元《蠕範·物名》:"魏文帝馬曰澤馬,曰纖驪。"

驠

指臀部白色之馬。此稱秦漢時已行用。《爾雅·釋畜》:"白州,驠。"《説文·馬部》:"驠,馬白州也。"段玉裁注:"《廣韻》曰:'州、豚、臀也。'按:州、豚同字。"

驥

千里馬。《説文·馬部》:"驥,千里馬也。孫陽所相者。從馬,冀聲。"《論語·憲問》:"驥不稱其力,稱其德也。"《荀子·修身》:"夫驥一日而千里,駑馬十駕則亦及之矣。"

驥緑

良馬。或説周穆王八駿中赤驥、緑耳之并

稱。漢王充《論衡》:"夫能御驥緑者,必王良也。"《後漢書·東夷列傳》:"穆王後得驥騄之乘。"三國魏曹丕《典論·論文》:"咸以自騁驥騄於千里,仰齊足而並馳,以此相服,亦良難矣。"

驪

指毛色純黑之馬。此稱先秦時已行用。《詩·魯頌·駉》:"有驪有黄,以車彭彭"。毛傳:"純黑曰驪。"《禮記·檀弓上》:"夏后氏尚黑……戎事乘驪。"

驢

亦稱"漢驪"。哺乳綱,奇蹄目,馬科,驢屬,驢(Equus asinus)。體形似馬而小,耳長,尾根毛少,尾端似牛尾。毛色灰、褐或黑。灰、褐驢背和四肢中部常見暗色條紋。性溫順,富忍耐力,但頗執拗。堪粗食,抗病力强。供乘、挽、馱與拉磨之用。主要分布於亞洲、非洲及南美地區。非洲及亞洲尚有野生種。我國主要分布在華北地區。此稱漢代已行用。漢司馬相如《上林賦》:"其獸則麒麟角端,駒騟橐駝,蛩蛩驒騱,駃騠驢騾。"《説文·馬部》:"驢,似馬,長耳。"唐杜甫《示從孫濟》詩:"平明跨

驢
(清余省、張爲邦等《獸譜》)

驢出，未知適誰門。"南北朝始稱"漢驪"。《事物異名録》卷三七："《纂文》：驢，一名漢驪。"

【漢驪】

即驢。此稱南北朝時期已行用。見該文。

【長耳】

亦稱"長耳公"。即驢。因其耳長，故名。此稱五代時已行用。五代王定保《唐摭言》卷一五："咸通中，上以進士車服僭差，不許乘馬，時場中不減千人，雖勢可熱手，亦皆跨長耳。"宋陶穀《清異録·靈壽子》："〔唐〕武宗爲穎王時，邸園蓄蓄禽獸之可人者，以備十玩，繪十玩圖……長耳公驢。"見"驢"文。

【長耳公】

即長耳。此稱宋代已行用。見該文。

【衛】

"驢"之別稱。亦稱"衛子""白元通"。相傳衛靈公好乘驢車，故稱。一説晋衛玠好乘跛驢爲戲。又説衛地多驢，因以得名。此稱唐代已行用。唐李匡乂《資暇集》卷下："代呼驢爲衛，于文字未見，今衛地出驢，義在斯乎？或説以其有軸有槽，譬如諸衛有胄曹也，因目爲衛。"《事物異名録》卷三七："《酉陽雜俎》：開成初，東市百姓騎驢行百步，驢忽然曰：我姓白名元通。"《爾雅翼·釋蟲》："〔驢〕一名爲衛，或曰晋衛玠好乘之，故以爲名。"宋高承《事物紀原·蟲魚禽獸》："世云衛靈公好乘驢車，故世目驢爲衛子。或曰晋衛玠好乘跛驢爲戲，當時稱驢爲衛子以譏玠，故有蹇驢之稱。"明王志堅《表異録》卷九："驢曰衛子，或言衛地多驢，故名。"見"驢"文。

【白元通】

即衛。此稱唐代已行用。見該文。

【衛子】

即衛。此稱宋代已行用。見該文。

草驢

指牝驢。此稱南北朝時已行用。《北齊書·楊愔傳》："卿前在元子思坊，騎秃尾草驢，經見我不下，以方麴郢面，我何不識卿？"《通俗編·獸畜》："草驢。按：亦謂牝驢也。今草馬之稱不甚者，草驢則人人稱之。"清顧炎武《日知録·考證·草驢》："今人謂牝驢爲草驢。"

【叫驢】

即牡驢。此稱宋代已行用。《京本通俗小説》卷一四："顧駝馬是没有，止尋得一頭騾，一個叫驢。"

雪精[1]

指白色之驢。一説爲白騾。此稱宋代已行用。宋司馬光《温公續詩話》："韓退處士，絳州人，放誕不拘，浪迹秦晋間，以詩自名。常跨一白驢，自有詩云：'山人跨雪精，上便不論程。'"元張雨《題彭大年禱雨詩卷和仲舉韻延祐己未開玄道院作》："白石資方青飢飯，洪崖借乘雪精騾。"

騄

亦作"騄"。指小驢。此稱漢代已行用。《説文·馬部》："騄，驢子也。"《廣韻·平東》："驢子曰騄。按：《説文》作騄。"《集韻·平東》："騄、騄，《説文》：'驢子也。'或從蒙。"唐韓愈《祭河南張員外文》："僕來告言，虎入厩處，無敢驚逐，以我騄去。"

【騄】

同"騄"。此體宋代已行用。見該文。

騾

家畜。哺乳綱，奇蹄目，騾科，騾屬，又

分馬騾、驢騾。分別爲公驢與母馬、公馬與母驢交配所生的雜交種。體形偏似馬，叫聲偏似驢。脛上緣毛、尾毛及耳長，介於馬與驢之間。蹄小，踵高而堅實，四肢健强。堪粗食，耐勞，挽力大且持久。在我國北方多作挽、馱之用。此稱先秦已行用。唐慧琳《一切經音義》卷一七引《説文》:“騾者，驢父馬母所生也。”《廣韻·平戈》:“騾，騾馬也。”《吕氏春秋·愛士》:“趙簡子有兩白騾，甚愛之。”北魏賈思勰《齊民要術·養牛馬驢騾》:“常以馬覆驢所生騾者，形容壯大，彌復勝馬。”明李時珍《本草綱目·獸一·騾》:“〔集解〕騾大於驢，而健於馬，其力在腰，其後有鎖骨不能開，故不孳乳。”按：騾之生殖器發育不全，故不能交配懷駒，而非“其後有鎖骨不能開也”。

騾
（馬駘《馬駘畫寶》）

【驘】

同“騾”。此稱漢代已行用。《説文·馬部》:“驘，驢父馬母。”清朱駿聲《説文通訓定聲》:“驘，俗字作騾”。見“騾”文。漢劉向《九嘆·惜賢》:“同駕驘與乘駔兮，雜斑駮與闒茸。”原注：“馬母驢父生子曰驘；駔，駿馬也。”唐柳宗元《問答》十首之一：“驢驘牛馬之運，西出秦隴，南過樊鄧。”宋韓淳注：“驘與‘騾’同。”

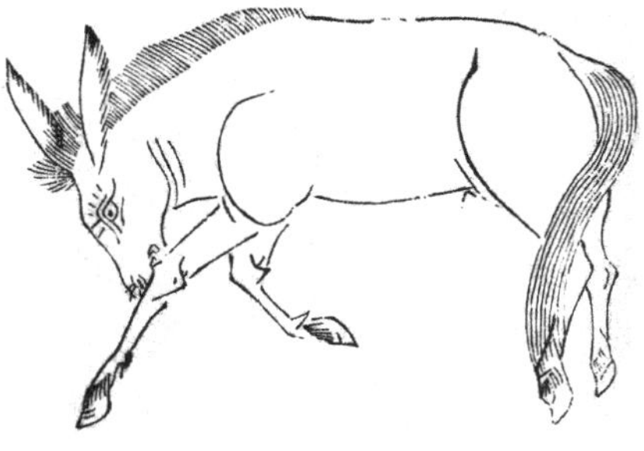

驘
（明王圻等《三才圖會》）

馬騾

騾之一種。指公驢與母馬交配所生之騾。

馲駋

省稱“馲”。指騾一類牲畜。此稱南北朝時已行用。《玉篇·馬部》“馲，馲駋。驢父牛母。”《集韻·入陌》:“馲，馲駋。獸名。驢父牛母。或作駞、犵、豻。”明李時珍《本草綱目·獸一·騾》:“其類有五：牡驢交馬而生者，騾也；牡馬交驢而生者，爲駃騠，音决題；牡驢交牛而生者，爲馲駋，音它陌；牡牛交驢而生者，爲䮠䮰，音謫冢；牡牛交馬而生者，爲駏驉。今俗通呼爲騾矣。”按：生物學謂牛爲偶蹄目，而馬與驢均爲奇蹄目，兩者生態習性相去甚遠，其雜爲遠緣雜交，絶少成功，故馲駋、䮠䮰、駏驉之謂，至今未見成活個例。

【馲】[2]

“馲駋”之省稱。此稱南北朝時期已行用。見該文。按：馲駝亦省稱爲馲。

【駞】

“馲駋”之省稱。此稱宋代已行用。見該文。

【犵】

“馲駋”之省稱。此稱宋代已行用。見該文。

【豻】

“馲駋”之省稱。此稱宋代已行用。見該文。

【駏驉】

古時謂騾之一種。牡牛與母馬交配所生之雜交種。此稱明代已行用。見該文。

騎騠

騾之一種。此稱宋代已行用。《集韻·入麥》："騎騠，騾屬。"

驒騱

亦作"驒奚"。驢騾之一種。似馬而小。一說爲野馬。此稱漢代已行用。《史記·匈奴列傳》："其奇畜則橐駝、驢、騾、駃騠、騊駼、驒騱。"《漢書·匈奴傳上》作"驒奚"。《漢書·司馬相如傳》："其獸則麒麟角端，騊駼橐駝，蛩蛩驒騱，駃騠驢驘。"

【驒奚】

同"驒騱"。此體漢代已行用。見該文。

駃騠[2]

省稱"駃"。亦稱"滕騔"。俗稱"驢騾"。古時謂騾之一種。牡馬與牝驢交配所生之雜交種。健壯有力。《逸周書·王會》："以橐駝、白玉、野馬、騊駼、駃騠、良弓爲獻。"《說文·馬部》："駃，駃騠。馬父驘子也。从馬，夬聲。"段玉裁注："今人謂馬父驢母者爲驢騾。"《玉篇·馬部》："駃，駃騠。馬也。生七日而超其母。"按：驘即騾也。

【駃】

"駃騠"之省稱。此稱漢代已行用。見該文。

【驢騾】

即駃騠。此稱清代已行用。見該文。

【滕騔】

即駃騠。此稱晋代已行用。《駢雅·釋獸》："馬父驢母曰滕騔。"晋崔豹《古今注》："驢爲牡，馬爲牝，即生騾；馬爲牡，驢爲牝，即生滕騔。"

牛

家畜名。哺乳綱，偶蹄目，牛科，黃牛

牛
（清余省、張爲邦等《獸譜》）

（Bos taurus）、中國水牛（Bubalus bubalis）、牦牛（Bos grunniens）及其種間雜種的統稱。形體壯大，有角，四趾。趾端特化爲蹄。胃分四室。食草。分乳用、肉用、役用等品種。分布廣泛。《詩·小雅·無羊》："誰謂爾無牛，九十其犉。"《莊子·養生主》："庖丁爲文惠君解牛。"唐韓愈《唐故河南令張君墓誌銘》："民俗相朋黨，不訴殺牛，牛以大耗。"《水滸傳》第五一回："便罵你這二家村使牛的，打什麽緊。"

【土畜】

"牛"之別稱。古人以牲畜與五行相配，牛配土，故稱。《禮記·月令》："〔孟春之月〕食麥與羊。"孔穎達疏："鷄爲木畜，羊爲火畜，牛爲土畜，犬爲金畜，豕爲水畜。"《魏書·禮志一》："群臣奏，以國家繼黃帝之後，宜爲土德，故神獸如牛。牛，土畜。"《事物異名録》卷三七："《隨隱漫録》：'牛，土畜也。'又，麒麟亦名土畜。"

一元大武

指古代祭祀所用之牛。此稱漢代已行用。《禮記·曲禮下》："凡祭宗廟之禮，牛曰一元大武。"鄭玄注："元，頭也；武，迹也。"孔穎達疏："牛若肥則脚大，脚大則迹痕大，故云一元大武也。"漢蔡邕《宗廟祝嘏辭》:"吉日齊宿,敢用潔牲:一元大武,柔毛、剛鬣。"《三國志·魏書·齊王芳紀》:"使兼太尉高柔奉策,用一元大武告於宗廟。"

【大武】

即一元大武。宋惠洪《冷齋夜話·牛逐虎》:"嗟哉異哉兩大武,高義可與貫高伍。"

公牛

亦稱"官牛"。指官署所有之牛。《周禮·地官·牛人》:"牛人,掌養國之公牛,以待國之政令。"《晋書·慕容皝載記》:"且魏晋雖道消之世,猶削百姓不至於七八,特有官牛田者,官得六分,百姓得四分;私牛而官田者,與官中分。"唐白居易《新樂府·官牛》:"官牛官牛駕官車,滻水旁邊般載沙。"按:今指雄性之牛。

【官牛】

即公牛。此稱晋代已行用。見該文。

丘牛

指大牛。一説爲徵調來的牛。《孫子·作戰》:"戟楯蔽櫓,丘牛大車,十去其六。"張預注:"丘牛,大牛也。"曹操注:"丘牛,謂丘邑之牛。"

朴牛[1]

亦作"僕牛"。《楚辭·天問》:"恒秉季德,焉得夫朴牛。"王逸注:"朴,大也。"《山海經·大荒東經》:"王亥託於有易、河伯僕牛。有易殺王亥,取僕牛。"據近人王國維考證,僕牛即服牛,古僕、服同音。服者,馴也。即馴養之大牛。一説爲公牛。

【僕牛】[1]

同"朴牛"。此體先秦時期已行用。見該文。

水牛

亦稱"沈牛""吳牛""周留牛""州留牛"。水牛皮厚體壯,毛稀而灰黑。汗腺不發達,需要經常浸水降溫。角扁而後彎,蹄大腿短。爲我國南方耕種水田的主要力畜。肉可食,乳可飲,皮可製革。漢司馬相如《上林賦》:"其獸則猵旄貘犛,沈牛塵麋。"李善注引張揖曰:"沈牛,水牛也。能沈没水中。"晋郭義恭《廣志》:"周留,水牛。毛青股大,狀如猪。"南朝宋劉義慶《世説新語·言語》:"臣猶吳牛,見月而喘。"南朝梁劉孝標注:"今之水牛,唯生江淮間,故謂之吳牛也。"明李時珍《本草綱目·獸一·牛》:"牛有犻牛、水牛兩種……水牛色青蒼,大腹鋭頭,其狀類豬,角若擔予。矛,能與虎鬪,亦有白色者,鬱林人謂之'州留牛'"。《太平御覽》卷九〇〇引《鬱林異物志》:"周留牛,其實水牛。"

水牛(鄆州水牛)
(明文俶《金石昆虫草木狀》)

【沈牛】

即水牛。此稱漢代已行用。見該文。

【吳牛】

即水牛。此稱南北朝時期已行用。見該文。

【周留牛】

即水牛。此稱晋代已行用。見該文。

【州留牛】

即水牛。此稱明代已行用。見該文。

水牯

指公水牛。清俞樾《茶香室三鈔·鳳凰》：
"有鶩鳥振翼而起，翼長丈餘，下擊二水牯，肉
盡見骨，水牯即死。"

牪

亦作"牪"。指體長之牛。《爾雅·釋畜》：
"〔牛〕體長，牪。"郝懿行義疏："體長，言呂脊
長也。《釋文》：'牪，博蓋反。'按：牪，《說文》
作牪。"《玉篇·牛部》："牪，牛體長。"清阮元
《十三經校勘記》："牪，《五經文字》引《爾雅》
作牪。"一說指二歲之幼牛。《說文·牛部》："牪，
二歲牛。"《廣韻·去泰》："牪，牛二歲也。"

【牪】

同"牪"。此體漢代已行用。見該文。

牧

指腹部毛黑之牛。此稱秦漢時期已行用。
《爾雅·釋畜》："〔牛〕黑腹，牧。"

犛牛[1]

省稱"犛""氂"。亦作"氂牛"。亦稱"偏
牛""毛犀"。家畜名。哺乳綱，偶蹄目，牛科，
牦（犛）牛（Bos grunniens Linnaeus）。原產亞
洲中部阿爾泰山脉與喜馬拉雅山脉之間的高原
地帶，以我國青海、甘肅、四川、西藏之高寒
山區分布最為廣泛。為藏族等少數民族的主要
力畜。亦有野生種，屬國家一類保護動物。狀
如水牛，頭上有尖角，頭頸及兩側均有柔細長
毛，四肢短粗，亦為長毛所覆被，尾部毛如馬
尾，毛色為黑、深褐或黑白相間。牦（犛）牛
極耐嚴寒，且蹄質堅硬，適於在高寒地區馱運
貨物，被譽為"高原之舟"。《國語·楚語上》：
"巴浦之犀、犛、兕、象，其可盡也。"《山海
經·中山經》："荊山……其中多犛牛。"《漢

犛 牛
（清余省、張爲邦等《獸譜》）

書·郊祀志上》："殺一牛以爲俎豆牢具。"唐顔
師古注："西南夷長髦之牛也。"唐杜甫《錦樹
行》詩："青草萋萋盡枯死，天馬跋足隨犛牛。"
《廣韻·平豪》："犛，牛名。今所謂偏牛者。
顔師古説。"明郭登《甘州即事》："犛牛互市
番氓出，宛馬臨關漢使回。"明李時珍《本草
綱目·獸二·犛牛》："犛牛出甘肅臨洮，及西
南徼外，野牛也。人多畜養之。狀如水牛，
體長多力，能載重，迅行如飛，性至粗梗。
髀膝尾背胡下皆有黑毛，長尺許。其尾最長，
大如牛。亦自愛護，草木鈎之則止而不動。
古人取爲旌旄，今人以爲纓帽。"又："〔犛者〕
髦也，其髦可爲旌旄也。其體多長毛，而身角
如犀，故曰毛犀。"牦（犛）牛用途廣泛，乳、
肉皆可食，毛可製衣、帳篷等，犛牛絨爲高
檔服裝之原料，其尾可作飾品，常用來製作
檜飾、笘帚、帽纓等。

【犛】

"犛牛"之省稱。此稱先秦時期已行用。見
該文。

【氂】[1]

"犛牛"之省稱。此稱唐代已行用。見該文。

【氂牛】

同“犛牛”。此體唐代已行用。見該文。

【偏牛】

即犛牛。此稱唐代已行用。見該文。

【旄牛】[1]

亦作“氂牛”。省稱“旄”。即犛牛。《吕氏春秋·本味》：“旄象之約。”高誘注：“犛，旄牛也。”《山海經·北山經》：“潘侯之山……有獸焉，其狀如牛，而四節生毛，名曰旄牛。”《後漢書·西南夷傳》：“有旄牛，無角，一名童牛。肉重千斤，毛可爲氍。”見“犛牛”文。

旄　牛
（清余省、張爲邦等《獸譜》）

【旄】[1]

“旄牛”之省稱。此稱漢代已行用。見該文。

【氂牛】

同“犛牛”。此稱漢代已行用。唐慧琳《一切經音義》：“氂牛，作犛同，西南夷牛名也。”《史記·西南夷列傳》：“巴蜀民或竊出商賈，取其笮馬、僰僮、氂牛，以此巴蜀殷富。”見“犛牛”文。

【貓牛】

即犛牛。《漢書·司馬相如傳》：“其獸則庸旄貘犛。”顏師古注：“犛牛即今之貓牛者也。”明李時珍《本草綱目·獸二·犛牛》：“〔釋

名〕……貓牛。”見“犛牛”文。

乳牛

亦稱“乳牸”。指哺乳之奶牛。唐釋道世《法苑珠林》卷五二：“以乳牛及犢子充滿其中，奉施如來。”唐許渾《南陽道中》：“飢烏索哺隨雛叫，乳牸慵歸望犢鳴。”《宣和畫譜》：“〔丘文播〕其後多畫牛，齕草、飲水、臥輿、奔逸、乳牸、放牧，皆曲盡其狀。”清李斗《揚州畫舫録·草河録上》：“茶房所用乳牛三十五頭，膳房所用牛三百隻。”

【乳牸】

即乳牛。此稱唐代已行用。見該文。

乳犢

指幼牛。此稱唐代已行用。《新唐書·百官志三》：“乳駒、乳犢，十給一丁。”《遼史·耶律乙不哥傳》：“一人負乳犢，引牸牛而過。”

玳瑁牛

省稱“玳牛”。指毛色具有玳瑁型色斑之牛。南朝梁吳均《贈周散騎興嗣》詩：“朱輪玳瑁牛，紫鞚連錢馬。”唐段成式《戲高侍御》詩：“七尺髮猶三角梳，玳牛獨駕長檐車。”

【玳牛】

“玳瑁牛”之省稱。此稱唐代已行用。見該文。

封牛

亦作“犎牛”“峰牛”。指頸脊肉隆起之大牛。《爾雅·釋畜》：“〔犦牛〕角一俯一仰，觢。”晋郭璞注：“即犎牛也。領上肉犦胅起，高二尺許，狀如橐駝，肉鞍一邊，健行者日三百餘里。今交州合浦徐聞縣出此牛。”郝懿行義疏：“犎當作封，封者大也，背上腫起高大。”《漢書·西域傳》：“罽賓國……出封牛。”顏師古注：“封

牛，項上隆起者也。”《後漢書·順帝紀》：“疏勒國獻師子、封牛。”唐李賢注：“封牛，其領上肉隆起若封然，因以名之，即今之峰牛。”

【犎牛】

同“封牛”。此稱晋代已行用。見該文。

【峰牛】

同“封牛”。此體唐代已行用。見該文。

【牯】[1]

謂母牛。《玉篇·牛部》：“牯，牝牛。”一説公牛爲牯。

犆

指黑眼眶之牛。《爾雅·釋畜》：“牛黑眦，犆。”郭璞注：“眼黑。”邢昺疏：“眦，目眶也。牛之目匡黑者名犆。”

牲[2]

古代祭祀所用之全牛。《説文·牛部》：“牲，牛完全。”《字彙·牛部》：“牲，祭天地宗廟之牛完全曰牲。”《左傳·僖公三十一年》：“禮不卜常祀，而卜其牲、日。牛卜日曰牲。”杜預注：“既得吉日，則牛改名曰牲。”

紈牛

一種形體小而善走力大之黄牛。主要分布在我國西北地區。《逸周書·王會》：“卜盧以紈牛。紈牛者，牛之小者也。”南朝齊王融《三月三日曲水詩序》：“紈牛露犬之玩，乘黄兹白之駟。”李善注：“紈牛，小牛也。”

粟犢

指小牛。以其角小如粟，故名。《西京雜記》卷二：“長安有儒生曰惠莊，聞朱雲折五鹿充宗之角，乃嘆息曰：‘藺栗犢反能爾耶？吾終耻溺死溝中。’遂裹糧從雲。”

宦牛

指閹割過的牛。明朱權《臞仙肘後經·蠶絲六畜類》：“騸馬、宦牛、羯羊、閹猪、鐓鷄、善狗、净猫。”

烏犍

指閹割過的黑色雄牛。一説爲水牛。唐唐彦謙《越城待旦》詩：“清溪白石村村有，五尺烏犍托此生。”宋陸游《獨立思故山》詩：“青箬買來衝雨釣，烏犍租得及時耕。”清惠士奇《牧童詞》：“烏犍斜繫柳蔭中，藉草卧吹三孔笛。”

犅

亦作“剛”。指雄牛。《詩·魯頌·閟宫》：“秋而載嘗，夏而福衡，白牡騂剛。”馬瑞辰通釋：“剛者，犅之假借。”《禮記·明堂位》：“殷白牡，周騂剛。”孔穎達疏：“剛，牡也。”《公羊傳·文公十三年》：“魯公用騂犅。”

【剛】

同“犅”。此體先秦時期已行用。見該文。

特牛

省稱“特”。亦稱“牯”“犆”。指公牛。《正字通·牛部》：“牯，俗呼牡牛曰牯。”又，《牛部》：“犆，牡牛。”《詩·小雅·正月》：“瞻彼阪田，有菀有特。”高亨注：“特，公牛。”《説文·牛部》：“特牛，牛父也。”《玉篇·牛部》：“犆，特牛。”《宋書·禮志三》：“帝將東巡，以大軍當出，使太常以一特牛告祠南郊。”明李時珍《本草綱目·獸一·牛》：“牛之牡者曰牯，曰特，曰犅，曰犆。”一説爲一頭牛。《國語·楚語下》：“諸侯舉以特牛，祀以太牢，卿舉以少牢，祀以特牛。”韋昭注：“特，一也。”

【特】[1]

“特牛”之省稱。此稱先秦時期已行用。見該文。

【牯】[2]

即特牛。明李時珍《本草綱目·獸一·牛》：“牛之牡者，曰牯，曰特，曰犅，曰犕。”見該文。

【犕】

即特牛。《玉篇·牛部》：“御犕，特牛。”見該文。

牷

指祭祀所用毛色純一之牛。亦泛指毛色純一之牲畜或全牷。此稱先秦時已行用。《廣韻·平仙》：“牛全色。《書》傳云：‘體完曰牷’。”《左傳·桓公六年》：“吾牲牷肥腯，粢盛豐備，何則不信？”杜預注：“牷，純色完全。”《周禮·秋官·犬人》：“凡祭祀共犬牲，用牷物，伏瘞亦如之。”鄭玄注：“牷，純也。”《說文·牛部》：“牷，牛純色。”一說爲體膚齊全者。《書·微子》：“今殷民乃攘竊神祇之犧牷牲。”

牸牛

省稱“牸”。指雌牛。《玉篇·牛部》：“牸，母牛也。”漢劉向《說苑·致理》：“臣故畜牸牛，生子而大，賣之而買駒。”宋陸游《初夏出游》詩：“牸牛將犢過，雄雉挾雌飛。”清李塨《真定黃氏家譜序》：“牸之舐犢，鳥之餔雛，以我之所生，故不自知不自解而惟恐傷之。”

【牸】[2]

“牸牛”之省稱。此稱漢代已行用。見該文。

郭椒

亦作“郭牸”。古牛名。泛指好牛。漢桓譚《新論·求輔》：“夫畜生賤也，然有尤善者，

皆見記識。故馬稱驊騮、騵綠，牛譽郭椒、丁櫟。”《廣雅·釋獸》：“郭牸，丁犖。”王念孫疏證：“《藝文類聚》引桓譚《新論》云：‘牛譽郭杊、丁櫟。’杊，與牸通。”

【郭牸】

同“郭椒”。此體漢代已行用。見該文。

黄牛

牛之一種。哺乳綱，偶蹄目，牛科，黄牛（*Bos taurus* Linnaeus）。毛色黄、棕或黑。《周易·遯卦》：“執之用黄牛之革，莫之勝説。”明李時珍《本草綱目·獸一·牛》：“牛有數種，本經不言黄牛、烏牛、水牛，但言牛爾。南人以水牛爲牛，北人以黄牛、烏牛爲牛。”

【沙牛】

即黄牛。《宋史·層檀國傳》：“層檀國在南海傍……畜有綿羊、山羊、沙牛、水牛、橐駝、馬、犀、象。”《群書考索》：“牛有二種，一曰沈牛，牛之善水者也；一曰沙牛，俗亦謂之黄牛。”

黄犢

指小黄牛。《韓非子·内儲説上》：“南門之外有黄犢食苗道左者。”唐杜甫《百憂集行》詩：“憶年十五心尚孩，健如黄犢走復來。”

累牛

亦作“纍牛”“㒩牛”。指交配期之公牛。《禮記·月令》：“〔季春之月〕乃合累牛騰馬，游牝於牧。”《吕氏春秋·季春紀》作“纍牛”。《淮南子·時則訓》作“㒩牛”。

【纍牛】

同“累牛”。此體先秦已行用。見該文。

【㒩牛】

同“累牛”。此體漢代已行用。見該文。

【㹇】

毛色具虎紋之黄牛。《説文·牛部》："㹇，黄牛虎文。"

牸

指毛色赤紅之牛。《玉篇·牛部》："牸，赤牛。亦作騂。"明李時珍《本草綱目·獸一·牛》："純色曰犧，黒曰㹀，白曰牰，赤曰牸，駁曰犂。"

犂牛

指雜色之牛。《論語·雍也》："犂牛之子騂且角。"何晏集解："犂，雜文。"漢揚雄《法言·修身》："或問：'犂牛之鞞與玄騂之鞞有以異乎？'曰：'同'。"清趙翼《雜書所見》："犂牛出騂角，白牡生驪駒。"

㹀

指黑脚或黑耳之牛。《爾雅·釋畜》："黑脚，㹀。"邢昺疏："〔牛〕黑脚者名㹀。"《玉篇·牛部》："㹀，牛耳黑。"《廣韻·平仙》："㹀，《爾雅》云：'牛脚黑'……牛耳黑。"

犉

指黄毛黑唇之牛。一説爲體高七尺之牛。此稱先秦已行用。《爾雅·釋畜》："黑唇，犉。"郭璞注："此宜通謂黑唇牛。"又，《爾雅·釋畜》："牛七尺爲犉。"邢昺疏："《尸子》云：'大牛爲犉，七尺故云。'"《説文·牛部》："犉，黄牛黒唇也。"《詩·小雅·無羊》："誰謂爾無羊，九十其犉。"毛傳："黄牛黑唇曰犉。"《尸子》卷下："大牛爲犉，七尺。"

【犉牡】

黄毛黑唇之雄牛。即犉。此稱先秦時期已行用。《詩·周頌·良耜》："殺時犉牡，有捄其角。"

觭

亦稱"犄"。指犄角豎立之牛。牛角多溢頭部橫彎，而觭角一上一下直立，故名。此稱先秦時期已行用。《爾雅·釋畜》："角一俯一仰，觭，皆踊，觢。"郭璞注："觢爲今豎角牛。"邢昺疏："牛兩角豎者，名觢。"《説文·角部》："觭，一角仰也。"

【犄】

即觭。此稱漢代已行用。見該文。

犆

亦作"犆"。指無尾之牛。《字彙補·牛部》："犆，無尾也。"《淮南子·説山訓》："髡屯犂牛，既犐以犆，決鼻而羈。"高誘注："犆，無尾。"王念孫《讀書雜志》："《説文》《玉篇》《廣韻》《集韻》皆無犐、犆二字，犐、犆當爲科橢。後人從牛……傳寫者又誤爲犐犆耳。科與橢皆禿貌也。"按："犆"古本作"犆"。

【犆】

同"犆"。此體漢代已行用。見該文。

犐

亦作"牁""牴""觡""牠"。指無角之牛。《玉篇·牛部》："犐，無角牛。"《廣韻·平戈》："犐，同牴。"又："牴，牛無角也。"《集韻·平戈》："犐一曰牛無角也。或作牴、牁、觡。"《字彙·牛部》："牠，同牴。"《淮南子·説山訓》："髡屯犂牛，既犐以犆，決鼻而羈。"高誘注："犐，無角。"明李時珍《本草綱目·獸一·牛》："牛無角曰牴"。

【牁】

同"犐"。此體宋代已行用。見該文。

【牴】

同"犐"。此體宋代已行用。見該文。

【牪】

同 "犐"。此體明代已行用。見該文。

【𤚍】

同 "犐"。此稱宋代已行用。見該文。

輸

黑色之牛。《玉篇·牛部》："輸，黑牛。"明李時珍《本草綱目·獸一·牛》："〔牛〕純色曰犧，黑曰輸。"

犕

八歲之牛。《玉篇·牛部》："犕，牛八歲也。"《集韻·去至》："一曰牛八歲謂之犕。"《正字通·牛部》："犕，老牛出。"一說爲六歲牛。明李時珍《本草綱目·獸一·牛》："〔牛〕六歲曰犕。"一說爲老牛。

犦

亦作 "㹜""㹍"。謂白色之牛。《玉篇·牛部》："犦，白牛也。㹜，同犦。"《正字通·牛部》："㹍，俗犦字。"明李時珍《本草綱目·獸一·牛》："〔牛〕純色曰犧，黑曰輸，白曰犦，赤曰牸，駁曰犁。"

【㹜】

同 "犦"。此體南北朝時期已行用。見該文。

【㹍】

同 "犦"。此體明代已行用。見該文。

犗

亦稱 "犍""犄"。指閹割過的牛。《説文·牛部》："犗，騬牛也。"《廣韻·去夬》："犗，犍牛也。"《篇海類編·鳥獸類·牛部》："犄，犗牛。"《莊子·外物》："任公子爲大鈎巨緇，五十犗以爲餌。"陸德明釋文："犗，犍牛也。"《魏書·天象志二》："〔皇始五年十月〕牛大疫，死者十八九，官車所取巨犗數百，同時斃於路側。"《北史·蠕蠕傳》："〔蠕蠕之人〕每來抄掠，駕牸牛奔遁，趨犍牛隨之。"明宋應星《天工開物·粹精·攻麥颷磨》："凡磨大小無定形，大者用肥犍力牛曳轉。"

【犍】

即犗。此稱南北朝時期已行用。見該文。

【犄】

即犗。此稱明代已行用。見該文。

犖

指毛色斑駁之牛。引申爲斑駁之色。《説文·牛部》："犖，駁牛也。"唐陸龜蒙《雜諷九首》之二："斯爲朽關鍵，怒犖抉以入。"漢司馬相如《上林賦》："瑌玉旁唐，玢豳文鱗，赤瑕駁犖，雜臿其間。"李善注引郭璞注："斑犖，采點也。"

犙

三歲之牛。《説文·牛部》："犙，三歲牛。"《廣韻·平覃》："犙，牛三歲也。"

犚

亦作 "㸬"。黑耳之牛。《爾雅·釋畜》："〔牛〕黑耳，犚。"郭璞注："别牛黑所在之名。"《集韻·去未》："犚，牛名……或書作㸬。"《正字通·牛部》："犚，牛黑耳爲犚。"

【㸬】

同 "犚"。此稱宋代已行用。見該文。

犝牛

亦作 "童牛"。省稱 "犝"。無角小牛。一説爲無角犛牛。《爾雅·釋畜》："犝牛。"郭璞注："今無角牛。"唐陸德明釋文引《字林》云："犝，牛名。"郝懿行義疏："釋文是也。《後漢書·西南夷傳》：'有旄牛無角，一名童牛。'是童牛即旄牛之無角者……作犝牛耳。"《正字通·牛部》:"犝……牛無角。按:小牛無角曰童牛,小羊無角曰童羖,皆取童釋義,通作童。"《周易·大畜》:"童牛之牿,元吉。"

【童牛】

同"犝牛"。此體先秦已行用。見該文。

【犝】

"犝牛"之省稱。此稱魏晋已行用。見該文。

騂牡

指赤色之公牛。《詩·小雅·信南山》:"祭以清酒,從以騂牡,享於祖考。"

騂剛

亦作"騂犅"。指用於祭祀之紅色公牛。《詩·魯頌·閟宮》:"白牡騂犅,犧尊將將。"孔穎達疏:"白牡謂白特,騂犅謂赤特也。"《公羊傳·文公十三年》:"周公用白牡,魯公用騂剛。"何休注:"騂犅,赤脊周牲也。"

【騂犅】

同"騂剛"。此體先秦時期已行用。見該文。

騂旄

古時重要盟會所用赤色之牛。《左傳·襄公十年》:"瑕禽曰:昔平王東遷,吾七姓從王,牲用備具。王賴之,而賜之騂旄之盟,曰:'世世無失職。'"杜預注:"騂旄,赤牛也。舉騂旄者,言得重盟,不以犬鷄。"

犠

亦作"蟣"。白脊之牛。《説文·牛部》:"犠,牛白脊也。"《龍龕手鑑·牛部》:"蟣,同犠。"

【蟣】

同"犠"。此體遼代已行用。見該文。

犢

亦稱"犆"。小牛。《説文·牛部》:"犢,牛子也。"《集韻·上梗》:"犆,犢也。"《禮記·禮器》:"天子適諸侯,諸侯膳以犢。"《後漢書·楊彪傳》:"操見彪,問曰:'公何瘦之甚?'對曰:'愧無日磾先見之明,猶懷老牛舐犢之愛。'"

【犆】

"犢"之別稱。此稱宋代已行用。見該文。

犦牛

亦作"犦牛"。省稱"犦""犦"。即封牛。《爾雅·釋畜》:"犦牛……角一俯一仰觭。"郭璞注:"即犎牛也。領上肉犦胅起,高二尺許,狀如槖駝。"宋蘇軾《潮州韓文公廟碑》:"犦牲鷄卜羞我觴。"

【犦牛】

同"犦牛"。此體漢代行用。見該文。

【犦】

"犦牛"之省稱。此稱宋代已行用。見該文。

犤牛

亦稱"犩牛""果下牛"。黄牛之一種。此稱秦漢時已行用。體小肢短,可行於果樹下,故稱果下牛。《爾雅·釋畜》:"犤牛。"郭璞注:"犤牛痺小,今之犩牛也,又呼果下牛,出廣州高凉郡。"明李時珍《本草綱目·獸一·牛》:"廣南有犩牛,即果下牛,形最卑小,《爾雅》謂之犤牛,《王會篇》謂之紈牛是也。"邵晋涵《爾雅正義》:"犤牛即每牛也。"《逸周書·王會解》:"云:'數楚每牛。'每牛者,牛之小者也。犤、每,聲之轉。"又,"卜盧以紈牛……(卜盧)西北戎也。"按:每牛、紈牛體小似犤牛,産地與之南北相隔,難定同種。

【犩牛】

即犤牛。此稱晋代已行用。見該文。

【果下牛】

"犤牛"之別稱。此稱明代已行用。見該文。

犧牛

指古代祭祀用之純色牛。《禮記·曲禮下》："天子以犧牛，諸侯以肥牛。"唐羅隱《村橋》詩："莫學魯人疑海鳥，須知莊叟惡犧牛。"

犣

指白色之牛。一説謂牛之喘息聲。《説文·牛部》："犣，牛息聲。从牛雔聲。一曰牛名。"段玉裁注："《公羊》《手鑑》皆云白色牛。"

緫犅

亦作"蔥犅"。古代帝王耕種籍田之青牛。《文選·潘岳〈籍田賦〉》："緫犅服於縹軛。"唐李善注："五臣作蔥。善曰：緫犅，帝耕之牛也。"《山堂肆考》卷四六："青牛也。帝耕籍田取用之。《文選》：'蔥犅服於縹軛。'"

【蔥犅】

同"緫犅"。此體唐代已行用。見該文。

第三節　玩賞用畜考

玩賞用畜指供人類玩賞、游樂之家畜，主要包括犬、猫。犬不但用於玩賞，亦可用於役使，猫不但用於玩賞，亦可捕食害鼠。另外，牛、羊、馬、駱駝、象等亦可供人們游樂、玩賞。本節所考内容主要是犬、猫，關於牛、馬、羊、駱駝之詳情參見本卷《役使用畜考》，關於象之詳情，參見本卷《獸説·陸獸考》。玩賞用畜均由其野生種馴化而來。

我國馴養玩賞用畜開始於原始社會，對其用於衣食、軍事、警緝、通訊、游戲等諸領域之記載，見於歷代典籍。先秦時諸典籍中已有關於玩賞用畜之記載。如被稱爲我國最早的詩歌總集的《詩》中即有記述，其《大雅·韓奕》："有熊有羆，有猫有虎。"《禮記》中稱"獵犬"爲"田犬"，稱"守家狗"爲"守犬"。如其《少儀》載："犬則執緤，守犬、田犬授擯者，既受，乃問犬名。"孔穎達疏："犬有三種。一曰守犬，守禦宅舍者也，二曰田犬，田獵所用也。"

秦漢時期，關於玩賞用畜的認知與研究更加深入，其主要成果體現在本時期的多種典籍中。《史記》中將"無家可歸之犬"稱爲"喪家犬"，比喻窮迫無歸之人。如《孔子世家》："孔子適鄭，與弟子相失，孔子獨立郭東門。鄭人或謂子貢曰：東門有人，其顙似堯，其頸類皋陶，其肩類子産，然自要（腰）以下，不及禹三寸，累累若喪家之狗。"被稱爲我國最古老的百科全書《爾雅》中亦收録犬、猫等玩賞用畜。如《釋畜》："未成豪狗。"郭璞注："狗子未生毨毛者。"郝懿行義疏："狗犬通名，若對文，則大者爲犬，小者爲狗；散文，則《月令》言食犬，《燕禮》言烹狗。狗亦犬耳，今亦通名犬爲狗矣。"《説文》中稱"瘋狗"爲"狂犬"。如其《犬部》："狾，狂犬也。从犬，折聲。"其後南朝梁顧野王撰《玉篇》中亦有記載。如其《犬部》："狾，狂犬也。"又"猫，食鼠也。或作貓。"

唐宋以後，隨着科學技術的發展，玩賞用畜在人類生活中的用途愈來愈廣，而且玩賞用畜之游樂用途日盛。唐段成式《酉陽雜俎·支動》："猫目睛暮圓，及午堅斂如綖，其鼻端常冷，唯夏至一日煖。"宋陸游《老學庵筆記》卷三："秦檜孫女……愛一獅猫，忽亡之，立限令臨安府訪求。"按："獅猫"即"獅子猫"，毛長尾大，性溫順，供玩賞。元關漢卿《桃花女》一折："你把這陰陽收起罷，你這陰陽，是哈叭狗兒咬虼蚤，也有咬著時，也有咬不著時。"此處之"哈叭狗"即"獅子狗"。《本草綱目》中載畜九種，即豕、狗、羊、黃羊、牛、馬、驢、騾、駝，對每種之名稱、形態、習性、藥性、功用等詳加介紹。清代，家畜用於游戲者亦很盛行，如"犬能讀書"即清代游戲之一。徐珂《清稗類鈔·戲劇類·犬能讀書》："光緒時，台州人某蓄一犬，能讀書。初教以人語，漸能瞭解，乃授以書。"華夫主編《中國古代名物大典》之《獸畜類》將獸與畜分開，且畜類中對玩賞用畜之犬、猫考釋得很詳細。

玩賞用畜與人類的關係非常密切，在多個方面可爲人類造福。可用於衣食，其皮可禦寒，其肉、脂、腸可食用。可役使，如狗可拉雪橇，可守門等。可藥用，據《本草綱目》載，狗肉、狗血、狗脂、狗腦、狗綖、狗心、狗腎、狗肝、狗膽、狗陰莖、狗皮、狗毛、狗齒、狗骨、狗屎等均可入藥。狗肉性溫暖，能治療脾胃虛寒等病。犬、猫等玩賞用畜，可供人們游樂、玩賞，如現已利用轉基因技術培育的無毛之猫，深受寵物愛好者的青睞。

犬、猫之名稱常組成許多辭彙語，如狼心狗肺、狗膽包天、喪家之犬、猫兒眼等，謙稱自己的兒子爲"犬子"等。

隨着人們物質生活水準的提高，玩賞用畜在人類生活中的位置越來越重要。它不但作爲一種游戲，而且發展爲一種產業。

犬

今通稱狗。家畜名。哺乳綱，食肉目，犬科，犬（*Canis lupus familiaris* Linnaeus）。口大，齒銳利。舌薄而長，可舔食，有散熱之功能。前肢五趾，後肢四趾，有鈎爪。尾上卷，亦有下垂者。色多種，有白、黑、黃、花等。

爲人類最早馴養的家畜之一。善跑，聽、嗅覺靈敏，性機警，故常用作護家、捕獵等。依用途可分爲牧羊犬、獵犬、警犬、守家犬、玩賞犬、食犬等。其肉可食，味鮮美，皮毛可作禦寒之物。此稱先秦時已行用，沿用至今。《禮記·曲禮上》："效犬者，左牽之。"孔穎達疏："然通而言之，狗犬通名，若分而言之，則大者爲犬，小者爲狗。"明李時珍《本草綱目·獸一·狗》："〔集解〕時珍曰：狗類甚多，其用有三，田犬長喙善獵，吠犬短喙善守，食犬體肥供饌。"

【地厭】

"犬"之別稱。古時道家用語。以其謂狗能辟邪魅妖術，故稱。厭，鎮壓妖邪也。此稱明代已行用。李時珍《本草綱目·獸一·狗》："時珍曰：術家以犬爲地厭，能禳辟一切邪魅妖術。"見"犬"文。

【金畜】

"犬"之別稱。古人多以五畜與金、木、水、火、土五行配當，犬與"金"配，鷄與"木"配，豕與"水"配，羊與"火"配，牛與"土"配，故謂犬爲"金畜"。此稱漢代已行用。

犬
（清余省、張爲邦等《獸譜》）

《禮記·月令》："衣白衣，服白玉；食麻與犬。"鄭玄注："犬，金畜也。"孫希旦集解："麻，金穀；犬，金畜也。"見"犬"文。

【狗】 [2]

通言即犬。細分之，則指小犬。此稱先秦時已行用，沿用至今。《爾雅·釋畜》："未成豪，狗。"晋郭璞注："狗子未生豽毛者。"郝懿行義疏："狗犬通名，若對文，則大者爲犬，小者爲狗；散文，則《月令》言食犬，《燕禮》言烹狗。狗亦犬耳，今亦通名犬爲狗矣。"《禮記·曲禮上》："效犬者，左牽之。"孔穎達疏："大者爲犬，小者爲狗。"《左傳·閔公二年》："歸公乘馬，祭服五稱，牛、羊、鷄、狗三百。"晋陶潛《歸園田居》詩之一："狗吠深巷中，鷄鳴桑樹顛。"明李時珍《本草綱目·獸一·狗》："〔集解〕時珍曰，狗類甚多，其用有三：田犬長喙善獵；吠犬短喙善守；食犬體肥供饌。"參見本類"犬"。一說爲熊虎之幼獸。《爾雅·釋獸》："熊虎醜，其子狗。"邢昺疏："醜，類也。熊虎之類，其子名狗。"

【豻舅】

"狗"之別稱。傳說豻見狗常作跪拜狀，故稱。此稱唐代已行用。《事物異名錄》卷三七引唐段成式《酉陽雜俎》："豻見狗輒跪如拜狀，狗爲豻舅也。"見該文。清陳大章《詩傳名物集覽》卷四："羅願（宋人）曰：狗爲豻舅，見狗輒跪……尤俚誕不足信。"

【小犬】

即狗。此稱宋代已行用。宋陸游《旅舍》詩："勿爲無年憂寇竊，狺狺小犬護籬門。"明高啓《宮女圖》詩："小犬隔花空吠影，夜深宮禁有誰來。"清孔尚任《桃花扇·餘韻》："行至那舊院門何用輕敲，也不怕小犬哱哱。"

田犬

亦作"畋犬"。亦稱"遇犬"。指獵犬。嘴長，善跑，擅捕獵。田，獵也；后亦作"畋"。此稱先秦時已行用，後世沿用。《禮記·少儀》："犬則執緤，守犬、田犬，則授擯者。既受，乃問犬名。"唐孔穎達疏："犬有三種……二曰田犬，田獵所用也。"《逸周書·皇門》："譬若畋犬，驕用逐禽，其猶不克有獲。"《詩·小雅·巧言》："躍躍毚兔，遇犬獲之。"漢鄭玄箋："遇犬，犬之馴者，謂田犬也。"明李時珍《本草綱目·獸一·狗》："〔集解〕時珍曰：狗類甚多，其用有三：田犬長喙善獵，吠犬短喙善守，食犬體肥供饌。"

【畋犬】

同"田犬"。此體先秦時期已行用。見該文。

【遇犬】

即田犬。此稱先秦時期已行用。見該文。

守犬

亦稱"守狗""守門使"。即守家狗。此稱先秦時已行用，後世沿用。《禮記·少儀》："守犬、田犬授擯者。"孔穎達疏："犬有三種，一曰守犬，守禦宅舍者也。"《呂氏春秋·聽言》："今人曰：某氏多貨，其室培濕，守狗死，其勢可穴也，則必非之矣。"《穆天子傳》卷四："乃識良馬十四，用牛三百、守狗九十。"宋陶穀《清異錄·獸名門》："武宗爲潁王時，邸園畜禽獸之可人者，以備十玩，繪十玩圖，於今傳播。守門使、犬。"

【守狗】

即守犬。此稱先秦時已行用。見該文。

【守門使】

即守犬。此稱宋代已行用。見該文。

走犬

亦稱"走狗"。指獵狗。以其善跑，故稱。亦引申爲供人役使、死心塌地爲人效忠者。此稱漢代已行用，後世沿用。今已演爲後者，多爲貶義。《淮南子·原道訓》："强弩弋高鳥，走犬逐狡兔。"《新書·時變》："車馬嚴也，走犬良也。"《史記·越王勾踐世家》："蜚鳥盡，良弓藏，狡兔死，走狗烹。"

【走狗】

即走犬。此稱漢代已行用。見該文。

獫

長嘴犬，一説爲黃頭黑犬。獵犬之一種。此稱先秦時已行用，後世沿用。《爾雅·釋畜》："〔狗〕長喙，獫；短喙，猲獢。"邢昺疏："犬長口者名獫，短口者名猲獢。"《説文·犬部》："獫，長喙犬。一曰黑犬黃頭。"《詩·秦風·駟驖》："輶車鸞鑣，載獫歇驕。"毛傳："獫……田犬也。"清王士禎《幽州馬客吟歌》："相逢南山下，載獫從兩狼。"

猲獢

亦作"歇驕"。省稱"獢"。短嘴獵犬。此稱先秦時期已行用，後世沿用。《爾雅·釋畜》："〔狗〕長喙，獫；短喙，猲獢。"郭璞注："《詩》曰：'載獫，猲獢。'"邢昺疏："犬長口者名獫，短口者名猲獢"。《説文·犬部》："猲，短喙犬也。從犬，曷聲。"又："獢，猲獢也。從犬，喬聲。"《詩·秦風·駟驖》："輶車鸞鑣，載獫歇驕。"毛傳："歇驕，田犬也。"陸德明釋文："歇，本又作猲；驕，本又作獢。"唐韓愈《送文暢師北遊》詩："庇身指蓬茅，逞志縱獫猲。"

【猲驕】

同"猲獢"。此體先秦時期已行用。見該文。

【獢】

"猲獢"之省稱。此稱秦漢時期已行用。見該文。

猲

亦作"獫""歇""獦"。即獫猲。此稱漢代已行用，後世沿用。《說文・犬部》："猲，短喙犬也。"《玉篇・犬部》："獫，獫猲，犬短喙也。亦作猲。"《集韻・入曷》："歇，短喙犬，或作獫、猲、獦。"唐韓愈《送文暢師北遊》詩："庇身指蓬茅，逞志縱獫猲。"《太平御覽》卷五九八引漢戴良《失父零丁》："此其庶形何能備，請復重陳其面目。鵰頭鵠頸獦狗啄，眼淚鼻涕相追逐。"參見本卷《畜說・玩賞用畜考》"猲獢"文。

【獫】

同"猲"。此體南北朝時期已行用。見該文。

【歇】

同"猲"。此體宋代已行用。見該文。

【獦】

同"猲"。此體宋代已行用。見該文。

獫猲

亦作"獫歇"。通指獵犬。此稱唐代已行用。唐韓愈《送文暢師北游》詩："庇身指蓬茅，逞志縱獫猲。"明唐順之《書秦風・蒹葭三章後》："且秦時風俗，不雄心於戈矛戰鬥，則癢技於獫歇射獵。"參見本類"獫""猲"。

【獫歇】

同"獫猲。"此體明代已行用。見該文。

獵犬

謂捕獵所用之犬。體健壯，行速快，嗅覺靈敏，能快速捕捉到獵物。此稱先秦時已行用，沿用至今。《文子・上德》："狡兔得而獵犬烹，高鳥盡而良弓藏。"《列女傳・魯臧孫母》："食獵犬，組羊裘者。"

獵 犬
（馬駘《馬駘畫寶》）

瘈狗

亦稱"猘狗""狾狗"。省稱"瘈""瘈"。俗稱"瘋狗"。謂狂犬也。其頭垂，尾吊，齒露，背弓，挺腰，流涎，爲狂犬病主要傳播源。因其頸項、腰背僵直，故行走時橫衝直撞，不善轉彎，人遇之，當旁走，可避。此稱先秦已行用。《說文・犬部》："狾，狂犬也。從犬，折聲。《春秋傳》曰：'犬入華臣氏之門。'"《玉篇・犬部》："瘈，狂犬也。"《集韻・去祭》："狾，狂犬。或作瘈、猘。"又："狾……《說文》：'狂犬也。'……或作猘、瘈。"《左傳・襄公十七年》："國人逐瘈狗，瘈狗入於華臣氏。"《呂氏春秋・首時》："鄭子陽之難，猘狗潰之。"《淮南子・氾論訓》："有折弓者，畏罪而恐誅，則因猘狗之驚，以殺子陽。"又《說林訓》："狂馬不觸木，猘狗不自投於河；雖聾蟲而不自陷，又況人乎？"參見本卷《畜說・玩賞用畜考》"猘狗"文。

【瘈】

"瘈狗"之省稱。此稱宋代已行用。見該文。

【瘈】

"瘈狗"之省稱。此稱南北朝時期已行用。見該文。

【瘈狗】

亦稱"瘈犬"。省稱"瘈"。即瘦狗。瘋狗也。此稱漢代已行用。《廣韻·去祭》:"瘈,狂犬。"《吕氏春秋·適威》:"子陽極也好嚴,有過而折弓者,恐必死,遂應瘈狗而弑子陽,極也。"《淮南子·説林訓》:"狂馬不觸木,瘈狗不自投於水。"《宋書·張暢傳》:"弟枚嘗爲瘈犬所傷,醫者云食蝦蟇可療,枚難之。暢含笑先嘗,枚因此乃食,由是遂愈。"明李時珍《本草綱目·獸一·狗》:"瘦犬有病,瘈犬發狂……並不可食。"

【瘈犬】

即瘈狗。此稱南北朝時期已行用。見該文。

【瘈】

"瘈狗"之省稱。此稱宋代已行用。見該文。

【猘狗】

省稱"猘",即瘦狗。此稱漢代已行用。《集韻·去祭》:"猘,《説文》:'狂犬也。'……或作瘈。"《漢書·五行志中之上》:"《左氏傳》:'襄公十七年十一月甲午,宋國人逐猘狗,猘狗入於華臣氏,國人從之。'"按:清臧琳《經義雜記·左傳》:"〔猘狗〕《左氏》古文本作'猘','瘈'與'猘'聲相近,俗字也。"參見本類"瘦狗""瘈狗"文。

【猘】

"猘狗"之省稱。此稱漢代已行用。見該文。

喪家狗

謂無家可歸之狗。引申爲窮困失意、無處可歸之人。此稱漢代已行用,沿用至今。今多指失去靠山、無處投奔者。《史記·孔子世家》:"孔子適鄭,與弟子相失,孔子獨立郭東門。鄭人或謂子貢曰:東門有人,其顙似堯,其項類

皋陶,其肩類子産,然自要(腰)以下,不及禹三寸,累累若喪家之狗。"裴駰集解引王肅曰:"喪家之狗,主人哀荒,不見飲食,故累然而不得意。孔子生於亂世,道不得行,故累然不得志之貌也。"唐元稹《酬樂天得微之詩知通州事因成四首》:"飢搖困尾喪家狗,熱暴枯鱗失水魚。"

乳狗

亦稱"乳犬"。初生的幼狗。亦指哺乳的雌狗。此稱先秦時期已行用,後世沿用。《荀子·榮辱》:"乳狗不遠游,不忘其親也。"《文子·上德》:"乳犬之噬虎,伏雞之搏狸,恩之所加,不量其力。"《資治通鑑·周威烈王二十三年》:"譬如乳狗搏人,人得而制之。"胡三省注:"乳,乳育也。乳狗,育子之狗也。"

【乳犬】

即乳狗。此稱先秦時期已行用。見該文。

狡[1]

謂小犬。此稱漢代已行用。《説文·犬部》:"狡,少狗也。从犬,交聲。"《淮南子·俶真訓》:"狡狗之死也,割之猶濡。"高誘注:"狡,少也。濡,濡濕氣力未盡。"一説大犬,參見本類"狡犬"文。一説犬身豹紋之獸,參見本卷《附録·神獸考》"狡[2]"文。

猶[2]

謂犬之子。古時隴西方言。此稱漢代已行用。《説文·犬部》:"隴西謂犬子爲猶。"

猶[3]

謂五尺之大犬。此稱先秦時已行用。《尸子》卷下:"五尺大犬爲猶。"

犺[2]

謂强健之犬。此稱漢代已行用。《説文·犬

部》："犺，健犬也。从犬，亢聲。"一説如猿之獸或謂剌猬。參見本卷《獸説》"犺[1]"文。

犹

謂體壯力大之猛犬。此稱秦漢時已行用。《爾雅・釋畜》："絶有力，犹。"邢昺疏："犬……壯大絶有力者，名犹。"宋毛維瞻《新修城記》："大患乎無不可攻之備，閭井聚落間，一區之舍，斗升之儲，猶畜尨犹，設垣籬以固守之，而郡國之大，不城可乎？"

猛

特指健壯之犬。亦泛指健壯。此稱漢代已行用。《説文・犬部》："猛，健犬也。从犬，孟聲。"《廣雅・釋詁》："猛，健也。"唐杜甫《朝獻太清宮賦》："張猛馬，出騰虬。"

猛犬

健壯之犬。此稱先秦已行用。《楚辭・九辯》："猛犬狺狺而迎吠兮，關梁閉而不通。"《漢書・西域傳》："鉅象、師子、猛犬、大雀之群，食於外囿。"

獜[1]

謂健犬。亦泛指軀體健壯。此稱先秦時已行用。《説文・犬部》："獜，健也。从犬，粦聲。"《廣雅・釋詁》："獜，健也。"一説謂傳説中的獸。明朱謀㙔《詩故》卷三："《盧令》，剌荒也。

獜
（清余省、張爲邦等《獸譜》）

何所剌，剌襄公也。令，今本作'獜'，犬之健也。"參見本卷《附録・神獸考》"獜[2]"文。

獒[2]

謂凶猛之大犬。《爾雅・釋畜》："狗四尺爲獒。"郭璞注："《公羊傳》曰：'靈公有害狗，謂之獒。'"此稱先秦時已行用，後世沿用。《左傳・宣公二年》："〔晉靈〕公嗾夫獒焉，〔提彌〕明搏而殺之。"《金瓶梅詞話》第五九回："就如昔日屠岸賈養神獒，害趙盾丞相一般。"

狡犬

謂産自匈奴之大犬，身黑而口闊。匈奴，秦漢時期北方的少數民族。此稱先秦時已行用。《説文・犬部》："匈奴地有狡犬。巨口而黑身。"《逸周書・王會》："匈戎狡犬。狡犬者，巨身四尺。"

尨

謂獵犬、守門犬或多毛之狗。此稱先秦時已行用，後世沿用。《詩・召南・野有死麕》："白茅純束……無使尨也吠。"毛傳："尨、狗也。非禮相陵則狗吠。"馬瑞辰通釋："尨，蓋畎、吠犬之通名。"《説文・犬部》："尨，犬之多毛者。从犬，从彡。"唐耿湋《送葉尊師歸處州》詩："狕狕吠聲曉，洞府有仙尨。"日本岡元鳳《毛詩品物圖考》卷五："《傳》尨，狗也，《集傳》犬也，《盧令》田犬也。駉鐵、載獫、歇驕皆田犬名，長喙曰獫，短喙曰歇驕。"按：田犬即獵犬，吠犬即守門犬。

尨狗

即尨。此稱漢代已行用。《穆天子傳》卷四："天子之豪馬、豪牛、尨狗、豪羊，以三十祭文山。"

哈叭狗

亦作“哈巴狗”。亦稱“獬犭八狗”。俗稱“獅子狗”。一種玩賞犬。體小、毛長、腿短，逗人喜愛。此稱元代已行用，沿用至今。元關漢卿《桃花女》一折：“你把這陰陽收拾起來罷，你這陰陽，是哈叭狗兒咬虼蚤，也有咬著時，也有咬不著時。”明王濟《連環計》二折：“我若説謊，就變——哈叭狗兒！”明劉若愚《酌中志》：“萬曆年間〔神宫監〕掌印〔太監〕杜用，養一獬犭八小狗，最爲珍愛。”清曹雪芹《紅樓夢》第三七回：“罵得好，可不是給了那西洋花點兒哈巴狗？”

【哈巴狗】

同“哈叭狗”。此體清代已行用。見該文。

【獬犭八狗】

即哈叭狗。此稱明代已行用。見該文。

【獅子狗】

“哈叭狗”之俗稱。

拂菻狗

狗名。因産於拂菻國，故名。唐高宗時傳入我國。拂菻國，隋唐時對東羅馬帝國的稱呼。此稱唐代已行用。《新唐書·西域傳上》：“武德初，伯雅死，子文泰立，遣史來告，高祖命使者臨吊。後五年獻狗，高六寸，長尺，能曳馬銜燭，云出拂菻，中國始有拂菻狗。”

狑

亦作“獵”“獵”。良犬之名。此稱南朝梁時已行用。《玉篇·犬部》：“狑，犬名。”《集韻·平青》：“狑，良犬也。秦有狑，或作獵、獵。”

【獵】

同“狑”。此體宋代已行用。見該文。

【獵】

同“狑”。此體宋代已行用。見該文。

烏龍

狗名。後泛指速度快的良犬。亦作狗之美稱。此稱晉代已行用。晉陶潛《搜神後記》卷九：“會稽句章民張然，滯役在都……養一狗，甚快，名曰烏龍。”宋柳永《玉樓春》詞之五：“烏龍未睡定驚猜，鸚鵡能言防漏泄。”明李時珍《本草綱目·獸一·狗》：“〔釋名〕或云爲物苟且，故謂之狗……俗又諱之，以龍呼狗，有烏龍、白龍之號。”

浞

亦作“鵲”。戰國時宋國之良犬名。後泛指良犬。此稱秦漢時已行用。《廣雅·釋獸》：“韓獹、宋浞。”《孔叢子·執節》：“犬馬之名，皆因其形色而名焉。唯韓盧、宋鵲獨否，何也？”《禮記·少儀》：“守犬、田犬則授擯者。既受，乃問犬名。”漢鄭玄注：“畜養者當呼之名，謂若韓盧、宋鵲之屬。”宋王禹偁《酬種放徵君》：“方號駮駮龍，已困猜猜浞。”

【鵲】

同“浞”。此體先秦時期已行用。見該文。

韓盧

亦作“韓獹”。亦稱“盧狗”。省稱“盧”。戰國時韓國之名犬。色黑，速快，擅獵。此稱先秦時已行用。《廣雅·釋獸》：“韓獹宋浞。”《戰國策·秦策三》：“以秦卒之勇，車騎之多，以當諸侯，譬若馳韓盧而逐蹇兔也。”《詩·齊風·盧令》：“盧令令，其人美且仁。”毛傳：“盧，田犬。”漢劉向《説苑·善説》：“臣聞周氏之嚳，韓氏之盧，天下疾狗也，見兔而指屬，則無失兔矣。”晉張華《博物志》卷四：“韓國有黑犬，名盧。”《三國志·魏書·陳思王植傳》：“臣聞騏驥長鳴，則伯樂昭其能；盧狗悲號，則韓國知其才。”

【韓獹】

同“韓盧”。此體三國時期已行用。見該文。

【盧狗】

即韓盧。此稱三國時期已行用。見該文。

【盧】

“韓盧”之省稱。此稱漢代已行用。見該文。

狼狐

良狗名。此稱三國時期已行用。《廣雅·釋獸》：“狼狐狂獷，犬屬。”《駢雅·釋獸》：“狼狐，良狗也。”

黃耳

亦稱“黃犬”。本指晉代陸機所養之名犬，其性聰慧，能通人語。後泛指犬。此稱晉代已行用，後世沿用。《晉書·陸機傳》：“初機有駿犬，名曰黃耳，甚愛之。”晉崔豹《古今注·鳥獸》：“狗，一名黃耳。”宋蘇軾《過新息留示鄉人任師中》詩：“寄食方將依白足，附書未免煩黃耳。”元王實甫《西廂記》二折：“不聞黃犬音，難傳紅葉詩，驛長不過梅花使。”明張岱《夜航船·黃耳》：“陸機有快犬曰‘黃犬’，性點慧，能解人語，隨機入洛。久無家問，作書以竹筒戴犬項，令馳歸，復得報還洛。今有‘黃耳塚’。”

【黃犬】[1]

即黃耳。此稱元代已行用。見該文。

短狗

短足犬。狗之良品。此稱先秦時已行用。《逸周書·王會》：“請令以珠璣、瑇瑁、象齒、文犀、翠羽、菌鶴、短狗爲獻。”孔晁注：“短狗，狗之善者也。”

猥

亦作“矮”。一種供人玩賞的小狗。此稱宋代已行用，後世沿用。《集韻·平戈》：“矮，小犬。或作猥。”清洪昇《長生殿·覓魂》：“等到那二更以後，三鼓之前，眠猥不吠，宿鳥無喧。”

【矮】

同“猥”。此體宋代已行用。見該文。

猥子

亦稱“猥兒”。謂小狗。此稱唐代已行用，後世沿用。唐段成式《酉陽雜俎·衷志》：“上夏日嘗與親王棋，令賀懷智獨彈琵琶，貴妃立於局前觀之。上數子將輸，貴妃放康國猥子於坐側，猥子乃上局，局子亂，上大悅。”唐王涯《宮詞》之十三：“白雪猥兒拂地行，慣眠紅毯不曾驚。”清陳維崧《紅窗睡·冬夜》詞：“三更巷口西風大，惹猥兒寒吠。”

【猥兒】

即猥子。此稱唐代已行用。見該文。

耗[1]

犬名。古說周穆王之犬。此稱晉代已行用。晉張華《博物志》卷六：“周穆王有犬名耗，白毛。”一指硬而曲的毛。參見本卷《畜說·玩賞用畜考》“耗[2]”文。

猼

犬名。此稱宋代已行用。《廣韻·入釋》：“猼，犬名。”一說爲一種異獸。《集韻·入鐸》：“猼，獸名。似人有翼，或從豸。”

翟犬

謂產於北方狄地之犬。翟，通“狄”，古時北方之國名。此稱漢代已行用。《史記·趙世家》："簡子寤。語大夫曰：'吾見兒在帝側，帝屬我一翟犬，曰：及而子之壯也，以賜之。'"《晉書·摯虞傳》："睨翟犬於帝側兮，殪熊羆於靈軒。"

茹黃

亦作"如黃""如簧"。乳黃色的獵犬。以其毛軟色黃，故稱。此稱先秦時已行用。《吕氏春秋·直諫》："荆文王得茹黃之狗，宛路之矰，以畋於雲夢。"高誘注："《説苑·正諫》：'茹黃'作'如黃'。"《太平御覽》二〇六亦作"如黃"。晋葛洪《抱朴子·君道》："烹如簧以讒司原之箴，摺菀渃以迪梁伯之美。"

【如黃】

同"茹黃"。此體漢代已行用。見該文。

【如簧】

同"茹黃"。此體晋代已行用。見該文。

蒼狗

亦稱"蒼犬"。謂青色之狗。傳説能禍於人。此稱漢代已行用。《史記·吕太后本紀》："吕后祓，還過軹道，見物如蒼犬，據高后掖，忽弗復見。卜之，云趙王如意爲祟。"又，《吕太后本紀·索隱述贊》："諸吕用事，天下示私。大臣菹醢，支擘夭夷。禍盈斯驗，蒼狗爲菑。"

【蒼犬】

即蒼狗。此稱漢代已行用。見該文。

黃犬 2

即黃色的狗。此稱秦漢時已行用，後世沿用。《史記·李斯列傳》："二世二年七月，具斯五刑，論腰斬咸陽市。斯出獄，與其中子俱執，顧謂其中子曰：'吾欲與若復牽黃犬俱出上蔡東門逐狡兔，豈可得乎？'"《晉書·向秀傳》："昔李斯之受罪兮，嘆黃犬而長吟。"唐劉禹錫《題

欹器圖》詩："無因上蔡牽黃犬，願作丹徒一布衣。"

猫

亦作"貓"。家畜名。哺乳綱，食肉目，貓科，家貓（*Felis domestica*）。似虎而小。面部略圓，軀幹長，四肢較短，眼瞳孔能隨光綫强弱而縮小、放大。體輕盈，行動敏捷，善跳躍。趾底有脂肪質肉墊，行走時悄無聲息。喜捕食鼠類，有時亦食蛙、蛇等。毛柔軟，色多種，有黑、白、黃、灰褐、花等。此稱先秦時已行用，沿用至今。《玉篇·犬部》："猫，食鼠也。或作貓。"《詩·大雅·韓奕》："有熊有羆，有貓有虎。"毛傳："猫似虎，淺毛者也。"《禮記·郊特牲》："迎猫，爲其食田鼠也；迎虎，爲其食田豕也。"陸德明釋文："貓，字又作猫。"唐段成式《酉陽雜俎·支動》："猫目睛暮圓，及午竪歛如綖，其鼻端常冷，唯夏至一日煖。"

【貓】

同"猫"。此體南北朝時期已行用。見該文。

【女奴】

"猫"之別稱。此稱唐代已行用。唐張泌《妝樓記·女奴》："猫，一名女奴。"《事物異名錄》卷三七："《採蘭雜志》：'猫，一名女奴。'"

猫
（清余省、張爲邦等《獸譜》）

【虎舅】

"猫"之別稱。以俗傳猫爲虎之師，故謂。此稱宋代已行用。宋陸游《嘲畜猫》詩自注："俗言猫爲虎舅，教虎百爲，惟不教上樹。"參閱明翟灝《通俗編·獸畜·虎舅》。

【狸奴】

亦作"貍奴""家貍"。"猫"之別稱。此稱宋代已行用。宋陸游《十一月四日風雨大作》："溪柴火頓蠻氈暖，我與狸奴不出門。"又蘇軾《次韻蘇公謁告三首》："紙帳薰爐作小春，貍奴白牸對忘言。"宋羅大經《猫》詩："陋室偏遭黠鼠欺，貍奴雖小策勳奇。"金劉仲尹《不出》詩："天氣稍寒吾不出，氍毹分坐與狸奴。"清代亦稱"家貍"。《事物異名錄》："《正字通》：'猫，一曰家貍。'"清杜岕《警鼠》詩："花下蹲狸奴，可以慎忖度。"

【貍奴】

同"狸奴"。此體宋代已行用。見該文。

【蒙頌】²

亦稱"蒙貴""獴猙""烏員""烏圓"。"猫"之別稱。此稱秦漢時已行用。《爾雅·釋獸》："蒙頌，猱狀。"晉郭璞注："即蒙貴也。狀如蜼而小，紫黑色，可畜，健捕鼠，勝於猫。"唐段成式《酉陽雜俎·支動》："猫，一名蒙貴，一名烏員。"明高啓《寄王七孝廉乞猫》詩："豈無老烏圓，昔壯今何憊？"《事物異名錄》卷三五："《酉陽雜俎》：'猫，一名蒙貴，一名烏圓。'又'蒙貴'，《爾雅》作'蒙頌'，《通志》作'獴猙'。"清鈕琇《觚賸·沉香瘞狸》："合肥宗伯所寵顧夫人，名媚，性愛狸奴，有字烏員者，日於花欄繡榻間徘徊撫翫。"

【蒙貴】²

即蒙頌。此稱晉代已行用。見該文。

【獴猙】²

即蒙頌。此稱宋代已行用。見該文。

【烏員】

即蒙頌。此稱唐代已行用。見該文。

【烏圓】

即蒙頌。此稱明代已行用。見該文。

仙哥

一種有靈性的猫名。此稱南北朝時已行用。《事物異名錄》卷三七引《山川紀異》："燕真人丹成，鷄犬俱升仙，獨猫不去。人嘗見之，就洞呼'仙哥！'則聞有應者。"

白老

猫名。泛指猫。此稱宋代已行用。宋徐鉉《稽神錄·盧樞》："久之席中一人曰：'今夕甚樂，但白老將至，奈何'……後數日罷郡，新政家有猫名白老。既至，白老自堂西階地中獲鼠七八，皆殺之。"金王良臣《狸奴畫軸》詩："三生白老與烏員，又現吳生小筆前。"

白鳳

猫名。品相好，甚爲珍貴。此稱唐代已行用。唐張泌《妝樓記·猫名》："張摶好猫，其一曰東守，其二曰白鳳……皆價值數金。"

東守

猫名。品相好，甚爲珍貴。此稱唐代已行用。唐張泌《妝樓記·猫名》："張摶好猫，其一曰東守，其曰白鳳……皆價值數金。"

銜蟬

亦稱"銜蟬奴"。猫名。後唐時瓊花公主所養之猫名。宋黃庭堅《乞猫》詩："聞道狸奴將數子，買魚穿柳聘銜蟬。"明王志堅《表異錄》

卷九:"後唐瓊花公主有二猫,一白而口銜花朵;一烏而白尾。主呼爲銜蟬奴、昆侖妲己。"

【銜蟬奴】 [2]

　　即銜蟬。此稱明代已行用。見該文。

昆侖妲己

　　後唐時瓊花公主所養之猫名。明王志堅《表異録》卷九:"後唐瓊花公主有二猫,一白而口銜花朵;一烏而白尾。主呼爲銜奴、昆侖妲己。"

獅猫

　　俗稱"獅子猫"。猫之一種。毛長尾大,性温順,甚逗人喜愛,供玩賞。其稱宋代已行用,後世沿用。宋陸游《老學庵筆記》卷三:"(秦檜)孫女……愛一獅猫,忽亡之,立限令臨安府訪求。"

【獅子猫】

　　"獅猫"之俗稱。此稱近現代已行用。見該文。

獅子猫
(馬駘《馬駘畫寶》)

第四章　器件配飾説

第一節　器件考

　　本節所指器件，均係與前述之獸畜相關聯的非整體部分，如頭、角、牙、骨、皮、毛、鬃、尾之類，以及其內臟和遺物等等。顯而易見，"器件"的內容，繁雜而無序，但它對充分掌握和瞭解有關畜獸的知識、內涵和功用，是不可或缺的。原擬依本書通例，將其歸入獸畜，但因其紛雜，不便於集中查閱；有的內容，又係多獸、多畜所通用，并非一獸一畜之專指，如鬃、膘、骼等，難以歸屬和取捨。故據本卷特點，集中優於分散，遂決定將其獨立成章。今依各自的屬性功用，分述如下。

　　頭居"統帥"之位，多爲人類所用，但亦有別樣用途。如狸首，藥用名又謂之"狸頭"，傳可治鼠咬之瘡。角，是獸類生存搏鬥的有力武器，可製成許多工藝品或生活器物、器皿，如挂件、舞飾、號角、口杯等。有的獸畜之角，還是名貴的中藥材，如犀角、鹿茸，爲醫療保健所用。另外，犀角據不同的情況，又有生犀、退犀、靈犀、通犀等稱謂及不同藥效。古代又將角中之骨稱爲"䚡"，角中無骨稱爲"骼"，各自有別。牙，古人稱獸牙爲"鋸牙"，蓋因其鋒若鋸齒，實乃野獸搏鬥之利器。同時，它亦爲古人美化生活的重要飾物，如遠古之獸牙項串、脚串等。特别是象牙，古人單稱爲“齒”，宋代南方人則稱爲“白暗”，可製成多種精美的工藝品。骨、骼亦常聯用，指獸畜的骨架，但兩者并不盡同，下文將論及，此略。

皮，獸畜之皮，係製革的良材。鞣好的皮革用途甚廣，可製衣，可爲具，是上好的工業原料。獸畜之皮，也有許多别稱、美稱。例如，虎皮稱之爲“皋比”，又引申爲虎皮座席，及尊長、首領之尊位。鹿皮成雙成對時則稱爲“儷皮”，是古代官宦大户人家定親的重要聘禮，亦是古人禮尚往來的饋贈佳品。毛，獸畜之裳也，可爲畜獸增色。獸畜之毛，漢代又稱之爲“毨”。毛的用途尤廣，短絨之毛，可爲絮，可紡紗、可製衣被；長硬之毛，則可爲琴弦，亦可製作假髮、拂塵、牙刷等。鬃，馬頸之毛爲鬃，亦泛指畜獸頭頸之毛，先秦時期，稱之爲“鬣”。鬃的用途亦甚廣，可製毛刷，可結繩網，均經久耐用；猪鬃的經濟價值更高，是很好的工業材料。尾，古人稱之爲“氂”。獸畜之尾，不容小覷，首先，當飛速運動時，用以保持身體的平衡，如馬尾、狼尾；其次，可用以擊打驅逐蚊蠅，如牛尾、驢尾；再次，則是搏鬥的特殊武器，如虎尾、豹尾；第四，更是珍貴的肴饌，如鹿尾、象尾；第五，有的還是高貴的飾物，如牦牛之尾，先秦時期稱爲“旄”，爲舞蹈者經常持用的舞具，豹尾，則多爲旌旗、車輿的飾物，或者大將軍的頭飾。

獸畜中虎、鹿、牛、驢等雄性動物的生殖器，統稱爲“鞭”或“鞭子”，至今仍沿用。家畜中反芻類牛羊之胃，稱之爲“百葉”；猪之脾，則稱“聯貼”；而禽畜的内部臟器，又統稱爲“事件”。此外，獸畜的排泄物，亦并非全是廢物。如，獼猴之經血，乾燥成塊狀者雅稱“申紅”。申者，獼猴也，紅者，經血也。“申紅”入藥主治血勞。

本卷爲《中華博物通考》全書之一卷，欲溯物源，必涉語源，欲溯語源，必溯物源，故獸畜之研究，對於瞭解和掌握有關文字的演進、衍變，也有着深刻的意義。例如骼，先秦時期的古文字爲“胳”，原本特指牲畜的後脛骨；漢代演變爲“骼”，并擴展爲禽獸之骨的通稱；三國時期，骼與骨相通用；至宋代，骼、骨之外，又出現了“骨骼”這一合成詞；及至清代，其稱擴展至人類，一直沿用至今。現代生物學認爲，骨多是具體實指某塊骨頭，骨骼則是骨和骼連接的統稱。例如《儀禮·鄉飲酒禮》：“脊、脅、肫、胳、肺。”漢鄭玄注：“凡牲，前脛骨三，肩、臂、臑也；後脛骨二，膊、胳也……今文胳作骼。”《説文·骨部》：“骼，禽獸之骨曰骼。”徐灝注箋：“《説文》骼、骴連文……禽獸之殘骨曰骼、曰骴；引申之，則人以爲偶，不可泥也。”按：泥者，拘泥也。《廣雅·釋器》：“骼，骨也。”

《廣韻・入陌》："骼，骨骼。"綜上所述，"骼"字的字形，乃至其含義的演進和發展的脉絡，何其清也。再如胖，音"pàn"，先秦時期，其原意爲祭祀供奉之半體牲也，亦有夾脊肉之意。至漢代，又有了新讀音"pán"，引申爲泰然、安適。及至元代，始有讀音"pàng"，擴展爲豐肥、肥胖之意，并沿用至今。例如《説文・半部》："胖，半體肉也。从半，从肉，半亦聲。"《玉篇・肉部》："胖，牲之半體也。"《儀禮・少牢饋食禮》："司馬升羊右胖，髀不升。"

《周禮・天官・腊人》："凡祭祀，共豆脯，薦脯，膴胖。"鄭玄注："杜子春讀胖爲版。又云：膴胖皆謂夾脊肉。"按：賈公彥疏文照引鄭注。《禮記・大學》："富潤屋，德潤身，心寬體胖；故君子必誠其意。"鄭玄注："胖，猶大也。"朱熹注："胖，安舒也。"元馬致遠《耍孩兒・借馬》："逐宵上草料數十害，喂飼得膘息胖肥。"由上可見，"胖"字在演變過程中，字形雖未變，但讀有三，其意亦隨之三變。

三鬉

謂駿馬鬃毛修剪成的一種毛髮飾型。因梳理成三辮，故稱。"鬉"，即"鬃"。唐代御馬多以此爲飾，故後又引申爲御馬。此稱唐代已行用，後世沿用。唐岑參《衛節度赤驃馬歌》："紫髯胡雛金剪刀，平明剪出三鬉高。"宋胡仔《苕溪漁隱叢話後集・東坡一》："《東坡筆記》謂'……乃知唐御馬多剪治，而三鬉其飾也。'"清朱彝尊《除日侍宴乾清宮夜歸賦》："歸鞍笑逐三鬉馬，守歲歡迎五尺童。"

逆毛

謂馬腹下兩側倒生之毛。相傳有此毛之馬行甚速，逆毛長至腹中者能日行千里。此稱秦漢時已行用。《爾雅・釋畜》："逆毛居馻。"郭璞注："馬毛逆刺。"北魏賈思勰《齊民要術・養牛馬驢騾》："〔馬〕腹下陰前，兩邊生逆毛入腹帶者，行千里，一尺者，五百里。"

蘭筋

古稱從馬眼上方玄中竪出的筋。傳說有蘭筋之馬行速甚快，可日行千里，故後又代指千里馬。此稱漢代已行用。漢陳琳《爲曹洪與魏文帝書》："及整蘭筋，揮勁翮，陵厲清浮，顧盼千里。"李善注："《相馬經》云：'一筋從玄中出，謂之蘭筋。玄中者，目上陷如井字。蘭筋竪者千里。'"唐李白《天馬歌》："嘶青雲，振綠髮，蘭筋權奇走滅没。"

驎

謂馬身上之鱗狀斑紋。以其色有淺深似魚鱗狀，故稱。此稱秦漢時已行用，後世沿用。《爾雅・釋畜》："青驪驎，駰。"郭璞注："色有深淺，班駁隱粼。"郝懿行義疏："《詩・駉》傳用《爾雅》疏引孫炎云：'色有淺深似魚鱗也。'然則鱗、驎聲義同。"《集韻・平真》："驎，馬班文。"

龍蹄

馬蹄之美稱。此稱唐代已行用。唐曹唐《病馬五首呈鄭校書章三吳十五先輩》詩之四："臥來總怪龍蹄阻，瘦盡誰驚虎口高。"

生犀 [2]

原謂未經水浸火烤之犀角。實多指犀牛被捕殺後直接所得之角。與"退犀"相對。此稱宋代已行用，後世沿用。宋張世南《游宦紀聞》卷二："方書多言生犀相承，謂未經水火湛熾者是，或謂不然。蓋犀有捕得，殺而取者爲生犀，有得其蛻角爲退犀，亦猶用鹿角法耳。"

退犀

謂犀牛自然蛻脱之角。與"生犀"相對。此稱宋代已行用，後世沿。參見本卷《器件配飾説·器件考》"生犀 [2]"。

骨突犀

亦作"骨睹犀""骨咄犀""蠱毒犀""骨篤犀""碧犀"。獸角之一種。一説蛇角。其性至毒，而能解毒辨毒，故爲至寶。可製器物，亦可藥用。此稱遼代已行用，後世沿用。《遼史·道宗紀》："詔夷離菫及副使之族並民如賤，不得服駝尼、水獺裘，刀柄、兔鶻、鞍勒、珮子，不許用犀玉、骨突犀，惟大將軍不禁。"《金史·世宗昭德皇后傳》："……勸世宗多獻珍異，以悦其心，如故遼骨睹犀佩刀，吐鶻良玉茶器之類，皆奇寶也。"明陶宗儀《南村輟耕録·骨咄犀》："骨咄犀，蛇角也。其性至毒，而能解毒，蓋以毒攻毒也，故曰蠱毒犀。《唐書》有'古都國'，必其地所產，今人訛爲骨咄耳。"明曹昭《格古要論·珍奇》："骨篤犀，出西蕃。其色如淡碧玉，稍有黄，其紋理似角。扣之聲清如玉，磨刮齅之有香，燒之不臭。能消腫毒及

能辨毒藥，又謂之碧犀，此等最貴。"

【骨睹犀】

同"骨突犀"。此體金代已行用。見該文。

【骨咄犀】

同"骨突犀"。此體明代已行用。見該文。

【蠱毒犀】

同"骨突犀"。此體明代已行用。見該文。

【骨篤犀】

同"骨突犀"。此體明代已行用。見該文。

【碧犀】

即"骨突犀"。此稱明代已行用。見該文。

靈犀

亦稱"通犀"。本指犀牛角，後多喻兩人之間彼此感應、心心相印。因古時傳説犀牛爲靈獸，角中有如綫之白紋，直通兩端，感應靈敏，故稱。此稱漢代已行用，沿用至今。《漢書·西域傳贊》："自是之後，明珠、文甲、通犀、翠羽之珍盈於後宮。"顏師古注："通犀，中央色白，通兩頭。"唐李商隱《無題》詩："身無彩鳳雙飛翼，心有靈犀一點通。"

【通犀】

即靈犀。此稱漢代已行用。見該文。

白暗

謂象牙。南人方言。因犀與象牙色難辨，南人方言稱象牙爲"白暗"，犀爲"黑暗"。此稱宋代已行用。宋惠洪《冷齋夜話·詩用方言》："南人謂象牙爲白暗。"明李日華《六研齋筆記》卷二："胡人謂犀黑暗，象白暗，可以名墨，亦可以名茶。"按：李氏謂胡稱，實誤。

齒

特指象牙。此稱先秦時已行用，沿用至今。已泛指牙齒。《書·禹貢》："齒革羽毛惟

木。"孔傳："齒，象牙。"亦用以代指牛馬等牲畜的年齡。

虍

謂虎皮上的斑紋。以其屈曲蜿蜒，故稱。此稱漢代已行用，後世沿用。《説文・虍部》："虍，虎文也。象形。凡虍之屬皆从虍。"徐鍇注："象其文章屈曲也。"

虎威

亦稱"虎乙"。謂虎兩脅間及尾端形如乙字之骨。長約寸許，相傳爲虎威之所在，佩此骨令人有威，能禦百邪，故又引申爲勇猛威武之貌。此稱唐代已行用，後世沿用。唐段成式《酉陽雜俎・毛篇》："虎威如乙字，長一寸，在脅兩旁皮内，尾端亦有之，佩之臨官佳，無官人所媚嫉。"《山堂肆考》卷二五："〔虎〕兩脅間及尾端皆有骨如乙字，長一二寸許者，是其威也，破肉取之可得，能令人有威。"明張岱《夜航船・走獸》："虎有骨如乙字，長寸許，在脅兩旁皮内，尾端亦有之，名虎威，佩之臨官，則能威衆。"

【虎乙】

即虎威。以虎骨屈曲成乙字狀，故名。

彪 [2]

謂虎身上的斑紋。引申爲有文彩貌。此稱秦漢時已行用，後世沿用。《説文・虎部》："彪，虎文也，从虎彡。象其文也。"漢揚雄《法言・君子》："或問：君子言則成文，動則成德，何也？曰：以其弸中而彪外也。"一説虎或小虎。參見本類"彪[1]"。

皋比

謂虎皮。此稱先秦時已行用，後世沿用。後引申爲以虎皮製成的座席，多指教師或武將之席。《左傳・莊公十年》："自雲門竊出，蒙皋比而先犯之。"杜預注："皋比，虎皮。"唐戴叔倫《寄禪師寺華上人次韻三首》之二："猊座翻蕭索，皋比喜接連。"宋朱熹《六先生畫像贊》："勇撤皋比，一變至道。"明劉基《賣柑者言》："今夫佩虎符，坐皋比者，洸洸乎干城之具也，果能授孫吴之略耶？"

乳毛

謂初生動物或嬰兒身上的細毛。"乳"，鳥獸初生者之稱。此稱宋代已行用，後世沿用。宋梅堯臣《鴨雛》詩："三旬殼既坼，乳毛寒脛短。"

狐白

謂狐腋下之毛皮。以其色爲純白，故稱。質輕柔、溫暖，集以爲裘，尤爲珍貴。此稱先秦時已行用，後世沿用。《管子・輕重戊》："代之出狐白之皮，公其貴買之。"又"今齊乃以金錢求狐白之皮，是代之福也。"《漢書・匡衡傳》："夫富貴在身而列士不譽，是有狐白之裘而反衣之也。"顔師古注："狐白，謂狐腋下之皮，其色純白，集以爲裘，輕柔難得，故貴也。"漢劉向《説苑・貴德》："是人之所謂以狐白補犬羊。"

豹尾

謂豹之尾。古代常用作旌旗或車輿上的飾物。此稱先秦時已行用，後世沿用。《山海經・西山經》："西王母，其狀如人，豹尾虎齒，而善嘯、蓬髮、戴勝。"《三國志・魏書・陳思王植傳》："又聞豹尾已建，戎軒鷲駕，陛下將復勞玉躬，擾掛神思。"

豹鞹

亦作"豹革"。謂去毛的豹皮。此稱先秦時已行用，後世沿用。《論語・顔淵》："棘子成曰：

君子質而已矣，何以文爲？子貢曰：惜乎夫子之説君子也，駟不及舌，文猶質也，質猶文也；虎豹之鞟，猶犬羊之鞟。"《楚辭·劉向〈九嘆〉》："筐澤瀉以豹鞟兮，破荆和以繼築。"王逸注："鞟，革也。"洪興祖補注："鞟，去毛皮也。"宋陶穀《清異録·茗荈》："豹革爲囊，風神呼吸之具也。"

【豹革】

同"豹鞟"。此體宋代已行用。見該文。

狸頭

謂狸之頭。相傳治鼠咬的瘡甚有療效。此稱漢代已行用。《淮南子·説山訓》："狸頭愈鼠，鷄頭已瘻，蝱散積血，斲木愈齲，此類之推也。"高誘注："鼠齲人瘡，狸愈之。"晋葛洪《抱朴子·對俗》："故老子有言，以狸頭之治鼠漏，以啄木之護齲齒，此亦可以類求者也。"

鹿茸

鹿之幼角。指雄性梅花鹿或馬鹿等初生尚未骨化之角。因其稚嫩，上浮茸毛，故名。可入藥，性温，味甘鹹。富含激素物質及蛋白質、骨質、膠質、鈣、磷等多種成分，有補精髓，助腎陽，强筋骨之功效，係名貴中藥材。此稱秦漢時已行用。《神農本草經·中經·鹿茸》："鹿茸……主漏下惡血，寒熱驚癇，益氣强志，生齒不老。"宋唐慎微《政和證類本草·上品·鹿茸》："主漏下惡血，寒熱驚癇……久服耐老。四月五月解角時取陰乾，使時燥。"明李時珍《本草綱目·獸二·鹿》："〔集解〕鹿茸夏收之，陰乾，百不收一，且易臭，惟破之，火乾大好。"

鹿尾

指鹿之尾。舊時用作珍貴肴饌。此稱唐代已行用，後世沿用。唐段成式《酉陽雜俎·酒食》："鄴中鹿尾，乃酒肴之最。"清王士禎《居易續談》："今京師宴席，最重鹿尾，雖猩唇駝峰，未足爲比。"

鹿筋

謂鹿之肌腱或韌帶。肴饌中的珍品，亦可用作中藥材。此稱金代已行用。《金史·世宗紀上》："辛亥，詔罷復州歲貢鹿筋。"明李時珍《本草綱目·獸二·鹿》："〔鹿筋〕蘇恭曰：'主治勞損續絕。'塵沙眯目者，嚼爛挼入目中，則粘出。"

鹿觡

謂鹿之骨角。觡，骨角也。以鹿角内外無間，故稱。此稱晋代已行用。晋郭璞《江賦》："或鹿觡象鼻，或虎狀龍顏。"參見本類"魖"文。

儷皮

謂成對的鹿皮。古代常用以作爲訂婚的禮物，亦是饋贈之佳品。此稱先秦時已行用，後世沿用。《禮記·士冠禮》："乃禮賓以壹獻之禮，主人酬賓束帛、儷皮。"鄭玄注："儷皮，兩鹿皮也。"清葉燮《原詩·内篇上》："古者儷皮爲禮，後世易以玉帛，遂有千純百璧之侈。"

旄[2]

指犛牛之尾。古代舞者常持之以作飾物。此稱先秦時已行用，後世沿用。《玉篇·扒部》："旄，旄牛尾也，舞者持。"《周禮·春官序》："旄人下士四人，舞者衆寡無數。"鄭玄注："旄，旄牛尾，舞者所持以指麾。"《荀子·王制》："西海則有皮革、文旄焉。"楊倞注："旄，旄牛尾。文旄，謂染之爲文綵也。"《史記·夏本紀》："貢金三品，瑶、琨、竹箭、齒、革、羽、旄。"張守節正義："西南夷常貢旄牛尾，爲旌旗之飾。"
唐王維《隴頭吟》："蘇武纔爲典屬國，節旄空
盡海西頭。"

【犛】²

即旄²。謂犛牛之尾。也指馬尾。亦泛指
獸畜之尾。此稱秦漢時已行用。《説文·犛部》：
"犛，犛牛尾也。"按：犛即犛也。《淮南子·説
山訓》："執而不釋，馬犛截玉；聖人無止，無
以歲腎；昔日愈昨也。"高誘注："犛，馬尾
也。"清徐侃《游李氏松園記》："有長松數百
株……葉如犛，團簇滿林中。"參見本卷《器件
配飾説·器件考》"犛¹""犛³""犛⁴"。

犛³

謂獸畜之長毛。此稱先秦已行用，後世沿
用。《列子·湯問》："學視而後可視大如小，視
微如著，而後告我。昌以犛懸蝨於牖，南面而
望之，旬日之間浸大也。三年之後如車輪焉。
以睹餘物皆丘山也。"《後漢書·岑彭傳》："狗吠
不驚，足下生犛。"唐李賢注："犛，長毛也。"參
見本卷《器件配飾説·器件考》"犛¹""犛²""犛⁴"。

犛⁴

亦作"氂""犛""氂"。謂獸畜堅韌而捲曲
之毛。此稱漢代已行用。《説文·犛部》："氂，
彊曲毛也。可以箸起衣。從犛省，來聲。"《集
韻·平咍》："氂，《説文》：'强曲毛，可以箸起
衣。'或作犛、氂。"《漢書·王莽傳》："長七尺
五寸，好厚履高冠，以犛裝衣。"唐顏師古注："毛
之强曲者曰犛，以裝褚衣中，令其張起也。"參見
本卷《器件配飾説·器件考》"犛¹""犛²""犛³"。

【氂】

同"犛⁴"。此體漢代已行用。見該文。

【耗】²

同"犛⁴"。此體宋代已行用。見該文。

【氂】

同"犛⁴"。此體宋代已行用。見該文。

蘢

亦稱"旄³"。謂古代舞者所持之牛尾。
用作飾物。此稱秦漢時已行用，後世沿用。
《爾雅·釋器》："旄謂之蘢。"郭璞注："旄，牛
尾也。"邢昺疏："旄，牛尾，一名蘢，舞者所
執也。"

【旄】³

即蘢。此稱秦漢時期已行用。見該文。

鼶

猪毛或鼠毛。泛指畜獸之毛。此稱漢代已
行用。《説文·囪部》："鼶，毛鼶也。"王筠句讀：
"毛鼶與髮同意。"唐玄應《一切經音義》卷
一九引服虔《通俗文》："猪毛曰鼶。"《廣韻·去
葉》："鼶……鼠毛也。"

鬣

馬頸上的長毛。亦泛指獸畜頭頸之毛。引
申爲剛毛、首毛之稱。此稱秦漢時期已行用，
後世沿用。《爾雅·釋獸》："青驪繁鬣，駽。"《廣
雅·釋器》："鬣，毛也。"《禮記·明堂位》："夏
后氏，駱馬黑鬣。"郝懿行義疏："《左傳·定公
十年》疏及釋文引舍人注：'鬣，馬鬣也。'"宋
陸游《秋郊有懷》："永懷桑乾河，夜渡擁馬
鬣。"《文選·枚乘〈七發〉》："鵷鶵鵁鶄，翠鬣
紫纓。"李善注："鬣，首毛也。"《儀禮·士虞
禮》："敢用絜牲剛鬣。"鄭玄注："豕曰剛鬣。"
南朝陳徐陵《紫騮馬》詩："玉鐙綉纏鬃。"吳
兆宜注："鬃，馬鬣也。"

龍髯

亦作"龍鬚"。傳說中的龍之鬚髯，後喻皇帝去世。亦稱帝王之鬚。此稱漢代已行用，後世沿用。《史記·封禪書》："黃帝采首山銅，鑄鼎於荆山下。鼎既成，有龍垂胡髯下迎黃帝。黃帝上騎，群臣後宮從上者七十餘人，龍乃上去。餘小臣不得上，乃悉持龍髯，龍髯拔，墮，墮黃帝之弓。百姓仰望黃帝既上天，乃抱其弓與胡髯號，故後世因名其處曰鼎湖，其弓曰烏號。"唐李嶠《汾陰行》詩："自從天子向秦關，玉輦金車不復還。珠簾羽扇長寂寞，鼎湖龍髯安可攀？"唐杜甫《洛陽》詩："故老仍流涕，龍髯幸再攀。"清葉方藹《授職翰林學士感恩述懷》詩："身離牛口驚還在，夢挽龍鬚恨不迴。"

【龍鬚】

同"龍髯"。此體清代已行用。見該文。

膘

謂牲畜小腹兩邊至後腿前的肉。人們常以此厚薄判斷牲畜之肥瘦，膘厚者肥碩，薄則瘦。此稱秦漢時已行用，沿用至今。《說文·肉部》："膘，牛脅後髀前合革肉也。"段玉裁注："合革肉者，他處革與肉可分剥，獨此處不可分剥也。《七發》所謂'犓牛之腴'。毛傳云：'射左膘'。《三蒼》云：'膘，小腹兩邊肉也。'"《詩·小雅·車攻》"大庖不盈"，毛傳："一曰乾豆，二曰賓客，三曰充君之庖。故自左膘而射之，達於右腢，爲上殺。"

胖

古謂祭祀用主體牲肉。并指夾脊肉，并有肥大或安舒之引申義，此稱先秦時期已行用，沿用至今。《說文·半部》："胖，半體肉也。"《玉篇·肉部》："胖，牲之夾體也。"《儀禮·少牢饋食禮》："司馬升羊右胖。"《周禮·天官·臘人》"凡祭祀，共豆脯，薦脯、膴胖。凡臘物……"鄭玄注："膴胖皆謂夾脊肉。"《禮記·大學》："富潤屋，德潤身，心廣體胖，故君子心誠其意。"鄭玄注："胖，猶大也。"朱熹注："胖，安舒也。"

骼 [1]

禽獸之骨。此稱漢代已行用。後世沿用。今泛指骨骼。《說文·骨部》："骼，禽獸之骨曰骼。"徐灝注箋："《說文》骼、骴連文，正取掩骼者蕹骨之義。禽獸之殘骨曰骼、曰骴。"《文選·左思〈吳都賦〉》："屠巴蛇，出象骼。"李周翰注："骼，骨也。"清朱駿聲《說文通訓定聲》卷九："骼，本訓當爲骨，人畜之通稱。"《禮記·月令》"掩骨埋胔"，鄭玄注："骨格曰骼。"清高其倬《碧雲寺》詩："請肆彼遺骼，存此招魂邱。"

骼 [2]

亦作"胳"。謂牲畜之後脛骨。亦泛指禽獸之骨，此稱先秦時期已行用，後世沿用。《集韻·入陌》："骼，《說文》：'禽獸之骨曰骼。'"又："胳，牲後脛骨。"《儀禮·有司徹》："司士設俎於豆北，羊骼一。"鄭玄注："古文骼爲胳。"又《鄉飲酒禮》："脊、脅、肫、骼、肺"，鄭玄注："凡牲，前脛骨三：肩、臂、臑也；後脛骨二：膊、骼也……今文骼作胳。"又《少牢饋食禮》："肩臂臑、膊骼。"

【胳】

同"骼"。此體先秦時期已行用。見該文。

鰓

角中骨也。一說内骨或肉中骨。此稱秦漢時已行用，後世沿用。《禮記·樂記》："羽翼舊，角觡生。"漢鄭玄注："無䚡曰觡。"《說文・角部》："䚡，角中骨也。"王筠句讀："牛羊之角，外骨冒內骨，雖相附麗而不能合一，其內骨名曰䚡。"漢趙壹《非草書》："展指畫地，以草劌壁，臂穿皮刮，指爪摧折，見䚡出血，猶不休輟。"

豐嶽

謂牛膝骨。此稱唐代已行用。唐徐堅《初學記・獸部・牛》："豐岳欲得大。"注："膝株骨。"

觳觫

原形容牛臨死時驚懼顫抖之貌。後因之借指牛。此稱先秦時期已行用，後世沿用。《孟子・梁惠王上》："吾不忍其觳觫若無罪而就死地。"唐釋皎然《送顧處士歌》："門前便取觳觫乘，腰上還將鹿廬佩。"清褚人獲《堅瓠集・和詠戲具》："諸葛木裝殊觳觫，田單火戰亦縱橫。"

蹏

即蹄。泛指獸蹄。此稱先秦時期已行用，後世沿用。《廣雅・釋獸》："蹏，足也。"王念孫疏證："蹏之爲言猶蹹也。"按："蹹"，同"蹏"。《詩・小雅・漸漸之石》："有豕白蹏，烝涉波矣。"毛傳："蹏，蹄也。"《晉書・乞伏熾磐載記》："熾磐聞而喜曰：'此虜矯矯，所謂有豕白蹏。'"清毛奇齡《題汴梁竹枝詞》："予數經汴城，見輪蹏轇蹏，攘攘都會。"

蹯

亦作"蹞""番"。謂獸足之掌。此稱先秦時已行用。《爾雅・釋獸》："貍、狐、貒、貈、醜，其足蹯。"郭璞注："皆有掌蹯。"《說文・釆部》："番，獸足謂之番。从釆，田象其掌。蹞、

番，或从足从煩。"《左傳・文公元年》："冬，十月〔商臣〕以甲圍成王，王請食熊蹯而死。"《呂氏春秋・過理》："〔靈公〕使宰人臑熊蹞，不熟，殺之。"

【蹞】

同"蹯"。此體先秦時期已行用。見該文。

【番】

同"蹯"。此體漢代已行用。見該文。

龜

本指烏龜，後則代指獸類背脊之隆起，以其高隆似龜形，故稱。此稱先秦時已行用，後世沿用。《左傳・宣公十二年》："麋興於前，射麋麗龜。"杜預注："麗，著也；龜，背之隆高當心。"孔穎達疏："龜之形背高而前後下，此射麋麗龜，謂著其高處。"

百葉

謂牛羊等反芻類牲畜的胃。以其多褶皺，故稱。此稱漢代已行用。沿用至今。《周禮・天官・醢人》"嬴醢，脾析"。漢鄭玄注："鄭司農云：'脾析，牛百葉也。'"

事件

古稱禽畜之內臟。亦指人體之部分。此稱宋代已行用。宋吳自牧《夢梁錄・天曉諸人出市》："御街鋪店，聞鐘而起，賣早市點心，如煎白腸、羊鵝事件之類。"宋孟元老《東京夢華錄・食店》："更有川飯店，則有插肉麵……雜煎事件。"《水滸傳》第四六回："楊雄又將這婦人七事件分開了。却將頭面衣服都拴在包裹裹了。"

聯貼

豬脾之俗稱。此稱明代已行用。明李時珍《本草綱目・獸一・豕》："〔豕〕脾，俗名聯貼。"

鞭子

虎牛驢等獸畜類雄性生殖器之俗稱。宋時方言。《金瓶梅詞話》第六八回：“房子倒不打緊處，且留著那驢子，和你早晚做伴兒也罷了。別的罷了，我見他常時落下來，好大個鞭子！”

申紅

中藥名。謂猴之月經成乾者。色紫黑，成塊狀。入藥，主治血勞。此稱清代已行用。清趙學敏《本草綱目拾遺·獸部·猴經》：“猴經，入藥名申紅。深山群猴聚處極多。覓者每於草間得之，色紫黑成塊，夾細草屑，云是母猴月水乾血也，廣西者良，治乾血勞。”

狗矢

狗的排泄物，即狗糞。喻污穢之物。亦用作罵人語。此稱先秦時已行用，沿用至今。《韓非子·內儲説下》：“燕人無惑，故浴狗矢。燕人其妻有私通於士，其夫早自外而來……其妻曰：‘公惑易也。’因浴之以狗矢。”《新五代史·孫晟傳》：“〔孫晟〕與馮延巳並爲昇相，晟輕延巳爲人，常曰：‘金椀玉盃而盛狗矢可乎？’”按：今作“狗屎”。

膏臊

亦稱“豕膏”。猪油之謂也。此稱先秦時已行用。《周禮·天官·庖人》：“夏行腒鱐膏臊。”漢鄭玄注：“膏臊，豕膏也。”《後漢書·挹婁國傳》：“冬以豕膏塗身，厚數分，以禦風寒。”

【豕膏】

即膏臊。此稱漢代已行用。見該文。

殰

亦作“𡝗”。謂獸未出生而死於胎中者。此稱漢代已行用。《玉篇·卵部》：“殰，卵內敗也。”《廣韻·入屋》：“殰，卵敗。”《字彙補·貝部》：“𡝗，同殰。”《淮南子·原道訓》：“獸胎不殰，鳥卵不毈。”高誘注：“胎不成獸曰殰，卵不成鳥曰毈。”

【𡝗】

同“殰”。此體明代已行用。見該文。

驢駒媚

古稱初生未墜地之驢駒口中所含之物。其狀如肉，相傳婦人帶之者可媚人，故謂。此稱唐代已行用。《太平廣記》卷四八七引唐蔣防《霍小玉傳》：“忽見自門拋一斑犀鈿花盒子，方圓一寸餘……生開而視之，見相思二子，叩頭蟲一，發殺觜一，驢駒媚少許。”宋贊寧《東坡先生物類相感志》：“凡驢狗初生未墜地，口中有一物如肉，名驢駒媚，如婦人帶之亦有媚。”

第二節　配飾欄舍考

本節內容包括配飾和欄舍兩部分。配飾中又含有用具之類。在古時婚嫁中，陪嫁器物牲畜均披紅挂綠，大大增加婚禮的喜慶氣氛。“人憑衣裳馬憑鞍”“人美靠衣衫，馬美靠鞍轡”之類的民間諺語，説明配飾的重要性。美化牲畜，最終還是美化人類自己。配者，補襯也，亦可謂之搭配；配，能令主體勃然增色。飾者，裝飾也，亦可謂之修飾；飾，亦能令主體煥然溢美。配飾得當、得法，則有"錦上添花""畫龍點睛"之功效，例如騎乘之鞍、鐙。列數本節之配飾，有鞭、轡、革、鞍、鐙、鐵、桊、鸞、顱、環、鏤、勒等等。欄舍，是豢養獸類，特別是喂養家畜的場所，如厩、圈、牢、巢、穴、窠等。厩，原爲通常的養馬之所，而其中之"六厩"，亦稱"六閑"，則作爲天子、皇帝的養馬之所尤爲著名，特別是唐代之"大閑"，更是名滿天下。

鞭，是"鞭檛"的省稱，爲執策、指揮、驅趕之具。精美之鞭，亦有裝飾功能。鞭，雖有教鞭、牧羊鞭、長鞭、短鞭等多種，然鞭之首位，當推馬鞭。先秦時期，馬鞭被稱爲"枚"。轡，亦稱"馬轡"，謂馬繮也。四乘之車，又謂之"六轡"，蓋因駕御者祇需持六繮爾。革，謂轡首。轡首，多指垂飾，亦指馬絡頭。一說，革爲"勒"之省稱。鞍，亦作鞌，係騎乘、馱運之具，因其安穩而名。又因其雕金爲飾，故有"鏤衢""鏤渠"等稱謂。寶馬、金鞍歷來爲古代武將所看重。鐙，亦作"蹬"，俗稱"馬鐙"，爲騎乘者在馬鞍上端坐時蹬足之具，亦是馬鞍的附件，"牽馬墜鐙"則是隨從的代稱。鐵，即馬蹄鐵，俗稱"馬掌"，係保護馬、騾等奇蹄目大牲畜腳力的有效措施，因其還有防止打滑的作用，故又名"腳澀"。

桊，亦作"桊"。桊者，圈也，亦即環也，引申爲役用牛畜的牛鼻環或牛鼻棍。牛雖力猛而持久，但牛鼻甚弱，故祇牽其鼻，即可馴而役使。鸞，即鸞鈴，亦稱"鑾鈴""八鸞"，是繫於駕御的馬口兩側，或者指騎乘的馬頸之下鈴鐺，不但是眼見的飾物，還可發叮噹之聲不絕於耳，何其美哉！一馬兩鈴，一車四馬則八鈴，故有"八鸞"之稱謂，其稱亦是四乘之車的代稱。顱，即當顱，又稱"當盧"。顱，頭也。故"當顱"，謂馬額正中的青銅鏤花飾物。眉額之上有金黃、銀白之飾，令人精神一振。環，即了事環，是古代武將吊挂兵器的鐵環或銅環，以便稍事休息或騰手他用。繫轡之環或有舌之環，又稱"觼"，觼在馬具上用處甚多，馬勒、馬鐙、馬絡頭、馬胸帶上均有。鏤，即鏤膺。鏤，鏤空也，即雕花。膺，馬帶也。鏤膺，謂雕金爲飾物的馬胸帶。馬頸下爲胸，飾金胸帶，炫於迎門，光耀非常。勒，係指夾轅兩馬當胸之皮革，亦用來代稱夾轅之馬。另，尚可別解爲"馬勒"之省稱。

本節欄舍之中，馬舍居首位，厩又位居馬舍之首。厩，亦作"廏""廄、廐"厩"。謂養馬之房，亦泛指牲口棚。宮廷馬厩，謂之"六厩"，亦稱"六閑"。閑者，栅欄也。《周禮・夏官・虎賁氏》："舍則守王閑。"漢鄭玄注："閑，梐枑。"唐賈公彥疏："閑與梐枑皆禁衛之物。"清孫詒讓正義："蓋桎梏所以遮闌行人,故亦謂之閑。"《新唐書·百官志二》："六閑:一曰飛龍,二曰祥麟,三曰鳳苑,四曰鵷鸞,五曰吉良,六曰六群,亦號六廄。"圈,原指圍欄家畜的栅欄,多特指猪圈。圈,又稱"牢笧"。《莊子·達生》："祝宗人玄端以臨牢笧。"陸德明釋文引李頤曰:"牢,豕室也。笧,木欄也。"按:豕,猪也。牢,謂養猪之所。而畜養牲畜的圈欄,又稱"苙""圈牢""牢籍(藉)"。巢,原本指鳥類或蜂、蟻類生息之窩,亦轉指獸類盤結於樹顛之窩。穴,亦稱"窟""窠",均係獸類動物栖息之洞穴也。

從本章來看,就重要性而言,"配飾欄舍"節稍遜於"器件"節。因爲"器件"乃獸畜主體的一部分,而"配飾欄舍"皆係"身外之物"。

就本節而言,"配飾"與"欄舍"却是"各有千秋"的。欄舍對牲畜的生息是首要的,否則牲畜將難以生存繁衍;配飾對牲畜的役使是重要的,特別是其中的要件,如鞍、轡、蹬、鞭等,若缺失或傷損,則役用效果會大打折扣。當然,欄舍、配飾兩者又是緊密關聯的。生息是爲了使役,役使則必須生息。欄舍、生息更具有基礎的、物質的特徵,配飾、役使則更有諸多精神層面的屬性。同時,從本質上講,兩者又都是服務於牲畜主體的,令總體提升。

了事環

古稱武將馬鞍上挂兵器的銅鐵環。此稱明代已行用。《水滸傳》第三三回:"花榮把鎗去了事環上帶住,把馬勒個定。"

六轡

古謂四乘之車御者所執之轡。亦用來代指四乘之車。因一馬兩轡,則四馬八轡;而左右驂馬之兩内轡繫於軾前,則御者衹需握六轡,故名。此稱先秦時已行用,沿用至今。《詩·秦風·駟驖》:"駟驖孔阜,六轡在手。"又,《秦風·小戎》:"四牡孔阜,六轡在手。"

枚

馬鞭。此稱先秦時已行用,沿用至今。《左傳·襄公十八年》:"左驂迫,還於車門中,以枚數闔。"杜預注:"枚,馬檛也;闔,門扇也。"按:"檛",馬鞭也。

革

亦作"鞈""鞃"。亦稱"勒[1]"。謂轡首也。以其用革作成,故稱。此稱先秦時已行用,後世沿用。《玉篇·革部》:"鞈同鞃……鞈,靶也;勒也。亦作革。"《廣韻·入麥》:"革,改也,獸皮也。"又"鞃,轡首"。《詩·小雅·蓼蕭》:"既見君子,鞗革忡忡。"毛傳:"鞗,轡也;革,轡首也;忡忡,垂飾貌。"陳奐傳疏:"革,古文勒。"《爾雅·釋器》:"轡首謂之革。"郭璞注:"轡靶勒。"郝懿行義疏:"按轡首垂即靶也。以革爲之，因名革。”參見本卷《器件配飾説·配飾欄舍考》“轡”文。

【鞿】

同“革”。此體南北朝時期已行用。見該文。

【鞿】

同“革”。此體南北朝時期已行用。見該文。

【勒】[1]

即革。一説爲帶嚼口之馬絡頭。此稱秦漢時期已行用。

紛

套馬尾的套子。此稱漢代已行用。《説文·糸部》：“紛，馬尾韜也。从糸，分聲。”

脚澀

亦作“脚澀”。謂馬蹄鐵。即爲保護騾馬等牲畜之足與防止打滑於其足下所釘之馬掌。此稱宋代已行用。宋彭大雅《黑韃事略》：“其馬……蹄鐰薄而怯石者，葉以鐵，或以板，謂之脚澀。”《説文·止部》：“澀，不滑也。”《正字通·止部》：“澀，別作澀。”

【脚澀】

同“脚澀”。此稱漢代已行用。見該文。

棬

亦作“桊”。《説文·木部》：“桊，牛鼻中環也。从木，龹聲。”《廣雅·釋器》：“棬，枸也。”王念孫疏證：“枸，猶拘也……棬猶圈束也。”《廣韻·去綫》：“棬，器似升，屈木作。”謂牛鼻環或牛鼻棍。作牽引之用。此稱先秦時已行用。《吕氏春秋·重己》：“使烏獲疾引牛尾，尾絕力勤，而牛不可行，逆也。使五尺豎子，引其棬，而牛恣所以之，順也。”

【桊】

同“棬”。此體漢代已行用。見該文。

絡頭

即馬籠頭。此稱南北朝時期已行用，後世沿用。南朝宋鮑照《代結客少年場行》詩：“驄馬金絡頭，錦帶佩吳鈎。”唐杜甫《高都護驄馬行》詩：“青絲絡頭爲君老，何由却出橫門道。”

靳

古謂繫於車上夾輈兩馬當胸之皮革。亦代指當胸繫有革帶之夾輈馬。此稱先秦時已行用，後世沿用。《説文·革部》：“靳，當膺也。”《左傳·定公九年》：“吾從子，如驂之靳。”杜預注：“靳，車中馬也。”孔穎達疏：“古人車駕四馬，夾輈二馬謂之服，兩首齊；其外二馬謂之驂，首差退。靳是當胸之皮也，驂馬首，當服馬之胸，胸上有靳。故云我之從子，如驂馬當服馬之靳。”《墨子·魯問》：“今綽也禄厚而譎夫子，夫子三侵魯而綽三從，是鼓鞭於馬靳也。”

靶

謂轡革或下垂之轡首。亦指繮繩。此稱秦漢時已行用，沿用至今。今多指射擊或擊劍之目標。《爾雅·釋器》：“轡首，謂之革。”漢鄭玄注：“轡靶勒。”郝懿行義疏：“轡首垂即靶也。”《説文·革部》：“靶，轡革也。从革，巴聲。”《漢書·王褒傳》：“王良執靶，韓哀附輿。”參見本卷《器件配飾説·配飾欄舍考》“轡”文。

龍具

亦稱“牛衣”。即牛蓑衣。唐時俗稱。以麻或草編織而成，遮蓋牛體以保暖。故常用來比喻粗陋之衣被。《漢書·王章傳》：“章疾病，無被，卧牛衣中。”唐顔師古注：“牛衣，編亂麻爲之，即今俗呼爲龍具者。”唐陸龜蒙《襲美將以綠罽爲贈因成四韻》：“病中祇自悲龍具，世上何人識羽袍。”

【牛衣】

即龍具。此稱漢代已行用。見該文。

鞭檛

省稱“鞭”。俗稱“馬鞭子”。謂驅趕牲畜之用具。亦稱指策馬之具。檛，鞭也。此稱先秦時已行用，後世沿用。《説文·革部》：“鞭，驅也。从革，便聲。”《玉篇·革部》：“鞭，馬策也。”《左傳·哀公二十七年》：“馬不出者，助之鞭也。”又《宣公十五年》：“雖鞭之長，不及馬腹。”《三國志·蜀書·張飛傳》：“飛愛敬君子而不恤小人，先主常戒之曰：卿刑殺既過差，又日鞭撾健兒，而令在左右，此取禍之道也。”唐李白《贈友人三首》之二：“廉夫唯重義，駿馬不勞鞭。”

【鞭】

“鞭檛”之省稱。亦泛指所有的鞭子，如皮鞭、長鞭、教鞭等。此稱先秦時期已行用。見該文。

【馬鞭子】

“鞭檛”之俗稱。今之通稱。見該文。

鐙

亦作“鐙”。即馬鐙。謂騎乘者跨馬鞍時所用蹬足之具。此稱至遲唐代已行用，沿用至今。《廣雅疏證·釋詁一》：“鐙，馬鞍兩旁足所趾爲鐙。”《南史·夷貊傳上·婆利國》：“婆利國王帶金裝劍，偏坐金高坐，以銀鐙支足。”《劉知遠諸宮調》第一二折：“東西幕下，遣兒郎慣甲披衣；南北槽頭，催戰馬盤繮墜鐙。”

【鐙】

同“鐙”。此稱清代已行用。見該文。

鏤衢

亦作“鏤渠”。馬鞍名。以其雕金爲飾，故名。此稱漢代已行用。後世沿用。漢趙岐《三輔決録·從貸》：“平陵公孫奮富聞京師，梁冀知奮儉悋，以一鏤衢鞍遺奮，從貸五千萬。”南朝陳徐陵《驄馬驅》詩：“白馬號龍駒，雕鞍名鏤衢。”明唐寅《出塞》詩之一：“寶刀裝韠瑂，名駒被鏤渠。”

【鏤渠】

同“鏤衢”。此體明代已行用。見該文。

鞍

亦作“鞌”。謂鞍子，多指馬鞍子。因其以能安我騎乘馱運於牲背而名。此稱漢代已行用，沿用至今。《説文·革部》：“鞌，馬鞍具也。从革，从安。”《管子·山國軌》：“被鞍之馬千乘，齊之戰車之具具於此，無求於民，此去丘邑之籍也。”唐李白《樂府·門有車馬客行》：“門有車馬賓，金鞍耀朱輪。”

【鞌】

即鞍。此稱漢代已行用。見該文。

鏤膺

謂雕金爲飾的馬胸帶。此稱先秦時已行用，後世沿用。《詩·秦風·小戎》：“蒙伐有苑，虎韔鏤膺。”毛傳：“膺，馬帶也。”鄭玄箋：“鏤膺，有刻金飾也。”孔穎達疏：“鏤膺，謂膺上有鏤，明是以金飾帶，若今之鏤胸也……用金謂膺飾，取其堅牢。金者，銅鐵皆是，不必用黃金也。”

繮

亦作“韁”。亦稱“紲”。謂牽馬牛等大牲畜之繩索。此稱漢代已行用。沿用至今。《廣韻·平陽》：“繮，馬組。”《集韻·平陽》：“繮、韁，《説文》：‘馬紲也。’或从革。”漢班固《白虎通·誅伐》：“人銜枚，馬勒繮，晝伏夜行，爲襲也。”《說文·糸部》：“繮，馬紲也。从糸，畺聲。”唐韓愈《寄崔二十六立之》詩：“汝頭有韁繫，汝脚有索縻。”《劉知過諸宮調》第一二折：“東西幕下，遣兒郎慣甲披衣；南北槽頭，催戰馬盤繮墜蹬。”

【韁】

同“繮”。此體唐代已行用。見該文。

【紲】

即繮。此稱漢代已行用。見該文。

櫪

亦稱“皁”“棺”。即馬槽。此稱先秦時已行用，沿用至今。《方言》第五：“櫪，梁宋齊楚北燕之間，或謂之棺，或謂之皁。”郭璞注：“櫪，養馬器也。”按：棺，馬槽也。《莊子·馬蹄》：“連之以羈馽，編之以皁棧，馬之死者十二三矣。”陸德明釋文：“皁，才老反。櫪也。一云槽也。”漢曹操《步出夏門行》詩：“老驥伏櫪，志在千里，烈士暮年，壯心不已。”宋王安石《騏驥在霜野》詩：“入櫪聞秋風，悲鳴思長道。”清王士禎《冬日偶然作八首》之一：“夜棺齧霜草，晨塍卧烟稗。”

【皁】

即櫪。此稱先秦時期已行用。見該文。

【棺】

即櫪。此稱漢代已行用。見該文。

馬勒

亦稱“嚼口”。省稱“勒[2]”“銜”。俗稱“馬嚼子”“馬勒口”。謂騎乘時銜於馬口之具。爲鐵環鏈狀或棒狀，兩端伸出馬口之外，并與繮繩、馬絡頭相連。多於騎乘馬時夾帶，以便御駛者弛張駕御。此稱漢代已行用。《說文·革部》：“勒，馬頭絡銜也。”又《金部》：“銜，馬勒口中。从金，从行，銜行馬者也。”《周禮·春官·巾車》：“王后之五路：重翟，錫面，朱總；厭翟，勒面，繢總；安車、彫面、鷖總。”漢鄭玄注引鄭司農曰：“鷖總青黑色，以繒爲之，總著馬勒，直兩耳與兩鑣。”

【勒】[2]

“馬勒”之省稱。此稱漢代已行用。見該文。

【銜】

“馬勒”之省稱。此稱漢代已行用。見該文

【馬嚼子】

“馬勒”之俗稱。此稱近現代已行用。見該文。

【馬勒口】

“馬勒”之俗稱。此稱近現代已行用。見該文。

觼

亦作“鐍”“鐍”“觖”。謂繫彎之環或有舌之環。此稱漢代已行用。《說文·角部》：“觼，環之有舌者。从角，夐聲。”桂馥義證：“觼，繫彎之環也。”《廣韻·入屑》：“觼，同鐍。”《集韻·入屑》：“觼……或作鐍、鐍，通作觖。”

【鐍】

同“觼”。此體宋代已行用。見該文。

【鐍】

同“觼”。此體宋代已行用。見該文。

【觖】

同“觼”。此體宋代已行用。見該文。

觼軜

謂貫以驂內彎之環。駕車用具也。觼，有舌之環；軜，兩驂馬內側的繮繩。此稱先秦時已行用。《詩·秦風·小戎》：“龍盾之合，鋈以觼軜。”毛傳：“軜，驂內彎也。”鄭玄箋：“鋈以艫軜，軜之艫以白金爲飾也。軜繫於軾前。”馬瑞辰通釋：“驂，馬内轡也。”

韁鎖

繫縲馬等大牲畜之用具。常借指羈絆。此稱漢代已行用，後世沿用。《漢書·敘傳上》：“今吾子已貫仁誼之羈絆，繫名聲之韁鎖。”唐白居易《養拙》詩：“身去韁鎖累，耳辭朝市喧。”

轡

亦稱“馬轡”。謂駕馭馬的繮繩。此稱先秦時已行用，沿用至今。《説文·系部》：“轡，馬轡也。从絲，从軎；與連同意。”《釋名·釋車》：“轡，咈也。牽引咈戾以制馬也。”《廣韻·去至》：“轡，馬轡。”《詩·秦風·駟驖》：“駟驖孔阜，六轡在手。”又《邶風·簡兮》：“有力如虎，執轡如組。”朱熹注：“轡，今之繮也。”宋歐陽修《踏莎行》之一：“候館梅殘，溪橋柳細，草薰風暖搖征轡。”參見本類“繮”“靶”。

【馬轡】

即轡。此稱漢代已行用。見該文。

八鸞

謂繫於馬口兩旁鑣端的鈴鐺。鸞通“鑾”，鈴鐺也。因一馬兩鈴，四馬車則八鈴，故稱。亦用來代指四馬車。此稱先秦時已行用，後世沿用。《詩·小雅·采芑》：“約軝錯衡，八鸞瑲瑲。”毛傳：“鈴在鑣曰鸞，馬口兩旁各一，四馬，故八也。”鄭玄箋：“鸞在鑣，四馬則八鸞。”又《大雅·烝民》：“四牡彭彭，八鸞鏘鏘。”南朝宋顏延之《赭白馬賦》：“聲八鸞以節步。”《宋史·樂志》：“三禮崇容，八鑾警衛。”

障泥

初稱“鞶”“馬大帶”。馬腹兩側的大帶，用於遮擋塵土。《周禮·春官·巾車》“錫樊纓”

鄭玄注：“樊，讀如鞶帶之鞶，謂今之馬大帶也。”南朝宋劉義慶《世説新語·術解》：“王武子善解馬性。嘗乘一馬，著連錢障泥，前有水，終日不肯渡。王云：‘此必是惜障泥。’使人解去，便徑渡。”

【鞶】

即障泥。此稱漢代已行用。見該文。

【馬大帶】

即障泥。此稱漢代已行用。見該文。

連乾

亦稱“連錢”。馬的飾品。此稱晉代已行用。《晉書·王濟傳》：“嘗乘一馬，著連乾鄣泥，前有水，終不肯渡。”南朝梁蕭統《七契》：“連乾麗靡，輕蘇燦爛。”南朝宋劉義慶《世説新語·術解》：“王濟嘗乘一馬，著連錢障泥。”徐傳武選譯：“連錢，馬飾，上有錢狀圖案。”南朝梁蕭繹《紫騮馬》詩：“長安美少年，金絡錦連錢。”《唐文粹》卷一七上顧況《露青竹杖歌》：“金鞍玉勒錦連乾，騎入桃花楊柳烟。”按：“連乾”之“乾”，當爲“錢”之借字。又按：連錢應指障泥上的錢狀裝飾圖案。

【連錢】

即連乾。此稱南北朝時期已行用。見該文。

扇汗

謂馬口所銜之鐵嚼子旁的飾巾。此稱先秦時已行用。《詩·衛風·碩人》：“四牡有驕，朱幩鑣鑣，翟茀以朝。”毛傳：“幩，飾也，人君以朱纏鑣扇汗，且以爲飾。”唐陸德明釋文：“鑣，馬銜外鐵也，一名扇汗。漢制，皇帝興象鑣赤扇汗，王公列侯朱鑣絳扇汗，卿以下有騑者緹扇汗。”

當盧

亦作"當顱"。謂馬額頭上的飾物。常用青銅鏤花製成，配飾於額之正中。此稱秦漢時已行用。《詩・大雅・韓奕》："鈎膺鏤錫"。漢鄭玄箋："眉上曰錫，刻金飾之，今當盧也。"北周王褒《日出東南隅行》："高箱照雲母，壯馬飾當顱。"

【當顱】

同"當盧"。此體南北朝時期已行用。見該文。

銀珂

謂馬籠頭上的銀白色的裝飾。因其爲銀色，故稱。此稱唐代已行用。唐于鵠《長安游》詩："綉簾朱轂逢花住，錦幰銀珂觸雨游。"

樊纓

亦作"繁纓"。謂古代諸侯絡馬的帶飾。樊，通"鞶"，馬腹帶；纓，馬頸革。此稱先秦時已行用，後世沿用。《周禮・春官・巾車》："樊纓九就。"又："錫樊纓，十有再就。"鄭玄注："其樊及纓，以五彩罽飾之。"《左傳・成公二年》："旣，衛人賞之以邑，辭，請曲縣繁纓以朝，許之。"杜預注："繁纓，馬飾。皆諸侯之服。"

【繁纓】

同"樊纓"。此體先秦時已行用。見該文。

羈

亦稱"罨""羈""鞿""羈""羈"。亦稱"馬絡頭"。謂馬勒，爲絡纏馬頭之革。馬嚼口、馬繮皆與之相連係；且皆靠其定位，以便駕御。此稱先秦時已行用，後世沿用。《説文・网部》："罨，馬絡頭也。从网，从罨。罨，馬絆也。或从革，作羈。"又《革部》："勒，馬頭絡衘也。"又《金部》："衘，馬勒口中。从金，从行，衘行馬者也"。《廣雅・釋器》："羈，鞿，勒也。"清王念孫疏證："《釋名》云：'勒，絡也。絡其頭而引之也。'"《龍龕手鑑・网部》："羈……同羈。"《篇海類編・器用類・网部》："羈，通作羈。"又"罨，音羈，義同。"《左傳・僖公二十四年》："臣負羈絏，從君巡於天下。"《淮南子・説山訓》："髡屯犁牛，旣犐以橢，決鼻而羈。"高誘注："決鼻羈，頭而牽。"參見本類"革"。

【罨】

同"羈"。此體漢代已行用。見該文。

【羈】

同"羈"。此體遼代已行用。見該文。

【罨】

同"羈"。此體漢代已行用。見該文。

【鞿】

同"羈"。此體遼代已行用。見該文。

【羈】

同"羈"。此體遼代已行用。見該文。

【馬絡頭】

"羈"之俗稱。此稱近現代已行用。見該文。

六厩

亦稱"六閑"。閑者，柵，謂宮廷馬厩。其稱先秦時已行用，後世沿用。《周禮・夏官・校人》："天子十有二閑，馬六種；邦國六閑，馬四種。"《漢書・百官公卿表上》："水衡都尉，武帝元鼎二年初置，掌上林苑，有五丞。屬官有上林、均輸、御羞、禁圃、輯濯、鍾官、技巧、六厩、辯銅九官令丞。"顏師古注引《漢舊儀》："天子六厩，未央、承華、騊駼、騎馬、輅軨、大厩也，馬皆萬匹。"《隋書・百官志下》："六閑一左右飛黄閑，二左右吉良閑，三左右龍媒閑，四左右駒騄閑，五左右騠騠閑，六左右天苑閑。”唐一度承襲，後又改名。《新唐書・百官志二》：“武后萬歲通天元年，置仗内六閑，一曰飛龍，二曰祥麟，三曰鳳苑，四曰鶼鸞，五曰吉良，六曰六群。亦號六厩。”

【六閑】

即六厩。此稱先秦時期已行用。見該文。

大厩

漢代宫廷六厩之一。此稱漢代已行用。參見本卷《器件配飾説・配飾欄舍考》“六厩”文。

未央

漢代宫廷六厩之一。此稱漢代已行用。參見本卷《器件配飾説・配飾欄舍考》“六厩”文。

承華

漢代宫廷六厩之一。此稱漢代已行用。參見本卷《器件配飾説・配飾欄舍考》“六厩”文。

駱軫

漢代宫廷六厩之一。此稱漢代已行用。參見本卷《器件配飾説・配飾欄舍考》“六厩”文。

騎馬

漢代宫廷六厩之一。此稱漢代已行用。參見本卷《器件配飾説・配飾欄舍考》“六厩”文。

六群

唐宫廷六厩之一。此稱唐代已行用。參見本卷《器件配飾説・配飾欄舍考》“六厩”文。

天苑

隋唐宫廷六厩之一。此稱隋唐時期已行用。參見本卷《器件配飾説・配飾欄舍考》“六厩”文。

吉良

隋唐宫廷六厩之一。此稱隋唐時期已行用。

參見本卷《器件配飾説・配飾欄舍考》“六厩”文。

祥麟

唐宫廷六厩之一。此稱唐代已行用。參見本卷《器件配飾説・配飾欄舍考》“六厩”文。稱麒麟爲祥麟。

飛黄[2]

隋唐宫廷馬厩之名。《新唐書・百官志二》：“尚乘局，奉御二人，直長十人，掌内外閑厩之馬。左右六閑，一曰飛黄，二曰吉良……”參見本卷《器件配飾説・配飾欄舍考》“六厩”。按：亦爲八駿之一或謂神馬名。參見本卷《器件配飾説・配飾欄舍考》“飛黄[1]”“飛黄[3]”文。

飛龍[2]

唐宫廷六厩之一。一説謂良馬。唐李白《答杜秀才五松見贈》詩：“敕賜飛龍二天馬，黄金絡頭白玉鞍。”《舊唐書・職官志三》：“開元時，仗内六閑，曰飛龍、祥麟……”《新唐書・百官志二》：“仗内六閑，一曰飛龍……六曰六群。亦號六厩。”參見本卷《器件配飾説・配飾欄舍考》“六厩”文。

騠騠[3]

隋唐宫廷六厩之一。參見本卷《器件配飾説・配飾欄舍考》“六厩”文。

鳳苑

唐代宫廷六厩之一。參見本卷《器件配飾説・配飾欄舍考》“六厩”文。

駒騄[2]

漢至隋唐宫廷六厩之一。參見本卷《器件配飾説・配飾欄舍考》“六厩”文。

龍媒[2]

隋唐宫廷六厩之一。參見本卷《器件配飾

説·配飾欄舍考》“六厩”文。

鵁鸞

　　唐宮廷六厩之一。參見本卷《器件配飾説·配飾欄舍考》“六厩”文。

牢筴

　　圈攔家畜的木欄。特指豬圈。此稱先秦時已行用。《莊子·達生》：“祝宗人玄端以臨牢筴。”陸德明釋文引李頤曰：“牢，豕室也。筴，木欄也。”

牢藉

　　亦作“牢籍”。古謂以竹木圍成的畜養牲畜的圈欄。泛指畜養家畜之所。此稱先秦時已行用，後世沿用。《列子·仲尼》：“長幼群聚，而爲牢藉；庖厨之物，奚異犬豕之類乎？”張湛注：“藉本作籍，側戟反。牢，謂牲牢也，同也。籍，謂以竹木圍遶，又刺也。”按：“同”，殷敬順釋文作“圈”。

【牢籍】

　　同“牢藉”。此體先秦時期已行用。見該文。

苙

　　謂家畜的圈欄。此稱先秦時已行用，後世沿用。《孟子·盡心下》：“如追放豚，既入其苙。”《方言》第三：“苙，圂也。”明楊士奇《君山廟碑》：“沼有魚兮苙有畜。”

圈牢

　　省稱“圈”“牢[1]”。謂畜養牲畜、禽獸之栅欄。此稱先秦時期已行用，後世沿用。《説文·口部》：“圈，養畜之閑也。从口，卷聲。”段玉裁注：“閑，闌也。”又《牛部》：“牢、閑，養牛馬圈也。”《玉篇·口部》：“圈，牢也。”《禮記·玉藻》：“圈豚行不舉足。”孔穎達疏：“圈，轉也。豚，循也。言徐趨曳轉，足循地而行

也。”《漢書·張釋之傳》：“上登虎圈。”顔師古注：“圈，養畜之所也。”三國魏曹植《求自試表》：“此徒圈牢之養物，非臣之所志也。”

【圈】

　　“圈牢”之省稱。此稱先秦時期已行用。見該文。

【牢】[2]

　　“圈牢”之省稱。此稱漢代已行用。見該文。

厩

　　亦作“廐”“尻”“廄”。謂馬房或牲口棚。此稱先秦時期已行用，沿用至今。《説文·广部》：“廐，馬舍也。《周禮》曰：‘馬有二百十四匹爲廐。廐有僕夫，古文從九。’”《廣韻·去宥》：“廄，馬舍。釋名曰：‘廄，聚也。生馬之所聚也。’”《集韻·去宥》：“廄，……俗作厩。”《字彙·广部》：“尻，俗廐字。”厩、廄今作厩。《孟子·梁惠王上》：“厩有肥馬。”《文子·上德》：“飢馬在厩，漠然無聲。”

【廐】

　　同“厩”。此體先秦時期已行用。見該文。

【尻】

　　同“厩”。此體明代已行用。見該文。

【廄】

　　同“厩”。此體宋代已行用。見該文。

穴

　　亦稱“窟”。謂獸類栖息的洞穴。此稱先秦時期已行用，沿用至今。《戰國策·齊策四》：“狡兔有三窟，僅得免其死耳。”漢王粲《七哀詩》：“狐狸馳赴穴，飛鳥翔故林。”漢曹操《步出夏門行》：“鷙鳥潛藏，熊羆窟栖。”唐韓愈《苦寒》詩：“虎豹僵穴中，蛟螭死幽潛。”

【窟】

即“穴”。此稱三國時期已行用。見該文。

巢

原指鳥類及蜂蟻等的窩。特指獸類盤結於樹上之窩。此稱漢代已行用，沿用至今。《漢書·五行志中上》：“長安城南有鼠銜黄蒿、柏葉，上民塚柏及榆樹上爲巢，桐柏尤多。”

窠

窠穴。泛指動物栖息處。此稱漢代已行用，沿用至今。《説文·穴部》：“窠，穴中曰窠，樹上曰巢。”漢王充《論衡·辨祟》：“能行之物，死傷病困，小大相害，或人捕取以給口腹，非作窠穿穴有所觸，東西行徙有所犯也。”唐長孫佐輔《山行書事》詩：“茅中狐兔窠，四面鳥鳶巢。”金周昂《邊俗》詩：“馬牛雖異域，鷄犬竟同窠。”

附錄　神獸考

　　神獸指傳說中具備神異功能、通曉靈性的怪異之獸。它們從屬於獸類，却擁有不同於尋常獸類的特質。恰恰由於此種特質，神獸會出現在遠古時期的圖騰崇拜中，出現在古代帝王祭祀的儀式、禮器甚至建築物上。它們具備不同的特徵和寓意，或形體怪异，或長生不死，或性情異常，或興水火之患，或昭示灾隱，或預示吉祥，或伴神靈之左右。本卷所載諸神獸正是如此。今將其分爲以下三種，一曰异形之獸（如一角羊、九頭），二曰异性之獸（如山膏，此獸本無异象，却愛好罵人），三曰异常徵兆之獸（如麒麟昭示吉祥、祥瑞，窮奇是凶獸，帶來灾難、禍患）。

　　對於神獸的記載，可以追溯到史前時期。遼寧阜新查海原始村落遺址出土的距今約8000年前的"龍形堆塑"，是我國迄今爲止發現的年代最早、形體最大的龍形遺迹。在商、西周青銅器及玉器上，出現蟠龍紋與夔龍紋，這些足以印證當時人們對於神獸的崇拜。春秋戰國時代，出現記載神獸的典籍《山海經》。此外在《詩》《楚辭》中也多有神獸的形象或踪迹，《呂氏春秋》中也不乏相關記載。

　　秦漢之後對於神獸的研究有了長足的發展，尤其是秦滅群雄初定天下，二世亡國，楚漢相爭，漢收天下前後。這一時期神獸多與天下權柄有關，最有代表性的就是麒麟與龍。《史記·太史公自序》："自獲麟以來，四百有餘歲，而諸侯相兼，史記放絶。"《漢書·武帝紀》："往者（太始二年），朕郊見上帝，西登隴首，獲白麟以饋宗廟。"《後漢書·班彪傳》："孝武之世，太史令司馬遷……據楚漢列國時事，上自黄帝，下訖獲麟，作本紀、世家、列傳、書、表，凡百三十篇。"此外還有東漢王逸注《楚辭》，對這部充滿神魔色彩的古書進行了完備的注解，有關神獸的研究有了進一步的發展。如《楚辭·九章·涉江》："駕青虯兮驂白螭。"注曰："虯、螭，神獸，宜於駕乘。"《爾雅》也在《釋獸》中提及了不少的神獸，對它們的形狀、性格都有比較具體的描述。如"狒狒，如人，被髮，迅走，食人"。這期間已出現唐蒙所著《博物記》，所記爲天文、地理、傳說人物、珍奇草木，其中即有怪异禽獸之類。惜此書傳世未久，早成佚書。

　　三國至南北朝時期，已將神獸納入大規模的百科研究體系。西晋張華《博物志》博采歷代經典，搜羅各種山川地理、飛禽走獸、人物傳記、奇异的草木蟲魚以及奇特怪誕的神仙故事，使神獸文化的延續有了可能。

隋唐時期，唐詩作爲這個時代文化的代名詞之一，將諸多神獸也包蘊其中。唐李白《北風行》就有"燭龍栖寒門"之語，《書情題蔡舍人雄》又有"泰階得夔龍"之語。其中燭龍與夔龍皆爲傳説中的神獸。

宋代對於神獸的記載分爲三部分：一是繼西晋張華《博物志》之後，同時出現了兩部《續博物志》，一爲李石所著，另則爲林登所著，同書又同代，可見神獸研究之盛。二是廣爲流傳的宋詞。宋詞音有平仄之效，調有傳情之功，深得文人雅士的喜愛，成爲宋代文學創作的代表性類型。在宋詞中不少詞句以神獸作爲素材，寄托心情，抒發胸臆。如王珪《宮詞》："石刻蛟螭扶綉柱。"方蒙仲《和劉後村梅花百咏》："玉螭賞遍三千界。"三是著名的宋代類書《太平御覽》，其中專設有神鬼部、妖异部、獸部，記載了大量有關神獸的資料。

至明清兩代，出現了明游潛的《博物志補》、董斯張的《廣博物志》及清人的《續廣博物志》，又極大地拓展了神獸研究的視野。值得特別指出的是明清兩代小説盛行，尤其是《西游記》的普及，使得各種异獸變得家喻户曉，神獸文化也得到進一步的發展。明代編纂《永樂大典》，清代編纂《四庫全書》，相繼整理收集大批的古籍，無疑對神獸研究有着極大的幫助。

本卷所載神獸按照陸獸、水獸和飛獸的分類方式進行編纂，不記載鳥類、魚類以及昆蟲類。而類似蟒蛇之類神獸，由於多因體型奇大在傳統典籍中時見，與今日所存之物種相差無幾，故而本卷不予記載。

神獸文化是人類文化的瑰寶之一。神獸起於遠古，隨着漫長的人類歷史發展漸成系統。在古代，神獸多是一個氏族或者一個部落的圖騰，作爲部落的精神寄托以及部落的特徵。在之後兩千多年的封建時代，上至帝王將相，下至平民百姓，一致認定神獸具有鎮宅、辟邪甚至招財納寶的神奇功效。隨着科技的日益發展，這種神獸文化逐漸褪去色彩，但是人們仍舊習慣於將傳説中能辟邪的石雕置於大門兩側，或將可以消灾的神獸置於仿古建築之屋脊。由此看來，神獸文化影響之深遠，已成國人的心理定式，但是至今仍有一部分神獸不被人們所熟知，故而本書專設本考，以期爲解讀神獸文化盡一份綿薄之力。

陸　獸

一角羊

亦稱“任法獸”“觟觽”“解豸”“解蛶”“解廌”“獬廌”。古代傳説中此羊頭生獨角，能察人之罪惡。此稱漢代已行用。漢揚雄《太玄·難》：“上九，角觟觽，終以直，其有犯，測曰：角觟觽，終以直之也。”司馬光集注：“范本觟觽作‘解豸’……觟觽與‘解豸’同。”又有《堅》：“次八，慖堅禍，惟用解蛶之貞。測曰：慖堅禍，用直方也。”司馬光集注：“解蛶與解豸同。王曰：解蛶，觸邪之獸。”《漢書·司馬相如傳》：“椎蜚廉，弄解廌，格蝦蛤，鋋猛氏。”解廌，一作“獬廌”。漢王充《論衡·是應》：“觟觽者，一角之羊也，性知有罪。皋陶治獄，其罪疑者，令羊觸之，有罪則觸，無罪則不觸。斯蓋天生一角聖獸，助獄爲驗，故皋陶敬羊，起坐事之。此則神奇瑞應之類也。”《格致鏡原》卷八二引《神異經》：“東北荒中有獸，如羊，一角，毛青，性忠直，見人鬥，則觸不直，聞人論，則咋不正，名曰獬豸，一名任法獸，故立獄皆東北，依所在也。”楊孚《異物志》所載略同。

獬　豸
（清余省、張爲邦等《獸譜》）

【任法獸】

“一角羊”之别稱。此稱漢代已行用。見該文。

【觟觽】

“一角羊”之别稱。此稱漢代已行用。見該文。

【解豸】

“一角羊”之别稱。此稱漢代已行用。見該文。

【解蛶】

“一角羊”之别稱。此稱漢代已行用。見該文。

【解廌】

“一角羊”之别稱。此稱漢代已行用。見該文。

【獬廌】

“一角羊”之别稱。此稱漢代已行用。見該文。

一角獸[1]

亦稱“麒麟”。古代傳説中龍牛雜交的一種神物，雄爲麒，雌爲麟，生麇身、龍尾、馬蹄（一説爲“鹿蹄”）、龍鱗皮、一角，角端有肉，黄色。它本爲神之坐騎，被人們奉爲仁寵，有太平、長壽之意。《説文·鹿部》：“麒，仁寵也，麇身龍尾一角；麐（麟），牝麒也。”段玉裁注：“狀如麠，一角，戴肉，設武備而不爲害，所以爲仁也。”《史記·孝武本紀》：“其明年，郊雍，獲一角獸，若麃然。”司馬貞索隱引郭璞云：“漢武獲一角獸，若麃，謂之麟是也。”漢劉向

《説苑》亦有："含仁懷義，音中律吕，行步中規，折旋中矩，擇土而後踐，位平然後處，不群居，不旅行，紛兮其質文也，幽閒則循循如也。"武昭王《麒麟頌》曰："一角圓蹄，行中規矩，遊必擇地，詳而後處……不入陷阱，不罹羅網。"南朝梁沈約《宋書·符瑞志下》曰："含仁而戴義……不飲洿池，不入坑阱，不行羅網。"

麒麟
（馬駘《馬駘畫寶》）

【麒麟】

即一角獸。此稱漢代已行用。見該文。

麒

麒麟之一種。專指雄性麒麟。此稱漢代已行用。見"一角獸"文。

麟 [2]

麒麟之一種。專指雌性麒麟。此稱漢代已行用。見"一角獸"文。

一角獸 [2]

亦稱"天禄""天鹿""桃拔""符拔"。古代傳説中形似鹿而生一角的猛獸，爲祥瑞之物，可攘除灾難，永安百禄。漢東方朔《十洲記》："聚窟州有辟邪、天鹿。"《漢書·西域傳》云："烏弋地……有桃拔。"三國魏孟康注："桃拔一名符拔，似鹿，長尾，一角者或爲天鹿，兩角或爲辟邪。"則辟邪、天鹿二而一也。南朝梁沈約《宋書·符瑞志下》："天鹿者，純靈之獸也。無色光耀洞明，王者德備則至。"明周祈《名義考》卷一〇《天禄辟邪》："被除不祥，永綏百

桃拔
（清余省、張爲邦等《獸譜》）

禄，故稱爲天禄。漢立天禄於閣門，古人置辟邪於步摇上，皆取被除永綏之意。"《後漢書·孝靈帝紀》："復修玉堂殿，鑄銅人四，黄鐘四，及天禄、蝦蟆。"

【天禄】

即一角獸 [2]。此稱漢代已行用。見該文。

【天鹿】

即一角獸 [2]。此稱漢代已行用。見該文。

【桃拔】

即一角獸 [2]。此稱漢代已行用。見該文。

【符拔】

即一角獸 [2]。此稱三國時已行用。見該文。

九嬰

亦稱"水火之怪"。此獸生於天地初開深山大澤之中，采集天地靈氣而存續，染陰陽氤氲之元氣，能噴水火，有九首，自號九嬰，每一首爲一條命。無魂無魄，有不死之身。九嬰一稱先秦時已行用。漢劉安《淮南子·本經訓》："堯之時……九嬰爲民害，堯乃使羿……殺九嬰於凶水之上。"高誘注："九嬰，水火之怪，爲人害。"《皇王大紀》卷三載："涞越九原，宅居九隩，合通四海，殺九嬰於汶水。"《山西通志》卷一九載："帝於是擇兵……戮九嬰於凶水之上

而後萬民復生。”九嬰會在禍亂之時出没。《山西通志》卷二〇一：“朱氏既絕彼天綱，斷兹地紐，禄去王室，政出私門，銅馬競馳，金虎亂噬，九嬰暴起，十日並出，破璧殞珪。”

【水火之怪】

即九嬰。此稱漢代已行用。見該文。

九頭[1]

亦稱“開明獸”“陸吾”。古代傳説中的怪獸，其狀如虎，身形龐大，生有人面九首。《山海經・海内西經》：“昆侖南淵深三百仞。開明獸身大類虎而九首，皆人面，東向立昆侖上。”《繹史》卷一一：“昆侖之丘，是實惟帝之下都，神陸吾司之，其神狀虎身而九尾，人面而虎爪。是神也，司天之九部及帝之囿。”“海内昆侖之虛，在西北，帝之下都。昆侖之虛，方八百里，高萬仞。上有木禾，長五尋，大五圍。而有九井，以玉爲檻。面有九門，門有開明獸守之，百神之所在。”按此神即陸吾，陸吾“虎身九尾”，此則“類虎而九首”；兩者神職又同爲昆侖之守。至於“九尾”而爲“九首”，亦神話傳説之演變。

【開明獸】

即九頭[1]。此稱先秦時期已行用。見該文。

開明獸
（清余省、張爲邦等《獸譜》）

【陸吾】

即九頭[1]。此稱先秦時期已行用。見該文。

九頭[2]

亦稱“阿羊”。古代傳説中的怪獸，生有九頭，九頭相食，爲國之禍患灾隱之象。《太平御覽》卷九〇二引《淮南萬畢術》：“阿羊，九頭更食，國亂乃出。”

【阿羊】

即九頭[2]。此稱先秦時期已行用。見該文。

九頭[3]

別稱蒼兕。傳説中的水獸，生有九首，善於水中作亂。此稱先秦時期已行用。漢王充《論衡・是應》：“師尚父爲周司馬，將師伐紂，到孟津之上，杖鉞把旄，號其衆曰：‘蒼兕！’蒼兕者，水中之獸也，善覆人船……時出浮揚，一身九頭，人畏惡之。”唐杜甫《復陰》詩：“江濤簸岸黄沙走，雲雪埋山蒼兕吼。”清吴偉業《悲歌贈吴季子》：“前憂猛虎後蒼兕，土穴偷生若螻蟻。”

【蒼兕】

“九頭”之別稱。此稱漢代已行用。見該文。

九耳犬

古代傳説中的獵犬，有九耳，其耳動則主人獵有所獲。清屈大均《廣東新語・神語・雷神》：“陳時，雷州人陳鋹無子，其業捕獵，家有九耳犬甚靈。凡將獵，卜諸犬耳，一耳動則獲一首，動多則三四耳，少則一二耳。一日出獵，而九耳俱動。鋹大喜，以爲必多得獸矣，有叢棘一區，九耳犬圍繞不去。異之，得一巨卵，徑尺，携以歸，雷雨暴作。卵開，乃一男子，其手有文，左曰雷，右曰州。”

九尾狐

古代傳説中生有九條尾巴的靈狐。九尾狐，此稱先秦時已行用。《山海經·南山經》："青丘之山，有獸焉，其狀如狐而九尾，其音如嬰兒，

九尾狐
（清余省、張爲邦等《獸譜》）

能食人，食者不蠱。"又《海外東經》："青丘國在其北，其狐四足九尾。"《山海經》中的九尾狐，乃是一個能"食人"的妖獸。又有六朝時人李邅注《千字文》"周伐殷湯"，説妲己爲九尾狐。《封神演義》以妲己爲九尾狐精，當源於此。袁珂在其編撰的《中國神話傳説詞典》中提及了九尾狐的祥瑞之意，寓意後代繁衍昌盛。郭璞注《大荒東經》："有青丘之國，有狐九尾"，則云："太平則出而爲瑞"，又爲禎祥之物。漢趙曄《吴越春秋·越王無餘外傳》云："禹三十未娶，恐時之暮，失其制度，乃辭云：'吾娶也，必有應矣。'乃有九尾白狐，造於禹。禹曰：'白者，吾之服也，其九尾者，王者之證也。塗山之歌曰：綏綏白狐，九尾厖厖。我家嘉夷，來賓爲王。成家成室，我造彼昌。天人之際，於兹則行。明矣哉！'禹因娶塗山，謂之女嬌。"此即郭之注所謂"爲瑞"之意。

九真神牛

亦稱"神牛""摇牛""神女牛"。古代傳説中的神牛，可蹈海，亦使家牛怖之，以霹靂驚人。此稱晋代已行用。晋張華《博物志·異獸》："九真有神牛，乃生溪上。黑出時共鬥，即海沸；黄或出鬥，岸上家牛皆怖，人或遮則霹靂，號曰神牛。"宋樂史《太平寰宇記》引《南中八郡志》："移風故縣有摇牛，生壑裏。時時共鬥，則海沸。或出岸上，家牛見則恐怖。人或遮捕，則霹靂隨至。俗號曰'神女牛'。"

【神牛】

即九真神牛。此稱晋代已行用。見該文。

【摇牛】

即九真神牛。此稱晋代已行用。見該文。

【神女牛】

即九真神牛。此稱晋代已行用。見該文。

土螻[2]

古代傳説中狀如羊，頭生四支利角且食人的怪獸，存活於昆侖之境。此稱先秦時已行用。《山海經·西次三經》："昆侖之丘……司天之九部及帝之囿時，有獸焉，其狀如羊而四角，名曰土螻，是食人。"清郝懿行云："土螻，《廣

土　螻
（清余省、張爲邦等《獸譜》）

韻》作土塿，云：‘似羊四角，其銳難當，觸物則斃，食人，出《山海經》。’本此也。”《繹史》卷一一云：“時有獸焉，其狀如羊而四角，名曰土塿，是食人。”《太平御覽》卷九一三載：《山海經》曰：‘昆侖之丘有獸焉，其狀如羊而四角，名曰土塿。’”《駢雅・釋獸》卷七：“羊四角爲土塿。”清傅恒等《欽定皇輿西域圖志》卷四三：“昆侖之邱有獸焉，其狀如羊而四角，名曰土塿，是食人。”明徐應秋《玉芝堂談薈》卷三三載：“土塿如羊而四角。”

三騅

馬蒼白雜毛爲騅，而三騅指身上多此種色澤，是古代傳說中的神馬。此稱先秦時期已行用。《山海經・大荒南經》：“有蓋猶之山者……有青馬，有赤馬，名曰三騅。”又：“有南類之山，爰有遺玉，青馬三騅，視肉（郭璞注：聚肉有眼）甘華，百穀所在（郭璞注：言自生也）。”此赤馬、青馬皆爲神馬之屬。三國時期魏國人阮籍作《獼猴賦》載：“夸父獨鹿被其豪，青馬三騅棄其群。”在《四庫全書》的子部類書類《御定佩文韻府》卷四之十中，此馬被定名爲三騅。

三足虎

古代傳說中生有三足，長相如虎的怪獸。此稱晉代已行用。南朝宋劉敬叔《異苑》卷八：“晉時豫章郡吏易拔，義熙中受番還家，違（遂）遁不返。郡遣追，見拔言語如常，亦爲設食。使者催令束裝，拔因語曰：‘汝看我面。’乃見眼目角張，身有黃斑色。便豎一足，徑出門去。家先依山爲居，至林麓，即變成三足大虎，所豎一足即成其尾也。”

三足鹿

古代傳說中生有三足的白鹿。此稱秦代已行用。清屈大均《廣東新語》卷二一：“德慶青旗山有三足鹿。初，秦時龍母蒲媼常乘白鹿以出入，農人惡其害稼，母乃斷一足以放之，至今有鹿有三足者。”

邛邛岠虛

亦稱“蛩蛩鉅虛”。省稱“蛩蛩”。古代傳說中的怪獸，狀如馬，善於奔走，它與王者之德有關系。此稱先秦時已行用。《山海經・海外北經》：“北海內……有素獸焉，狀如馬，名曰蛩蛩。”郭璞注：“即蛩蛩鉅虛也，一走百里。”《穆天子傳》卷一云：“邛邛岠虛走百里。”此即郭注所本：“知美草。即若驚難者，邛邛岠虛便負蹶而走，故曰比肩獸。”《宋書・符瑞志中》：“比肩獸，王者德給矜寡則至。”

【蛩蛩鉅虛】

即邛邛岠虛。此稱先秦時期已行用。見該文。

【蛩蛩】

“蛩蛩鉅虛”之省稱。此稱先秦時期已行用。見該文。

【蹶】

古代傳說中的怪獸。前足似鼠，後足類兔，不善於走。此稱先秦時期已行用。《爾雅・釋地》：“西方有比肩獸焉，與邛邛岠虛比，爲邛邛岠虛嚙甘草，即有難，邛邛岠虛負而走，其名謂之蹶。”

比肩獸

“邛邛岠虛”與“蹶”二獸之合稱。

夫諸

古代傳說中狀如白鹿而有四角，招大水，

夫　諸
（清余省、張爲邦等《獸譜》）

其見則有水患。此稱先秦時期已行用。《山海經·中山經·中次三經》："蔮山之首，曰敖岸之山……有獸焉，其狀如白鹿而四角，名曰夫諸，見則其邑大水。"

天公狗

古代神話傳說中的狗，狀如獅。《古小説鈎沉》輯《幽明録》："吳時，有王姥，年九歲病死，自朝至暮復蘇。云見一老嫗，挾將飛見北斗君；有狗如獅子大，深目，伏井欄中，云此天公狗也。"

五足獸

古代傳說中異獸名。狀如獅，有五足，爲解形民之手所化。此稱晋代已行用。晋王嘉《拾遺記·晋時事》："因樨國獻五足獸，狀如獅子；玉錢千緡，其形如環，環重十兩，上有'天壽永吉'之字。問其使者五足獸是何變化，對曰：東方有解形之民，使頭飛於南海，左手飛於東山，右手飛於西澤，自臍以下，兩足孤立。至暮，頭還於肩上，兩手遇疾風飄於海外，落玄洲上，化爲五足獸，則一指爲一足也。"

山獋 [2]

古代傳說中的怪獸，狀如犬而人面，見人則笑，其行如風，其現爲大風灾之兆。此稱先秦時期已行用。《山海經·北山經》："獄法之山……有獸焉，其狀如犬而人面，善投，見人則笑，其名山獋，其行如風，見則天下大風。"

山膏

古代傳說中的怪獸，其狀如猪，好罵人。此稱先秦時期已行用。《山海經·山中經》："苦山，有獸焉，名曰山膏，其狀如逐，赤若丹火，善罵。"郭沫若《沸羹集·趙高與黑辛》引章炳麟《爲柳亞子題扇》詩："江湖滿地嗚呼派，只遂山膏善罵人。"

山　膏
（清余省、張爲邦等《獸譜》）

山精

亦稱"梟陽"。傳說中的山間怪獸。又稱梟陽。此稱漢代已行用。《淮南子·氾論訓》："山出梟陽。"高誘注："梟陽，山精也。人形，長大，面黑色，身有毛，足反踵，見人而笑。"南朝宋劉敬叔《異苑》卷三："山精如人，一足，長三四尺，食山蟹，夜出晝藏。"唐中宗李顯作《石淙》詩："水炫珠光遇泉客，巖懸石鏡厭山精。"元楊維楨《錢塘懷古率堵無傲同賦》詩："燐光夜附山精出，龍氣秋隨海霧消。"清昭槤《嘯亭續録·黃雅林》："先恭王每以山精野狐目之，然平時未嘗不嘉其忠告，交誼仍如故也。"

【梟陽】

即山精。此稱漢代已行用。見該文。

山獋

亦作"山臊""山魈"。古代傳説中山裏的身形巨大的獨脚鬼怪，人面而長臂。此稱先秦時期已行用。《山海經·海内經》："南方有贛巨人，人面長臂，黑身有毛，反踵，見人笑亦笑，唇蔽其面，因即逃也。"《國語·魯語》："夔一足，越人謂之山臊。"《太平御覽》卷二九："《荆楚歲時記》：'元日，庭前爆竹，以辟山魈惡鬼也。'按《神異經》：'山魈在西方深山中，長丈餘犯人則病，畏爆竹聲。'"宋葉廷珪《海録碎事·山丈山姑》："山魈，嶺南皆有，一足，反踵，手足皆三指。"

【山臊】

即山獋。此稱先秦時期已行用。見該文。

【山魈】²

即山獋。此稱先秦時期已行用。見該文。

日及

古代傳説中的异牛，生於西域大月氏國，其肉割掉而能復生。其稱晋代已行用。《太平御覽》卷八二五引《玄中記》："大月氏有牛，名曰日及，割取肉三四斤，明日瘡愈。漢人入國，以牛視之，以爲珍異。"

毛龍

古代傳説中的龍。生曠澤洞穴之中。此稱先秦時期已行用。晋王嘉《拾遺記·虞舜》："南潯之國，有洞穴陰源，其下通地脉。中有毛龍、毛魚，時蜕骨於曠澤之中。魚、龍同穴而處。其國獻毛龍，一雌一雄，放置豢龍之宫；至夏代養龍不絶，因以命族。至禹導川，乘此龍，及四海攸同，反放河汭。"

六龍

亦稱"六螭"。古代傳説中的神獸，似龍而黄。此稱漢代已行用。唐徐堅《初學記》卷一引《淮南子·天文訓》："爰止羲和，爰息六螭，是謂懸車。"注："日乘車，駕以六龍，羲和取之，日至此而薄於虞泉，羲和至此而回六螭。"唐李白《短歌行》詩云："吾欲攬六龍，回車掛扶桑。"

【六螭】

即六龍。此稱漢代已行用。見該文。

螭
（明王圻等《三才圖會》）

方皇

古代傳説中的怪獸，生有兩頭，狀如蛇，表皮呈五彩紋。此稱先秦時期已行用。《莊子·達生》中記載"野有彷徨"。唐陸德明釋文："方，音傍。本亦作彷，同。皇，本亦作徨，同。司馬云：'方皇，狀如蛇，兩頭，五采文。'"

火光獸

古代傳説中夜間能發光的异獸。此稱先秦時期已行用。《神異經》云："南方有火山，長四十里，生不盡之木，晝夜火然。……火中有鼠，重百斤，毛長二尺餘……取其毛，織以作布，用之如垢污，以火燒之，即清潔也。此鼠又名火光獸，其毛爲布又曰火浣布……"《海内十洲記·炎洲》："炎洲，在南海中……有火林山，山中有火光獸，大如鼠，毛長三四寸，或赤或白。山可三百里許，晦夜即見此山林，乃是此獸光照，狀如火光相似。取其獸毛，時人號爲火浣布，此是也。"

文馬²

亦稱"吉量""吉光""吉黃""吉皇""吉黃之乘""鷄斯之乘""騰黃"。古代傳説中的神馬，目似黃金，鬃毛紅色而通體純白。此稱先秦時期已行用。《山海經·海内北經》："犬戎國……有文馬，縞身朱鬣，目若黃金，名曰吉量，乘之壽千歲。"郭璞於"吉量"下注："量，一作良。"《海外西經》奇肱國亦有文馬，郭璞注云："文馬即吉良也。"《文選·張衡〈東京賦〉》李善注引此經作吉良。郭璞注《海内北經》云："《周書·王會解》曰：'犬戎文馬，赤鬣白身，目若黃金，名曰吉黃之乘。'《六韜》曰：'文身朱鬣，眼若黃金，項若鷄尾，名曰鷄斯之乘。'"《山海經》中亦有吉黃之乘，壽千歲者。清馬驌《繹史》卷一九引《六韜》云："商王拘周伯昌於羑里，太公與散宜生以金千鎰求天下珍物以免君之罪。於是得犬戎氏文馬，〔駁〕身朱鬣，目如黃金，項下鷄毛，名曰鷄斯之乘，以獻商王。"此即文馬傳説的最早完整記載。又《淮南子·道應訓》云："散宜生以千金求……鷄斯之乘……以獻於紂。"《史記·周本紀》云："閎夭之徒，求驪戎之文馬而獻之紂。"亦由此神話出。《文選·張衡〈東京賦〉》："圉林氏之騶虞，擾澤馬與騰黃。"李善注引《瑞應圖》："騰馬，神馬，一名吉光。"《初學記》卷二九引《符

瑞圖》："騰黃者，神馬也。其色黃，一名乘黃，亦曰飛黃，或作古黃，或曰翠黃，一名紫黃，其狀如狐，背上有兩角。"清吳偉業《讀史偶述》詩："騰黃赭白總追風，八匹牽來禁苑中。"郭沫若《瓶》詩之一一一："你這玉緘一封，好像是騰黃飛下九重，我要没世地感恩不忘。"

【吉量】

即文馬²。此稱先秦時期已行用。見該文。

【吉黃】

即文馬²。此稱先秦時期已行用。見該文。

【吉皇】

即文馬²。此稱先秦時期已行用。見該文。

【吉黃之乘】

即文馬²。此稱先秦時期已行用。見該文。

【鷄斯之乘】

即文馬²。此稱先秦時期已行用。見該文。

【吉光】

即文馬²。此稱先秦時期已行用。見該文。

【騰黃】

即吉光。此稱先秦時期已行用。見該文。

文文

古代傳説中的怪獸，狀如蜂，尾如枝而生反舌，善於呼喊。此稱先秦時期已行用。《山海

文 文
（清余省、張爲邦等《獸譜》）

經·中次七經》："放皋之山……有獸焉，其狀如蜂，枝尾而反舌，善呼，名曰文文。"

文虎[2]

亦稱"雕虎"。古代傳說中的怪獸。此稱先秦時期已行用。《山海經·海外南經》："狄山。帝堯葬於陽，帝嚳葬於陰。爰有熊、羆、文虎。"郭璞注："雕虎也。《尸子》曰：'中黃伯曰：余左執太行之獶而右搏雕虎也。'"又《海外北經》：務隅山亦有之。該經另記：聶耳國"使兩文虎"，《海外東經》中君子國"使二大虎"，此亦文虎。

【雕虎】[2]

即文虎[2]。此稱先秦時期已行用。見該文。

雙雙

古代傳說中的怪獸。據三隻青獸相并而得名。此稱先秦時期已行用。《山海經·大荒南經》："南海之外，赤水之西，流沙之東，有三青獸相並，名曰雙雙。"郭璞注："言體合二為一也。"

吉吊

古代傳說中的神獸，為龍之子。此稱清代已行用。清繆荃孫輯《北夢瑣言逸文》卷四："海上人云，龍生三卵，一為吉吊也。"至於吉吊狀為何物，則所未詳。清郝懿行箋疏《山海經·北山經》之"龍龜"云："疑即吉吊也。龍種龜身，故曰龍龜。"

白虎[2]

古代傳說中的神虎，通體為白色，為大凶之兆。此稱先秦時期已行用。《山海經·西次三經》："孟山……其獸多白虎。……鳥鼠同穴之山，其上多白虎。"按南朝梁孫柔之《孫氏瑞應圖》稱瑞獸，然晉常璩《華陽國志·巴志》云：

"秦昭襄王時白虎為害。"晉葛洪《西京雜記》卷三云："秦末有白虎見於東海，黃公……為虎所殺。"則白虎本為凶暴之獸。

白澤[2]

古代傳說中的神獸，見於東海，能說話，通曉萬物。此稱先秦時期已行用。宋張君房《雲笈七籤》卷一〇〇引《軒轅本紀》："帝巡狩，東至海，登桓山，於海濱得白澤神獸，能言，達於萬物之情。因問天下鬼神之事，自古精氣為物、游魂為變者凡萬一千五百二十種，白澤言之，帝令以圖寫之，以示天下。"又晉葛洪《抱朴子·極言》云："黃帝……窮神奸邪則記白澤之辭。"唐瞿曇悉達《開元占經》卷一一六引《瑞應圖》云："黃帝巡於東海，白澤出，達知萬物之精。以戒於民，為除災害。"即其所本。

白狼[2]

古代傳說中的珍獸，狀如狼，通體白色。此稱先秦時期已行用。《山海經·西次四經》："盂山……其獸多白狼。"郭璞注：《外傳》曰：'周穆王伐犬戎，得四白狼。'"唐劉賡《稽瑞》引《六韜》云："文王囚羑里，散宜生得白狼獻紂，免西伯之難。"古謂白狼為珍獸。

白鹿[2]

古代傳說中的瑞獸，毛色為白，生有黑齒。此稱先秦時期已行用。《山海經·西次四經》："上申之山……獸多白鹿。"郝懿行云："《周書·王會篇》云：'黑齒白鹿。'《國語·周語》云：'穆王征犬戎，得白鹿。'《穆天子傳》（卷六）云：'白鹿以牾，桀（乘）逸出走。'"《太平御覽》卷九〇六引《抱朴子·玉策篇》（今本無）云："老子乘五百歲則其色白。"故古稱白鹿為瑞獸。

白鹿又常與仙人爲伍,《藝文類聚》卷九五引《神仙傳》云:"魯女生者,餌术絶穀,入華山,後故人逢女生,乘白鹿,從玉女數十人。"

白犀

古代傳説中的犀牛的一種,通體呈白色。此稱先秦時期已行用。《山海經·中次八經》:"琴鼓之山……其獸多白犀。"吴任臣云:"犀有山犀、水犀、兕犀三種,白犀絶少;此與辟寒、觸忿、辟塵、辟暑諸犀皆異種也。"

白猿[2]

"猿"亦作"蝯"。古代傳説中的白猿,由人幻化而成。此稱先秦時期已行用。《山海經·南山經》:"堂庭之山……多白猿。"郝懿行云:"猿,俗字也。《説文》云:'蝯善援,禺屬。'""白猿"應作"白蝯"。《淮南子·説山訓》云:"楚王有白蝯,王自射之,則博矢而熙;使養由基射之,始調弓矯矢,未發而蝯擁柱號矣。"《文選·左思〈吴都賦〉》注引《吴越春秋》云:"袁公操本以刺〔越〕處女,女應節入,三入,因舉枝擊之,袁公即飛上樹,化爲白猿。"

白　猿
（明王圻等《三才圖會》）

白豪[2]

亦稱"豪彘""貛㺄""鸞猪"。古代傳説中的狟猪,毛色呈白色。此稱先秦時期已行用。《山海經》曰:"竹山有獸焉,其狀似豚,白毛,大如箕而黑端,其名曰豪彘。"晉郭璞注曰:"狟也,此獸南北通有,或謂之貛㺄,或謂之鸞猪。"另有《山海經·西次二經》:"鹿臺之山……其獸多……白豪。"郝懿行云:"狟猪即豪彘也,以其毛白,故稱白豪。"

【豪彘】[2]

即白豪。此稱先秦時期已行用。見該文。

【貛㺄】

即白豪。此稱晉代已行用。見該文。

【鸞猪】[2]

即白豪。此稱晉代已行用。見該文。

玄虎

亦稱"虪[2]"。古代傳説中的黑色老虎。此稱先秦時期已行用。《山海經·海内經》:"北海之内,有山,名曰幽都之山……其上有……玄虎。"郭璞注:"黑虎名虪,見《爾雅·釋獸》。"

【虪】[2]

即玄虎。此稱先秦時期已行用。見該文。

玄狐

古代傳説中的黑色狐狸。此稱先秦時期已行用。《山海經·海内經》:"北海之内,有山,名曰幽都之山……其上有……玄狐蓬尾。"《隋書》卷三:"張掖獲玄狐。"

玄豹[2]

古代傳説中的豹。此稱先秦時期已行用。《山海經·中次十一經》:"即古之山……多玄豹。"郭璞注:"黑豹也,即今荆山中之黑虎也。"又《海内經》幽都之山亦有玄豹。

耳鼠[2]

亦稱"尾飛"。古代傳説中的怪獸,狀如鼠,兔首麋身,其音如狼犬之吠,以其尾飛。此稱先秦時期已行用。《山海經·北山經》:"丹熏之山……有獸焉,其狀如鼠,而菟(兔)首麋身,其音如獋犬。以其尾飛,名曰耳鼠,食之不脲,又可以禁百毒。"郭璞注:"脲,大腹也，音采。"晋郭璞《耳鼠》："蹠實以足，排虛以羽，翹尾飜飛，奇哉耳鼠，厥皮惟良，百毒是禦。"郝懿行云："疑即《爾雅》鼺鼠夷由也，耳、鼺，夷並聲之通轉，其形肉翅連尾足，故曰尾飛。"

【尾飛】

即耳鼠。此稱先秦時期已行用。見該文。

犳

古代傳說中的一種獸，像豹，沒有花紋。此稱先秦時期已行用。《山海經·西次二經》："厎陽之山……其獸多犀兕虎犳。"郭璞注："犳音之藥反。"郝懿行云：《玉篇》云：'犳，獸豹文。'音與郭同。"《山海經》之《中次八經》記載銅山亦有此獸。

犳
（清余省、張爲邦等《獸譜》）

狚狼

古代傳說中的怪獸，狀如狐，白尾長耳，其現易招致兵災。此稱先秦時期已行用。《山海經·中次九經》："曰蛇山，其上多黃金，其下多堊，其木多枸，多豫章，其草多嘉榮、少辛。有獸焉，其狀如狐，而白尾長耳，名狚狼，見則國內有兵。"

合窳

古代傳說中的神獸，人面豬身，食人，其出現爲大水災之兆。此稱先秦時期已行用。《山海經·東山經》："剡山，多金玉。有獸焉，其狀如彘而人面，黃身而赤尾，其名曰合窳。其音如嬰兒。是獸也，食人，亦食蟲蛇，見則天下大水。"

合　窳
（清余省、張爲邦等《獸譜》）

朱厭

古代傳說中的凶獸，身形像猿猴，白頭紅腳。傳說此獸出現，天下就有大戰。此稱先秦時期已行用。《山海經·西山經》："又西四百里，曰小次之山，其上多白玉，其下多赤銅。有獸

朱　厭
（清余省、張爲邦等《獸譜》）

焉，其狀如猿，而白首赤足，名曰朱厭，見則大兵。”

朱獳

古代傳説中的怪獸，很像狐狸，背生魚鰭，其出現將帶來恐慌。此稱先秦時期已行用。《山海經·東次二經》：“耿山，無草木，多水碧，多大蛇。有獸焉，其狀如狐而魚翼，其名曰朱獳，其鳴自訆，見則其國有恐。”

朱　獳
（清余省、張爲邦等《獸譜》）

那父

古代傳説中的怪獸，狀如牛，生白尾。此稱先秦時期已行用。《山海經·北山經》：“又北三百二十里，曰灌題之山……有獸焉，其狀如牛而白尾，其音如訆，名曰那父。”

那　父
（清余省、張爲邦等《獸譜》）

長右

古代傳説中的怪獸，狀如禺，生四耳朵，因居於長右之山而得名。此稱先秦時期已行用。《山海經·南次二經》：“東南四百五十里，曰長右之山，無草木，多水。有獸焉，其狀如禺而四耳，其名長右，其音如吟，見則郡縣大水。”郭璞注：“以山出此獸因以名之。”

長　右
（清余省、張爲邦等《獸譜》）

長壽鹿

古代傳説中的神鹿，壽命可逾千歲。此稱唐代已行用。唐張讀《宣室志》卷八略云：開元二十三年秋，玄宗狩於近郊，有大鹿興於前，上命弓射之，引發一中。及駕還，乃敕厨吏炙其（脞）以進。時張果老先生侍，上以其肉賜之。果曰：“此鹿且千歲矣。昔漢元狩五年秋，臣侍武帝獵於上林，獲此鹿，臣奏曰：‘此仙鹿也，壽將千歲，今既生獲，不如活之。’會武帝尚神仙，由是納臣之奏。命東方朔以煉銅爲牌，刻成文字，以識其年，繫於左角下，願得驗之。”上即命致鹿首如前，驗之不謬，迨今八百四十二年。上顧謂力士曰：異哉！張果老能言漢武帝時事，真所謂至人矣！

花蹄牛

古代傳説中的神牛，色彩斑駁，尾長，可繞其周身，角端有肉，蹄如蓮花，善走多力。此稱漢代已行用。漢郭憲《洞冥記》卷二：“元封三年，大秦國貢花蹄牛，其色駁，高六尺，尾環繞其身，角端有肉，蹄如蓮花，善走多力，帝使輦銅石以起望仙宫。”

兕[2]

古代傳説中的怪獸，狀如牛，蒼黑色，生有一角。重千斤。此稱先秦時期已行用。《山海經·海内南經》：“兕在舜葬東，湘水南。其狀如牛，蒼黑，一角。”又《南次三經》：“禱過之山，其上多金玉，其下多犀兕，多象。”郭璞注：“犀似水牛。兕亦似水牛，青色，一角，重千斤。”《初學記》卷七引《竹書紀年》云：“周昭王十六年，伐楚荆，涉漢，遇大兕。”《説文·𤉡部》：“兕，如野牛而青，象形。”《國語·晋語》：“唐叔射兕於徒林。”《考工記·函人》：“兕甲壽二百年。”《論語·季氏》：“虎兕出於柙，龜玉毁於櫝中，是誰之過與？”《墨子·公輸》：“犀兕麋鹿滿之。”

兕
（清余省、張爲邦等《獸譜》）

足訾

亦稱“呰訾”。古代傳説中的野獸，集猴、牛、馬特徵於一身，狀如猿猴，生牛尾馬蹄，前腿有斑紋，見人則呼叫自己的名字。此稱先秦時期已行用。《山海經·北山經》：“又北二百里，曰蔓聯之山，其上無草木。有獸焉，其狀如禺而有鬣，牛尾、文臂、馬蹏，見人則呼，名曰足訾，其鳴自呼。”郝懿行注：“《楚辭·卜居》云：‘將呰訾慄斯。’王逸注云：‘承顔色也。’呰訾即足訾，其音同；慄斯即竦斯。”

【呰訾】

“足訾”之别稱。此稱先秦時期已行用。見該文。

吼

古代的一種异獸，形如兔，兩耳尖長。獅畏之，被其尿液打濕就會全身腐爛。此稱明代已行用。明陳繼儒《偃曝餘談》卷上：“弘治中西番貢人獅〔各〕一，番人長與之相守，夜則同宿於木籠中。又畜二小獸，名曰吼，形類兔，兩耳尖長，僅長尺餘。獅作威時，則牽吼視之，獅畏服不敢動，蓋吼溺著體即腐。”

角端

古代傳説中的神獸。麒麟頭，獅身，獨角，長尾，四爪，上唇特長，有的前伸，有的嚮上卷。此稱漢代已行用。《文選·司馬相如〈上林賦〉》：“其獸則麒麟、角端。”李善注引郭璞曰：“角端似貑，角在鼻上，中作弓。”《宋書·符瑞志下》：“角端者，日行萬八千里，又曉四夷之語，明君聖主在位，明達方外幽遠之事，則奉書而至。”清王士禎《隴蜀餘聞》：“角端，産瓦屋山，不傷人，惟食虎豹。山僧恒養之，以資衛護。又近於渠搜發獻鼠犬。人常置其石造像於門，驅邪也。"

角　端

（清余省、張爲邦等《獸譜》）

犼

古代傳説中的猛獸，行似馬，食龍腦，异常凶猛，口中可噴火。此稱宋代已行用。一説《集韻》云："犼，獸名，似犬，食人。"又有清東軒主人《述異記》卷中云："東海有獸名犼，能食龍腦，騰空上下，鷙猛異常。每與龍鬥，口中噴火數丈，龍輒不勝。康熙二十五年夏間，平陽縣有犼從海中逐龍至空中，鬥三日夜，人見三蛟二龍，合鬥一犼，殺一龍二蛟，犼亦隨斃，俱墮山谷。其中一物，長一二丈，形類馬，有鱗鬣。死後，鱗鬣中猶焰起火光丈餘，蓋即犼也。"

兩頭鹿

亦稱"茶首"。古代傳説中的神獸，生雙頭，似鹿，行如飛，自身交感而孕。此稱西晋已行用。《太平御覽》卷九〇六引《博物志》："雲南郡出茶首。茶首其音爲蔡茂，是兩頭鹿名也。獸似鹿兩頭，其腹中胎，常以四月中取，可以治蛇虺毒。永昌亦有之。"明鄺露《赤雅》卷下云："茶首，出羈縻州，似鹿而兩頭，食香草。其行如飛，鳴曰蔡茂蔡茂。茶首二字，音蔡茂也。亦有五六頭者，是名元仙，敬之終吉，射之悔亡。"

【茶首】

即兩頭鹿。此稱晋代已行用。見該文。

兩頭獸

古代傳説中的怪獸，狀如鹿，生二首，常以一頭食一頭行。此稱南北朝時期已行用。《漢唐地理書鈔》輯南朝宋盛弘之《荆州記》："武陵郡西有陽山，山有兩頭獸如鹿，前後有頭，常以一頭食一頭行，山人時有見之者。"

青馬

古代傳説中的神馬。此稱先秦時期已行用。《山海經·海外東經》："鑑丘，爰有遺玉、青馬。"《大荒南經》記述南類山與蓋猶山亦有之，此二山均在古帝堯葬所附近。

青牛

古代傳説中的神牛，多指仙家坐騎。此稱先秦時期已行用。《史記·老子韓非列傳》："於是老子乃著書上下篇，言道德之意五千餘言而去，莫知其所終。"司馬貞索隱引漢劉向《列仙傳》："老子西游，關令尹喜望見有紫氣浮關，而老子果乘青牛而過也。"後因以"青牛"爲神仙道士之坐騎。明賈仲明《金安壽》第二折："説殺你駕青牛，乘赤鯉，驂白鹿，騎黃鶴，怎如俺這寶馬雕鞍最好。"

虬龍

古代傳説中的無角之龍。此稱先秦時期已行用。《楚辭·天問》："焉有虬龍，負熊以游？"王逸注："有角曰龍，無角曰虬。言寧有無角之龍，負熊獸以游戲者乎？"唐賈島《望山》詩："虬龍一掬波，洗蕩千萬春。"明王寵《旦發胥口經湖中瞻眺》詩："揚帆忽夭矯，赤水驂虬龍。"

虎蛟

古代傳説中的怪獸，其狀魚身而蛇尾，其音如鴛鴦。此稱先秦時期已行用。《山海經·南山經》："東五百里，曰禱過之山……泿水出焉，而南流注於海。其中有虎蛟，其狀魚身而蛇尾，其音如鴛鴦。食者不腫，可以已痔。"郭璞注："蛟似蛇，四足，龍屬。"

孟極

古代傳説中的怪獸，狀如豹，額有花紋，身爲白色。此稱先秦時期已行用。《山海經·北山經》："又北二百八十里，曰石者之山，其上無草木，多瑶碧。泚水出焉，西流注於河。有獸焉，其狀如豹，而文題白身，名曰孟極，是善伏，其鳴自呼。"

孟 極
（清余省、張爲邦等《獸譜》）

孟槐

古代傳説中的怪獸，狀如豪猪，毛呈紅色，手持兩柄大錘，厭惡人。此稱先秦時期已行用。《山海經·北山經卷三》："有獸焉，其狀如貆而赤毫，其音如榴榴，名曰孟槐，可以禦凶。"

孟 槐
（清余省、張爲邦等《獸譜》）

居暨

古代傳説中的怪獸，狀如刺蝟，聲同豚彘，生紅色毛髮。此稱先秦時期已行用。《山海經·北次二經》："又北三百五十里，曰梁渠之山，無草木，多金玉……其獸多居暨，其狀如彙，而赤毛，其音如豚。"郭璞注："彙，似鼠，〔赤〕毛如〔刺〕蝟也。"

居 暨
（清余省、張爲邦等《獸譜》）

乖龍

古代傳説中的怪獸，因苦於行雨而多藏於各種物體中。宋黃休復《茅亭客話》卷五："世傳乖龍者，苦於行雨，而多方竄匿，藏人身中，或在古木楹柱之内，及樓閣鴟甍中，須爲雷神捕之。若在曠野，無處逃避，即入牛角或牧童之身，往往爲此物所累，遭雷震死。”

的盧 [2]

亦稱“榆雁”。傳說劉備所騎之馬名，凶馬。此稱先秦時期已行用。《三國志·蜀書·先主傳》：“荆州豪傑歸先主者日益多，表疑其心，陰禦之。”晋裴松之注引《世語》：“備屯樊城，劉表禮焉，憚其爲人，不甚信用。曾請備宴會，蒯越、蔡瑁欲因會取備，備覺之，僞如厠，潜遁出。所乘馬名的盧，騎的盧走，墮襄陽城西檀溪水中，溺不得出。備急曰：‘的盧，今日厄矣，可努力！’的盧乃一踊三丈，遂得過。”春秋孫陽《相馬經》：“馬白額入口至齒者名榆雁，一名的盧，奴乘客死，主乘棄市，凶馬也。”宋辛棄疾《破陣子》詞中有“馬作的盧飛快”句。元末明初羅貫中《三國演義》第三四回“劉皇叔躍馬過檀溪”，即寫此事。

【榆雁】

即的盧 [2]。此稱先秦時期已行用。見該文。

媆胡

古代傳說中的怪獸，狀如麋鹿，却眼似魚，叫聲若喚己名。此稱先秦時期已行用。《山

媆　胡
（清余省、張爲邦等《獸譜》）

海經·東山經》：“東次三經之首，曰尸胡之山……有獸焉，其狀如麋而魚目，名曰媆胡，其鳴自詶。”

狙如

古代傳說中的怪獸，狀如𪕌鼠，白耳白嘴，其出現則國有兵亂。此稱先秦時期已行用。《山海經·中山經》：“有獸焉，狀如𪕌鼠，白耳白喙，名曰狙如，見則其國有大兵。”

狙　如
（清余省、張爲邦等《獸譜》）

狌狌 [2]

亦稱“猩猩 [2]”。古代傳說中的怪獸，形似猿猴，生白耳，像人一樣行走。此稱先秦時代已行用。《荀子·非相》：“今夫狌狌形相亦二足，而無毛也，然而君子啜其羹，食其胾。”《山海經·南山經》：“有獸焉，其狀如禺而白耳，伏行人走，其名曰狌狌，食之善走。”《山海經·海內南經》：狌狌知人名，其爲獸如豕而人面。漢王充《論衡·是應》：“狌狌知往，乾鵲知來。”《淮南子·氾論訓》：“狌狌知往而不知來。”清謝無量《溯江還蜀奉寄會稽山人》詩：“笑工依狒狒，語好亂狌狌。”郭璞《山海經圖贊》：“狌狌之狀，形乍如獸。厥性識往，爲物警辨。以酒招灾，自貽纓胃。”

猩　猩
（清余省、張爲邦等《獸譜》）

【猩猩】[2]

即狌狌[2]。此稱先秦時期已行用。見該文。

狓

古代傳説中的一種怪獸，似豹而頭上有斑紋。此稱先秦時期已行用。《山海經·北山經》："又北百七十里，曰堤山，多馬。有獸焉，其狀如豹而文首，名曰狓。"

狓
（清余省、張爲邦等《獸譜》）

金牛

古代傳説中的金色神牛。此稱漢代已行用。《古小説鈎沉》輯《幽明録》："巴丘縣……黄金潭……有金牛出，聲貌莽壯。釣人被駭，牛因奮勇躍而還潭。鑣乃將盡，釣人以刀斫，得數

尺。"《藝文類聚》卷八三引南朝宋劉義慶《幽明録》："人見一金牛，形甚瑰壯，以金爲纆絆。"南朝宋劉敬叔《異苑》卷二："晋康帝建元中，有漁夫垂釣，得一金鎖。引鎖盡，見金牛，急挽出。牛斷，猶得鎖，長二尺。"

并封

亦稱"屏蓬""鱉封""并逢"。古代傳説中的神獸，其狀如彘，前後皆有首，身呈黑色。此稱先秦時期已行用。《山海經·海外西經》："並封在巫咸東，其狀如彘，前後皆有首，黑。"《山海經·大荒西經》："大荒之中有山，名曰鏖鏊鉅，日月所入者。有獸，左右有首，名曰屏蓬。"《逸周書·王會解》云："區陽以鱉封。鱉封者，若彘，前後皆有首。"聞一多《伏羲考》認爲并封、屏蓬本當作"并逢"，乃獸牝牡相合之象。由此可知，蛇獸之兩頭，鳥之二獸者，均屬此類矣。

【屏蓬】

即并封。此稱先秦時期已行用。見該文。

【鱉封】

即并封。此稱先秦時期已行用。見該文。

【并逢】

即并封。此稱先秦時期已行用。見該文。

梟羊[2]

古代傳説中的怪獸，身似羊而梟首張翅。此稱先秦時期已行用。《山海經·海内南經》："梟陽國在北胸之西，其爲人人面長唇，黑身有毛，反踵，見人則笑，左手操管。"

梟獍

古代傳説中"梟"與"獍"兩種怪獸，有忘恩負義之意。此稱南北朝時期已行用。《魏書·蕭寶寅傳》："背恩忘義，梟獍其心。"

梟

　　古代傳説中的惡鳥，羽翼成，則食其母。此稱先秦時已行用。《詩・大雅・瞻仰》："懿厥哲婦，爲梟爲鴟。"鄭玄箋："梟、鴟，惡聲之鳥。"清陳元龍《格致鏡原》卷八一引晋張華《禽經注》云："梟在巢，母哺之，羽翼成，啄母目翔去也。"

梟
（明王圻等《三才圖會》）

獍

　　亦稱"破鏡"。古代傳説中的惡獸，狀如虎豹，生而食其母。此稱漢代已行用。《述異記》卷上云："獍之爲獸，狀如虎豹而小，始生，還食其母。"《史記・孝武本紀》："後人復有上書，言'古者天子常以春秋解祠，祠黄帝用一梟破鏡。'"裴駰集解引孟康曰："梟，鳥名，食母；破鏡，獸名，食父。"

【破鏡】

　　即獍。此稱先秦時期已行用。見該文。

馬銜

　　古代傳説中的怪獸，生有馬首，一角而呈龍形。《文選・木華〈海賦〉》："海童邀路，馬銜當蹊。"李善注引《陸綏海賦圖》云："馬銜，其狀馬首，一角而龍形。"吕向注："馬銜、海童，並海中神怪。"

馬　銜
（明文俶《金石昆虫草木狀》）

馬腹

　　古代傳説中的怪獸，人面虎身，音如嬰兒，食人。此稱先秦時期已行用。《山海經・中山經》："又西二百里曰蔓渠之山，其上多金玉，其下多竹箭。伊水出焉，而東流注於洛。有獸焉，其名曰馬腹，其狀如人面虎身，其音如嬰兒，是食人。"

馬　腹
（清余省、張爲邦等《獸譜》）

馬見愁

　　古代傳説中的怪獸，狀如犬，馬皆畏之。此稱宋代已行用。宋無名氏《致虚雜俎》："西域有獸如犬，含水噀馬目，則馬瞑眩欲死，故凡馬皆畏之，名曰馬見愁。"

封豕 [2]

亦稱"封豨"。古代傳説中的大猪。此稱先秦時期已行用。《史記・司馬相如列傳》："射封豕。"裴駰集解引郭璞注："封豕,大猪。"《淮南子・本經訓》："逮至堯之時,十日並出,焦禾稼,殺草木,而民無所食。猰貐、鑿齒、九嬰、大風、封豨、修蛇,皆爲民害。堯乃使羿誅鑿齒於疇華之野,殺九嬰於凶水之上,繳大風於青丘之澤,上射十日而下殺猰貐,斷修蛇於洞庭,禽封豨於桑林。萬民皆喜,置堯以爲天子。"《淮南子・修務訓》："吳爲封豨修蛇,蠶食上國,虐始於楚。寡君失社稷,越在草茅,百姓離散,夫婦男女,不遑啓處。"

【封豨】

即封豕。此稱先秦時期已行用。見該文。

封狐 [2]

古代傳説中的大狐。此稱先秦時期已行用。《楚辭・離騷》："羿淫游以佚畋兮,又好射夫封狐。"王逸注："封狐,大狐也。"另有《楚辭・招魂》："蝮蛇蓁蓁,封狐千里些。"

幽頞
（清余省、張爲邦等《獸譜》）

幽鴳

亦稱"幽頞"。古代傳説中的怪獸,似猴,身有花紋,善笑。此稱先秦時期已行用。《山海經・北山經》："邊春之山……有獸焉,其狀如禺而文身,善笑,見人則臥,名曰幽鴳,其鳴自呼。"郝懿行云："'鴳',當爲'頞'之譌。"

【幽頞】

"幽鴳"之別稱。此稱先秦時期已行用。見該文。

風母

古代傳説中的怪獸,形似猿,見人屈頸,得風而活。《藝文類聚》卷一引劉欣期《交州記》曰："風母,出九德縣,似猿,見人若慚,屈頸;打殺,得風還活。"又《太平御覽》卷九〇八引《嶺南異物志》云："此獸常持一小杖,遇物則止,飛走悉不能去。人有得之者,所指必有獲。"

風生獸

古代傳説中怪獸,似貂,大小若狸猫呈青色,生命頑強,不懼火燒刺斫,聞風即生。此稱晉代已行用。晉葛洪《抱朴子・仙藥》："風生獸,似貂,青色,大如狸,生於南海大林中。張網取之,積薪數車以燒之,薪盡而此獸在火中不燃,其毛不焦,斫刺不入,打之如皮囊,以鐵鎚鍛其頭數千下乃死。死而張其口以向風,須臾便活而起走,以石上菖蒲塞鼻即死。取其腦以和菊花服之,盡十斤,得五百歲也。"

朏朏

古代傳説中的怪獸,狀如狸,身披鬣毛,生白尾,飼養它可使人解憂。此稱先秦時期已行用。《山海經・中山經》："牛首山……又北四十里曰霍山,其木多榖。有獸焉,其狀如狸,而白尾,有鬣,名曰朏朏,養之可以已憂。"

兹白

亦稱"駮²"，同"駁"。古代傳說中狀如白馬，牙齒呈鋸齒狀，喜食虎豹的怪獸。此稱先秦時期已行用。《山海經·海外北經》："北海內……有獸焉，其名爲駮，狀如白馬，鋸牙，食虎豹。"又《西次四經》云："中曲之山……有獸焉，其狀如馬，而白身黑尾，一角，虎牙爪，音如鼓音，其名曰駮，是食虎豹，可以禦兵。"《逸周書·王會解》："正北方義渠以兹白，兹白者若白馬。鋸牙，食虎豹。"孔晁注："兹白，一名駮。"俞樾《群經平議·周書》："若白馬，當作若馬。言此獸形如馬，非必白馬乃相似也。孔晁注曰：兹白一名駮。今考諸書言駮者，《爾雅·釋獸》曰：'駮如馬，倨牙，食虎豹。'《詩·晨風》篇毛傳文與《爾雅》同。《說文·馬部》曰：'駮獸如馬……'其文蓋即本此。而皆言如馬，不言如白馬。然則'白'爲衍文無疑矣。"唐張說《舞馬千秋萬歲樂府詞》："不因兹白人間有，定是飛黃天上來。"

駮
（清余省、張爲邦等《獸譜》）

【駮】²

即兹白。此稱先秦時期已行用。見該文。

【駮】²

同"駁"。即兹白。此體西晋時期已行用。見"兹白"文。

狡²

古代傳說中的怪獸，狀如犬而生豹紋，角如牛。此稱先秦時期已行用。《山海經·西山經》："有獸焉，其狀如犬而豹文，其角如牛，其名曰狡，其音如吠犬，見則其國大穰。"

狡
（清余省、張爲邦等《獸譜》）

狪狪

古代傳說中的怪獸，形似野猪，體內含珠，叫聲爲自己的名字。此稱先秦時期已行用。《山海經·東山經》："又南三百里，曰泰山，其上多

狪　狪
（清余省、張爲邦等《獸譜》）

玉，其下多金。有獸焉，其狀如豚而有珠，名
曰狪狪，其鳴自訆。環水出焉，東流注於江，
其中多水玉。”

狋即

古代傳説中狀如膜，紅嘴、紅眼、白尾的
怪獸。此稱先秦時期已行用。《山海經·中次
十一經》：“又東三十里，曰鮮山，其木多楢杻，
其草多㐸，其陽多金，其陰多鐵。有獸焉，其
狀如膜（大）〔犬〕，赤喙、赤目、白尾，見則
其邑有火，名曰狋即。”

獨狢

古代傳説中的怪獸，狀如虎，白身犬首。
此稱先秦時期已行用。《山海經·北山經》：“曰
北嚻之山，無石，其陽多碧，其陰多玉。有獸
焉，其狀如虎，而白身犬首，馬尾彘鬣，名曰
獨狢。”

神馬

古代傳説中特異非凡之馬。此稱南北朝時
期已行用。北魏酈道元《水經注·温水》：“温水
又西南徑滇池城。池在縣西，週三百許里。上
源深廣，下流淺狹，似如倒流，故曰滇池也。
長老傳言，池中有神馬。家馬交之，則生駿駒，
日行五百里。”

華騮[2]

亦作“驊騮”。古代傳説中的的駿馬之一。
此稱先秦時期已行用。周穆王八駿之一。《穆
天子傳》卷一：“天子之駿：赤驥、盜驪、白
義、逾輪、山子、渠黃、華騮、綠耳。”郭璞
注：“色如華而赤，今名馬驃赤者爲棗騮；騮，
赤馬也。”

【驊騮】[2]

同“華騮[2]”。此體先秦時期已行用。見該

文。

狻狻

古代傳説中的怪獸，狀如馬，生四隻角，
羊眼而牛尾，音如狗叫，其現則多奸猾之徒。
此稱先秦時期已行用。《山海經·東山經》：“又
南五百里，曰硬山……有獸焉，其狀如馬，而
羊目、四角、牛尾，其音如嗥狗，其名曰狻狻，
見則其國多狡客。”

狻狻
（清余省、張爲邦等《獸譜》）

哮天犬

古代傳説中的神犬，爲二郎神之寵物。此
稱晉代已行用。《封神傳》第四七回：“趙公明
被三人裹住了。雷震子是上三路，黃天化是中
三路，楊戩暗將哮天犬放起，形如白象。怎見
得好犬：‘仙犬修號細腰，形如白象勢如梟。銅
頭鐵頸難招架，遭遇凶鋒骨亦消。’”《董永沉
香合集·新出二郎劈山救母全段》云：“妖精回
身往外跑，二郎一見着了忙，回手撒開哮天犬，
咬在妖精左膀上；咬的妖精把原形現，原來便
是斧一張。”此所寫之二郎，乃“斧劈桃山”之
“楊二郎”，哮天犬乃助其收服“斧子大王”之
神犬。舊時灌縣二王廟二郎神塑像之旁，亦有
蹲犬之銅鑄像，云即哮天犬。

狴犴

亦稱"憲章"。古代傳説中的怪獸，龍之九子之一，排行第四，狀如虎，有威力，多立於牢獄門口。此稱明代已行用。明楊慎《升庵外集》卷九五："俗傳龍生九子……四曰狴犴，形似虎，有威力故立於獄門。"《玉芝堂談薈》卷三三引《懷麓堂集》云："狴犴平生好訟，今獄門上獅子頭是其遺像。"

狸力

古代傳説中的怪獸，狀如豬，四肢生爪，有鋸齒，其至則地面多起伏，所以猜測狸力善於挖土。此稱先秦時期已行用。《山海經·南次二經》："柜山，有獸焉，其狀如豚，有距，其音如狗吠，其名曰狸力；見則其縣多土功。"

狸　力
（清余省、張爲邦等《獸譜》）

鴟吻

亦作"螭吻"。亦稱"蚩尾"。古代傳説中的怪獸，傳爲龍之第九子，龍頭魚身，口潤嗓粗而好吞，遂成殿脊兩端的吞脊獸，取其滅火消灾。此稱唐代已行用。唐劉餗《隋唐嘉話》卷下："〔王右軍《告誓文》〕開元初年，潤州江寧縣瓦官寺修講堂，匠人於鴟吻内竹筒中得之。"唐蘇鶚《蘇氏演義》卷上："蚩者，海獸也。漢武帝作柏梁殿。有上疏者云：'蚩尾水之精，能辟火灾，可置之堂殿。'今人多作鴟字，見其吻如鴟鳶，遂呼之爲鴟吻，顏之推亦作此鴟。"《續資治通鑑·宋太祖開寶五年》："其餘官稱，多所更定，宮殿悉除去鴟吻。"明焦竑《玉堂從語》："俗傳龍生九子不成龍……二曰螭吻，形似獸。"

【蚩尾】

即鴟吻。此稱漢代已行用。見該文。

【螭吻】

同鴟吻。此稱明代已行用。見該文。

旄馬

古代傳説中的怪獸，旄馬形狀如普通的馬，但四腿的關節處生長毛。此稱先秦時期已行用。《山海經·海内南經》："旄馬，其狀如馬，四肢有毛，在巴蛇西北，高山南。"

旄　馬
（明王圻等《三才圖會》）

旄牛 [2]

古代傳説中的怪獸，狀如牛，四肢生長毛。此稱先秦時期已行用。《山海經·西山經》："潘侯之山……有獸焉，其狀如牛，而四節生毛，

旄　牛
（明王圻等《三才圖會》）

名曰旄牛。"

唐鼠 [2]

亦稱"易腸鼠"。古代傳說中的怪獸,狀如鼠,稍長,青黑色,腹邊有餘物如腸,時亦污落。此稱南北朝時期已行用。北魏酈道元《水經注·沔水》:"唐君,字公房,成固人也。學道得仙,入雲臺山,合丹服之,白日升天。鷄鳴天上,狗吠雲中,惟以鼠惡留之。鼠乃感激,以月晦日吐腸胃更生,故時人謂之唐鼠也。"南朝宋劉敬叔《異苑》卷三三:"唐鼠形如鼠,稍長,青黑色,腹邊有餘物如腸,時亦污落,亦名易腸鼠。昔仙人唐昉拔宅升天,鷄犬皆去,唯鼠墜下不死,而腸出數寸,三年易之,俗呼之爲唐鼠,城固川中有之。"《藝文類聚》卷九五引《梁州記》:"絜水北絜鄉山……山有易腸鼠,一月三吐易其腸。束廣微所謂唐鼠者也。"

𤟤 [3]

古代傳說中的名犬,白毛,爲天子之犬。此稱先秦時期已行用。晉張華《博物志·物名考》:"周穆王有犬,名𤟤,毛白。"《穆天子傳》中云:"天子之狗,來白。"《述異記》卷上云:"周穆王之犬,日走千里,食虎豹。"

檮杌

古代傳說中的怪獸,爲四凶之一,狀如老虎,毛長,人面、虎足、豬口牙,尾長。此稱漢代已行用。唐張守節《史記正義》引《神異經》:"西方荒中有獸焉,其狀如虎而大,毛長二尺,人面,虎足,豬口牙,尾長一丈八尺,攪亂荒中,名檮杌。一名傲狠,一名難訓。"

雪精 [2]

古代傳說中的白驢或者白騾。此稱宋代

已行用。宋司馬光《溫公續詩話》:"韓退處士……嘗跨一白驢,自有詩云:'山人跨雪精,上便不論程。'"元張雨《洪崖仙人圖》詩:"雪精豈青騾,預識入蜀年。"明陳繼儒《筆記》卷一:"洪崖跨白驢曰雪精。"明王世貞《謝寄洪崖圖》詩:"自穿丹井隱,不跨雪精歸。"

逴龍

亦稱"燭龍"。古代傳說中的神龍。此稱先秦時期已行用。《楚辭·大招》:"北有寒山,逴龍赩只。"洪興祖補注:"疑此逴龍即燭龍也。"此處按洪說是。《淮南子·地形訓》:"燭龍在雁門北,蔽於委羽之山,不見日,其神人面龍身而無足。""不見日"故常寒,即《大招》之所謂"北有寒山"。逴、燭音近,故逴龍爲燭龍。

【燭龍】

即逴龍。此稱漢代已行用。見該文。

㷒狗

古代傳說中的怪獸,青色,如兔子。此稱先秦時期已行用。《山海經·海内經》:"有青獸,如菟,名曰㷒狗。"

猙

古代傳說中的怪獸,狀如赤豹,五尾一角,音如擊石。此稱先秦時期已行用。《山海經·西山經》:"章峨之山……有獸焉,其狀如赤豹,

猙
(明王圻等《三才圖會》)

五尾一角，其音如擊石，其名曰猙。”

無損獸

古代傳說中狀如鹿而生有豕首的怪獸。此稱漢代已行用。《神異經·南荒經》：“南方有獸，似鹿而豕首，有牙，善依人求五穀，名無損之獸。人割取其肉不病，肉復自復。”

領胡

古代傳說中的怪獸，狀如牛，紅尾，頸上有肉瘤，肉瘤狀如斗。此稱先秦時代已行用。《山海經·北山經》：“曰陽山……有獸焉，其狀如牛而赤尾，其頸胇，其狀如勾瞿，其名曰領胡，其鳴自詨，食之已狂。”

領　胡
（清余省、張爲邦等《獸譜》）

猰

古代傳說中的怪獸，狀如蝟，身體呈赤紅色，其現則國家會發生大疫情。此稱先秦時代已行用。《山海經·中次十一經》：“曰樂馬之山。有獸焉，其狀如匯，赤如丹火，其名曰猰，見則其國大疫。”

猛氏

亦稱“猛豹”。古代傳說中的怪獸，狀如熊而小，毛淺有光澤。此稱漢代已行用。《山海經·西山經》：“南山……獸多猛豹。”郭璞注：“猛豹似熊而小，毛淺，有光澤，能食蛇，食銅鐵，出蜀中。”《文選·司馬相如〈上林賦〉》：“格蝦蛤，鋌猛氏。”郭璞注：“今蜀中有獸，狀如熊而小，毛淺有光澤，名猛氏。”

【猛豹】

即猛氏。此稱先秦時期已行用。見該文。

訑獸

亦稱“誕”。古代傳說中的怪獸，狀如兔，人面能言，善欺人。此稱先秦時期已行用。《神異經·西南荒經》：“西南荒中出訑獸，其狀若菟，人面能言，常欺人，言東而西，言惡而善。其肉美，食之，言不真矣。一名誕。”

【誕】

即訑獸。此稱先秦時期已行用。見該文。

混沌

亦作“渾敦”“渾沌”。古代傳說中的凶獸，其狀如犬，長毛，四足，似羆而無爪，目耳皆不可用。此稱漢代已行用。《史記·五帝本紀》張守節正義引《神異經》：“昆侖西有獸焉，其狀如犬，長毛，四足，似羆而無爪，有目而不見，行不開，有兩耳而不聞，有人知性，有腹無五藏，有腸直而不旋，食徑過。人有德行而往抵觸之，有凶德則往依憑之。名渾沌。”

【渾敦】

同“混沌”。此體漢代已行用。見該文。

【渾沌】

同“混沌”。此體漢代已行用。見該文。

孰湖

古代傳說中的怪獸，馬身鳥翼，人面蛇尾，喜歡載人。此稱先秦時期已行用。《山海經·西次四經》：“崦嵫之山……有獸焉，其狀馬身而鳥翼，人面蛇尾，是好舉人，名曰孰湖。”

執　湖
（清余省、張爲邦等《獸譜》）

禍斗

古代傳説中的外形像犬的妖獸，吞食火焰，并且噴出火焰。禍斗所到之處皆發生火災，所以古人將它看作火災之兆和極端不祥的象徵。此稱先秦時期已行用。《山海經・海外南經》："厭火國在其國南。"吳任臣廣注："《本草集解》曰：'南方有厭火殖民，食火之獸。'注云：'國近黑昆侖，人能食火炭，食火獸名禍斗也。'"明鄺露《赤雅》云："禍斗，似犬而食犬，糞噴火作殃，不詳甚矣。"而《原化記》中提及"白螺天女"之事，天女致縣宰之似犬異獸名禍斗者，則"食火且糞火"，此説與上有所不同，此處采此説。

梁渠

古代傳説中的怪獸，狀如狸而白首虎爪。此稱先秦時期已行用。《山海經・中次十一經》：

梁　渠
（清余省、張爲邦等《獸譜》）

"歷石之山……有獸焉，其狀如狸而白首虎爪，名曰梁渠。"

鹿蜀

古代傳説中的怪獸，狀如馬，白首，周身紋路呈虎斑，生紅尾，鳴叫像人們在唱民歌。此稱先秦時期已行用。《山海經・南山經》："杻陽之山，有獸焉，其狀如馬而白首，其文如虎而赤尾，其音如謡，其名曰鹿蜀，佩之宜子孫。"

鹿　蜀
（清余省、張爲邦等《獸譜》）

駒騄 [3]

古代傳説中的怪獸，狀如馬，青色。此稱先秦時期已行用。《山海經・海外北經》："北海内有獸，其狀如馬，名曰駒騄。"

駃蹄

亦作"駃騠 [4]"。古代傳説中的怪獸，自能言語，每當王者仁孝於民則出。此稱先秦時期已行用。《藝文類聚》卷九九引《瑞應圖》："駃騠者，后土之獸也，自能言語，王者仁孝於民則出。禹治水有功而來。"

【駃騠】 [4]

同"駃蹄"。此體先秦時期已行用。見該文。

黃能

古代傳説中的三脚熊。此稱先秦時期已行用。《國語·晋語八》：“昔者鯀違帝命，殛之於羽山，化爲黃能，以入於羽淵。”南朝梁任昉《述異記》卷上：“堯使鯀治洪水，不勝其任，遂誅鯀於羽山，化爲黃能，入於羽泉，今會稽祭禹廟不用熊，曰黃能，即黃熊也。陸居曰熊，水居曰能。”唐韓愈《憶昨行和張十一》：“近者三奸悉破碎，羽窟無底幽黃能。”

黃熊

古代傳説中由鯀之神所化之熊。此稱先秦時期已行用。《左傳·昭公七年》：“昔堯殛鯀於羽山，其神化爲黃熊，以入於羽淵。”唐楊炯《後周青州刺史齊貞公宇文公神道碑》：“晨占赤烏，夜辨黃熊。”清趙翼《岣嶁碑歌》：“黃熊九載績弗效，聖子起任平成責。”

軨軨

古代傳説中的怪獸，狀如牛，生有虎紋，聲若喚己。此獸出，有水灾。此稱先秦時期已行用。《山海經·東次二經》：“曰空桑之山，北

軨　軨
（清余省、張爲邦等《獸譜》）

臨食水，東望沮吳，南望沙陵，西望湣澤。有獸焉，其狀如牛而虎文，其音如欽（郭璞注：或作吟）。其名曰軨軨，其鳴自叫，見則天下大水。”

趹踢

古代傳説中的怪獸，雙首分居左右。此稱先秦時期已行用。《山海經·大荒南經》：“南海之外，赤水之西，流沙之東，有獸，左右有首，名曰趹踢。”

贔屓

亦稱“屓贔”。古代傳説中的怪獸，龍之九子之一，形似龜，好負重，長年累月地馱載着石碑。此稱漢代已行用。《文選·張衡〈西京賦〉》：“綴以二華，巨靈贔屓，高掌遠蹠，以流河曲，厥迹猶存。”三國吳薛綜注：“贔屓，作力之貌也。”明楊慎《升庵外集》卷九五：“俗傳龍生九子，不成龍，各有所好：一曰贔屓，形似龜，好負重，今石碑下龜趺是也。”五代王定保《唐摭言·恚恨》：“肇（盧肇）有啓謝曰：‘巨鼇屓贔，首冠蓬山。’”元柳貫《浦陽十咏》：“朱鳥前頭森贔屓，蒼龍左角見嵯峨。”左思《吳都賦》：“巨鼇屓贔，首冠靈山。”《本草綱目·介部》：“贔屓者，有力貌，今碑趺象之。”

【屓贔】

即贔屓。此稱五代時期已行用。見該文。

蛫

古代傳説中的一種异獸，狀如龜，紅頭白身，可以禦火。此稱先秦時期已行用。《山海經·中次十二經》：“即公之山……有獸焉，其狀如龜，而白首赤身，名曰蛫，是可以禦火。”

蛫
（清余省、張爲邦等《獸譜》）

犰狳

古代傳説中的怪獸，狀如菟而鳥嘴，鴟目蛇尾，見人則裝死，古人認爲犰狳出現是莊稼有蝗害的徵兆。此稱先秦時期已行用。《山海經·東山經·餘峨之山》：“有獸焉，其狀如菟而鳥喙，鴟目蛇尾，見人則眠，名曰犰狳，其鳴自訓，見則螽蝗爲敗。”晋郭璞注：眠，“言佯死也”。爲敗，“言傷敗田苗”。

犰　狳
（清余省、張爲邦等《獸譜》）

臭

亦作“㲋”。古代傳説中的怪獸，狀如兔而鹿脚，青色。此稱先秦時期已行用。《山海經·中次八經》：“綸山……其獸多……臭。”郝懿行注：“臭，俗字也，當爲㲋，見《説文》。”

【㲋】

同“臭”。此體清代已行用。見該文。

稍割牛

古代傳説中的神牛，黑色，細角，割其肉，翌日重生如故。此稱晋代已行用。晋張華《博物志·異獸》：“越嶲國有牛稍割取肉，牛不死，經日肉生如故。”《蜀典》卷九“稍割牛”引《曆國傳》云：“其國（越嶲國）有稍割牛，黑色，角細長，可四尺餘。十日一割，不割便困且死。”

儵蟰

古代傳説中的怪獸，狀如黄蛇，魚翼，其出現則大旱。此稱先秦已行用。《山海經·東山經》：“獨山……末塗之水出焉，而東流注於沔，其中多儵蟰，其狀如黄蛇，魚翼，出入有光，見則其邑大旱。”

猰㺄

亦作“窫窳”“貐㺄”“猰㺄”。古代傳説中的一種吃人怪獸，像貍，奔跑迅速，食人。此稱先秦時期已行用。《山海經·海内南經》：“窫窳龍首，居弱水中，在狌狌知人名之西，其狀如龍首，食人。”

【窫窳】

同“猰㺄”。此體先秦時期已行用。見該文。

窫　窳
（清余省、張爲邦等《獸譜》）

【貐貐】

　　同"猰貐"。此體先秦時期已行用。見該文。

【猰貐】

　　同"猰貐"。此體先秦時期已行用。見該文。

猾褢

　　古代傳說中狀如人却長猪鬣，冬季蟄居，夏天活動，聲如砍木頭發出的聲音，此獸出，則其邑大亂。此稱先秦時期已行用。《山海經·南次二經》："有獸焉，其狀如人而彘鬣，穴居而冬蟄，其名曰猾褢，其音如斫木，見則縣有大繇。"

猾　褢
（清余省、張爲邦等《獸譜》）

彘 [2]

　　古代傳說中的怪獸，身形似虎，長着牛尾，頭如猴而叫聲如犬，食人。此稱先秦時期已行用。《山海經·南次二經》："又東五百里，曰浮玉之山，北望具區，東望諸毗。有獸焉，其狀如虎而牛尾，其音如吠犬，其名曰彘，是食人。"

彘
（清余省、張爲邦等《獸譜》）

犀牛 [2]

　　古代傳說中的怪獸，狀如牛而黑色，頭部生三角，口中多有血沫。此稱先秦時期已行用。《山海經·海内南經》："狌狌西北有犀牛，其狀如牛而黑。"又《南次三經》："東五百里，曰禱過之山，其上多金玉，其下多犀、兕，多象。"郭璞注："犀似水牛，猪頭庳脚，脚似象，有三蹄。大腹，黑色。三角：一在頂上，一在額上，一在鼻上。在鼻上者小而不墮，食角也，好啖棘，口中常灑血沫。"

犀渠

　　古代傳說中的怪獸，出於釐山，狀如牛，

犀　渠
（清余省、張爲邦等《獸譜》）

皮毛黑色，叫聲如嬰兒一般，以人爲食，極爲凶惡。此稱先秦時期已行用。《山海經・中山經》道：“釐山……有獸焉，其狀如牛，蒼身，其音如嬰兒，是食人，其名曰犀渠。”郝懿行云：“犀渠，蓋犀牛之屬也。”

蒼龍[2]

古代傳說中的神馬，指八尺以上的馬。此稱先秦時期已行用。《禮記・月令》：“孟春之月……乘鸞輅，駕蒼龍。”注：“馬八尺以上爲龍。”

蒼龍[3]

古代傳說中的神龍。此稱先秦時期已行用。《楚辭・惜誓》：“蒼龍蚴虯於左驂，白虎騁而爲右騑。”

蒲牢

傳說中的“龍生九子”之一，受擊就大聲吼叫，充作洪鐘提梁的獸鈕，助其鳴聲遠揚。此稱漢代已行用。《文選・班固〈東都賦〉》：“於是發鯨魚，鏗華鐘。”李善注：“海邊有獸，名蒲牢，蒲牢素畏鯨，鯨魚擊蒲牢，輒大鳴。凡鐘欲令聲大者，故作蒲牢於上，所以撞之者爲鯨魚。”明楊慎《升庵外集》卷九五云：“俗傳龍生九子……三曰蒲牢，形似龍而小，性好叫吼，今鐘上鈕是也。”

斑狐

亦稱“斑狸”。古代傳說中的斑狐。此稱晉代已行用。晉干寶《搜神記》卷一八：“張華，字茂先，晉惠帝時任司空。於時燕昭王墓前，有一斑狐，積年，能爲變幻。乃變作一書生，欲詣張公。過問墓前華表。……華表曰：‘出必遇辱，迨不得返。非但喪子千歲之質，亦當深誤老表。’狐不從，乃持刺謁張華。張華見其總

角風流，……雅重之。於是論及文章，……商略三史，探賾百家，……華無不應聲屈滯。就感嘆説：‘天下豈有此少年，若非鬼魅，定是狐狸。’乃掃榻延留，留人防護。……時豐城令雷煥，字孔章，博物士，來訪華；華以書生白之。孔章曰：‘若疑之，何不呼獵狗試之？’乃命犬以試，竟無憚色。……華怒曰：‘此必真妖也。千年老精，惟得千年枯木照之，則形立現。’孔章曰：‘千年神木，何由可得？’華曰：‘世傳燕昭王墓前華表木，已經千年。’乃遣人伐華表，……燃之以照書生，乃一個斑狐。”南朝梁吳均《續齊諧記》也記載此事，斑狐作斑狸。

【斑狸】

即斑狐。此稱南北朝時期已行用。見該文。

㺎

古代傳說中的怪獸，其狀如牛，長有三足，叫聲若喚其名，此稱先秦時期已行用。《山海經・北山經卷三》：“有獸焉，其狀如牛而三足，其名曰㺎，其鳴自詨。”

㺎
（清余省、張爲邦等《獸譜》）

猲

古代傳說中的怪獸，狀如獅子。此稱漢代已行用。《神異經・中荒經》：“北方有獸焉，其

狀如獅子，名曰猲。恒近人村裏，入人居室，百姓患苦，天帝徙之北方荒中。"

獙狠

古代傳說中的怪獸，狀如牛，身體白色，生四角，毫毛如同蓑衣一般。此稱先秦時期已行用。《山海經·西次三經》："其狀如牛，白身四角，其豪如披蓑，其名曰獙狠，是食人。"

猼訑

古代傳說中的怪獸，狀如羊，九尾四耳，眼睛生於脊背。此稱先秦時期已行用。《山海經·南山經》："基山有獸，狀如羊，九尾四耳，目在背，名曰猼訑，佩之不畏。"郭璞注曰："猼訑，音博施。"明朱謀㙔《駢雅》卷七九："尾而四耳曰猼訑。"

鼠獸

古代傳說中的怪獸，狀如猿猴，雙乳，馬蹄牛尾，聲如嬰兒。此稱宋代已行用。《太平寰宇記》卷一六五："〔武仙縣〕鼠獸，長四尺，馬蹄牛尾，如猿，有兩乳，其聲如嬰兒。一母唯一子。其溺地一瀝，成一鼠，出則歲災。"

當康

亦稱"牙豚"。古代傳說中的神獸，是一種兆豐穰之瑞獸，狀似豬而有牙，叫聲若喚其名。此稱先秦時期已行用。《山海經·東次四經》："欽山，有獸焉，其狀如豚而有牙，其名曰當康，其名自叫，見則天下大穰。"明胡文煥《山海經圖》云："欽山中有獸焉，狀如豚，名當康，其名自呼。見則天下大穰。韓子曰：'穰，歲之稔也。'"《駢雅》云："當康，牙豚也。"郝懿行注："當康大穰，聲轉義近，蓋歲將豐稔，茲獸先出以鳴瑞。"又說："《太平御覽》九一三卷引《神異經》云，南方有獸，似鹿而豕首有牙，善依

當　康
（清余省、張爲邦等《獸譜》）

人求五穀，名無損之獸，所說形狀與此獸近，當即此。"

【牙豚】

即當康。此稱明代已行用。見該文。

雍和

古代傳說中的怪獸，狀如蝯，赤目、赤喙、黃身，它的出現會給國家帶來恐慌。此稱先秦時期已行用。《山海經·中山經》："又東南三百里，曰豐山。有獸焉，其狀如蝯，赤目、赤喙、黃身，名曰雍和，見則國有大恐。"

雍　和
（清余省、張爲邦等《獸譜》）

闡非

古代傳說中的怪獸，人面獸身，通體青色。

此稱先秦時期已行用。《山海經・海内北經》："闟
非，人面而獸身，青色。"

辟邪

亦稱"貔狄[2]""百解"。古代傳說中的一
種神獸，形似獅，頭有角，身有翅，具有祈福
祛邪的作用。此稱先秦時期已行用。《急就篇》：
"射魅辟邪除群凶。"漢東方朔《十洲記》："聚
窟洲有辟邪、天鹿。"清徐乾學撰輯《讀禮通
考》卷八二："翁仲、天禄、辟邪、麒麟、羊虎
之衛。"清李光坡撰《周禮述注》卷二三："辟
邪獸名，上音僻，下似嗟。"

【貔狄】[2]

即辟邪。此稱先秦時期已行用。見該文。

【百解】

即辟邪。此稱先秦時期已行用。見該文。

葱聾

古代傳說中的怪獸，狀如羊而生有紅色長
毛。此稱先秦時期已行用。《山海經・西山經》：
"符禺之水出焉，而北流注於渭。其獸多葱聾，
其狀如羊而赤鬣。"

聞獜

古代傳說中的怪獸，狀如獓，黃身白頭白
尾，其見則天下大風。此稱先秦時期已行用。
《山海經・中次十一經》："几山……有獸焉，其
狀如獓，黃身白頭白尾，名曰聞獜，見則天下
大風。"

羆九

古代傳說中的怪獸，狀如麇，其竅處於尾
上。此稱先秦時期已行用。《山海經・北山經》：
"〔倫山〕有獸焉，其狀如麇，其川在尾上，其
名曰羆九。"晋郭璞注："川，竅也。"一本作
"羆"。晋郭璞《山海經圖贊・羆九獸》："竅生尾

上，號曰羆九。"《儒林外史》第三八回："郭孝
子舉眼一看，只見前面山上蹲著一個異獸，頭
上一只角，只有一只眼睛，却生在耳後，那異
獸名爲'羆九'。"

蛁犬

古代傳說中的怪獸，狀如犬，青色，食人
且多從頭部開始。此稱先秦時期已行用。《山海
經・海内北經》："蛁犬如犬，青，食人從首始。"
郭璞注："〔蛁〕音陶。或作蚼，音鈎。"

蜚[2]

古代傳說中的怪獸，外形像牛，頭部爲白
色，生蛇尾，獨眼，入水則水乾，觸草則草荒。
此稱先秦時期已行用。《山海經》："又東二百里，
曰太山，上多金玉、楨木。有獸焉，其狀如牛
而白首，一目而蛇尾，其名曰蜚。行水則竭，
行草則死，見則天下大疫。"

蜚
（清余省、張爲邦等《獸譜》）

僕牛[2]

亦作"朴牛[2]"。亦稱"服牛"。古代傳說
中的大牛。此稱先秦時期已行用。《山海經・大
荒東經》："王亥託於有易、河伯僕牛。有易殺
王亥，取僕牛。"袁珂校注："僕牛，《天問》作
'朴牛'，王逸注：'朴，大也。'《世本》作'服

牛'，服牛，馴牛也……此句當言王亥託寄其所馴養之牛羊於有易與河伯。"王國維《觀堂集林·殷卜辭中所見先公先王考》："服牛者，即《大荒東經》之'僕牛'，古'服''僕'同音。"

【朴牛】[2]

同"僕牛[2]"。此體先秦時期已行用。見該文。

【服牛】

即僕牛[2]。此稱先秦時期已行用。見該文。

玃如

古代傳說中的怪獸，其狀如鹿而白尾，馬足人手而四角。此稱先秦時期已行用。《山海經·西山經》："有獸焉，其狀如鹿而白尾，馬足人手而四角，名曰玃如。"

獙獙

古代傳說中的怪獸，狀如狐而生有翅膀，聲如鴻雁，其出則天下大旱。此稱先秦時期已行用。《山海經·東山經》："又南三百里，曰姑逢之山，無草木，多金玉。有獸焉，其狀如狐而有翼，其音如鴻雁，其名曰獙獙，見則天下大旱。"

獙獙
（清余省、張爲邦等《獸譜》）

窮奇

古代傳說中的凶獸，爲"四凶"之一，大小如牛、狀似虎、披有刺猬的毛皮、有翅膀，其叫聲像狗，以食人爲生，并且抑善揚惡。亦有一說爲神。此稱先秦時期已行用。《山海經·西山經》："又西二百六十里，曰邽山。其上有獸焉，其狀如牛，蝟毛，名曰窮奇，音如獋狗，是食人。"另一說窮奇是神名，《後漢書·禮儀志》："窮奇、藤根共食蠱。"則窮奇者，爲追惡凶十二神之一，亦有益於人間。《淮南子·墜形訓》："窮奇，廣莫風之所生也。"高誘注曰："窮奇，天神也。在北方道，足乘兩龍，其形如虎也。"《左傳·文公十八年》："少昊氏有不才子，毀信惡忠，崇飾惡言，天下謂之窮奇。"《史記·五帝本紀》："少暤氏有不才子，毀信惡忠，崇飾惡言，天下謂之窮奇。"裴駰集解引服虔曰："金天氏帝號。"集解又引服虔謂此窮奇即共工氏。張守節正義引《神異經》云："西北有獸，其狀似虎，有翼能飛，便剿食人，知人言語，聞人鬥輒食直者，聞人忠信輒食其鼻，聞人惡逆不善輒殺獸往饋之，名曰窮奇。"言此爲大惡之獸。《左傳·文公十八年》：

窮奇
（清余省、張爲邦等《獸譜》）

"少暭氏有不才子，毀信廢忠，崇飾惡言，靖譖庸回，服讒搜慝，以誣盛德，天下之民謂之窮奇。"

諸懷

古代傳說中的怪獸，其狀如牛，而四角、人目、彘耳，其音如鳴雁，食人。此稱先秦時期已行用。《山海經·北山經》："北嶽之山，多枳棘剛木。有獸焉，其狀如牛，而四角人目彘耳。其名曰諸懷，其音如鳴雁，是食人。"

諸犍

古代傳說中的怪獸，人面豹身，牛耳一目，有長尾，能發巨聲。行走時銜着尾巴，休息時盤着尾巴，其獸力大無窮，善射。此稱先秦時期已行用。《山海經·北山經》："單張之山，其上無草木，有獸焉，其狀如豹而長尾，人首而牛耳一目，名曰諸犍。善吒，行則銜其尾，居則蟠其尾。"

諸　犍
（清余省、張爲邦等《獸譜》）

辣辣

古代傳說中的怪獸，狀如羊，一角一目，目生耳後。此稱先秦時期已行用。《山海經·北次三經》："曰泰戲之山，無草木，多金玉。有獸焉，其狀如羊，一角一目，目在耳後，其名曰辣辣。"

精精

古代傳說中的怪獸，狀如牛而馬尾。此稱先秦時期已行用。《山海經·東次三經》："又南水行九百里，曰踇隅之山，其上多草木，多金玉，多赭。有獸焉，其狀如牛而馬尾，名曰精精，其鳴自詨。"

精　精
（清余省、張爲邦等《獸譜》）

駭雞犀

亦稱"通天犀""雞駭犀""復通犀"。古代傳說中的犀牛，角爲中通。此稱先秦時期已行用。《戰國策·楚策一》："乃遣使車百乘，獻雞駭之犀、夜光之璧於秦王。"王念孫《讀書雜志·戰國策二》："雞駭之犀，當爲駭雞之犀。"《後漢書·西域傳·大秦》："土多金銀奇寶，有夜光璧、明月珠、駭雞犀、珊瑚、琥珀。"晋葛洪《抱朴子·登涉》："通天犀，角有一赤理如綖，有自本徹末，以角盛米，置雞群中，雞欲啄之，未至數寸，即驚却退，故南人或名通天犀爲駭雞犀。"唐劉恂《嶺表録異》卷中："又有駭雞犀、辟塵犀、辟水犀、光明犀。此數犀，但聞其說，不可得而見也。"元宋本《舶上謠送伯庸以番貨事奉使閩浙》之八："熏陸胡椒膃肭臍，明珠、象齒、駭雞犀。"明田藝衡《留青日劄》卷二九"復通犀"引《草木子》云："犀之通天者必惡影，常飲濁水。角之理，形似百物。犀角通者，是其病角。"

【通天犀】

即駭雞犀。此稱晋代已行用。見該文。

【雞駭犀】

即駭雞犀。此稱先秦時期已行用。見該文。

【復通犀】

即駭雞犀。此稱明代已行用。見該文。

駭神

古代傳說中的怪獸，豕身人首，狀貌醜惡。此稱唐代已行用。唐張彥遠《歷代名畫記》卷四："昔建州浦城縣山有獸，名駭神。豕身人首，狀貌醜惡，百鬼惡之。好出水邊石上。平子往寫之，獸入潭中不出。"

驒

古代傳說中的怪獸，狀如麠羊而四角，馬尾而爪間有距。此稱先秦時代已行用。《山海經·北次三經》："曰歸山，其上有金玉，其下有碧。有獸焉，其狀如麠羊而四角，馬尾而有距，其名曰驒，善還，其名自訆。"

犛牛 2

亦作"氂牛"。古代傳說中的牛，黑色，體型巨大。此稱先秦時期已行用。《山海經·中次八經》："東北百里，曰荊山，其陰多鐵，其陽多赤金，其中多犛牛。"郭璞注："旄牛屬也，黑色，出西南徼外也，音狸，一音來。"《莊子·逍遥游》云："今夫犛牛，其大若垂天之雲。"

【氂牛】

同"犛牛 2"。此體先秦時期已行用。見該文。

磎鼠

古代傳說中的怪獸，狀如鼠，食草木，重千斤。此稱漢代已行用。《神異經·北荒經》："北方層冰萬里，厚百丈，有磎鼠在冰下土中焉。形如鼠，食草木，肉重千斤，可以作脯，食之已熱。其毛八尺，可以爲褥，卧之却寒。其皮可以蒙鼓，聲聞千里。其毛可以來鼠，此毛所在，鼠輒聚焉。"

犖

古代傳說中的怪獸，狀如牛，通體黑色，有一顆巨大的眼睛。此稱先秦時期已行用。《山海經·西山經》："又西百八十里，曰黄山，無草木，多竹箭。盼水出焉，西流注於赤水，其中多玉。有獸焉，其狀如牛，而蒼黑大目，其名曰犖。"

獜

古代傳說中的怪獸，狀如犬而有鱗，毛如猪鬃。此稱先秦時期已行用。《山海經·中次西經》："有獸焉，名曰獜，其狀如獳犬而有鱗，其毛如彘鬣。"

獜 2

古代傳說中的怪獸，狀如犬，虎爪且生有

獜
（清余省、張爲邦等《獸譜》）

鱗甲。此稱先秦時期已行用。《山海經・中次十一經》："曰依軲之山，其上多杻橿，多苴蕙。有獸焉，其狀如犬，虎爪有甲，其名曰獜，善駚牟，食者不風。"《隋書・禮儀七》載："左右庶侍，掌非皇帝所御門閣之禁，並服金塗甲，左執獜矟環，右執獜環長劍，並金飾，十二人，兼執師子彤楯，列於左右宗侍之外。"

麔鴞

亦稱 "饕餮"。古代傳説中的吃人怪獸，生活在鉤吾山，體若羊，人面，眼生於腋下，齒似虎牙，生有人的指甲，叫聲若嬰兒啼哭。此稱先秦時期已行用。《山海經・北山經》："鉤吾之山，有獸焉，其狀如羊身人面，其目在腋下，虎齒人爪，其音如嬰兒，名曰麔鴞，是食人。"郭璞注："爲物貪惏，食人未盡，還害其身，像在夏鼎，《左傳》所謂饕餮是也。"

【饕餮】

即麔鴞。此體先秦時期已行用。見該文。

饕　餮
（明王圻等《三才圖會》）

羬羊

古代傳説中的怪獸，狀如羊，生馬尾。此稱先秦時期已行用。《山海經・西山經》："華山之首，曰錢來之山，其上多松，其下多洗石。有獸焉，其狀如羊而馬尾，名曰羬羊，其脂可以已臘。"

羬　羊
（清余省、張爲邦等《獸譜》）

羵羊

古代傳説中的怪物，土之精。此稱先秦時期已行用。《國語・魯語下》："季桓子穿井，獲如土缶，其中有羊焉。使問之仲尼曰：'吾穿井而獲狗，何也？' 對曰：'以丘所聞，羊也。丘聞之：木石之怪曰夔、蝄蜽，水之怪曰龍、罔象，土之怪曰羵羊。'"

潛牛[2]

古代傳説中的牛，生於江南，形與角如水牛。此稱漢代已行用。《文選・張衡〈西京賦〉》："搤水豹，騨潛牛。"薛綜注："水豹、潛牛，皆謂水處也。"李善注："《南越志》：'潛牛，形角似水牛。'"唐段成式《酉陽雜俎續集・支動》："勾漏縣大江中有潛牛，形似水牛，每上岸鬥，角軟還入江水，角堅復出。"中國歌謠資料《古今風謠拾遺・牧者歌》："毋飲江流，恐遇潛牛。"史夢蘭注："《廣東新語》：'西江有潛牛，牛身魚尾，能上岸與牛鬥。'"

綠耳

亦作 "綠駬"。古代傳説中的駿馬之一，

周身青黃色。此稱先秦時期已行用。《穆天子傳》："天子之駿：赤驥、盜驪、白義、逾輪、山子、渠黃、華騮、綠耳。"即後世所謂之天馬。《淮南子·主術訓》："夫華騮、綠耳，一日而至千里，然其使之搏兔，不如豺狼，伎能殊也。"《史記·樂書》："何必華山之綠耳而後遠行乎？"唐韓愈《寄盧仝》詩："近來自説尋坦途，猶上虛空跨綠駬。"宋石介《感興》詩："倚鞍思駿骨，撫轡念綠駬。"清湯璈《〈交翠軒筆記〉後序》："然而走其野而無九方之法以相之，則赤驥、綠耳與駑馬、草駒齊價矣。"

【綠駬】

同"綠耳"。此體唐代已行用。見該文。

驒馬

古代傳説中的怪獸，狀如馬，牛尾而白身一角。此稱先秦時期已行用。《山海經·北次二經》："墩頭之山……其中多驒馬，牛尾而白身一角，其音如呼。"

橐駝

古代傳説中的怪獸，狀如駱駝。此稱先秦時期已行用。《山海經·北山經》："其獸多橐駝，其鳥多寓。"漢東方朔《七諫·亂》："要裊奔亡兮，騰駕橐駝。"《史記·蘇秦列傳》："燕代橐駝良馬必實外厩。"清吳偉業《田家鐵獅歌》："橐駝磨肩牛礪角，霜推雨獨枯藤纏。"

舉父

古代傳説中崇吾山的畏獸，善於投擲，虎豹畏之。此稱先秦時期已行用。《山海經·西次三經》："崇吾之山，有獸焉，其狀如禺而文臂，而善投，名曰舉父。"

舉 父
（清余省、張爲邦等《獸譜》）

𤟤犬

古代傳説中的怪獸，能飛，以虎豹爲食。此稱先秦時期已行用。《逸周書·王會解》："渠叟以𤟤犬；𤟤犬者，露犬也，能飛，食虎豹。"

麈[4]

古代傳説中的怪獸，狀如鹿，尾巴如拂塵。此稱先秦時期已行用。《山海經·中次八經》："綸山……其獸多閭、麈。"此外此經的美山及《中次九經》的倚山、風雨山亦有之。《埤雅·釋獸》："麈，似鹿而大。其尾辟塵。"

麈
（明王圻等《三才圖會》）

環狗

古代傳説中的怪獸，獸首似狗，人身，黃色。此稱先秦時期已行用。《山海經·海內北經》：“環狗，其爲人獸首人身。一曰蝟狀如狗，黃色。”

蝯蜒

古代傳說中的怪獸，似狸，長百尋。此稱漢代已行用。《文選·司馬相如〈子虛賦〉》：“其下則有白虎玄豹，蝯蜒貙犴。”郭璞注：“蝯蜒，大獸，似狸，長百尋。”

溪邊

古代傳說中的怪獸，狀如狗，坐在其皮上不會中毒。此稱先秦時期已行用。《山海經·西山經》：“天帝之山，上多棕枏，下多菅蕙。有獸焉，其狀如狗，名曰溪邊，席其皮者不蠱。”

𤟤

古代傳說中的怪獸，狀如羊無口，爲不死之物。此稱先秦時期已行用。《山海經·南次二經》：“又東四百里，曰洵山，其陽多金，其陰多玉。有獸焉，其狀如羊而無口，不可殺也，其名曰𤟤。”

藥獸

古代傳說中的怪獸，白民所養，如有人患疾，撫其頭默念咒語，須臾此獸銜藥草還，服之即痊癒。此稱先秦時期已行用。神農時，白民進藥獸。人有患病就用白民所傳的不明語言告之。獸就到野外銜草回，以此草服之，病就痊癒。有說黃帝叫風后整理其資料，傳後世。舊題元陳芬《芸窗私志》有載。

嚙鐵

古代傳說中的怪獸，角如水牛，皮毛發黑，食鐵飲水。此稱漢代已行用。《神異經·中荒經》：“南方有獸焉，角足大小形狀如水牛，皮毛黑如漆，食鐵飲水，其糞可爲兵器，其利如剛，名曰嚙鐵。”

要褭

亦作“騕褭”。古代傳說中的駿馬，可日行萬里。此稱先秦時期已行用。《呂氏春秋·離俗》：“飛兔、要褭，古之駿馬也。”高誘注：“飛兔、要褭，皆馬名也，日行萬里。”《淮南子·原道訓》：“馳要褭，建翠蓋。”《文選·張衡〈思玄賦〉》：“斥西施而弗御兮，縶騕褭以服箱。”李善注：“《漢書音義》應劭曰：‘騕褭，古之駿馬也，赤喙玄身，日行五千里。’”唐鮑溶《暮春戲贈樊宗憲》詩：“野船弄酒鴛鴦醉，官路攀花騕褭狂。”清紀昀《物產》詩之三六：“騕褭經過渾不顧，可憐班固未全知。”

【騕褭】

同“要褭”。此體漢代已行用。見該文。

飛兔[1]

亦作“飛菟”。駿馬名。此馬日行萬里，驅之若兔。此稱先秦時期已行用。《呂氏春秋·離俗》：“飛兔、要褭，古之駿馬也。”高誘注：“飛兔、要褭，皆馬名也。日行萬里，馳若兔之飛，因以爲名也。”漢應瑒《馳射賦》：“群駿籠茸於衡首，咸皆腰褭與飛菟。”《文選·陳琳〈答東阿王箋〉》：“譬若飛兔、流星，超山越海。”李周翰注：“飛兔、流星，神駿也。”宋王安石《次韻舍弟遇子固憶少述》：“飛兔已聞追騕褭，太阿猶恨失龍泉。”明趙震元《爲李公師祭袁石憲副》：“姻締世好，此推文苑之臥龍；狎主鷄盟，彼驚詞壇之飛兔。”

【飛菟】

同“飛兔”。此體漢代已行用。見該文。

騶吾

亦稱“騶虞”。古代傳說中一種十分珍貴的仁獸，形如虎，身上多五彩花紋，尾比身長，不食活獸，善走，馭之可日行千里。此稱先秦時期已行用。《山海經·海內北經》：“林氏國，有珍獸，大若虎，五采畢具，尾長於身，名曰騶吾，乘之日行千里。”

騶　虞
（清余省、張爲邦等《獸譜》）

【騶虞】

同“騶吾”。此體先秦時期已行用。見該文。

靈貓[2]

亦稱“類”“靈狸”。古代傳説中的怪獸，狀如狸而有髦，自爲陰陽。此稱先秦時期已行用。《山海經·南山經》：“亶爰之山，多水，無草木，不可以上。有獸焉，其狀如狸而有髦，其名曰類，自爲牝牡，食者不妒。”郭璞注：“髦或作髮。”郝懿行云：“陳藏器《本草拾遺》云：‘靈貓生南海山谷，狀如狸，自爲牝牡。’又引《異物志》云：‘靈狸一體，自爲陰陽。’據此，則類爲靈狸無疑也。類、狸亦聲相轉。”

【類】

即靈貓。此稱漢代已行用。見該文。

類
（明王圻等《三才圖會》）

【靈狸】[2]

即靈貓。此稱漢代已行用。見該文。

歸終

古代傳説中的神獸，能知將來之事。此稱漢代已行用。《藝文類聚》卷九引《淮南萬畢術》：“歸終知來，狌狌知往。”高誘注：“歸終，神獸。”

囂[2]

古代傳説中的怪獸，狀如禺而長臂，善於投射。此稱先秦時期已行用。《山海經·西山經》：“又西七十里，曰羭次之山，漆水出焉，北流注於渭。其上多械橿，其下多竹箭，其陰多赤銅，其陽多嬰垣之玉。有獸焉，其狀如禺而長臂，善投，其名曰囂。”

囂
（清余省、張爲邦等《獸譜》）

蠱雕

　　古代傳說中的怪獸，狀如大雕，頭上長角，叫聲如嬰兒的哭啼聲，食人。此稱先秦時期已行用。《山海經·南山經》："又東五百里，曰鹿吳之山，上無草木，多金石。澤更之水出焉，而南流注於滂水，水有獸焉，名曰蠱雕，其狀如雕而有角，其音如嬰兒之音，是食人。"明朱謀㙫撰《駢雅》卷七云："蠱雕，如雕而戴角，文文如蜂而反舌。"明董斯張撰《廣博物志》卷四八："鹿吳之山注於滂水，水有獸焉，名曰蠱雕。"

蠱　雕
（清余省、張爲邦等《獸譜》）

羅羅[2]

　　古代傳說中的怪獸，狀如虎。此稱先秦時期已行用。《山海經·海外北經》："有青獸焉，狀如虎，名曰羅羅。"袁珂校注引吳任臣曰："《駢雅》曰：'青虎謂之羅羅。'今雲南蠻人呼虎亦爲羅羅，見《天中記》。"

從從

　　古代傳說中的怪獸，其狀如犬，生六足，叫聲若喚己名。此稱先秦時期已行用。《山海經·東山經》："枸狀之山……有獸焉，其狀如犬，六足，其名曰從從，其鳴自詨。"

從　從
（清余省、張爲邦等《獸譜》）

難

　　古代傳說中狀如蚡鼠的怪獸。此稱先秦時期已行用。《山海經·中山經》："甘棗之山……有獸焉，其狀如蚡鼠而文題，其名曰難。"

朧疏

　　古代傳說中的怪獸，狀如馬，一角，可以辟火。此稱先秦時期已行用。《山海經·北山經》："又北三百里，曰帶山，其上多玉，其下多青碧。有獸焉，其狀如馬，一角有錯，其名曰朧疏，可以辟火。"

麖[2]

　　古代傳說中的怪獸，狀如鹿而體形略小，栗棕色，耳大而直立，頸較長，尾短，四脚細長，尾毛色棕黑蓬鬆。此稱先秦時期已行用。《山海經·中次五經》："尸山，多蒼玉，其獸多麖。"郭璞注："似鹿而小，黑色。"

癡龍

　　古代傳說洛中有大穴，有人誤墜穴中，見有怪獸，狀如羊，取髯下珠而食之。此稱晉代已行用。"羊爲癡龍。其初一珠食之，與天地等壽，次者延年，後者充飢而已。"見唐釋道世《法苑珠林》卷四一引南朝宋劉義慶《幽明錄》。後用爲典故。

麢羊[2]

省稱"麢"。古代傳說中的怪獸，狀如羊，體大，角鋒利。此稱先秦時期已行用。《山海經·北山經》："涿光之山……其獸多麢羊。"晋郭璞注："麢羊，似羊而大，角圓鋭，好在山崖間。"

【麢】

"麢羊"之省稱。此稱先秦時期已行用。見該文。

麢
（明王圻等《三才圖會》）

夔牛[2]

省稱"夔"。古代傳說中的怪獸，狀如牛，一足，身體黑色没有角。此稱先秦時期已行用。《山海經·大荒經》記載："東海中有流波山，入海七千里。其上有獸，狀如牛，蒼身而無角，一足，出入水則必風雨，其光如日月，其聲如雷，其名曰夔。"《繹史》卷五引《黄帝内傳》："黄帝伐蚩尤，玄女爲帝製夔牛鼓八十面，一震五百里，連震三千八百里。"吴任臣《山海經廣注》引《廣成子傳》："蚩尤銅頭啗石，飛空走險。以尩〔夔〕牛皮爲鼓，九擊止之，尤不能飛走，遂殺之。"

【夔】

"夔牛"之省稱。此稱先秦時期已行用。見該文。

夔
（明王圻等《三才圖會》）

讙

古代傳說中的怪獸，形狀如野猫，一眼三尾，能作百種叫聲，有人養來禦凶煞邪，食其肉能治瘰病。此稱先秦時期已行用。《山海經·西次三經》："其狀如狸，一目而三尾，名曰讙，其音如奪百聲，是可以禦凶，服之已癉。"

讙
（清余省、張爲邦等《獸譜》）

蠱蛭[1]

亦作"蠱侄"。古代傳說中的怪獸，狀如狐，九尾九首虎爪。此稱先秦時期已行用。《山海經·東次二經》："鳧麗之山……有獸焉，其狀如狐，而九九首虎爪，名曰蠱蛭，其音如嬰兒，是食人。"

【蠱侄】

同"蠱蛭"。此體先秦時期已行用。見該文。

蠱蛭 [2]

亦稱“蠱蚳”。古代傳說中的怪獸，狀如羵
而有角，其音若號。此稱先秦時期已行用。《山
海經·中次二經》：“昆吾之山，其上多赤銅，有
獸焉，其狀如羵而有角，其音如號，名曰蠱蛭，
食之不眯。”

【蠱蚳】

即蠱蛭 [2]。此稱先秦時期已行用。見該文。

蠱　蚳
（清余省、張爲邦等《獸譜》）

飛　獸

蠻蠻

古代傳說中的比翼鳥。此稱先秦時期已行
用。《山海經·西山經》：“崇吾之山，有鳥焉，
其狀如鳧，而一翼一目，相得乃飛，名曰蠻
蠻。”郭璞注：“比翼鳥也，色青赤，不比不能
飛，《爾雅》作鶼鶼鳥也。”

蠻　蠻
（清余省、張爲邦等《獸譜》）

天馬 [3]

古代傳說中的异獸，狀如白犬，生有黑
頭，見人則振翅高飛。此稱先秦時期已行用。
《山海經·北次三經》：“馬成之山……有獸焉，
其狀如白犬而黑頭，見人則飛，其名曰天馬，
其鳴自訆。”

天　馬
（明王圻等《三才圖會》）

天犬

古代傳說中會帶來兵灾的神獸，狀爲赤色
之犬。此稱先秦時期已行用。《山海經·大荒西
經》：“有赤犬，名曰天犬，其所下者有兵。”

天　犬
（明王圻等《三才圖會》）

天狗 [2]

古代傳說中狀似狐狸而頭部白色的動物，
爲禦凶的吉獸。此稱先秦時期已行用。《山海
經·西山經》：“陰山……有獸焉。其狀如狸而

白首，名曰天狗，其音如榴榴，可以禦凶。"又《太平御覽》卷九〇五引《秦（辛）氏三秦記》云："有白鹿原。周平王時，白鹿出北原。原有狗枷堡。秦襄公時，有天狗來其下，凡有賊，天狗吠而護之，一堡無患。"

天　狗
（明王圻等《三才圖會》）

天狐

古代傳説中的千歲之狐。《古小説鉤沈》輯《玄中記》："狐五十歲能變化爲婦人；百歲爲美女，爲神巫，或爲丈夫，與女人交接，能知千里外事；善蠱惑，使人迷惑失智。千歲即與天通，爲天狐。"

火龍

古代傳説中的神龍，周身爲紫火縈繞，龍身過境，草木皆灰。此稱先秦時期已行用。清東軒主人《述異記》卷上："癸酉六月廿四日，平湖小圩地方，大風雨，有火龍一條，紫火繞身，經過田禾，一帶數百畝，俱被燒焦。"

飛兔 [2]

亦稱"飛鼠 [3]"。古代傳説中的怪獸。長於天池之山，其狀如兔，生有鼠首，以背而飛。此稱先秦時期已行用。《山海經·北次三經》："天池之山，其上無草木，多文石。有獸焉，其狀如兔而鼠首，以其背飛，其名曰飛鼠。"郭璞注："用其背上毛飛，飛則仰也。"

【飛鼠】[3]

即飛兔 [2]。此稱先秦時期已行用。見該文。

飛黃 [3]

亦稱"乘黃 [2]"。傳説爲八駿中的神馬，背有角、善飛馳，乃是馬中之王。《淮南子·覽冥訓》漢高誘注："飛黃，乘黃也。"

【乘黃】[2]

即飛黃 [3]。此稱漢代已行用。見該文。

飛遽

古代傳説中的神獸。此獸生有鹿頭，長有龍身。此稱漢代已行用。《文選·司馬相如〈上林賦〉》："射游梟，櫟蜚遽。"李善注："飛遽，天上神獸也，鹿頭而龍身。"

飛廉

亦作"蜚廉"。古代傳説中的怪獸，多爲鳥身鹿頭或者鳥頭鹿身。此稱漢代已行用。《史記·司馬相如列傳》引《上林賦》有"推蜚廉，弄解豸，格瑕蛤，鋋猛氏，胃騕褭，射封豕"的句子，郭璞曰："飛廉，龍雀也，鳥身鹿頭者。"《漢書·武帝紀》："還，作甘泉通天臺、長安飛廉館。"《淮南子·俶真訓》："若夫真人……騎蜚廉而從敦圉。"高誘注："蜚廉，獸名，長毛有翼。"

飛　廉
（明王圻等《三才圖會》）

【蜚廉】

同"飛廉"。此體漢代已行用。見該文。

水　獸

龍 [2]

亦稱"水虺""蛟""角龍""應龍"。古代傳說中的神獸。爲萬獸之長，亦爲鱗蟲之長，角似鹿，頭似駝，嘴似驢，眼似龜，耳似牛，鱗似魚，須似蝦，腹似蛇，足似鷹。神通幽明，體態可巨細長短，春分登天，秋分潛淵。由於龍爲神物，多被傳爲神之坐騎。南朝梁任昉《述異記》卷上："水虺五百年化爲蛟，蛟千年化爲龍，龍五百年爲角龍，千年爲應龍。"

龍
（明王圻等《三才圖會》）

【水虺】

即龍 [2]。此稱先秦時期已行用。見該文。

【蛟】

即龍 [2]。此稱先秦時期已行用。見該文。

蛟
（明王圻等《三才圖會》）

【角龍】

即龍 [2]。此稱先秦時期已行用。見該文。

【應龍】

即龍 [2]。此稱先秦時期已行用。見該文。

應　龍
（明王圻等《三才圖會》）

龍子 [2]

古代傳說中形似龍的神獸。此稱先秦時期已行用。《史記·吳太伯世家》："太伯、仲雍……文身斷髮。"裴駰集解引應劭云："斷其髮，文其身，以像龍子，故不見傷害。"《列仙傳》："琴高入涿水中取龍子"，"騎龍鳴求得龍子狀如守宮者十餘頭養而守之"。

龍馬 [2]

古代傳說中的神馬。高八尺五寸，長頸，背部生翼，旁垂毛，叫聲爲九音。此稱漢代已行用。《漢唐地理書鈔》輯《遁甲開山圖》："隴西神馬山有淵池，龍馬所生。"明陳仁錫《潛確類書》卷一一一引《瑞應圖》云："龍馬者，神馬也，河水之精。高八尺五寸，長頸，胳上有翼，旁有垂毛，鳴聲九音，有明王則見。"或即此。《漢書·禮樂志》應劭注云："乘黃，龍翼而

龍　馬
（明王圻等《三才圖會》）

馬身，黃帝乘之而仙。"當爲龍馬之屬。

水馬

古代傳說中的怪獸，狀如馬，文臂牛尾，音若呼喊。此稱先秦時期已行用。《山海經·北山經》："求如之山……滑水出焉，而西流注於諸毗之水。其中多滑魚。其狀如鱓，赤背，其音如梧，食之已疣。其中多水馬，其狀如馬，文臂牛尾，其音如呼。"

水　馬
（明王圻等《三才圖會》）

水虎

古代傳說中的怪獸，如三四歲小兒，膝頭似虎，遍體生鱗甲，堅硬不可射入，喜於七八月中自曝。此稱南北朝時期已行用。北魏酈道元《水經注·沔水》："〔沔〕水中有物，如三四歲小兒，鱗甲如鯪鯉，射之不可入。七八月中，好在磧上自曝。膝頭似虎，掌爪常沒水中，出

膝頭。小兒不知，欲取弄戲，便殺人。或曰，人有生得者，摘其皋厭，可小小使之。"

却塵犀

亦稱"辟塵犀"。古代傳說中的海獸，狀如犀牛，其角可以避却塵埃。此稱南北朝時期已行用。南朝梁任昉《述異記》卷上："却塵犀，海獸也，然其角辟塵，致之於座，塵埃不入。"唐劉恂《嶺表錄異》卷中："又有駭雞犀、辟塵犀、辟水犀、光明犀，此數犀，但聞其説，不可得而見之。"原注："〔辟塵犀〕爲婦人簪梳，塵不著也。"唐蘇鶚《杜陽雜編》卷下："刻鏤水精、馬腦、辟塵犀爲龍鳳花。"

【辟塵犀】

即却塵犀。此稱唐代時已行用。見該文。

蟠龍

古代傳說中蟄伏在地而未升天之龍，龍的形狀作盤曲環繞。此稱宋代已行用。《太平御覽》卷九三〇引沈懷遠《南越志》："蟠龍，身長四丈，青黑色，赤帶如錦文，常隨水而下，入於海。有毒傷人即死。"

驪龍

古代傳說中的神龍，頷下有珠。此稱先秦時期已行用。《尸子》卷下："玉淵之中，驪龍蟠焉，頷下有珠也。"《莊子·列御寇》云："河上有家貧恃緯蕭而食者，其子沒於淵，得千金之珠。其父謂其子曰：'取石來鍛之！'夫千金之珠，必在九重之淵而驪龍頷下。子能得珠者，必遭其睡也。使驪龍而寤，子尚奚微之有哉？今宋國之深，非直九重之淵也；宋王之猛，非直驪龍也；子能得車者，必遭其睡也。使宋王而寤，子爲鲞粉夫。"

蹇龍

古代傳說中的跛脚之龍。此稱先秦時期已行用。明曹學佺《蜀中名勝記》卷二四："廣元縣……又二十里爲神宣驛，即古籌筆驛也。相傳武侯出師駐此。……神宣驛者，世傳二郎神持劍逐蹇龍過此，因名。"《灌志文徵》卷五《李公父子治水記》亦有記載。現代民間所傳關於二郎之神話則甚多，茲節述其一：秦滅蜀，秦王命李冰爲蜀郡守，二郎亦偕其父同至蜀。時蜀地多水患，二郎奉父命往尋洪水禍源，思有以治之。二郎跋山涉水，自秋徂冬，從冬及春，還無消息。一日入山林，遇猛虎，二郎射虎死，方割取虎頭。七獵人出，二郎舉虎頭示之，七人咸驚。乃求共往偵水患，二郎允之。遂同至灌縣城邊一小河，聞茅屋內有哭聲，覘之，乃老嫗哀其幼孫將往祭水怪孽龍者，知洪水患害，乃在於斯耳。遂與七人同往白父，李冰授以擒龍之法，衆人依計而行。至祭日，二郎持三尖兩刃刀，與七友同入江神廟，伏神座後。頃之，孽龍隨風雨入廟攫祭物。二郎率七友邊出，齊戰孽龍，龍不支，竄出廟。四山鑼鼓喧天，人聲如潮。龍懼入水，二郎與七友亦俱入水；龍上岸，亦俱上岸，遂擒孽龍。二郎與七友鬥疲，暫憩於王婆巖下，而置龍於河中。河有龍洞，通崇牀州河，孽龍乃伺機逃。二郎以三尖兩刃刀置河上，傾耳近柄而聽之，驚曰："龍遁矣！"乃與七友急往覓龍，終復擒之於新津縣童子堰。方返至王婆岩，遇前日茅屋泣孫老嫗，持鐵鎖鏈來謝贈之。二郎即以此鎖鏈鎖孽龍，繫之於伏龍觀石柱下深潭中，後遂無水患。

索　引

索引凡例

一、本索引爲詞條索引，凡正文詞條欄目出現的主詞條均用"*"標示，副詞條則無特殊標識。

二、本索引諸詞條收錄順序以漢語拼音音序爲基礎，兼顧古音、方言等差异，然爲方便檢索，又與音序排列法則有异，原則如下：

首先，以詞條首字所對應的拼音字母爲序排列，詞條首字相同（讀音亦同）者爲同一單元；詞條首字不同但讀音相同的各個單元，一般按照各單元詞條首字的筆畫，由簡至繁依次排列。例如以 huáng 爲首字的詞條，則按首字筆畫依次分作"皇""黃"等不同單元；又如以 diāo 爲首字的詞條，則按首字筆畫依次分作"虭""蛁""貂"等不同單元。此外，爲方便查閱和比較，在對幾個同音且各衹有一個詞條的單元排序時，一般將兩個或幾個含義相同或相近的單元鄰近排列。如"埋頭蛇""貍蟲""薶頭蛇"都屬於 mái 爲首字的單元，且"埋頭蛇"與"薶頭蛇"含義相同，因此這三個單元的排列順序是"貍蟲""埋頭蛇""薶頭蛇"。

其次，同一單元内按各詞條第二字讀音之音序排列，第二字讀音相同者則按第三字讀音之音序排列，以此類推。例如以"皇"爲首字的單元各詞條的排列依次爲"皇成、皇帝鹵簿金節……皇貴妃儀仗金節……皇史宬……皇太后儀駕卧瓜……皇庭"。

三、本索引中詞條右側的數字爲該詞條在正文位置的起始頁碼。

四、本索引所收詞條僅限於正文、附錄中明確按主、副詞條格式撰寫的詞條，而在其他行文中涉及的詞條不收錄。

五、多音字、古音字或方言字詞條按其讀音分屬相應的序列或單元，如"大常"古音爲 tàicháng，因此歸入音序 T 序列；又如"葛上亭長"，"葛"是多音字，此處讀 gé，因此歸入音序 G 序列之 ge 的二聲單元；等等。

六、某些詞條多次出現，在正文中以詞條右上標記數字爲標志，如"朝[1]""朝[2]""百足[1]""百足[2]"等，索引中亦按照其右上標記數字的順序排列。詞條相同但讀音不同的則按照其讀音分屬相應的音序序列和單元。如"蟒[1]"（měng）、"蟒[2]"（mǎng），"蟒[1]"歸入音序 M 序列之 meng 的三聲單元，"蟒[2]"則歸入音序 M 序列之 mang 的三聲單元。

七、某些特殊詞條，如數字詞條、外文字母詞條等，則收入《索引附錄》。

A

B

C

D

E

F

H

J

M

Q

R

S

T

W

X